Deutsch in der Oberstufe 11

Bayern

Lehrer- und Materialienband

Herausgegeben von
Peter Kohrs

Erarbeitet von
Sönke Hoes
Patricia Indiesteln
Peter Kohrs
Thomas Netenjakob
Margret Wallheinke

Schöningh
westermann

Bildquellenverzeichnis

|akg-images GmbH, Berlin: 213. |bpk–Bildagentur, Berlin: 110. |Picture-Alliance GmbH, Frankfurt/M.: akg-images 79.

westermann GRUPPE

Druck A[5] / Jahr 2018
Alle Drucke der Serie A sind im Unterricht parallel verwendbar.

Umschlaggestaltung: Franz-Josef Domke, Hannover; unter Verwendung von © Caro Fotoagentur/Markus Waechter (vorne), © Picture Press/Illustration Source (hinten)
Druck und Bindung: westermann druck GmbH, Braunschweig

ISBN 978-3-14-**028252**-9

Inhaltsverzeichnis

Zeichenerklärung zur Kennzeichnung der zusätzlichen Texte/Materialien:

T Textkopie
A Arbeitsblatt
Z Zusatztext/Zusatzaufgabe

Literatur in ihren historischen Zusammenhängen – Überblick, Schwerpunkte, Beispiele 142

Zur Wiederholung, Vertiefung – Aufklärung und Empfindsamkeit/ Sturm und Drang 142

Weimarer Klassik: Veredelung des menschlichen Wesens durch die schöne Kunst 151

Einführung und Konzeption

Hinweise zum Lehrer- und Materialienband

Leitender Gesichtspunkt für die Darstellung im Lehrer- und Materialienband ist der **Schülerbezug**, wodurch eine möglichst hohe Verwertbarkeit der Vorschläge für die Praxis des Unterrichts gewährleistet werden soll.
Der **Entlastung des Lehrers** als „Praktiker vor Ort“ dienen insbesondere die folgenden Elemente des Lehrer- und Materialienbandes:

- Erläuterungen bzw. Auflösungen zu den handlungs- und produktionsorientierten Aufgabenstellungen (hierzu werden immer wieder Schülerbeispiele aus der eigenen Schulpraxis angeboten, um dem Lehrer zu signalisieren, was er in seinem eigenen Unterricht erwarten kann),
- Vorschläge für Tafelbilder bzw. Zusammenfassungen (diese können bei der unterrichtlichen Realisierung entsprechend den konkreten Gegebenheiten verändert werden),
- Formulierung konkreter **Erwartungshorizonte und Anforderungsbereiche**,
- **Kontextmaterial** (dies kann dem Lehrer dazu dienen, den jeweiligen Text in seinem Kontext zu sehen oder es im Unterricht den Schülern zur Reflexion anzubieten, um damit weiterführende Zusammenhänge und Details zu verdeutlichen),
- **Zusatztexte** (diese enthalten in der Regel eine Aufgabenstellung; oft werden auch die Leistungserwartungen bzw. die fachlichen „Auflösungen“ formuliert),
- Hinweise auf Sozialformen wie Einzelarbeit, Partnerarbeit, arbeitsgleiche oder arbeitsteilige Gruppenarbeit.

Der Schwerpunkt der Darstellung liegt auf der unterrichtspraktischen Realisierung, wobei pädagogische, didaktische und methodische Gesichtspunkte im Vordergrund stehen. Hinweise zu fachlichen Details sind selbstverständlich; diese Hinweise sind zumeist in die Darstellung integriert, wodurch eine fachwissenschaftliche Analyse als Selbstzweck („Abbild-Didaktik“) ausgeschlossen werden soll.

Bei den didaktisch-methodischen Vorschlägen wird von einer möglichst großen **Vielfalt** ausgegangen. Dies hat besonders folgende Gründe:

- die **Vielfalt von Lernwegen** entspricht den Möglichkeiten unterschiedlicher Schüler mit unterschiedlichen Fähigkeiten und Interessen; das Lernen des einzelnen Schülers ist ein höchst individueller, aktiver Prozess; Stoffvermittlung allein ist noch nicht Lernen,
- die Vielfalt fördert ein Klima des Dialogs,
- Vielfalt bedeutet, die Erfahrungs- und Lebenswelt der Schüler aufzugreifen und die Chance, didaktische und methodische Monokultur zu vermeiden, indem die kognitive, emotionale und soziale Individualität des Schülers berücksichtigt wird.

Eine besondere Bedeutung, vor allem zum Nachschlagen, Nachlesen und Wiederholen, haben die einzelnen Abschnitte im Großkapitel *Basiswissen Deutsch* (Schülerband, S. 318 ff.).

Hinweise zum Aufbau des Schülerbandes „Deutsch in der Oberstufe“, 11

Die neun Großkapitel des Schülerbandes werden in aller Regel durch eine Auftaktseite eingeleitet, die mit unterschiedlichen Darstellungen (z. B. künstlerische Abbildung, Karikatur, Foto, Collage) und kurzen epigrammatischen oder aphoristischen Texten gefüllt sind. Damit

- wird die Gliederung des Buches verdeutlicht; dem Schüler wird auf einen Blick klar, dass ein neues Großkapitel mit besonderem Schwerpunkt beginnt,

- kann das Vorwissen von Schülern aktiviert werden, indem sie in einer offenen Form mithilfe von Methoden der Ideensammlung (Brainstorming, Blitzlicht, Zettellawine) oder der schriftlichen Sammlung und Systematisierung (Cluster, Mindmap) auf den thematischen Schwerpunkt des folgenden Kapitels vorbereitet werden.

Aufbau des Schülerbandes

Kapitel	Inhalte
1. Grundfragen zwischenmenschlicher Kommunikation (S. 14–31)	Auseinandersetzung mit kommunikativen Verhaltensweisen (Empathie, aktives Zuhören) anhand von Texten; Reflexion unterschiedlicher Erklärungsansätze und Modelle
2. Mit Sprache handeln, über Sprache nachdenken ... (S. 32–51)	Unterschiedliche Texte und Textarten zur Thematik *Sprache* erschließen (Sprachverfall und Sprachkritik, Sprachvarianten, Sprachstil)
3. Mündliche und schriftliche Formen der Kommunikation (S. 52–91)	Reden, Referieren, Präsentieren, Argumentieren und Diskutieren; Erörtern als schriftliche Form des Argumentierens; Schreiben der Seminararbeit; Arbeitstechniken für das Schreiben
4. Literarische Textarten in ihren inhaltlichen und historischen Zusammenhängen – Hilfen zur Erschließung und Interpretation (S. 92–163)	Literarische Texte erschließend interpretieren: Kurzprosa, Roman, Drama, Lyrik; gestaltend (produktionsorientiert) interpretieren; kreatives Schreiben, mit Gedichten experimentieren
5. Sachtexte – Verstehen, analysieren, erörtern (S. 164–183)	Sachtexte nach ihrer Funktion unterscheiden; Sachtexte analysieren; zu strittigen Sachtexten argumentieren; Hinweise zur Methode und zu Arbeitsschritten anwenden
6. Multimediale Informationsgesellschaft (S. 184–195)	Auseinandersetzung mit unterschiedlichen Texten und Textarten zum Thema *Medien*
7. Literatur in ihren historischen Zusammenhängen – Überblick, Schwerpunkte, Beispiele (S. 196–317)	In diesem umfangreichsten Kapitel des Buches werden – beginnend mit der Aufklärung, abschließend mit dem Naturalismus – beispielhaft und schwerpunktartig literaturhistorische Bezüge dargestellt. Besonders vertiefte Berücksichtigung finden die literarischen Epochen *Klassik*, *Romantik* und *realistische Strömungen des 19. Jahrhunderts.*
8. Basiswissen Deutsch: Zum Nachlesen und Wiederholen (S. 318–350)	Basiswissen nachlesen: schriftliche Darstellungsformen und Textsorten, Arbeitstechniken und Methoden, Überblick zur Rechtschreibung, Zeichensetzung und Grammatik
9. Glossar wichtiger Begriffe (S. 351–356)	Fachbegriffe, die für die Interpretation bzw. Analyse von Texten von Bedeutung sind, nachlesen, z. B.: Absurdes Theater, Alexandriner, Allegorie, Alliteration ...

Trainingsvorschläge für Schulaufgaben und schriftliches Abitur

Der Schülerband enthält an entsprechenden Stellen Trainingsvorschläge, mit deren Hilfe sich die Schüler auf die **Aufgabenarten für das schriftliche Zentralabitur** einstellen und selbst testen können. Sie können auf die im Anhang des Buches angebotenen **Stichwortlösungen** und Gliederungshilfen (s. S. 360 ff.) zurückgreifen.
Diese Trainingsvorschläge sind durch **Fettdruck im Inhaltsverzeichnis** des Schülerbandes hervorgehoben. Im Einzelnen:

1. Aufgaben im Zusammenhang mit der Analyse bzw. Erörterung eines Sachtextes

Bei der **Analyse eines Sachtextes** geht es darum, den Text zu erfassen, ihn genau zu beschreiben und zu untersuchen, d. h. den Zusammenhang von Textstrukturen, sprachlichen Elementen und ihrer Funktion sowie der Textintention des Autors und der vermutlichen Wirkung herauszuarbeiten. Dies impliziert in der Regel auch ein begründetes Beurteilen im Rahmen des historischen oder aktuellen Zusammenhangs.
Ebenso wie das Erschließen und Interpretieren eines literarischen Textes ist auch die Analyse eines Sachtextes als ein **Prozess** einer zunehmend komplexer werdenden Fragestellung und Erarbeitung zu verstehen (vgl. die methodischen Hinweise zur Analyse von Sachtexten, Schülerbuch, S. 171 f.).
Für die Abiturprüfung werden kombinierte Schreibformen auf der Grundlage von Sachtexten verlangt, die neben der Analyse auch eine Erörterung erfordern (s. Schülerbuch, S. 177 f.).
Für die **schriftliche Abiturprüfung** sind im Zusammenhang mit Sachtexten kombinierte erörternde Schreibformen (mit einer Gliederung) gefordert, die in der Regel sowohl die übliche Sachtextanalyse (in der Regel unter einem bestimmten Aspekt) als auch ein Erörtern erfordern.

a) Verfassen einer materialgestützten Erörterung
Ausgangspunkt der Aufgabenstellung sind unterschiedliche Materialien (Texte, Bildmaterial). Die Materialien liefern Anregungen und Kerngedanken; sie sollen somit Stoffsammlung und Gliederung erleichtern. Eine Analyse der Materialien ist bei dieser Aufgabe nicht gefordert. Wesentlich ist, dass Sie sich vom Wortlaut der Materialien lösen und im Sinne der üblichen Erörterung zu einer eigenständigen sprachlichen Gestaltung kommen.
Trainingsvorschlag: Schülerbuch, S. 39

b) Verfassen eines Kommentars in Verbindung mit einer Textanalyse
Auch bei dieser die Sachtextanalyse und die Erörterung kombinierenden Form kommt es zunächst darauf an, den vorliegenden Sachtext in der üblichen Form zu analysieren, in der Regel unter einer bestimmten Schwerpunktsetzung; die Beurteilung des Sachtextes erleichtert die Stoffsammlung und Gliederung des anschließend zu verfassenden Kommentars. Beurteilung und Kritik sollten in einer offenen, essayistischen Weise formuliert werden (nicht in einem strengen Pro-und-Kontra-Verfahren); entscheidend sind Überzeugungskraft, Stringenz und Originalität der Darlegungen.
Trainingsvorschlag: Schülerbuch, S. 173 f.

c) Verfassen einer Rede in Verbindung mit einer Textanalyse
In einem ersten Teil muss der zugrunde liegende Sachtext analysiert werden. Sie haben anschließend eine eigenständige Rede zu verfassen, bei der Sie Anregungen, einzelne Argumente und Zahlenmaterial aus der Vorlage (oder den Vorlagen) entnehmen können. Es kommt darauf an, dass Sie sich sprachlich von der Vorgabe lösen und eigenständige Gedanken formulieren. Der schriftliche Entwurf der Rede muss die Redesituation berücksichtigen und die redespezifischen Merkmale wie Anrede, Schlussformel, Adressatenbezug, roten Faden, ein der Redesituation angemessenes sprachliches Niveau sowie einen geschickten Gebrauch rhetorischer Mittel.
Trainingsvorschlag: Schülerbuch, S. 183

d) Verfassen einer vergleichenden Analyse von Sachtexten
Um Sachtexte miteinander zu vergleichen, ist zunächst jeder der beiden Texte der üblichen Analyse zu unterziehen. Für den Vergleich eignen sich bestimmte Kriterien wie Aussageabsicht, Sprache und Stil, Kontextsituation und Argumentation. Es kommt vor allem darauf an, Unterschiede bzw. Gemeinsamkeiten der beiden Texte klar herauszuarbeiten. In der Regel ist auch eine persönliche Stellungnahme gefordert.
Trainingsvorschlag: Schülerbuch, S. 195

e) Verfassen eines informativen Textes unter Nutzung von Zusatzinformationen
Die Aufgabe erfordert eine produktive Nutzung der vorliegenden Texte; eine paraphrasierende Wiedergabe würde den Erwartungen nicht entsprechen. Es kommt darauf an, die vorgegebenen Materialien produktiv aufzugreifen und auszugestalten, d. h., die Materialien stellen einerseits Informationen bereit, die verarbeitet, d. h. gewertet, strukturiert und gedeutet werden müssen, andererseits müssen Sie diese Informationen aus Ihrem persönlichen Wissen heraus ergänzen, um den Zusammenhang zu erweitern. Die Gliederung muss die informative Gesamtintention des Textes berücksichtigen.
Trainingsvorschlag: Schülerbuch, S. 242

Beschreibende und analysierende Aufgabenstellungen zu Sachtexten sind außerdem überall dort zu finden, wo es um Sachtexte geht, s. vor allem Schülerbuch, S. 164 ff.

2. Erschließung und Interpretation eines poetischen Textes

Einen **poetischen Text** (der Epik, Lyrik, Dramatik) zu **interpretieren** heißt, seine Bedeutung, seinen Sinn zu erfassen und zu erschließen. Die Grundlage des Interpretierens ist die Herausarbeitung von Inhalt, Thema/Motiv, sprachliche und rhetorische Mittel der Gestaltung und deren (mögliche) Funktionen für die Aussage sowie epochentypische Merkmale. Ein besonderes **Kennzeichen poetischer Texte** ist ihre semantische Unabgeschlossenheit. Beim Interpretieren kommt es darauf an, Zusammenhänge zwischen einzelnen Textbefunden herzustellen und somit das Beschreiben von Textmerkmalen mit ihrer Deutung zu verknüpfen.

Einen literarischen Text zu erschließen bedeutet, einen **Prozess** zu durchlaufen (dies gilt in ähnlicher Weise auch für die Analyse von Sachtexten, s. o.). Das vorläufige Textverständnis muss immer wieder überprüft, verfeinert, verändert bzw. korrigiert werden. Für die **Abiturprüfung** ist das Erschließen und Interpretieren literarischer Texte (der Epik, Lyrik, Dramatik) gefordert, jeweils im Vergleich mit einem anderen Text/Zusammenhang oder mit einem Bezug auf eine literaturgeschichtliche Epoche. In aller Regel ist ein bestimmter Aspekt vorgegeben.

- Spezielle **Trainingsvorschläge** mit Stichwortlösungen zu dieser Aufgabenstellung im Schülerbuch: S. 108, 149, 163
- **Erschließende und interpretierende Aufgabenstellungen** zu poetischen Texten sind außerdem überall dort zu finden, wo die entsprechenden poetischen Textarten auftauchen (vgl. Inhaltsverzeichnis, Textartenverzeichnis und Stichwortverzeichnis).

Hinweise zum Aufbau des Trainingsheftes „Deutsch in der Oberstufe“, 11

Das Trainingsheft „Deutsch in der Oberstufe“ dient vor allem der gezielten Vorbereitung auf das Zentralabitur. Im ersten Teil geht es um Basiskompetenzen zur Erschließung von Texten, im zweiten Teil um Klausur- und Abiturtraining. Die zusätzlichen Informationen (auf den Klappen und im Anhang) dienen einer schnellen Orientierung und einer gezielten Wiederholung wichtigen Grundlagenwissens: Deutungsansätze, Methoden und Arbeitsschritte zur Analyse bzw. Interpretation von Texten, Verfassen einer textgebundenen Erörterung, rhetorische Fachbegriffe und Figuren.

Aufbau des Trainingsheftes 11

Kapitel	Inhalte
Training: Basiskompetenzen zur Erarbeitung von Texten	
• Sachtexte (S. 5–25)	• Sachtexte inhaltlich zusammenfassen • Sachtexte erschließen: Fünf-Schritte-Lesemethode • Analyseentwurf beurteilen und überarbeiten • Sachtexte verstehen und analysieren
• literarische Texte (S. 26–44)	• Inhalt wiedergeben • Text erschließen; Entwurf überarbeiten

Kapitel	Inhalte
Training: Schulaufgaben und schriftliches Abitur (S. 45–83)	• Analyse eines Sachtextes • Interpretation eines literarischen Textes • Interpretation und Vergleich themengleicher Gedichte • Erörterung im Zusammenhang mit einem Sachtext/kombinierte analysierende bzw. erörternde Schreibformen

Didaktisch-methodisches Konzept des Schülerbandes

Die besonderen Akzentsetzungen des Schülerbandes können in folgender Weise knapp zusammengefasst werden:

Integration und Systematik

Im Sinne einer sinnvollen Integration sind in den einzelnen Einheiten und Untersequenzen die Teilbereiche des Deutschunterrichts *Arbeit mit Texten, Sprechen und Schreiben, Reflexion über Sprache* aufeinander bezogen und miteinander verknüpft. Dies gilt auch im Sinne eines funktionalen Einsatzes von fachbezogenen und überfachlichen Methoden (z. B. Cluster, Mindmap, Zettellawine).
Im Sinne einer notwendigen Systematik enthält das Buch wichtige Teile zum gezielten Nachlesen, Wiederholen und Auffrischen, so eine Auflistung wichtiger Textarten, Arbeitstechniken und Methoden im Kapitel *Basiswissen Deutsch*, diverse Verzeichnisse im Anhang und immer wieder – an verschiedenen Stellen des Buches – Zusammenfassungen in Form von Methoden und Info-Kästen zur systematischen Kennzeichnung von Arbeitsmethoden, Textarten, rhetorischen Figuren, Analyse- und Argumentationsformen sowie Hintergrundwissen zur Biografie von Autoren und zur Zeitsituation.

Sequenzialität

Die einzelnen Unterrichtseinheiten stellen in der Regel eine Folge von Texten bzw. Materialien dar, die in bestimmter didaktischer Absicht **aufeinander bezogen** und **miteinander verknüpft** sind. **Gesichtspunkte** können dabei zum Beispiel sein: vom inhaltlich und sprachlich Einfachen zum Komplexen, traditionell versus neuartig, offene Form versus geschlossene Form, Primärtext versus Sekundärtext, Handlungstext versus Theorietext, Offenheit/Provokation versus Zusammenfassung/Kompromiss. Eine solche Anordnung der Texte, durch welche der jeweilige Einzeltext sich oft schon durch seinen Bezug zu anderen Texten erschließt, kann auch dazu beitragen, dass der Schüler sein Arbeitsbuch möglichst selbstständig zu nutzen lernt. Als Beispiel: Im Schülerband wird die offene und die geschlossene Form des Dramas an inhaltlich vergleichbaren Zusammenhängen vorgestellt (Lessing: Nathan der Weise – Georg Büchner: Woyzeck). Ähnliche inhaltliche und sprachliche Vergleiche ergeben sich bei der Zusammenstellung von Kurzprosa, Lyrik u. a.

Analytische und handlungs- und produktionsorientierte Verfahren

Neben den bewährten Formen der analytischen Bearbeitung von Texten (Text- und Strukturanalyse) sind auch operative bzw. handlungsorientierte und kreative Verfahren berücksichtigt. Auf den Seiten 106 ff. des Schülerbandes wird das produktionsorientierte Verfahren exemplarisch vorgestellt, in vielen Unterrichtseinheiten sind entsprechende Arbeitsvorschläge integriert. Bei diesen Verfahren geht es vor allem darum, Schülern die **sinnlich-individuelle Aneignung von Literatur zu ermöglichen** und damit die Wahrnehmungssensibilisierung zu steigern und Angebote für eine Identitätsentwicklung zu machen.
(Eine systematische Auflistung von handlungs- und produktionsorientierten Verfahren findet sich im Lehrer- und Materialienband auf S. 72 f.)

Fächerübergreifende Verfahren (der „Blick über den Tellerrand des eigenen Faches“)

Vorschläge für projektorientierten Unterricht (mit produktbezogener Intention bzw. fächerverbindendem Unterricht, als themen- oder problembezogene Kooperation mehrerer Fächer) finden sich zum Beispiel im Schülerband auf den Seiten 59, 73, 155, 267, 303, 317. Auch das Inhaltsverzeichnis gibt zu derartigen Arbeitsformen genaue Auskunft. Ein besonderer Zusammenhang zwischen den Fächern *Deutsch*, *Kunst* und *Geschichte* wird immer wieder hergestellt (vgl. z. B. die literarische Epoche der Romantik, Schülerband, S. 243 ff.).

Aneignung von Basiswissen

Das Kapitel *Basiswissen Deutsch* im hinteren Teil des Schülerbandes (S. 318 ff.) hat eine besondere Funktion. Hier werden für den Schüler wichtige Zusammenhänge bereitgestellt, auf die er immer wieder bei seiner Arbeit zurückgreifen kann:

- **Zentrale Schreibformen wie Inhaltsangabe, Protokoll, Charakteristik**
  Auf derartige Formen wird bei den Arbeitsanregungen immer wieder Bezug genommen; zum Beispiel ist die Fähigkeit, eine Inhaltsangabe zu erstellen, eine der Voraussetzungen, um einen Text zu analysieren bzw. zu interpretieren. An dieser Stelle des Buches können die Schüler diese und andere Schreibformen nachlesen.
- **Arbeitstechniken und Methoden**
  Die Kenntnis derartiger Techniken ist notwendig, damit der Schüler sich möglichst selbstständig Inhalts- und Themenbereiche erschließen kann (vgl. Schülerband, S. 335 ff.); gemeint sind hier z. B. die Makrotechniken, ein Referat vorzubereiten und zu halten, mit Zitaten und Quellen richtig umzugehen, aber auch einzelne Visualisierungstechniken wie Schaubild/Übersicht, Mindmap oder Diagramm zu beherrschen.
- **Überblick zur Rechtschreibung und Kommasetzung**
  Hier wird den Schülern in komprimierter Form ein kurzer systematischer Überblick über die wichtigsten Probleme der Rechtschreibung und Zeichensetzung angeboten, zugleich erhalten sie auch die Möglichkeit, entsprechendes Übungsmaterial (S. 342 f.) durchzuarbeiten und auf diese Weise mögliche Defizite auszugleichen.
- **Zusammenfassung der wichtigsten Regeln zur Grammatik/Reflexion über Sprache** im Hinblick auf die zentralen Bereiche *Wort- und Satzlehre, Bedeutung, Kommunikation und Sprachzeichen, Sprachhandlungen*

Methoden und Arbeitsweisen

Im Schülerband und Trainingsheft „Deutsch in der Oberstufe“ sowie im Lehrer- und Materialienband werden die unterschiedlichen fachspezifischen und fachübergreifenden Methoden immer wieder einbezogen. Insofern wird mit einer derartigen integrierenden Erarbeitung ein Selbstzweck von Methoden ausgeschlossen. Methoden werden hier als „Schlüsselqualifikationen“ verstanden, die den Schülern das Lernen erleichtern können. Insofern sind Unterrichtsmethoden in erster Linie nicht „Handwerkszeug“ des Lehrers und „Methoden des Lehrens“, sondern sie weisen auf notwendige Kompetenzen und Grundfertigkeiten hin, die der Schüler im Sinne des selbstständigen „Lernen-Lernens“ erwerben muss, sie sind also als Methoden des Lernens zu verstehen. Lernen ist ein subjektiver kognitiver Prozess (s. o.), bei dem sich Schüler selbst individuelle Lernstrategien und Vorstellungen bilden. Insofern ist das Erlernen von Methoden des selbstständigen Wissenserwerbs für den Schüler besonders wichtig.
Diese Methoden müssen den Schülern zunächst vermittelt werden, bevor sie diese selbstständig anwenden können. Die Vermittlung der Methoden kann dabei nur im Bezug zu den o. g. Sachverhalten des Faches erfolgen, das heißt hier: Methoden lassen sich erst am Beispiel von unterrichtlichen Sachzusammenhängen des Faches *Deutsch* realisieren, also im Zusammenhang mit den Bereichen des Deutschunterrichts *Sprechen und Schreiben, Umgang mit Texten, Reflexion über Sprache und Kommunikation.*

Bei der folgenden Auflistung der wichtigsten Methoden für den Deutschunterricht wird nicht differenziert zwischen Methoden (eher auf geistige Prozesse zu beziehen) und Arbeitstechniken (eher auf Handwerkliches zu beziehen):

- Übungsmethoden, zum Beispiel im Bereich der Rechtschreibung und Grammatik,
- Methoden zum Vortragen, Vorlesen, Referieren,
- Methoden zum Nachschlagen in Verzeichnissen (zur Orientierung/zur Wiederholung),
- Methoden zum Erlernen elementarer Lern- und Arbeitstechniken (exzerpieren, markieren, nachschlagen, Notizen machen, protokollieren, gliedern),
- Methoden zum Überarbeiten eigener Texte, zum Beispiel: umstellen, ersetzen, erweitern,
- Methoden zur Interpretation/Analyse in Form der Anwendung bestimmter Leitfragen an Texte,
- Methoden handlungsorientierter/produktionsorientierter/operativer Zugriffe auf Texte,
- Methoden zur Veranschaulichung/Visualisierung/Präsentation.

Im folgenden Abschnitt werden die entsprechenden methodischen Bausteine im Einzelnen aufgeführt.

Fachspezifische methodische Bausteine

Zur Arbeit mit Texten/Zum Textverstehen

Lesestrategien

- in einem Text gezielt nach Informationen zu einer bestimmten Thematik suchen: **überfliegendes Lesen**
- bestimmte Abschnitte eines Textes gezielt nach Informationen zu einem Thema durchsehen: **selektives Lesen**
- den Inhalt eines Textes sichern, indem man W-Fragen (Wer? Was? Wann? Wo? Wie? Warum? Welche Folgen?) stellt und diese beantwortet: **inhaltssicherndes Lesen**
- sich über einen längeren Text einen ersten Überblick verschaffen, indem man Überschriften, Inhaltsverzeichnis und Klappentext liest: **orientierendes Lesen**
- die Struktur eines Textes herausfinden, indem man nach Sinnabschnitten gliedert, diese im Text markiert und/oder sich Stichworte zum Inhalt der Abschnitte am Rand notiert: **strukturierendes Lesen**
- sprachliche Auffälligkeiten im Text wie Kernaussagen, Signalwörter, problematische Aussagen unterstreichen (und ggf. herausschreiben): **markierendes Lesen**
- Reaktionen, Fragen, persönliche Wertungen stichwortartig am Rand notieren: **kommentierendes Lesen**
- einen Text Zuhörern vortragen: **sinngestaltendes Lesen**

Methoden zur Vorstellungsaktivierung (Anregungen für die Vorstellungsbildung und für die Deutung)

- Vorlesen durch den Lehrer (Lehrervortrag)
- Vorlesen durch Schüler (Schülervortrag)
- Assoziationen zur Überschrift (mündlich oder schriftlich)
- Assoziationen zum Text (mündlich oder schriftlich), zum Beispiel mithilfe des *Brainstormings,* des *Blitzlichts*
- Textstellen („Kernstellen“) benennen, die einem als besonders wichtig erscheinen, die Auswahl begründen
- zergliederndes Erlesen (insbesondere bei kürzeren Texten oder Textauszügen); gemeint ist das genaue Lesen Abschnitt für Abschnitt und Satz für Satz; dabei werden einzelne Aussagen geklärt und eine antizipierende Auseinandersetzung mit dem weiteren Verlauf des Textes in Gang gebracht
- einzelne Textstellen, in denen das Geschehen nur angedeutet ist, entfalten und dabei die Leerstellen ausfüllen
- ausgelassene Textstellen (Lücken) ergänzen
- sich (auch mithilfe fantasievoller Ausschmückungen) konkrete Vorstellungen von einer Figur in einem Text machen
- anderen einen Text nahebringen (zum Beispiel durch einen vorbereiteten Lesevortrag, durch das Lesen mit verteilten Rollen, durch spielerische Umsetzung ...)

Methoden text- und sprachanalytischer Arbeit und interpretierender Erschließung
(Das analysierende bzw. interpretierende Vorgehen kann zwanglos aus der Vorstellungsaktivierung entwickelt werden.)

- texterschließende Leitfragen zum Inhalt
- Beziehungen zwischen Titel und Text herstellen

- Figuren des Textes charakterisieren
- textartspezifische Merkmale (Epik, Lyrik, Dramatik, Sachtexte) benennen
- Beschreibungen von Handlungsschauplätzen und Gegenständen und deren symbolträchtige Bedeutung untersuchen
- den Text gliedern (zum Beispiel mithilfe des Mindmappings oder anderer Strukturierungsmöglichkeiten)
- Zeitstruktur und Perspektive herausstellen
- sprachliche Mittel und deren Funktion nachweisen
- textexterne Gesichtspunkte berücksichtigen, zum Beispiel historische Zusammenhänge (Entstehungszeit) und gesellschaftlich-politische Zusammenhänge (der Entstehungszeit und der heutigen Zeit)
- Vergleich mit anderen Texten (Thema, Motiv, Struktur, Stil, Textart)

(Auflistung unter Benutzung von Kaspar H. Spinner: Moderne Kurzprosa in der Sekundarstufe I, Schroedel Verlag, Hannover [4]1990, S. 71 ff.)

Kritische bzw. ideologiekritische Verfahrensweisen
- reflektiert lesen (setzt die Fähigkeit zur Metakommunikation voraus)
- nach den hinter einem Text stehenden gesellschaftlichen Interessen fragen
- auf Texte mit anderen Texten kritisch antworten und ggf. für die eigene Kritik Öffentlichkeit herstellen

Operative, produktiv-verändernde Verfahren
- den Schluss eines Textes schreiben oder den vorgegebenen Schluss verändern
- umformulieren (zum Beispiel Perspektivenwechsel)
- die Textart verändern, in ein anderes Medium (Bild, Strukturskizze, Soziogramm, Musik, Bewegung) übertragen
- Alternativen entwerfen (zum Beispiel persiflieren)
- übersetzen (in eine andere Sprachebene oder Ausdrucksform übertragen)
- Umsetzung in Rollenspiel und Simulation
- Inszenierung eines Textes
- einen neuen Text mit neuem bzw. verändertem Inhalt nach dem Vorbild des erarbeiteten „Modell"-Textes schreiben

(Vgl. hierzu die Hinweise im Schülerband, vor allem S. 106, und im Lehrer- und Materialienband, S. 71 ff.)

Zu den Bereichen *Sprechen und Schreiben*

Methoden argumentativer und rhetorischer Strategien
- sachbezogen diskutieren
- zielgerichtete Argumentationen aufbauen (mündlich und schriftlich)
- passende Gesprächsformen auswählen
- Reden halten
- referieren und präsentieren

Formen kommunikativen Schreibens (zum Beispiel appellieren, argumentieren, klären, informieren)
- mithilfe von Textformen, die in der Öffentlichkeit vorkommen, selbst in Diskussionen der Öffentlichkeit eingreifen und eigene Interessen artikulieren (zum Beispiel Leserbrief, Plädoyer, Essay, Rezension)
- Texte (als „Dienstleistung") für bestimmte Adressaten verfassen (zum Beispiel Protokoll, Facharbeit; vgl. dazu vor allem das Kapitel „Basiswissen Deutsch", Schülerband, S. 318 ff.)

Arbeitstechniken für das Schreiben
- Zitieren (Schülerband, S. 87)
- Bibliografieren (Schülerband, S. 88)
- Exzerpieren (Schülerband, S. 88 f.)
- selbst verfasste Texte überarbeiten (Schülerband, S. 89)

Formen heuristischen Schreibens zur Förderung von Verstehensprozessen
(vgl. auch den Bereich *Arbeit mit Texten*)
- reflexive Prozesse und die Ausformung eigener Standpunkte durch Verschriftlichung festigen
- textbezogen schreiben als Form der Selbstverständigung und Klärung eigener Vorstellungen (einschließlich produktionsorientierter Schreibformen im Umgang mit Literatur)

Formen analytischen und interpretierenden Schreibens
- Methoden zur Erschließung und Interpretation von Kurzepik und Romanauszügen (Schülerband, S. 97 ff.)
- Methoden zur Erschließung und Interpretation lyrischer Texte (Schülerband, S. 161 f.)
- Methoden zur Erschließung und Interpretation dramatischer Texte/Dramenausschnitte (Schülerband, S. 147 f.)
- Methoden zur Analyse von Sachtexten (Schülerband, S. 171 f.)
- Methoden zum Verfassen einer (textgebundenen) Erörterung (Schülerband, S. 78 f., 177 f.)
- Methoden zur Erschließung von Filmen/Filmausschnitten (Schülerband, S. 121, 327 ff.)

Formen freien und kreativen Schreibens
- Freude am eigenen Ausdruck und an experimentellen Versuchen fördern
- eigene Erfahrungen fiktionalisieren (Schülerband, S. 107 f.)

Zum Bereich *Reflexion über Sprache*

(Der Bereich meint sowohl ein Grundprinzip des Deutschunterrichts, das alle Teilbereiche des Deutschunterrichts betrifft, als auch einen eigenen Teilbereich, in dem es darum geht, Sprache und ihre Funktion in Textzusammenhängen zu reflektieren, und zwar bezogen auf die Bereiche *Wort, Satz, Bedeutung* und *Kommunikation/Sprachhandeln.)*
- Methoden zur Untersuchung sprachlicher Formen und ihrer Funktionen in Texten (vgl. auch: Zur *Arbeit mit Texten*/Zum *Textverstehen)*
- eine Beschreibungssprache (zum Beispiel auch grammatische Terminologie) zur Kennzeichnung sprachlicher Strukturen aufbauen und anwenden
- operationale Verfahren anwenden, um Einsichten in sprachliche Strukturen zu gewinnen (zum Beispiel stilistische Möglichkeiten der Ersatzprobe, Verschiebeprobe, Weglassprobe, Erweiterungsprobe, s. Schülerband, S. 90 f.)

Zum Bereich *Rechtschreibung*

Grundprinzipien als allgemeine Grundlagen des Schreibens erkennen
Diese Grundprinzipien gelten nicht absolut, sondern im Zusammenhang mit anderen und sind entsprechend zu relativieren, zum Beispiel:
- **Lautprinzip**: schreiben, wie man spricht. Etwa 50 % der deutschen Wörter sind lauttreu; man kann sie als „Mitsprechwörter" so schreiben, wie man spricht. Dieses Prinzip gilt aber nicht absolut (Beispiel: Dem lang gesprochenen Vokal <o> entsprechen drei unterschiedliche Schreibungen: S**oh**n, T**o**n, B**oo**t).
- **Stammprinzip**: Gleiches möglichst gleich schreiben (Beispiele: Pla**tz** – pla**tz**ieren; ti**pp**en – Ti**pp**; Aufwand – aufw**ä**ndig; Gr**äu**el – gr**au**enhaft)
- **Grammatisches Prinzip**: grammatische Regularitäten beachten (Beispiel: Schreibung bestimmter Wortarten)
- **Prinzip der Homonymie**: gleich klingende Wörter mit unterschiedlicher Bedeutung unterschiedlich schreiben (Beispiele: **Lied** – **Lid**; **Saite** – **Seite**)

Entsprechend ergeben sich **Methoden und Tipps** für die Praxis der Rechtschreibung, zum Beispiel:
- deutlich sprechen und genau hinhören („Mitsprechwörter")
- die Schreibweise einprägen durch genaues Hinsehen und sorgfältiges Schreiben („Merkwörter")
- Rechtschreibregeln und Grammatikwissen anwenden, Schreibweise ableiten („Nachdenkwörter")
- Bedeutungen beachten
- Wörterbuch benutzen (der allgemeinste, umfassendste, aber zugleich auch wichtigste Tipp)

Individuelle Förderung

Die individuelle Förderung des Schülers als Leitidee basiert
- auf einer Veränderung der Lernkultur,
- auf einer strukturellen Umorientierung des Schulalltags.

Sie setzt **Methodenkompetenz** (s. o.) und eine funktionierende kollegiale Struktur voraus und fordert vom Schüler **die Fähigkeit zum selbstregulierten Lernen**; dies basiert auf einer systematischen Erhebung des Lernstandes in Form diagnostischer Tests und Formen der Selbstevaluation. Die individuelle Förderung realisiert sich in **binnendifferenzierenden dezentralen Arbeitsformen** (wie Partner- und Gruppenarbeit, Projektarbeit). Der Lernende akzeptiert dabei **standardorientierte Kompetenzerwartungen** (vgl. Aufgabenstellungen und Operatoren, siehe Schülerband, S. 360) zum Zentralabitur und versucht, diese zu erfüllen.

Kompetenzorientierung

Spätestens seit Erscheinen der ersten PISA-Studie hat sich in der deutschen Schullandschaft ein Paradigmenwechsel vollzogen, der bis in die verborgensten Strukturen des Unterrichts vorgedrungen ist. Die **Sicherung der Bildungsqualität** geschieht vor allem durch die Standards bzw. die zentralen Prüfungen (zum mittleren Bildungsabschluss und zum Abitur).

Zum Feststellen der Kompetenz (des Schülers) sind genaue **Kompetenzkriterien** notwendig. So gehören zum Beispiel zum Schreiben u. a. folgende Teilkompetenzen (zum Planen, Formulieren, Überarbeiten):
- in flüssiger Weise geschriebene Sprache produzieren,
- Ideen und Einfälle finden,
- Schreibkonventionen beherrschen,
- beim Schreiben die Sicht eines Lesers einnehmen,
- über Geschriebenes nachdenken und es beurteilen.

Gefragt ist eine **fachliche Kompetenz**, die Schüler benötigen, um die funktional unterschiedlichsten Texte zu schreiben und zu überarbeiten. Es geht dabei nicht um „träges" Wissen und „Terminologiewissen", sondern um eine an Textfunktionen orientierte grammatische und stilistische Kompetenz. Dies bedingt folgende Konsequenzen im Hinblick auf die Unterrichtspraxis des Schreibens:
- Lernszenarien planen, die den Anschluss an die Lebenswirklichkeit beachten,
- Leseaufgaben aus authentischen und glaubwürdigen Kontexten entwickeln,
- „Revisionskompetenz" der Schüler im Auge haben, d. h. Überarbeitungs- und Leseaufgaben auch auf Schülertexte beziehen,
- Textproduktion und Textverstehen als Wechselspiel betrachten,
- Vorwissen klären und fachliches Wissen erweitern.

Unter dem Aspekt der Förderung des Schülers ist es besonders wichtig, dem Schüler **Strategiewissen für Prüfungen** zu vermitteln (vgl. dazu auch die Trainingsvorschläge für Schulaufgaben und schriftliches Abitur im Schülerband, s. o.).

Entgegenzuarbeiten ist der Gefahr, dass das neue Programm der Standard- und Qualitätssicherung eine Ausrichtung des Unterrichts vorrangig auf rein kognitiv-fachliche Kompetenzen begünstigt und personale, motivationale, soziale und methodische Kompetenzen vernachlässigt. Ein solcherart isoliertes Wissen (z. B. das ausschließliche, isolierte „Pauken" der „Sternchenthemen" für das Abitur) stünde in der Gefahr, zu „trägem Wissen" zu werden.

Selbst gesteuertes und selbst kontrolliertes Lernen setzt die Fähigkeit des Schülers zur **Selbstevaluation** und **Selbstdiagnostik** voraus. Schüler bewerten einerseits ihr eigenes Lernverhalten; Lehrer erbitten vom Schüler andererseits eine Rückmeldung über die Qualität ihres Unterrichts.

Zu einer **Ethik des Beurteilens** von Unterricht gehört vor allem, dass niemand an den Pranger gestellt werden darf. Unverzichtbar ist auch das Feedback: Ohne eine Besprechung der Bewertungskriterien und ohne eine Besprechung der Ergebnisse ist Evaluation nutzlos.

Aus den Bewertungsergebnissen müssen auch Konsequenzen gezogen werden hinsichtlich eines Versuchs, Unterricht, Lernverhalten und soziales Verhalten zu korrigieren, zu verbessern. Ein Vorteil von Evaluationsverfahren liegt vor allem darin, dass sich Lehrer und Schüler durch Anwendung transparenter und dialogischer Verfahren mit der Zeit Reflexionswissen über das Lernen im Sinne einer „diagnostischen Sensibilität" verschaffen. Auch dies ist ein wichtiger Beitrag zum „Lernen des Lernens".

Für die Evaluation von Belang im Sinne eines **guten Deutschunterrichts** sind zum Beispiel

- die **Inhaltsebene** des Unterrichts,
- die **Kompetenzebene** des Unterrichts, zum Beispiel Schlüsselqualifikationen wie der Erwerb von relevanten Arbeitstechniken (vgl. Schülerband, S. 87 ff., 335 ff.), bzw. die Fähigkeit zur Anwendung, zum Transfer und zur Reflexion von Wissen,
- die **erzieherische** Ebene des Unterrichts (Unterricht findet immer im Rahmen sozialer Interaktion statt; Kriterien guten Unterrichts sind in diesem Sinne zum Beispiel Gelassenheit und Geduld beim Lehrer und bei Schülern; Erfahren von Mut, Ermutigung, Freundlichkeit; Abbau von Leistungsängsten; Selbstverantwortung der Lernenden).

Für die Selbstevaluation des Schülers empfehlen sich folgende Fragestellungen:

- Habe ich die Aufgabenstellung verstanden?
- Wie habe ich mich bei dieser Aufgabe gefühlt?
- Was habe ich heute/in dieser Stunde/bei der Arbeit an diesem Text gelernt?
- Was habe ich zur (gemeinsamen) Arbeit beigetragen?
- Ich möchte gerne in der Zukunft ...
- Was ich sonst noch mitteilen möchte ...

Zum Zweck der Unterrichtsbeurteilung durch Schüler empfehlen sich vor allem folgende Fragerichtungen:

- Was finden Sie an meinem Unterricht gut, was sollte beibehalten werden?
- Was finden Sie nicht so gut, was sollte sich deshalb ändern?
- Was vermissen Sie in meinem Unterricht, was sollte also neu hinzukommen?

Beispiel: Beurteilung der Qualität des Unterrichts durch Schüler

Liebe Schülerinnen und Schüler,

ich hätte gern von Ihnen eine Rückmeldung über die Qualität meines Unterrichts. Bitte füllen Sie diesen Fragebogen durch Ankreuzen aus. Beachten Sie, dass in der oberen Zeile immer der Ist-Zustand bewertet wird und in der unteren Ihre Wunschvorstellungen eingetragen werden. Ich werde die Ergebnisse mit Ihnen besprechen. Die Anonymität Ihrer Antworten gewährleiste ich selbstverständlich.

❑ ich bin männlich ❑ ich bin weiblich

Der Unterricht

			❑ Ist-Zustand ❍ Soll-Zustand
1.	... ist stark auf Stoffvermittlung ausgerichtet	❑ ❑ ❑ ❑ ❑ ❍ ❍ ❍ ❍ ❍	... ist wenig auf Stoffvermittlung ausgerichtet
2.	... fördert mich über Stoffvermittlung hinaus	❑ ❑ ❑ ❑ ❑ ❍ ❍ ❍ ❍ ❍	... fördert mich nicht über Stoffvermittlung hinaus
3.	... ist interessant aufbereitet	❑ ❑ ❑ ❑ ❑ ❍ ❍ ❍ ❍ ❍	... ist nicht interessant aufbereitet
4.	... hat erkennbare Ziele	❑ ❑ ❑ ❑ ❑ ❍ ❍ ❍ ❍ ❍	... hat keine erkennbaren Ziele
5.	... ist verständlich angelegt	❑ ❑ ❑ ❑ ❑ ❍ ❍ ❍ ❍ ❍	... ist nicht verständlich angelegt
6.	... spricht schöpferische Fähigkeiten an	❑ ❑ ❑ ❑ ❑ ❍ ❍ ❍ ❍ ❍	... spricht schöpferische Fähigkeiten nicht an
7.	... bereitet die Schulaufgaben gut vor	❑ ❑ ❑ ❑ ❑ ❍ ❍ ❍ ❍ ❍	... bereitet die Schulaufgaben nicht gut vor
8.	... überfordert	❑ ❑ ❑ ❑ ❑ ❍ ❍ ❍ ❍ ❍	... überfordert nicht
9.	... lässt eigene Arbeitsweisen zu	❑ ❑ ❑ ❑ ❑ ❍ ❍ ❍ ❍ ❍	... lässt eigene Arbeitsweisen nicht zu
10.	... behandelt Jungen und Mädchen gleich	❑ ❑ ❑ ❑ ❑ ❍ ❍ ❍ ❍ ❍	... behandelt Jungen und Mädchen nicht gleich
11.	... ist problemorientiert	❑ ❑ ❑ ❑ ❑ ❍ ❍ ❍ ❍ ❍	... ist nicht problemorientiert
12.	... hilft bei der Berufsorientierung	❑ ❑ ❑ ❑ ❑ ❍ ❍ ❍ ❍ ❍	... hilft nicht bei der Berufsorientierung
13.	Mein Kommentar:		

(nach: Guy Kempfert/Hans-Günter Rolff, Qualität und Evaluation © 4. Auflage 2005 BELTZ Pädagogik in der Verlagsgruppe Beltz, Weinheim & Basel)

Didaktische Beschreibung der einzelnen Kapitel

Grundfragen zwischenmenschlicher Kommunikation

Kommunikation – Verständigung zwischen Menschen

Seite 16 **Aufgabe 1**

Gruppierungsmöglichkeiten

a) Kennzeichnung von Kommunikation: Zur Kommunikation gehören mindestens zwei./Es geht dabei um die Beziehung zwischen zwei und mehr Menschen. (Schulz von Thun/Henning/Bateson)
b) Fähigkeit des Menschen zur Kommunikation (Jaspers)
c) Abhängigkeit des Menschen von der Zuwendung und Hilfe anderer Menschen/Keiner kann allein etwas bewirken. (James, Brecht)
d) Missverständnisse/eingefahrene Kommunikationsformen/Konfliktbereinigung (Benary/Tucholsky/Becker)
e) Unterschiedlichkeit der Weltsichten, Besonderheiten, Verhaltensweisen von Kommunikationsteilhabern (Rademacher/von Horvath/Ortwin)
f) Nonverbale Anteile und Formen der Kommunikation (Müller)
g) Vorurteile bei der Kommunikation/Die Schlechten sind die anderen. (Sartre)

Ein jüdisches Gleichnis (Seite 17)

Seite 17 **Aufgaben 1–6**

1. **Tafelbild**

In einem Gleichnis werden zwei Dinge miteinander verglichen.

Hölle/Himmel	**Kommunikation**
Hölle: Das köstliche Gericht kann nicht genossen werden; Löffel sind zu lang; die Menschen sehen blass und elend aus.	Der isolierte Mensch, der unfähig ist, auf den anderen einzugehen, verkümmert.
Himmel: Das köstliche Gericht kann genossen werden. Die Menschen sehen wohlgenährt, glücklich, gesund aus. Sie geben sich gegenseitig zu essen.	Der auf den Mitmenschen bezogene Mensch gelangt zu seinem vollen Lebensglück; er ist einerseits zur Hilfe fähig, andererseits lässt er sich helfen.

2. a) Die Werke „Zuneigung“ und „Loslösung“ von E. Munch verdeutlichen zwei typische Formen der Beziehungskommunikation:
„Zuneigung“: Die beiden Gesichter sind einander zugewandt; die Haare der Frau schließen das Gesicht des Mannes ein; beide im Profil dargestellt; die abstrakte Figur zwischen den Köpfen verbindet Mann und Frau.
„Loslösung“: Die Köpfe von Mann und Frau wenden sich ab; Mann im Rücken der Frau, unterschiedliche Darstellung der Gesichter; sichelartiger weißer Streifen trennt Mann und Frau; kalt wirkender blauer Hintergrund

b) Telefongespräche: Dargestellt sind in karikierend-überspitzter Form drei Situationen mit deutlichem Bezug auf die jeweiligen Adressaten. Im Vordergrund stehen die körpersprachlichen Signale:
- Telefon-Gespräch mit der Ehefrau: Nichtbeachtung; Telefon klingeln lassen, Zeitunglesen geht vor
- Chef: devotes Verhalten, Bücklinge
- Klempner: auf den Knien bittend, um den Klempner zum Kommen zu bewegen

3. **Beispiel**

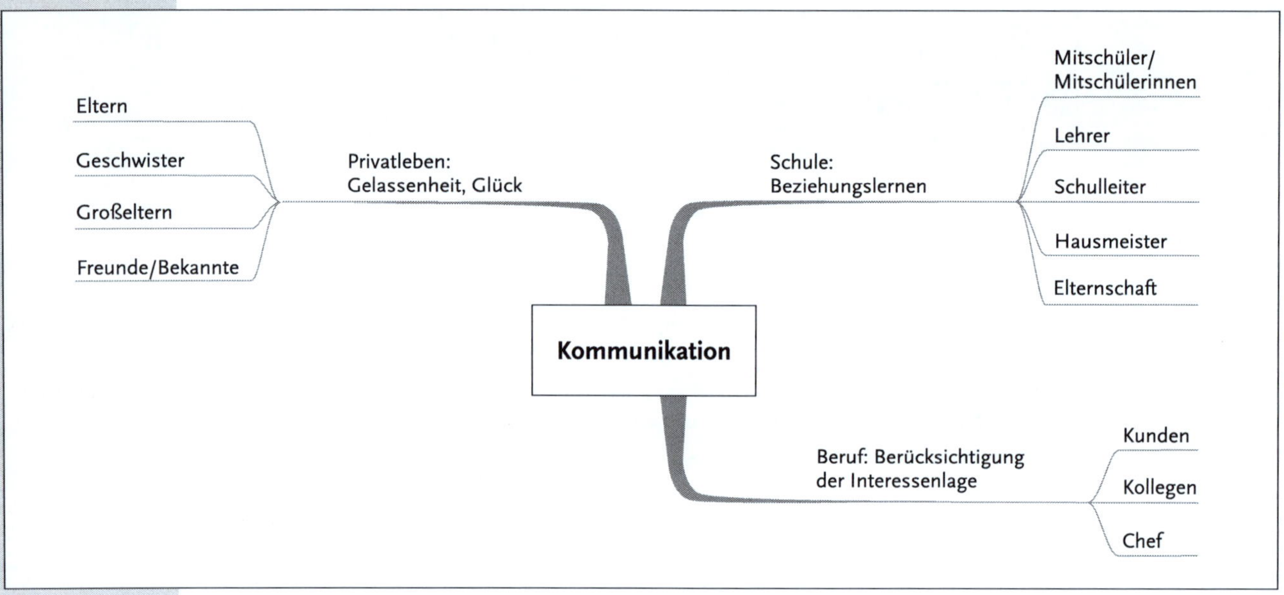

4.
- Zwischen Apparaten/Computern findet eine festgelegte, programmierte Kommunikation statt; menschliche Kommunikation ist von anderer Art (vgl. Aphorismen, Schülerband, S. 16 f.)
- Beziehungsverhalten zwischen Menschen mit unterschiedlichen Meinungen, Erfahrungen, Weltbildern
- Möglichkeit von Missverständnissen und Konflikten
- Angewiesensein des Menschen auf Kontakt mit anderen

5. Die individuellen Lösungen können verglichen werden; zu achten ist insbesondere auf:
- parasprachliche Signale: Geschwindigkeit, Lautstärke, Betonung,
- nonverbale Mittel: Gestik, Mimik, Körperhaltung.

6. Individuelle Lösungen: Schwerpunkt/Ergebnis der Diskussion könnten z. B. sein (als **Tafelbild**):

- Körperausdruck ist der Ausdruck innerer Bewegung: Gefühle, Wünsche, Erwartungen drücken sich durch unseren Körper aus.
- Ein einziger Blick, eine Gebärde, auffallende Geste, Handbewegung sagt oft mehr aus als Worte.
- Niemand kann sich der Körpersprache entziehen oder sie unterdrücken; sie ist oft spontan; umso mehr sollten wir lernen, darauf zu achten bzw. sie beim anderen Menschen deuten zu lernen.
- Gespräche und Begegnungen können erfolgreicher verlaufen, wenn wir auf körpersprachliche Signale achten.
- Es gibt Augenblicke, in der die verbale Sprache verstummt; die Körpersprache bleibt jedoch immer bestehen, denn der Mensch kann sich „nicht nicht verhalten", daher auch „nicht nicht kommunizieren".
- Oft drückt sich besonders Widerspruch stärker durch Körperverhalten als durch Worte aus (z. B.: verschlossenes Gesicht, gerunzelte Stirn, Kopfschütteln, skeptischer Blick).
- Passende Körpersprache muss man lernen.

Seite 18 **Aufgabe 7**

Mögliche Lösungen/Beispiele

a) sich mit jemandem auseinandersetzen/jemandem etwas erklären; interessierte Zuwendung; Handbewegungen zur Erläuterung (klares Konzept?): „... Das kann ich Ihnen ziemlich genau erklären, das ist nämlich so ...!"

b) freundliche Zuwendung; Lächeln: Finger der linken Hand weisen in den Handteller; Finger der rechten Hand als geschlossene Barriere, Daumen in dominanter Stellung (Selbstzufriedenheit?): „... Da stimmen Sie mir doch zu, nicht wahr?"

c) Stirnrunzeln, ernster, skeptischer Blick auf den Kommunikationspartner; Hände zusammengeschlossen (Abwehr? Skepsis?): „... Also, das verstehe ich jetzt aber gar nicht ...!"

Seite 19 **Aufgabe 1**

Lösungen

Die Formulierung von **Kommunikationsregeln** .../Unter **Mobbing** .../**Mobbing** unter Kollegen/**Mobbing** von oben nach unten/**Mobbing** von unten nach oben/Sexuelles **Mobbing/Killerphrasen** sind Wendungen .../Es ist wichtig, **Ich-Botschaften** statt .../Für ein Gespräch ist **aktives** Zuhören ...

Für eine Einordnung zu einzelnen Punkten im Info-Kasten ist es sinnvoll, die kommunikationsbehindernden und -fördernden Zusammenhänge gegenüberzustellen und einzelne Fragen zu formulieren:

- Warum sind Killerphrasen für ein Gespräch/eine Diskussion abzulehnen? (Verallgemeinerungen, Herabsetzung des Kommunikationspartners können offene Kommunikation abrupt beenden.)
- Warum sind Gerüchte und Tratsch nicht kommunikationsförderlich?
- Wie lassen sich Missverständnisse bei der Kommunikation vermeiden, nachträglich klären?
- Warum sind Ich-Botschaften besser als Du-Botschaften?
- Welche Ursachen und Folgen haben Prozesse der Gruppenbildung?

Martin Suter: Sandra Segmüllers Frauenbonus (Seite 20)

Seite 20 **Aufgaben 1–4**

1. Zwei weibliche Angestellte (Susi und Annette), offenbar zurzeit Kolleginnen, beide demnächst aber Weisungsgebundene von Sandra Segmüller, sprechen miteinander über die neue Führungskraft Sandra Segmüller, die das bisherige Mitglied im Direktorium, Herrn Bürgy, ablöst; sie reden auch über andere:

- Spahn: rettet seinen Ehefrieden, indem er dafür sorgt, dass Segmüller als erste Frau in das Direktorium einzieht

- Frau Spahn: militant
- Sandra Segmüller: trägt Business-Anzüge für die elegante Karrierefrau; keine schönen Beine; nicht besonders hübsch; durchtrieben
- Beziehung der beiden Sprecherinnen zu den anderen: gehässig gegenüber S. Segmüller, dem zukünftigen Mitglied im Direktorium; verärgert über die Berufung einer Frau
  Geringschätzung von Frauen in der höheren Führungsebene (Z. 32, Z. 49 f.); Absprache, es ihr nicht leicht zu machen (Z. 53 ff.)

2./3. Die besondere Pointe am Schluss des Textes besteht darin, dass sich hier zwei Frauen unterhalten. Im Zusammenhang mit der Überschrift erhält der Text damit eine besondere satirische Ausrichtung: Zwei Frauen lästern darüber, dass es einer Kollegin gelungen ist, in die Führungsebene vorzustoßen (Missgunst, Neid, Gehässigkeit, Mobbing). Dies sollte bei einem Vortrag des Textes deutlich gemacht werden.

4. Vermutliche Intention: Verhalten der beiden Gesprächspartnerinnen als unsolidarisches Verhalten anprangern; Autor macht sich vielleicht auch lustig über die beiden Frauen, die, anstatt der neuen weiblichen Führungskraft beizustehen, über sie klatschen und damit die berufliche Emanzipation von Frauen behindern.

Kommunikation: Erklärungsansätze und Modelle

Karl Bühler: Die Leistung der Sprache als Werkzeug zur Mitteilung (Seite 21)

Seite 21 **Aufgabe 1**

Tafelbild

Text	Sprachfunktion	Begründung
Renate Anders: Was ich fühle	Selbstausdruck	Sprecher-Ich bringt eigene Gefühle zum Ausdruck.
Protest	Adressatenbezug	Lyrischer Sprecher spricht sein Gegenüber (ihr) direkt an, macht ihnen Vorwürfe, formuliert Kritik an ihrem Verhalten.
Petra Krosen: Halbstarke	Sachbezug	Sprecher stellt einen Sachverhalt dar.

Seite 22 **Aufgaben 1 und 2**

1.

Text	Kommunikativer Grundbezug, der im Vordergrund steht	Weitere Bezüge
Renate Anders: Was ich fühle	Selbstausdruck	*Sachbezug:* Es geht um die Thematik: Einzelperson und ihre Bezüge. *Adressatenbezug:* Der Text ist auch für Leser geschrieben.
Protest	Adressatenbezug	*Sachbezug:* Es geht um folgendes Thema: Jugendliches Aufbegehren gegen verstecktes amoralisches Verhalten von Erwachsenen. *Selbstausdruck:* Text verdeutlicht Verbitterung und Zorn des Verfassers.

Text	Kommunikativer Grundbezug, der im Vordergrund steht	Weitere Bezüge
Petra Krosen: Halbstarke	Sachbezug	*Adressatenbezug:* Text ist für Leser verfasst, die sich informieren wollen. *Selbstausdruck:* Der Text ist von einem Menschen geschrieben worden, der darin seine persönliche Meinung, seine Einstellungen und Gefühle zum Ausdruck gebracht hat.

2\.
Zuordnung von Textarten

- Darstellung/Sachbezug
  Inhaltsangabe, Protokoll, Beschreibung, Sachbuch, mündliche Information, Schulbuch, Reiseprospekt, Dokumentation
- Ausdruck/Selbstausdruck
  Tagebucheintrag, Gedankenlyrik, Konfliktgespräch, Essay
- Appell/Adressatenbezug
  Wahlrede in der Politik, politische Lyrik, Referat, Aufruf, Drama Brechts

In den meisten sprachlichen Mitteilungen sind alle drei Sprachfunktionen enthalten. Welche Funktion dominiert, entscheidet in aller Regel die Absicht des Sprechers/Schreibers.

Beispiel
In einem politischen Gedicht dominiert oft der Grundbezug *Appell,* weil es darum geht, den Leser zu einer bestimmten politischen Einstellung zu animieren. Es wird aber auch der Grundbezug *Darstellung/Sachbezug* angesprochen, weil es auch um einen Sachverhalt/ein Thema geht. Schließlich ist auch der Grundbezug *Selbstausdruck* nachweisbar. Der Text ist von einem Autor verfasst, der seine Gefühle, Einstellungen, Erfahrungen in diesem Text verdichtet hat.

Paul Watzlawick: Menschliche Kommunikation (Seite 22)

Seite 23 **Aufgaben 1–4**

1\. Da man sich „nicht nicht verhalten kann“ und jedes Verhalten eines Menschen für einen anderen einen Mitteilungswert hat, kann man auch „nicht nicht kommunizieren“. Wenn z. B. ein Schüler im Unterricht traurig guckt, auf einen Punkt starrt und nichts sagt, möchte er vielleicht seiner Umgebung mitteilen: „Lasst mich in Ruhe, ich habe im Augenblick mit mir selbst zu tun; ich möchte weder angesprochen werden, noch habe ich im Augenblick ein Interesse daran, mich am Gespräch zu beteiligen.“

2\. **Inhalts- und Beziehungsaspekt der Kommunikation** (siehe auch Abbildung)

- Frau B. könnte die Frage wahrheitsgemäß beantworten: „Nein, das sind keine echten Perlen, es sind Imitate. Ich liebe nämlich Modeschmuck.“ Oder: „Ja, es sind echte Perlen; die hat mir mein Mann zur Silberhochzeit geschenkt.“
  Sie könnte die Frage allerdings auch als Beleidigung verstehen und böse werden, nichts sagen oder sich beleidigt abkehren. Sie könnte auch sagen: „Glauben Sie vielleicht, ich würde falsche Perlen tragen, was unterstehen Sie sich?“
- Erklärungen durch den Text von P. Watzlawick:
  Insbesondere sind hier die Zusammenhänge von Inhalts- und Beziehungsaspekt zu nennen. In der Frage „Sind das echte Perlen?“ ist eine Bitte um Information enthalten (Inhaltsaspekt).
  Zugleich kann in dieser Frage auch eine Einstellung der anderen gegenüber mitschwingen (wie z. B.: Neid, Bewunderung, Freundlichkeit) oder zumindest vom anderen so verstanden werden (Beziehungsaspekt).

Symmetrische und komplementäre Beziehungen
In symmetrischen Beziehungen beruht die Beziehung zwischen den Kommunikationspartnern auf Gleichheit (zwei Schüler oder zwei Lehrer), in komplementären Beziehungen auf der Unterschiedlichkeit im Zusammenhang mit gesellschaftlichen oder kulturellen Zusammenhängen (Lehrer und Schüler/Arzt und Patient/Polizist und Verkehrsteilnehmer).

3./4. In bestimmten Alltagssituationen muss man immer wieder das Kommunikationsverhalten und die entsprechenden sprachlichen Strategien und Mittel ändern: Mit einem Betriebskollegen redet man anders als mit dem Chef, mit einem Mitschüler anders als mit dem Schulleiter.
Für die beiden Gespräche sollte ein aktuelles Thema gewählt werden; der Kurs kann entsprechend in zwei Gruppen geteilt werden (konkrete Arbeit jeweils in kleinen arbeitsgleichen Gruppen). Beim Vergleich kann herausgestellt werden, dass

- bei einer symmetrisch verlaufenden Kommunikation (Schüler – Schüler) das Streben nach Gleichheit zwischen den Partnern üblich ist (schon in der sprachlichen Anrede: Hallo, du, ey, los, mach mal),
- bei einer komplementären Beziehung (Schüler – Lehrer) der Lehrer die superiore Stellung einnimmt; was sich auch bereits an sprachlichen Formulierungen (höfliche Anrede, Bitte um Information o.Ä.) zeigen kann.

Friedemann Schulz von Thun – Modell der vierseitigen Kommunikation (Seite 23)

Seite 24 **Aufgaben 1–6**

1.–4. Die Situation: Sie fährt. Er sitzt auf dem Beifahrersitz. Kurz vor einer Ampel: Er spricht zuerst (Aufforderung? Hinweis? Tonart?). Sie antwortet mit einer Frage, die ihn zurechtweist bzw. ihm deutlich machen soll, dass *sie* das Auto fährt. Die Frau reagiert auf der Beziehungsebene, weil sie die Äußerung des Mannes offenbar als Kritik gegenüber ihrem Fahrverhalten verstanden hat (Mögliche Intention des Mannes: „Du bist auf meine Hilfe angewiesen."), nicht aber als sachlichen Hinweis (Mögliche Intention des Mannes: „Ich will dir mitteilen, dass die Ampel grün ist."). Wenn die Frau die Äußerung des Mannes anders verstanden hätte, würde sie darauf wahrscheinlich auch anders reagieren.
Dies kann im Einzelnen mithilfe eines **Tafelbildes** entwickelt werden:

Was der Mann meinen könnte	Wie die Frau auf die Botschaft reagieren könnte
„Die Ampel ist grün." (Sachebene)	„Danke für den Hinweis. Das habe ich gerade auch gesehen."
„Ich habe es eilig." (Selbstoffenbarung)	„Warum hast du es denn so eilig? Wir haben doch Zeit."
„Gib Gas!" (Appell)	„Ich möchte aber nicht schneller fahren."

5. In einer Nachricht ist oft – durch verbale oder halb verbale oder nonverbale Signale übermittelt – eine dominante Botschaft enthalten:

- Selbstoffenbarung
- Sachinhalt
- Beziehung
- Appell

So eindeutig aber funktioniert Kommunikation nicht immer, d.h., eine Nachricht kann mehrere Botschaften enthalten. Dies ist auch die Quelle von Missverständnissen. Da beide recht haben (der eine meint, dieses gesagt zu haben; der andere meint, dieses gehört zu haben), können derartige Missverständnisse nur durch gemeinsames Besprechen und Aufdecken (Metakommunikation) gelöst werden.

6. Die Aufgabe ist nur individuell lösbar. Beispiel:

Er: Habe ich jetzt zu laut gesprochen? Ich wollte dich nicht kritisieren oder bevormunden, sondern nur informieren.
Sie: Du wirktest aber sehr erregt!
Er: Ja, stimmt vielleicht ... Ich hatte nämlich den Eindruck, du hättest die Ampel übersehen!
Sie: Habe ich nicht! Ich passe schon auf.
Er: Dann entschuldige bitte meine Reaktion.
Sie: Schon in Ordnung mein Lieber; ich weiß doch schon lange, dass du ein schlechter Beifahrer bist.
Er: So ist es. Aber ich werde mich bessern.
Sie: Das ist nett von dir, mein Schatz!

Friedemann Schulz von Thun: Zwischenmenschliche Kommunikation – die vier Seiten einer Nachricht (Seite 25)

Seite 26 **Aufgaben 1 und 2**

1. Einzusetzen sind folgende Begriffe: Sender, Empfänger, Nachricht, Feedback, Botschaften, Kommunikation, eine Sachinformation, Selbstoffenbarung, Beziehung, Appell.

2. Botschaften der Nachricht:

- Beziehung
- Sachinhalt
- Appell
- Selbstoffenbarung

Das Modell macht das Beziehungsgeflecht von Botschaften deutlich, vor allem die Tatsache, dass eine Nachricht eines Senders bei einem Empfänger oft anders ankommt als vom Empfänger intendiert. Besonders schwierig ist dabei die Beziehungsebene. So meint der eine, dies oder jenes besonders deutlich gesagt zu haben; der andere dagegen meint, etwas anderes aufgrund von Tonfall, Gestik, Lautstärke, Wortwahl besonders deutlich herausgehört zu haben. Nur Metakommunikation kann derartige Missverständnisse/Schwierigkeiten lösen (s. auch S. 28).

Kommunikationssituationen (Seite 27)

Seite 27/28 **Aufgaben 1–6**

1. **Beispiel a) Ehepaar beim Mittagessen**
Mögliche Unterschiede für die gesendete und empfangene Nachricht:

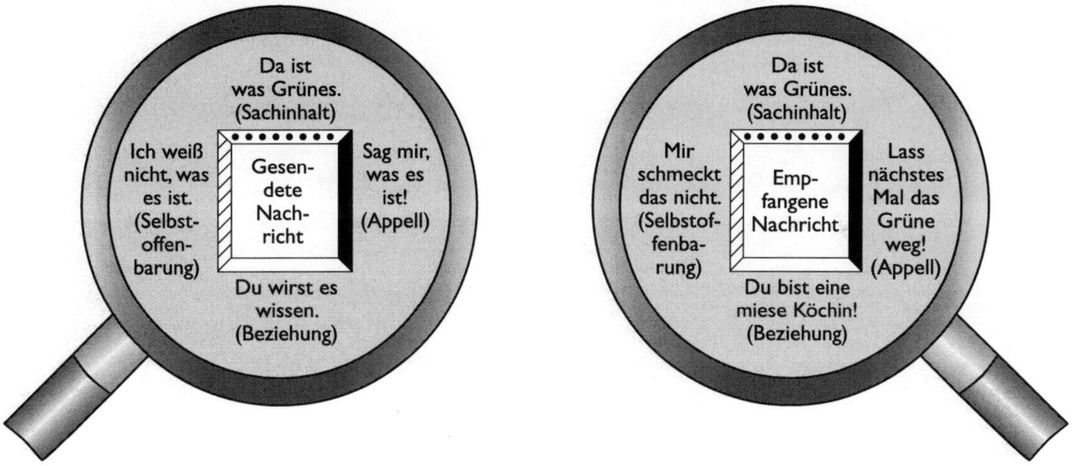

(aus: Friedemann Schulz von Thun, „Miteinander reden 1. Störungen und Klärungen. Allgemeine Psychologie der Kommunikation" [Auszüge], Copyright © 1981 by Rowohlt Taschenbuch Verlag GmbH, Reinbek bei Hamburg)

Die Frau nimmt die Sachebene in der Mitteilung ihres Mannes kaum wahr, weil sie diese mit ihrem „Beziehungsohr" aufnimmt. Sie nimmt daher die Frage, die möglicherweise eine Bitte um Aufklärung beinhaltet, als einen Angriff auf ihre Kochkünste wahr. Um dieses Missverständnis aufzuklären, müsste der Mann entsprechend reagieren und nachfragen. Damit ist die Situation zu bereinigen, es sei denn, es besteht nicht eine tiefere Beziehungsproblematik zwischen den beiden. Diese Bereinigung des Missverständnisses kann von den Schülern in Form eines kleinen Rollenspiels dargestellt werden, am besten zunächst in Teamarbeit.

Beispiel b) Mutter/Tochter

Mögliches Botschaftsgeflecht für die gesendete Nachricht:

Falls die Tochter antwortet: „Danke, Mama, da hast du recht, es ist auch sehr kalt“, hat sie die Äußerung der Mutter auf dem „Sachohr“ aufgefasst. Je nach Tonlage der Mutter könnte die Tochter die Äußerung aber auch anders, z. B. als Bevormundung, auffassen und wird dann anders reagieren.

Beispiel c) Ehepaar

Der Ehemann könnte z. B. antworten: „Ein Super-Schnäppchen; das Kleid steht dir vorzüglich. Du hast mal wieder einen tollen Geschmack bewiesen.“ In diesem Fall reagiert der Sprecher vor allem auf der Beziehungsebene.

Analyse von Beispiel 1 aus der Schule/Übernahme der Zusammenstellung:

	Was könnte der Lehrer überlegen?	**Was könnte er sagen?**
	Unter der Voraussetzung, dass er die Äußerung des Schülers vorrangig sieht als:	
Selbstoffenbarung	Der hat heute einen schlechten Tag.	Na, Kevin, nicht so gut drauf heute?
Sachinhalt	Habe ich das tatsächlich schon zu oft gemacht?	Ich denke darüber nach, aber jetzt musst du trotzdem ran!
Beziehung	Eine unverschämte Reaktion.	Kann sein, aber bitte nicht in diesem Ton!
Appell	Er will mich aufmerksam machen auf ein unpädagogisches Vorgehen.	Wir können morgen gern mal über andere Möglichkeiten diskutieren.

Zusatzübung zur Vertiefung

Analysieren Sie die folgenden Situationen unter kommunikationspsychologischen Gesichtspunkten:

a) *Lehrer-Schüler-Interaktion in einer 10. Klasse*

Lehrer: „Sag mal, Klaus, meinst du nicht, dass dauerndes Kaugummikauen ungesund ist?“
Schüler: „Nein, es soll sogar sehr gesund für die Zähne sein.“
Lehrer: „Ja, vor allem der Zucker da drin.“
Schüler: „Der enthält gar keinen Zucker, denken Sie mal!“
Lehrer: „Selbstverständlich enthält der Zucker, du Neunmalkluger – nach einer halben Stunde Kauen merkt man davon natürlich nichts mehr!“
Schüler: „Ich kaue erst zehn Minuten, Sie Zehnmalkluger!“ (Grölendes Lachen in der Klasse)

(aus: Friedemann Schulz von Thun: „Miteinander reden 1. Störungen und Klärungen. Allgemeine Psychologie der Kommunikation“ [Auszüge], Copyright © 1981 by Rowohlt Taschenbuch Verlag GmbH, Reinbek bei Hamburg)

b) *Verkäuferin zum Kunden: „Wir haben heute keine Möglichkeit mehr, den Auftrag noch zu erledigen.“*

c) *Arbeitskollege zum anderen: „Ich habe schon viermal bei Ihnen angerufen.“*

3. In beiden Kommunikationssituationen korrespondieren die Partner nicht. Der Mitarbeiter äußert seine Meinung auf der Sachebene und auf der Ebene der Selbstoffenbarung; die Antwort des Kollegen erfolgt auf der Beziehungsebene und ist herabsetzend („Blödsinn“).
Im zweiten Beispiel agiert die Sekretärin auf der Ebene des Sachinhalts (und der Selbstoffenbarung), der Chef reagiert auf der Ebene des Appells und der Beziehung; er müsste in einem vertraulichen Gespräch die Sekretärin auf die Fehler aufmerksam machen.

4. In den ersten vier Beispielen korrespondieren die Personen nicht miteinander, weil sie „auf unterschiedlichen Wellenlängen funken“. In den beiden letzten Beispielen verläuft die Kommunikation ideal:

a) Person B könnte z. B. sagen: „Ich finde dich auch in Ordnung.“/„Na, umsonst kommen wir beide doch nicht so gut miteinander aus.“
b) Kollege B. könnte sagen: „Das kann ich dir schnell mal eben erklären. Das ist überhaupt kein Problem.“
c) Kollegin B.: „Natürlich, sofort!“/„Augenblick, ich muss eben noch einen dringenden Telefonanruf erledigen.“
d) Lehrer: „Das hoffe ich, denn die Arbeit im Kurs hat mir sehr viel Spaß gemacht.“

e) Falsch und zynisch würde der Lehrer reagieren, wenn er sagen würde: „Na, dann lernen Sie mal fleißig."
f) Der Facharbeiter B. reagiert richtig, indem er Fehler zugibt (Selbstoffenbarung) und ein offenes, vertrauliches Gespräch anbietet (Sachebene). Er antwortet nicht auf der Beziehungsebene, die Facharbeiter A wählt.

5. Konnotationen können insofern eine große Rolle spielen, als es bei der verbalen Verständigung um Missverständnisse gehen kann: Kommunikationspartner A hat dieses gesagt; Kommunikationspartner B hat jenes verstanden.
Dabei kann es sich um sprachliche Nebenbedeutungen/gedankliche Zusammenhänge handeln, die der eine herausgehört hat, der andere aber nicht gemeint hat.

6. Im Hinblick auf Kernaussagen und Fachbegriffe gehen die Verfasser der beiden letzten Texte deutlich auf das Modell von Schulz von Thun ein. Das Wort *Gegner* in dem zweitletzten Statement ist allerdings unangemessen und müsste durch Gegenüber/Kommunikationspartner ersetzt werden.
In den beiden ersten Statements wird der Kern des Erklärungsansatzes von Schulz von Thun nicht deutlich genug getroffen; sie bleiben zu allgemein.
Die dritte Erklärung ist die schwächste; zwar sind einzelne Aussagen richtig, aber das Anliegen des Ansatzes insgesamt wird nicht klar genug herausgestellt.

Reinhold Miller: Verstehensprozesse (Seite 29)

Seite 30 **Aufgaben 1–3**

1. Das Verstehen von Mitteilungen ist für den Autor ein dialogischer Prozess, bei dem die Menschen versuchen, sich zu verstehen, d.h. auch nicht direkt Ausgesprochenes wahrzunehmen. *Ping-Pong* bedeutet: Sie müssen sich aufeinander einstellen, aufmerksam zuhören und mitfühlend reagieren.
Im Sinne von Schulz von Thun geht es darum, sich (vierseitig) klar mitzuteilen und selbst zuzuhören.

2.
- **Beratungsgespräch:** Die Mutter ist emotional tief betroffen; sie spürt Mitgefühl und eine einfühlende Reaktion, fühlt sich verstanden und kann weitersprechen.
- **Illustration „Eisberg":** Dieses Bild verdeutlicht das Verstehen des anderen, es geht darum, nicht nur die „Oberfläche" zu betrachten, sondern ein Gefühl für das zu bekommen, was hinter der Fassade liegt: „in die Welt der anderen eintauchen".

3. Die Empfehlungen fassen das zusammen, was in dem Text von R. Miller an Beispielen verdeutlicht wird. Es geht darum, sich mental und wertschätzend auf den Gesprächspartner einzustellen, Botschaften anderer Menschen zu „übersetzen", zuhören und antworten zu können. Die bei Schulz von Thun genannte *Selbstoffenbarungsebene* (Schülerband, S. 24) wird von Miller als *Selbstmitteilung* bezeichnet.

Paul Watzlawick: Die Geschichte mit dem Hammer (Seite 30)

Seite 31 **Aufgaben 1–6**

1./2. **Inhalt**
Ausgangspunkt ist ein alltäglicher Anlass. Ein Mann braucht einen Hammer, um ein Bild aufzuhängen. Diesen Hammer muss er sich von seinem Nachbarn leihen, weil er selbst keinen besitzt.
Aufgrund von Voreinstellungen, Missverständnissen und Vorurteilen, einem sogenannten Kommunikationsdesaster, kommt der Mann gar nicht dazu, die einfache Frage nach einem Hammer an seinen Nachbarn zu richten. Vielmehr beschimpft er jetzt seinen Nachbarn aufgrund der vorausgegangenen Überlegungen.
Es geht bei diesem Text um den psychischen Vorgang der Projektion.
Der Mann konstruiert sich seine eigene Wirklichkeit, indem er seine Wünsche, Vorstellungen, Wahrnehmungen im Sinne seiner vorgefassten Meinung deutet. So bildet er sich eine feste Meinung von seinem Nachbarn. Die Kommunikation muss misslingen, weil der Mann diesen mit seiner vorgefassten, negativen Meinung konfrontiert und ihn beschimpft.

Kommunikationsanalyse

- Es kommt in der gesamten Geschichte zu keiner echten Kommunikation. Der Mann, der den Hammer ausleihen will, ist so in seine Gedanken und Annahmen verstrickt, dass er sich erst am Ende der Geschichte an seinen Nachbarn wendet, aber in einer Form, die keine Reaktion zulässt. Es gibt also einen **Sender**, der aber keine Reaktion des **Empfängers** erwartet.
- Der Mann greift gedanklich auf ein harmloses Erlebnis vom Vortag zurück, um sein **Beziehungsohr** weit aufzusperren. Er erinnert sich an den flüchtigen Gruß seines Nachbarn (Z. 5 f.) und deutet ihn als Zurückweisung seiner Person. Er hat das Gefühl, nicht gemocht zu sein, obwohl er dem Nachbarn nichts zuleide getan hat. Er ist nicht mehr in der Lage, die inhaltliche Seite des flüchtigen Grußes wahrzunehmen, sie gerät sozusagen durch das Schwergewicht der **Beziehungsebene** völlig aus dem Blick. Wahrscheinlich hatte der Nachbar es einfach eilig **(Sachebene)** oder aber er war in eigene Gedanken versunken **(Selbstoffenbarungsebene)**.
- Schließlich beschuldigt der Mann den Nachbarn, ihm den Hammer gar nicht leihen zu wollen, da er ihm keinen Gefallen erweisen wolle (Z. 17 f.). Spätestens an dieser Stelle wird das Paradoxe und auch das Tragische dieser Situation deutlich, denn der Nachbar ist noch gar nicht zu Wort gekommen, seine Wahrnehmung ist völlig offen. Alles, was geschehen ist, basiert auf der falschen Wahrnehmung des Mannes.
- Am Schluss der Geschichte sendet der Mann erstmalig eine Nachricht, er sagt zu seinem Nachbarn, der ahnungslos ist: „Behalten Sie Ihren Hammer, Sie Rüpel!" Vergleicht man diese Aussage mit der ursprünglich geplanten Frage: „Könnten Sie mir Ihren Hammer leihen?", dann ist aufgrund **der (gedanklichen) Deutung der Zusammenhänge auf der Beziehungsebene das Gegenteil entstanden.**

(Schülertext)

3. Auch der Mann in der Geschichte hat den Blick für eine objektive Beurteilung der Situation verloren. Er sieht die Situation mit der Brille seiner (eingebildeten) falschen Vorstellung von seinem Nachbarn.

4. Der Nachbar ist völlig perplex. Er läuft hinter seinem Nachbarn her: „Was ist denn mit dir los, Heinz, habe ich dir was getan?" „Weißt du doch genau!" „Keine Ahnung, komm, lass uns reden, komm rein und trink einen mit ...!"

Der Nachbar findet sich schließlich zu einem Gespräch bereit. Dabei kommt auch der gestrige Tag zur Sprache. Der Nachbar erklärt, dass er nur in großer Eile war und in einer psychisch schwierigen Situation, weil seine alleinstehende Mutter ins Krankenhaus eingeliefert worden sei; da sei einfach die übliche Begrüßung ausgefallen. Der Mann erkennt schnell, dass er seinem Nachbarn Unrecht getan hat, und entschuldigt sich für seine vorgefasste Meinung. Die beiden trinken ein Bier zusammen und verabschieden sich danach wie gewohnt in bestem Einvernehmen.

Beispiele für eine gelingende Kommunikation

Und so stürmt er hinüber. Vor der Haustür kommen ihm Bedenken. „Ich probier's mal", denkt er. Die Tür öffnet sich. „Hallo, Heinz!" „Hallo, Peter, wie geht's dir?" „Ganz gut. Sag mal, könntest du mir mal einen Hammer leihen, ich habe meinen verlegt." „Keine Frage, komm doch rein, trinkst du ein Gläschen Bier mit?" „Na, so was", denkt sich der Besucher, „gut, dass ich nicht ausfällig geworden bin ..."

5. Das von Reinhold Miller (s. Schülerband, S. 29) geforderte „kommunikative Ping-Pong" fehlt hier. Bei dem Mann fehlt auch völlig die Emphatie im Hinblick auf seinen Nachbarn. Er sieht die Dinge nur ichbezogen.

6. „Die Geschichte mit dem Hammer" zeigt deutlich, dass der Mann sich seine eigene Wirklichkeit schafft und sich nicht kommunikativ oder verstehend verhält. Dies gilt auch für streitende Menschen, die nur noch sich selbst sehen und nicht mehr zum anderen finden. Das Beispiel macht dies deutlich. Würde er sie bitten (nach Möglichkeit mit lächelndem Gesicht), doch auch einmal mit *ihm* zu tanzen, wäre der Streit wahrscheinlich behoben: „Ich habe jetzt gesehen, dass du ganz toll tanzen kannst, jetzt bin ich aber auch mal dran, bitte ..."

Mit Sprache handeln, über Sprache nachdenken …

Droht der Sprachverfall?

Karl Markus Michel: „We kehr for you“ (Seite 34)

Seite 35 **Aufgaben 1–3**

1. Alles, was neu und gut ist, trägt (seit der Nachkriegszeit) einen amerikanischen/englischen Namen, insbesondere entscheidende Ausdrücke im **Mode- und Computerwesen**. Diesen Trend bestimmen vor allem Jugendliche, die die Ausdrücke im Gespräch mit Freunden oft als Imponiervokabeln benutzen. Der Verfasser empfiehlt, eine solche Angeberei lächerlich zu machen. Die Werbung zielt mit ihrem englischen Slogan in Werbespots und auf Plakaten auf Irritationen und Stutzigmachen. Der Verfasser bezeichnet diese Art von Werbung als Unsinn. Ein Gegenmittel seien Kalauer.

2. **Kernthesen**
- Das „Syndrom“ *Alles, was neu und gut ist, trägt einen amerikanischen Namen* hat sich fest im deutschen Bewusstsein verankert.
- Die Jugendlichen bestimmen bei englischen Modewörtern den Trend.
- Werbung setzt mit englischen Slogans auf Irritationen des potenziellen Käufers.

3. We kehr for you. – We take care for you.
Bohrn to be free. – Spiel mit beiden Wörtern (*to be born* und *bohren*)

Bastian Sick: Wo lebt Gott eigentlich heute? (Seite 35)

Seite 36 **Aufgaben 1 und 2**

1. Grundsätzlich geht es dem Verfasser Bastian Sick in seinen Büchern um Sprachkritik; in diesem Artikel geht es insbesondere um die Tatsache, dass in unserem heutigen Sprachgebrauch das Französische zugunsten des Englischen zurückgedrängt wird und dass auch viele deutsche Begriffe durch englische ersetzt werden (z. B. Papa durch Daddy). Dies verdeutlicht der Autor durch eine Fülle von Beispielen, z. B. Mannequin > Model; en vogue > trendy; pardon > sorry.

2. Bastian Sicks **Glosse** lebt vor allem von den vielen bekannten Beispielen. Die Sprache ist einfach, unterhaltend, der Text ist für ein an Sprache interessiertes Leserpublikum geschrieben. (Es wundert daher nicht, dass die vier Bände der Reihe einen so großen Erfolg haben.) Bereits Überschrift und erste Zeile, die an ein Sprichwort anknüpfen, treffen vermutlich das Interesse vieler Leser. Interessant und pfiffig wirkt auch der Textschluss mit dem Zitat eines Kartengrußes aus Amerika.
Weitere sprachliche Stilmittel, z. B.:
- rhetorische Frage (Z. 12),
- Umgangssprache (Z. 85, 103).

Kontextmaterial

Claudius Seidl

Kritik an Bastian Sick

Der Zwiebelfisch stinkt vom Kopf her

Bastian Sick ist über die Deutschen gekommen wie ein Wahlkampf oder eine Werbekampagne. Gerade eben, also vor drei, vier Jahren, hatte kaum jemand je von Sick und seinem Zwiebelfisch gehört. Dann, so ums Jahr 2004 herum, war Bastian Sick so bekannt wie ein Reklamespruch oder ein Spitzenkandidat. Und naturgemäß läuft eine solche Aufmerksamkeitskurve zielgenau auf den Punkt hinaus, da Bastian Sick dem Publikum ebenso schwer auf die Nerven drücken wird, wie das heute Guido Westerwelle und Klaus Wowereit tun. Oder „Deutschlands meiste Kreditkarte". Womöglich ist dieser Moment ja schon da – und falls das so ist, liegt es bestimmt nicht daran, dass in Deutschland angeblich jeder Erfolgreiche irgendwann zum Opfer der sogenannten Neukultur wird. Ganz im Gegenteil, die Geschichte von Sick, dem überemsigen Schlussredakteur bei „Spiegel online", der seine Fehlermeldungen in kleine, kindliche Geschichten kleidete, welche der Reaktion so gut gefielen, dass man beschloss, diese Texte für alle zugänglich ins Netz zu stellen, wo sie dann von so vielen Menschen angeklickt wurden, dass der Verlag Kiepenheuer & Witsch auf die Idee kam, erst eins, dann noch eins und demnächst ein drittes Buch daraus zu machen, Gesamtauflage mehr als eine Million – diese Geschichte ist so schön, dass man ihre Wahrheit erst gar nicht infrage stellen mag.

Pedant und Besserwisser

Heute füllt Bastian Sick die Sporthallen und Theatersäle, wenn er sich auf die Bühne stellt in seinem silbergrauen Show-Anzug und die Anekdoten und Lehrsätze aus seinen Kolumnen dem Publikum noch einmal, live, erzählt. Ja, möchte man sagen, einverstanden, ist doch gut, wenn einer im großen Bau der deutschen Sprache den Hausmeister spielt, den Müll wegräumt und die Hausordnung immer wieder mit lustigen Geschichten aus seinem Leben auflockert.

Viel ist geschrieben worden über das Phänomen Bastian Sick, und anscheinend gibt es einen allgemeinen Konsens darüber, dass Sick genau der Mann sei, auf den all jene Deutsche gewartet haben, die, verwirrt und verunsichert vom Trash des Fernsehens, dem Chaos der sogenannten Rechtschreibreform und den abenteuerlichen Kürzeln der E-Mails und SMS-Nachrichten, ganz vergessen haben, dass die deutsche Sprache über solche wunderbaren Möglichkeiten wie den Genitiv, den Irrealis oder das Semikolon verfügt. Und die, wo einst das Postamt war, staunend stehen bleiben vor dem Schild, auf welchem „Ihre Center Filiale" steht, und irgendwie spüren, dass das weder deutsch noch englisch, sondern bloß gefährlicher Blödsinn ist; in solchen Momenten wird ein Tröster dringend gebraucht.

Die beste Kritik des schlechten Deutsch wäre allerdings gutes Deutsch – und wer sich trotzdem dauernd in anderer Leute Fehler, Floskeln, falsche Fremdwörter verbeißt, setzt sich nicht nur dem Verdacht aus, dass er ein Pedant und Besserwisser sei; er hat anscheinend das Problem, dass er es selber nicht besser kann. [...]

Es sind Feiern der Irrelevanz, wenn Sick kolumnenlang Fragen beantwortet, die niemand gestellt hat, wenn er längst verfasste Floskeln und in Vergessenheit geratene Manierismen noch einmal mit der vollen Strenge der Grammatik konfrontiert. Und wenn er tatsächlich ein paar Seiten lang die Frage diskutiert, ob es „im Mai diesen Jahres" oder doch „dieses Jahres" heißen müsse, dann möchte man, absolut umgangssprachlich, nur noch stöhnen: „Oh Mann, hey, echt, dem seine Probleme möchte ich auch haben!" Ja, genau: dem seine. Sicks sicherster Lacher basiert nämlich bloß auf einem dummen Missverständnis. Mal abgesehen davon, dass jene „Main-Donau-Linie", hinter welcher Sick das rätselhafte Süddeutschland vermutet, geografisch die reine Unmöglichkeit ist: Der Genitiv ist in den bayrischen und alemannischen, den fränkischen und sächsischen Dialekten nicht etwa ausgestorben. Es hat ihn nie gegeben. [...]

Bastian Sick hält sich mit Ratschlägen und Hinweisen sehr zurück, und eine Leidenschaft für Rhythmus und Klang der Sprache, eine Begeisterung für gelungene Sätze sind nirgendwo zu finden. Was nicht einfach ein Mangel ist; es hat Methode: Sick blickt nicht hinauf, er schaut herab – und denen, die er angreift, verbessert, kritisiert, möchte man immer wieder zur Seite springen. Was hat denn so ein armer Dönerbudenbetreiber, der seine Speisekarte mit allzu vielen Apostrophen schmückt, eigentlich getan, dass Sick ihm dem Spott seines Publikums aussetzt? Soll der Arme sich aufhängen an dem blöden Sprachhäkchen? [...]

Sicks Publikum: normal gebildete Mittelschichtsbewohner

Und genau darin offenbart sich das Prinzip Bastian Sicks und womöglich auch das Geheimnis seiner Popularität: Er zeigt mit dem Finger auf Leute, liefert jene dem Gespött aus, die sich eh schon schwertun, er appelliert, ausgerechnet auf dem Gebiet der Sprache, die (um es ein bisschen altmodisch zu formulieren) uns doch zu Höherem befähigen sollte, eher an die niedrigen Instinkte. Und insofern scheint die Arbeitshypothese über Sicks Wirkung nicht ganz zu stimmen, auch wenn man fairerweise erwähnen muss, dass sich in Sicks Kolumnen schon die eine oder andere Gebrauchsanweisung für korrekt zusammengeschraubte Sätze findet. Sicks Publikum scheint weniger aus jenen Leuten zu bestehen, die vor ihren Reisen die „Visas" beantragen und „leckere Pizzas" auf die Tafeln ihrer Imbissbuden schreiben. Vielmehr scheinen es die zu sein, denen der Unterschied zwischen dem Dativ und dem Genitiv bekannt ist, normal gebildete Mittelschichtsbewohner, denen Sicks dumme Späße die angenehme Gewissheit verschaffen, dass es zu denen da unten noch ein ganzes Stück Wegs weit ist. Und so gehört wohl auch Bastian Sick zu jenem Phänomen, welches als sogenannte neue Bürgerlichkeit auch weiterhin durchs soziale Leben geistert: Angewidert vom Trash und zugleich verunsichert von der eigenen Abstiegsangst sind wir anscheinend jedem dankbar, der uns versichert, dass, wo wir sind, noch nicht ganz unten ist. Sondern oben. Oder zumindest die Mitte. Das ist ein verständlicher Impuls. Aber besonders sympathisch ist es nicht.

(Frankfurter Allgemeine Sonntagszeitung, 5.11.2006, Nr. 44, S. 25.

Peter Schlobinski: Verfällt die deutsche Sprache? (Seite 37)

Seite 38 **Aufgaben 1–4**

1. Der Text ist durch einen besonders leserbezogenen, rhetorisch geschickten Aufbau gekennzeichnet. Immer wieder werden Fragen gestellt, um das **Interesse des Lesers** zu wecken (Z. 13 ff., Z. 28, Z. 29, Z. 67 ff., Z. 111 ff.). Zwei der drei Kernthesen des Autors werden jeweils durch eine linguistische Autorität abgesichert/gestützt (Z. 34 f., Z. 78 f.).

Fazit der Argumentation ist Folgendes: Sprache ist ein wichtiges Element der Demokratie. Deshalb muss man sie sich entwickeln lassen ohne Einwirkungen von außen. Die Bürger sollten die Sprache in ihrem Sinne gebrauchen.

2./3. Gewählt wird in folgendem Beispiel die Form eines **Konspekts** (grafische Übersicht über die Argumentationsstruktur des Textes) mithilfe eines Flussdiagramms:

Ausgangsthese

Diskussion um Sprachverfall, sprachliche Variation, Sprachwandel, Sprachpflege findet in der Medienöffentlichkeit statt.

Beispiel: Walter Krämer

Beispiel: Eckard Werthebach

Fragestellung: Sind fremde Wörter schädlich für die deutsche Sprache? (Z. 13–16)

Gegenthese

Laienlinguistische, populistische Meinung: Es ist um die deutsche Sprache schlecht bestellt. (Z. 17ff.)

Beispiel: Gerhard Illgner

1. These des Verfassers

Es ist ein hartnäckiges Vorurteil, dass Wörter fremdsprachlicher Herkunft nicht in das deutsche System integriert werden können. (Z. 31ff.)

Beleg: Peter Eisenberg (Z. 34f.)

Beispiele: Mit der Integration von fremden Wörtern gibt es keine ernst zu nehmenden Probleme. (Z. 48f.)

2. These des Verfassers

Ein zweites Vorurteil besteht in der Behauptung, es komme zu einer Überschwemmung durch Fremdwörter. (Z. 52ff.)

Argumente

- seit 1945 etwa 3500 englische Wörter übernommen (Z. 55f.)
- viele Anglizismen sind Fachwörter (Z. 57)
- Wörter im Bereich der Werbung, Mode, Popmusik verschwinden nach kurzer Zeit wieder
- Fremdwörter werden seit Jahrhunderten in die dt. Sprache übernommen.

3. These des Verfassers

Sprachpuristische Positionen haben neuerdings Suggestivkraft.

Argumente

Aktivierung eines Nationalgefühls/Deutschtümelei

↓

Beleg/Beispiel:

Peter von Polenz (Z. 78f.)

Geschichtliche Zusammenhänge:
- J. H. Campe, 1801
- Wilhelminismus
- Nationalsozialismus/Chauvinismus/rassisch begründeter Sprachpurismus

Heutige Zusammenhänge: Frankreich, Z. 100ff.; Bundesrepublik D. seit der Wiedervereinigung: Betonung nationaler Identität (Z. 114ff.)

Fazit/Zusammenfassung

- **Wie wir sprechen, ist Ausdruck unserer Haltung gegenüber anderen Sprachen, die jedem freigestellt ist. (Z. 124ff.)**
- **Sprache ist ein wichtiges Element der Demokratie; deshalb muss sie sich frei von Sprachreinigungsgesetzen entwickeln.**

Kontextmaterial

Jürgen Steinhoff

Sprachstörungen

Die Intendanz der Berliner Staatsoper brütet derzeit über einen Brief des Toxologie-Professors Hermann Dieter, der zu wissen begehrt, warum die frisch aufgehängten Plakate für das Programm der nächsten Saison mit den Worten „What next?“ überschrieben sind, obwohl Opern fast ausschließlich in Deutsch oder Italienisch gesungen werden.
What nu?
Nur ein Drittel der deutschen Bevölkerung spricht – überwiegend schlechtes – Englisch. Ein weiteres Drittel versteht ein paar aufgeschnappte Brocken. Der Rest versteht nur Bahnhof. Und selbst den will Sprachpanscher Ludewig [der Chef der Deutschen Bahn AG] abschaffen. „Station“ – gesprochen: Ssstäischen – soll er künftig heißen.
Spaniern, Italienern, Polen und sogar den Briten geht es übrigens ähnlich. In ganz Europa ist das Maß für Amerikanismen anscheinend voll. Die Sprachen sind nicht mehr in der Lage, fremde Wörter zu assimilieren, sie anzugleichen und damit für die Allgemeinheit verständlich und sprechbar zu machen. Diese Fähigkeit ist für Linguisten ein wichtiger Parameter für die Vitalität und Gesundheit einer Sprache. Je müheloser sie Fremdes verkraftet, desto gesünder ist sie, je schwerfälliger, desto kränker.
Der angesehene Sprachkritiker Dieter E. Zimmer, Wissenschaftsreporter bei der „Zeit“ und Übersetzer von Vladimir Nabokov („Lolita“), hat 1997 zehn europäische Sprachen daraufhin untersucht, ob sie die hundert meistgebrauchten Computerbegriffe der jeweiligen Landessprache angepasst haben oder nicht, von A (wie access provider) über B (wie buffer) bis W (wie word processing). Ergebnis: Die angleichungsfähigste und damit gesündeste Sprache ist Finnisch. Dort wurden 93 der hundert englischen Begriffe allgemein verständlich angepasst. Platz zwei: Französisch (86 Anpassungen). Deutsch landete mit nur 57 Anpassungen auf dem vorletzten Platz. Die Muttersprache von immerhin hundert Millionen Menschen ist demnach die kaputteste Sprache Europas – eine gigantische Sprachstörung.
Dass Französisch am zweitbesten assimiliert, liegt an politisch gewollter Sprachpflege. In Frankreich gibt es ein „Gesetz über den Gebrauch der französischen Sprache“. Verstöße dagegen werden mit Geldbußen bis zu 20 000 Franc (ca. 3 000 Euro) geahndet. Als es 1994 in Kraft trat, wurde es in Deutschland als nationalchauvinistisch verspottet. Allerdings war den eifernden Deutschen entgangen, dass die Franzosen auch weiterhin ungestraft kauderwelschen dürfen, wie sie wollen; sie sind lediglich gezwungen, in Texten, die für die Öffentlichkeit bestimmt sind, die also für jeden verständlich sein müssen, bei der Verwendung von Anglizismen auch die französische Übersetzung dazuzuschreiben. Betroffen von dieser Regelung sind etwa Hinweisschilder, Wegweiser, Gebrauchsanleitungen, Vertrags- oder Gesetzestexte. Vor vier Wochen hat das polnische Parlament eine ähnliche Regelung beschlossen. Verstöße sollen bis zu 100 000 Zloty (ca. 25 000 Euro) kosten.
Auf Deutschland angewendet, hätte ein solches Gesetz etwa zur Folge, dass [der Chef der Deutschen Bahn AG] verpflichtet wäre, die Wegweiser zu seinen „Service Points“ um das Wörtchen „Auskunft“ zu ergänzen. Genau dazu will der Dortmunder Sprachverein ihn bringen. Ein solches Gesetz hätte, zum Beispiel, auch zur Folge, dass Anbieter von Computern und den dazugehörigen Programmen gezwungen wären, ihre Handbücher so zu formulieren, dass jeder sie versteht – und nicht, wie bisher, nach dem Motto „Friss, Vogel, oder stirb“.

(Aus: Stern 36, 1999, S. 59 f.)

Umfragen (Seite 38)

Seite 38 **Aufgaben 1 und 2**

Eine überwältigende Mehrheit (74 %) spricht sich gegen den Gebrauch deutsch-englischer Mischwörter aus (Denglisch/Engleutsch), die in der Medien-, Mode- und Werbebranche beliebt sind. Nur 23 % haben nichts dagegen.
66 % halten den Gebrauch englischer Ausdrücke für überflüssig. Die Frage ist sehr allgemein gestellt. Auf bestimmte englische Ausdrücke im Bereich der Pilotensprache ist kaum zu verzichten; ebenso wenig auf Internationalismen wie Computer, Make-up. Englisch ist Weltverkehrssprache. Die Einbeziehung englischer Ausdrücke kann die deutsche Sprache bereichern; im Verlauf der sprachlichen Entwick-

lung wurden immer wieder Wörter aus anderen Sprachen in das deutsche Sprachsystem aufgenommen und integriert (Fremdwörter/Lehnwörter).

Kontextmaterial

Jutta Limbach

Hat Deutsch eine Zukunft?

Um die Zukunft der deutschen Sprache sollte uns eigentlich nicht bange sein. Immerhin wird sie in der Europäischen Union von über 83 Millionen Menschen als Muttersprache gesprochen. Überdies wächst im Zeitalter der Migration ihre Bedeutung als Zweitsprache. Selbst wenn wir über die Landesgrenze hinausschauen, scheint sich die deutsche Sprache wacker zu schlagen. Sie ist zwar im Gegensatz zur englischen nicht die Sprache, mit der man sich weltweit zu verständigen versucht. Auf der Rangliste der in Europa am häufigsten gelernten Fremdsprachen teilt sich die deutsche Sprache laut dem Eurobarometer mit der französischen inzwischen den 2. Platz. Ebenfalls gemeinsam mit dieser steht sie gegenwärtig auf dem 8. Rang der am häufigsten gesprochenen Sprachen der Welt.

Mehr als diese Zahlen belegen ihre beglaubigten Vorzüge die Lebendigkeit der deutschen Sprache. Poetische Kraft und ein reicher Wortschatz zeichnen sie aus. Eichendorffs Mondnacht, die Märchen der Gebrüder Grimm, Lessings Ringparabel und der Joseph-Roman von Thomas Mann bezeugen beispielhaft ihre literarische Ausdrucksstärke; Martin Luthers Bibelübersetzung wie die Werke von Goethe und Schiller seien nicht vergessen. Als vielstimmiges Instrument leiht die deutsche Sprache vielen Berufen, Künsten und Wissenschaften ihre Dienste. Nicht von ungefähr sind große Werke der Philosophie in der deutschen Sprache verfasst worden, die der Vielfalt und Prägnanz ihres Ausdrucksvermögens große Ehre machen. Wie viel Weisheit birgt die Formel vom kategorischen Imperativ mit ihrer noch heute das moralphilosophische Denken beflügelnden Kraft?

Nicht nur die Literatur und Philosophie sorgen bis zum heutigen Tag für die geistige Frische der deutschen Sprache. Wachstum und Wandel sind ihr eigen. Wie kaum eine andere vermag die deutsche Sprache eingewanderte Wörter gemäß ihren Regeln einzugemeinden. Ihre Strahlkraft reicht bis in ferne Kontinente. Ihre Fähigkeit, altbekannte Wörter zu neuen Begriffen zusammenzusetzen, wird weltweit bewundert.

Der Zeitraffer und die Zeitlupe, die Realpolitik und der Zeitgeist, das Fingerspitzengefühl und die Gratwanderung sind in viele Länder ausgewandert. Diese Wortgeschöpfe gestatten, mit dem technischen Fortschritt sprachlich Schritt zu halten, wissenschaftliche Perspektiven in Begriffe zu übersetzen oder auch eine Geisteshaltung bildhaft in Sprache zu setzen. Zwar schießen wir Deutschen zuweilen mit unserem Hang nach Genauigkeit über das Ziel hinaus und produzieren Wortungetümer wie den Dämmerungswohnungseinbrecher, vor dem gerade in einer bayerischen Abendzeitung gewarnt wird. Aber das vermag als eine lässliche Sünde die – von Jorge Luis Borges gepriesene – „verschränkte Liebe der Wortverbindungen“ nicht zu trüben.

Solche zusammengesetzten Wörter ermöglichen es nicht nur den Kopfarbeitern in allen Teilen der Welt, Lücken ihres Wortschatzes zu schließen. Das gilt auch und gerade für das Erfinden gefühlsbetonter Worte wie Weltschmerz, Heimweh und Fernweh, worin die Deutschen Weltmeister sind. So ist Fernweh für eine Spanierin, die am Wettbewerb um das schönste deutsche Wort teilgenommen hat, das Wort ihrer Wahl. Ein Leben lang habe sie danach gesucht. Bis sie angefangen habe, Deutsch zu lernen, habe sie das Gefühl nicht benennen können. Es sei komisch, „etwas zu spüren und kein Wort dafür zu haben“. Das sind Erfolgserlebnisse des Goethe-Instituts, die das Erlernen von Sprachen als intellektuellen Gewinn ausweisen.

Die Freude über die sprachschöpferische Kraft des Deutschen darf nicht über den Kleinmut hinwegtäuschen, mit dem gegenwärtig über die deutsche Sprache gesprochen wird. Sie scheint von allen Seiten bedroht, sowohl was ihren Gehalt als auch was ihre Geltung angeht. Nicht nur ihr internationaler, auch ihr nationaler Gebrauch ist nicht frei von Tadel. Es wächst die Schar jener, die die deutsche Sprache als die Landessprache im Grundgesetz verankern möchten. Wir leben in einer Welt, die Bedarf an Regeln und Geboten hat. Diese sehr deutsche Neigung macht vor der Sprache nicht halt. Die Klagemauer der Sprachschützer ist in Deutschland allzeit gut besucht. Die dort geübte Sprachkritik gerät häufig zum Tummelplatz moralisierender Nörgelei.

Das Sündenregister reicht von der Sprachschluderei über den allgegenwärtigen Gebrauch von Anglizismen bis zum Verzicht auf den Gebrauch der Muttersprache. Listen von gefährdeten Wörtern werden produziert, die allerdings eher auf eine geringe Belesenheit als auf ein Wissen über das Sterben von Sprachen hindeuten. Die Kanaksprach, das Multisprech und nicht zuletzt das Denglisch sind wohlfeiler Gegenstand der Kritik. Ob es wirklich die Liebe zur deutschen Sprache stimuliert, wenn man meint, sie ständig gegen Schluderei und fremdländische Anmache verteidigen zu müssen? Der Zweifel sei erlaubt.

In einem Land, in dem rund sieben Millionen Ausländer und Ausländerinnen mit uns leben und arbeiten, spielt das Deutsche als Zweitsprache eine immer wichtigere Rolle. Die Politik bedient sich vielfältiger Mittel, auch des Gesetzes, um das Erlernen der Landessprache zu ermöglichen oder gar – wie beim Ehegattennachzug – zu erzwingen. Nicht nur der Druck und die Pflicht, Deutsch zu lernen und zu sprechen, auch das Erlernen der Mutter- und Herkunftssprache werden im heißen Streit erörtert. Angefeuert wird dieser durch die Ergebnisse der PISA-Studie, die auf die Lese- und Verständnisschwäche der Kinder aus „bildungsfernen" Elternhäusern aufmerksam gemacht hat. Die Studie hat uns nicht nur darüber belehrt, dass der Bildungserfolg in der Bundesrepublik nach wie vor von der sozialen Herkunft abhängt. Sie hat auch die wissenschaftliche Einsicht bekräftigt, dass die Weichen für das Fortkommen in Schule und Beruf schon in der frühkindlichen Sozialisation gestellt werden. Das Erlernen der Sprache, insbesondere der Landessprache, ist ein Grundstein für die Bildung. Vor allem die Kinder aus Zuwandererfamilien entbehren häufig diese elementare kulturelle Fähigkeit. Viele von ihnen beherrschen weder die Landes- noch ihre Mutter- oder Herkunftssprache.

(aus: Jutta Limbach: Hat Deutsch eine Zukunft? Verlag C. H. Beck, München 2008, S. 12–15)

Hinweis auf das Trainingsheft, 11

Erörterung im Anschluss an einen Sachtext

- Rolf Dressler: Unsere Sprache hat's verdient
- Helmut Glück: Sprachentwicklung in der modernen Medien-Gesellschaft

„Deutsch in der Oberstufe", 11, Training, S. 73 ff.

Varianten in der Sprache

Der Begriff *Sprache* umfasst nicht nur die Standardsprache/Gemeinsprache, sondern auch die unterschiedlichen Sprachvarietäten.

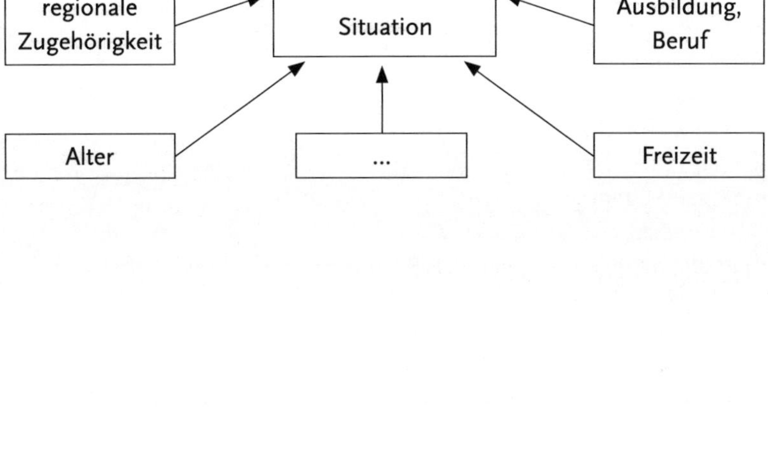

Fachsprachen: parodiert ... (Seite 40)

Seite 41 **Aufgaben 1–5**

1./2. Den Variationen des Rotkäppchen-Märchens liegt eine satirische Absicht zugrunde, die vor allem durch den übertriebenen Gebrauch der jeweiligen Fachsprache bewirkt wird:
Text a) Sprache der Mathematik/Mengenlehre (eindeutig, definiert, mathematisieren, analysieren ...)
Text b) Sprache der Bürokratie (Kinderanfall, hierorts wohnhafte, gewohnheitsrechtlich, seitens ihrer Mutter, ...)
Text c) Sprache der Soziologie (Sozialisationsdefizit, Interaktionsmodell, soziokulturelles Umfeld)

3. Möglicherweise soll mit der **satirischen Überzeichnung** auf die Tatsache aufmerksam gemacht werden, dass bei der Kommunikation zwischen Fachleuten eines bestimmten Gebietes und zwischen Nichtfachleuten die Fachsprache auch Ausgrenzung und Kommunikationsbarrieren bewirken kann. Die Fachsprache wird in diesen Texten als „Fachchinesisch" lächerlich gemacht.

4. **Beispiel**

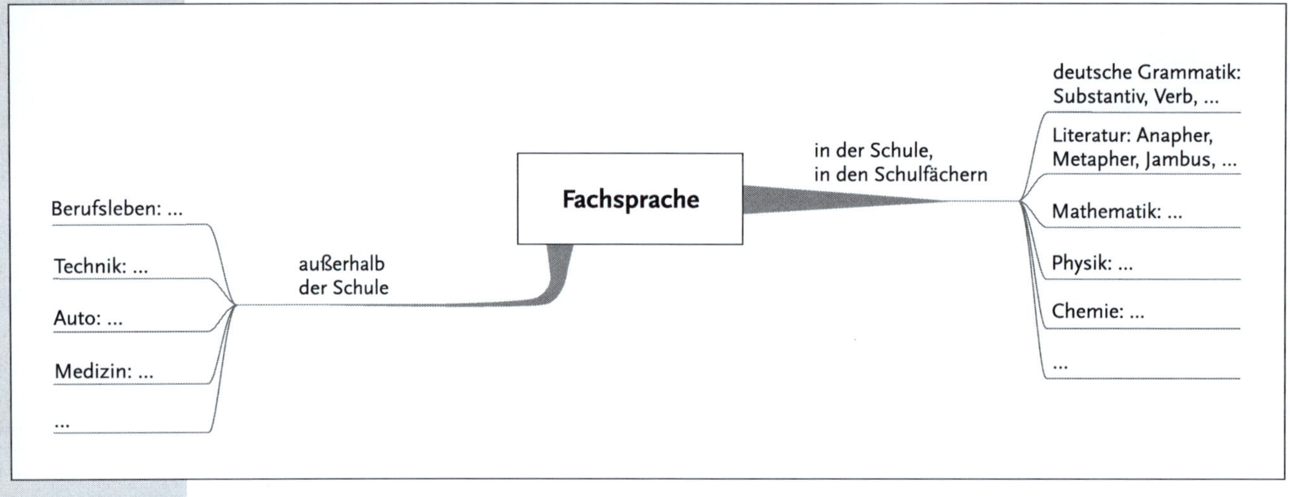

5. Fachsprachen sind **Gruppensprachen**, die auf der Standardsprache basieren. Deren Bezeichnungen reichen aber oft nicht aus, um eine Sache oder einen Gegenstand genau zu benennen. Die Fachsprache vermeidet also Missverständnisse zwischen denen, die diese Fachsprache beherrschen.
Die **Besonderheiten von Fachsprachen** liegen vor allem im Bereich des Wortschatzes und der Grammatik, die sich – von Wortneuschöpfungen abgesehen – oft auch in der Gemeinsprache finden. Dieser Wortschatz wird immer umfangreicher, weil auch technischer Fortschritt und neue Produktionsverfahren eine explosionsartige Entwicklung durchmachen. Zur Optimierung unter Fachleuten weist die Fachsprache bestimmte **Eigenschaften** auf.
Diese sind:
- Exaktheit,
- Eindeutigkeit,
- Verständlichkeit,
- Effizienz/Ökonomie,
- Anonymität („Ich-Tabu").

Sprachliche Besonderheiten der Fachsprache
Wortschatz
- Fachtermini, z. B.: Erblasser, ahnden
- Komposita: Gentherapie, Antragsdelikt
- Ableitungen durch Suffixe und Präfixe, z. B.: antihaftbeschichtet, bleifrei
- Nominalisierung, z. B.: durch das Festschrauben
- Abkürzungen: DNA

Satzbau
- Funktionsverbgefüge, z. B.: Untersuchung durchführen statt untersuchen

Dieter E. Zimmer: Computerjargon (Seite 41)

Seite 42 **Aufgaben 1 und 2**

1.

Kernthesen

- Alle **Sprachen sind** dem gleichen **Druck ausgesetzt**, für neue Dinge einen Namen zu finden; obwohl Fachjargon, geht dieser zu großen Teilen in die Alltagssprache über.
- Dieser Jargon wird von Autoren, Übersetzern, Fachjournalisten und Werbeleuten geprägt, wobei diese auf fertige Begriffe, meist in englischer Sprache, zurückgreifen.
- Der **Prozess der Anglisierung** der nicht englischen Sprachen erfährt zu Beginn der 90er-Jahre eine starke Beschleunigung.

Methodische Alternative: **Mindmap**

Alle Sprachen sind dem gleichen Druck ausgesetzt.

Fachjargon des Computers geht in Alltagssprache über. | Normaler Anwender muss mit Fachbegriffen hantieren.

Jargon entsteht unter verschärften Bedingungen.

Übersetzer | Fachjournalisten | Werbeleute

Weltweite Vernetzung beschleunigt den Prozess der Anglisierung der Sprache.

Zugriffssprache Englisch

Schlüsselbegriffe werden nicht mehr übersetzt.

2.

Je nach Position sind **unterschiedliche Ansichten** möglich, zum Beispiel:

- Der Computerjargon wird integriert, zumal der Computer von vielen Menschen wie selbstverständlich als Kommunikationsmittel genutzt wird.
- Eine überhandnehmende Anglisierung gefährdet die Struktur nicht englischer Sprachen.
- Nutzung und Einschätzung von Computerjargon ist wahrscheinlich weniger eine Frage von Jung und Alt, sondern eher eine Frage von elementaren Englischkenntnissen bzw. der Frage, wer sich einen Computer leisten kann und wer nicht.

Nikolaus Nützel: Wenn Digger endkrass dissen. Oder: Sprechen Jugendliche eine eigene Sprache? (Seite 42)

Seite 43 **Aufgaben 1–4**

1.

Jugendliche sprechen zwar oft anders als Erwachsene, aber sie sprechen keine andere Sprache. Ihre Sprache unterscheidet sich etwa zu 1 % von der durchschnittlichen Erwachsenensprache. Ob es überhaupt eine eigene Jugendsprache gibt, ist bei Sprachwissenschaftlern umstritten.

2. **Kriterien der Jugendsprache**

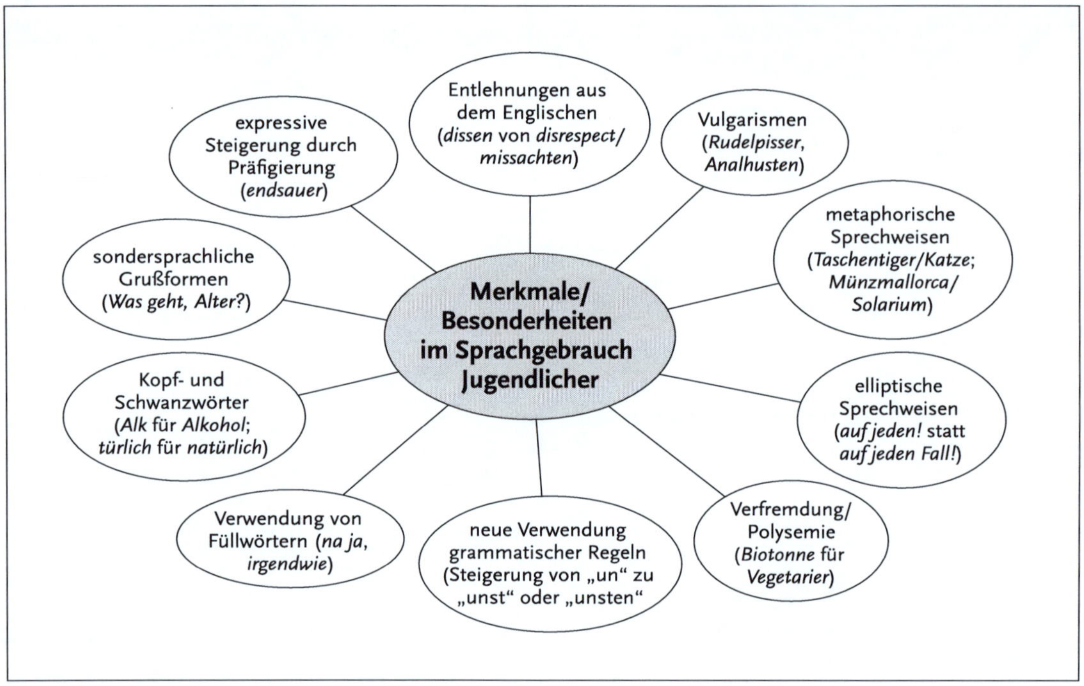

3./4. Diese Aufgaben sind nur individuell lösbar. Unter den angegebenen Internetadressen sollten die Schüler fündig werden.

Feridun Zaimoglu: Ausschnitt aus einem Protokoll von Rahman, 24 (Seite 43)

Seite 43 **Aufgaben 1–3**

1. **Beispiel**

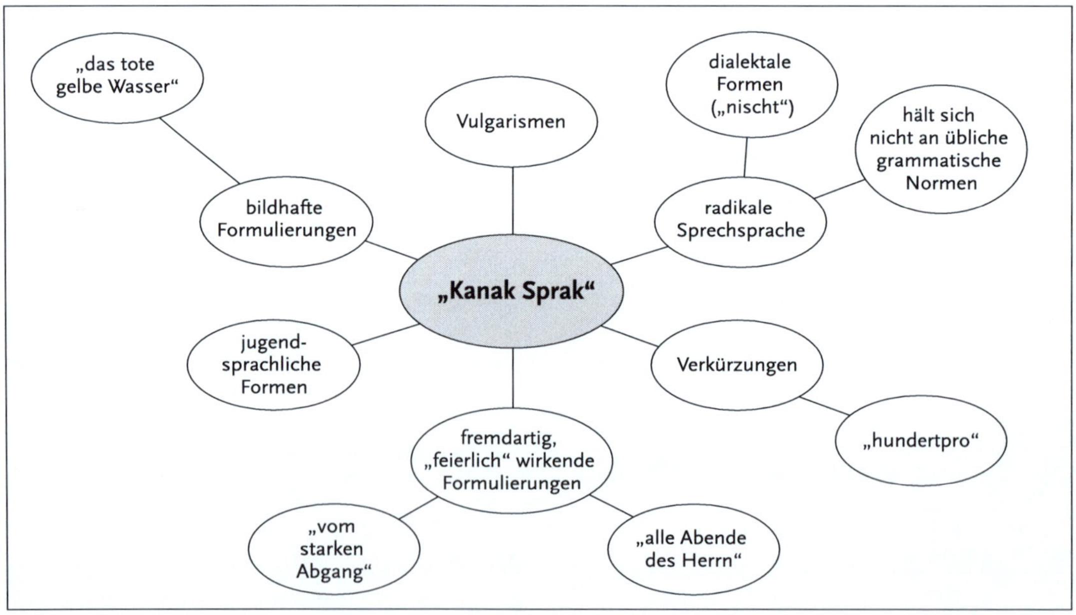

2. **Beispiele**

hier im laden – hier im Restaurant
kein bonze – kein Arbeitgeber
totes gelbes wasser – Bier/Alkohol
abkacken – sterben
die puste – das Leben

3.
- Sprache Jugendlicher, deren Eltern Türken, Bosnier oder Russen sind
- Spezialbegriffe
- Veränderungen: ch zu sch, rollendes r
- besonderer Unterhaltungswert

Senta Trömel-Plötz: Frauensprache – Sprache der Veränderung (Seite 44)

Seite 44 **Aufgaben 1–3**

1. Ihre Kernthese nennt die Autorin bereits in Z. 1/2: Männer haben auch in der Sprache die Macht, und Frauen sind ohnmächtig.
Sie nennt folgende **Formen frauenfeindlichen Sprachgebrauchs**:
- Frauen werden vom Reden ausgeschlossen, weil Männer offenbar davon ausgehen, dass sie anders reden als Männer (Z. 5–23).
- Frauen werden ausgeschlossen, weil in Stellenanzeigen, Steuerformularen u. a. nur die männliche Form genannt wird.
- Frauen werden durch bestimmte Formulierungen und Anreden abgewertet.
- Die Vorstellungen, wie Frauen und Männer „sind", sitzen tief in uns, Frauen wie Männern, und beeinflussen unser Verhalten.

2./3. Der Text stammt aus dem Jahre **1982**. In dieser Zeit waren die von der Linguistin erhobenen Vorwürfe sicher zum Teil berechtigt. Sicher ist allerdings auch, dass daran **nicht die Sprache schuld** ist, sondern die Sprecherinnen und Sprecher in ihrer jeweiligen Situation und ihrer Zeit.
Es ist völlig unstrittig, dass Frauen einen Anspruch auf treffende weibliche Bezeichnungen haben. Inzwischen hat sich vieles geändert: Gesetzestexte und amtliche Formulierungen wurden auf sprachliche Unvereinbarkeiten hin durchgesehen. Sehr oft werden heute Doppelformen benutzt. Allerdings gibt es im Sprachgebrauch neutrale Bezeichnungen (z. B. der Gast, das Mitglied), die für beide Geschlechter gelten. Der Zwang, feminine Entsprechungen zu finden, hat in der Vergangenheit **bisweilen zu Übertreibungen** geführt. Die Sprache selbst hat ja weder dominant maskuline noch feminine Züge.

Kontextmaterial

a)
Friedrich Schiller

Würde der Frauen

Ehret die Frauen! Sie flechten und weben
Himmlische Rosen ins irdische Leben,
Flechten der Liebe beglückendes Band,
Und in der Grazie züchtigem Schleier
Nähren sie wachsam das ewige Feuer
Schöner Gefühle mit heiliger Hand.

Ewig aus der Wahrheit Schranken
Schweift des Mannes wilde Kraft,
Unstet treiben die Gedanken
Auf dem Meer der Leidenschaft;
Gierig greift er in die Ferne,
Nimmer wird sein Herz gestillt,
Rastlos durch entlegne Sterne
Jagt er seines Traumes Bild. [...]

(1796)

(aus: G. Fricke; H. G. Göpfert (Hrg.): Sämtliche Werke, Hanser Verlag, München 1962)

August Wilhelm Schlegel

Parodie auf Friedrich Schillers Text „Ehret die Frauen"

Ehret die Frauen! Sie stricken die Strümpfe,
Wollig und warm, zu durchwaten die Sümpfe,
Flicken zerrissene Pantalons aus;
Kochen dem Manne die kräftigen Suppen,
Putzen den Kindern die niedlichen Puppen,
Halten mit mäßigem Wochengeld Haus.

Doch der Mann, der tölpelhafte
Find't am Zarten nicht Geschmack.
Zum gegornen Gerstensafte
Raucht er immerfort Tabak;
Brummt, wie Bären an der Kette,
Knufft die Kinder spat und fruh;
Und dem Weibchen, nachts im Bette,
Kehrt er gleich den Rücken zu. usw.

(1796)

(aus: Musen-Almanach für das Jahr 1796. Nachdruck: Olms Verlag, Hildesheim 1969, S. 186)

b)
Harald Weinrich
Das belebt die Sprachkultur

Es kann nicht bestritten werden, dass die Herrschaft der Männer über die Gesellschaft in der Sprache auf Schritt und Tritt ihre Spuren hinterlassen hat und dass diese „Maskulinismen" in vielen Situationen einer Zivilität der Gleichheit, also einer Anerkennung und Respektierung der Gleichheit beider Geschlechter entgegenstehen. [...]
Nach wie vor allerdings werden die Geschlechtsrollen in weiten Bereichen des gesellschaftlichen Lebens mit einer männlichen Grundform bezeichnet, die durch „Movierung" mit -in zur weiblichen Form erweitert wird: der Bürger/die Bürgerin. Das hat historisch ganz oben angefangen: bei den Königinnen und Kaiserinnen; und es hat sich unten auf der gesellschaftlichen Stufenleiter bei den Köchinnen und Näherinnen fortgesetzt. Nun haben die movierten Formen auf -in bald das ganze berufliche Mittelfeld besetzt, und den Ministerinnen und Bundeskanzlerinnen stehen keine – sprachlichen – Hindernisse mehr im Wege. [...]
Was nun heute die feministische Linguistik mehr beschäftigt, ist die grammatische Tatsache, dass es bei vielen Personenbezeichnungen neben einem exklusiven Plural (bei dem die männliche Form die weibliche ausschließt: die Lehrer/die Lehrerinnen) einen inklusiven Plural gibt (bei dem die männliche Form die weiblichen Lehrpersonen „mitmeint": die Lehrer). Die letztgenannte Form wird nach den Regeln der vorfeministischen Grammatik für alle gemischten Gruppen gebraucht, mit dem anstößigen Effekt, dass 99 Lehrerinnen und 1 Lehrer zusammen 100 Lehrer sind. Diese 99 Lehrerinnen wollen nun aber nicht mehr nur stillschweigend „mitgemeint" sein. Sie verlangten vielmehr, jeweils ausdrücklich genannt und dadurch sichtbar gemacht zu werden. Also fordern sie: Weg mit dem ungleichen Plural!
Mit Blick auf diese grammatische Ungleichbehandlung hat nun die feministische Sprachkritik eines Tages aus dem Schrägstrich des Splittings (Poliker/-innen) das emanzipatorische I herausgezaubert, das als Großbuchstabe in die weibliche Wortform hineingesetzt wird und dabei die männliche Form mitmeint (PolitikerInnen). [...]
Spätestens hier wird es nun bitterernst, wie immer in Deutschland, wenn es an die Rechtschreibung geht. Denn was macht die Lehrerin oder der Lehrer, wenn das [dieses] I im Aufsatz oder Diktat gebraucht wird?
Als Fehler anstreichen? [...]
Die Linguistik kann hier wohl die Phänomene beschreiben, hat jedoch selber keine Schiedsrichterfunktion in Streitfragen der politischen Semantik. Denn es handelt sich nicht um Verstöße gegen irgendwelche Regeln. Es geht um das Für und Wider einer neuen Zivilität der Gleichheit, die sich zuerst in der Sprache bemerkbar macht, und zwar als Störfaktor. Das belebt die Sprachkultur, auch wenn es ein paar Unbequemlichkeiten mit sich bringt.

(aus: Harald Weinrich: Die Etikette der Gleichheit; in: SPIEGEL 28/1994, Seite 163)

Dieter E. Zimmer: Die, Der, Das. Sprache und Sexismus (Seite 45)

Seite 46 **Aufgaben 1–3**

1. Der Verfasser nimmt Stellung zum Problemfeld *Sexismus in der Sprache;* er setzt sich argumentativ mit den Auffassungen der Linguistin Senta Trömel-Plötz auseinander.

Absicht und Hauptthesen

- Persönliche Sichtweisen und Wertungen des Verfassers nennen (Kennzeichnung der Thesen der Linguistin Trömel-Plötz: Missverständnisse, Konfusion, irrealistisches Weltbild, .../Differenzierungsversuche, Zugeständnisse)
- Hauptthesen benennen:
  Differenzierung des Begriffes „Sexismus in der Sprache"/Sprache an sich ist „schuldlos"; Charakterbezeichnungen und Schimpfwörter sind nicht „automatisch" sexistisch

Sprachliche und rhetorische Mittel

Beispiel, Vergleich, Exkurs, Reihung; insbesondere Differenzierung („Diskriminierung" aus Missachtung oder Hochachtung/zwischen dem weiblichen Geschlecht insgesamt und einzelnen Vertreterinnen/zwischen sexistischer Sprache und sexistischem Sprecher, ...)

Aufbau und Gedankenführung

a) Aussagen der Kontrahentin werden als Polemik und Missverständnisse dargestellt
b) eigene Auffassungen: Sprache ist „schuldlos“
c) gewisses Zugeständnis/Differenzierung/Fazit

2./3. Für einen Leserbrief als Antwort auf den Text sollte der Schüler auf Einzelheiten aus dem Text von Dieter E. Zimmer (siehe oben) sowie auf die Aufgabenstellung zum Text von Senta Trömel-Plötz zurückgreifen (Schülerband, S. 44).
Auch um ein eigenes Essay zu verfassen, kann sich der Schüler auf geeignetes Material in diesem Kapitel beziehen (auch auf Kontextmaterialien).

Die stilistische Gliederung der Sprache

Günter Lietzmann: Tarnung durch Bombast (Seite 46)

Seite 46 Aufgaben 1–4

1. Die Überschrift kennzeichnet die Strategie des Sohnes, durch sprachlichen Bombast, umschreibende, verharmlosende, schwulstige Formulierungen die tatsächlichen Zusammenhänge und Geschehnisse zu verschleiern.

2. **Vergleich (Tafelbild)**

Sohn	Vater
a) Klassenziel nicht voll erreichen; möglicherweise, angedeutet, Mangel an gezielten Maßnahmen, verbale Beteiligung, ausbaufähig	sitzen bleiben, in Englisch und Latein nichts getan; zu wenig am Unterricht beteiligt
b) undifferenzierte Analyse meiner Zurückhaltung, unreflektiertes Auswendiglernen von Wörtern einer fremden Sprache liegt mir nicht	zu wenig Vokabeln gelernt
c) sehr pauschale Fragestellung, sehr kompliziertes Problem; motivationsfördernde Wirkung von finanziellen Anreizen, würden nur langsam greifen, zurzeit keine praktikable Möglichkeit	du willst nicht nur deine Ruhe, sondern auch noch eine Erhöhung des Taschengeldes

3. **Tafelbild**

Stilebene	essen	sterben
dichterisch, poetisch	tafeln, dinieren	das Auge bricht, die Seele aushauchen
gehoben	speisen	entschlafen, dahinscheiden, hinüberschlummern, abgerufen werden
normalsprachlich	verzehren, etwas zu sich nehmen, essen	sterben, den Tod finden, umkommen, aus dem Leben scheiden
salopp	schnabulieren	abfahren, vor die Hunde gehen, den Löffel abgeben, absaufen
jargonhaft	sich etwas zu Gemüte führen, sich gütlich tun	das Zeitliche segnen, es nicht mehr lange machen
derb/vulgär	fressen, vollfressen	den Arsch zukneifen, krepieren

4. **Beispiele für Stilfärbung**
- vertraulich: einen besonders lieben Gruß
- scherzhaft: er stand da im Adamskostüm
- altertümelnd: das Weite suchend
- übertreibend: unverschämt reich, unglaublich hübsch
- spöttisch/ironisch: neunmalklug
- wertend: aufgetakelte Zicke
- beschimpfend: alter Esel

Seite 47 Aufgabe 1 (oben)

Zum Beispiel die bildhaften Formulierungen: als hätt der Himmel/Die Erde still geküsst; Blütenschimmer; die Luft ging durch die Felder; meine Seele spannte/Weit ihre Flügel aus

Seite 47 Aufgaben 1 und 2 (unten)

1. Bei juristischen und wissenschaftlichen Texten ist ein bestimmtes Fachvokabular notwendig, weil es um nachvollziehbare systematische Zusammenhänge geht.
Bei journalistischen und literarischen Texten ist auch (in anderer Weise) eine sehr präzise Auswahl und Kenntnis der Sprachmittel notwendig, der Bezug zum Adressaten ist jedoch offener; literarische Texte verfolgen weniger einen bestimmten Zweck.

Mögliche Zusatzaufgabe
Beurteilen Sie die stilistische Regel „Schreibe, wie du sprichst!“.

Erläuterungen eines Schülers
Die Formulierung kann bedeuten: Schreibe genau so, wie du auch sprichst, nämlich natürlich, unverfälscht, authentisch; gebrauche *deine* Sprache; schreibe nicht unnatürlich, aufgesetzt, gelehrt tuend, jargonartig, mit falschem Bombast.
Wenn man diese Regel wörtlich nimmt, ist sie sicher nicht richtig, denn Sprechen und Schreiben sind unterschiedliche Kommunikationsformen. Beim Sprechen ist der Partner zugegen; man kann sich sofort korrigieren, wenn der Partner etwas nicht versteht; man spricht oft spontan, in kurzen, unvollständigen Sätzen oder einzelnen Wörtern (elliptisch); typisch sind auch dialektale Formen, Wortverschleifungen, Pausen, Bestätigungswörter. Beim Schreiben dagegen ist der Partner nicht zugegen; man muss sich entschieden präziser ausdrücken. Typisch sind in der Regel (außer wenn Sprecher gekennzeichnet werden) vollständige Sätze, Orientierung an den standardsprachlichen Sprachnormen, an der Rechtschreibung und an bestimmten Textartenkonventionen (Geschäftsbrief, Bewerbung, Bericht, Kommentar ...).

2. **Beispiel: Wolfgang Borchert (s. Schülerband, S. 93 ff.)**
- typischer Autor der Nachkriegszeit 1945–1949: Schmucklosigkeit seiner Prosa, oft kurze Sätze und Reihungen
- Neologismen/Bildhaftigkeit/Synästhesie: das „hohle Fenster“ in der „vereinsamten Mauer“; „Staubgewölke flimmerte“; „Schuttwüste döste“
- wörtliche Rede ohne Redezeichen

Beispiel: Heinrich von Kleist (s. Schülerband, S. 103, 269 ff.)
- besonders Charakteristikum: Satzbau (Hypotaxe)
- im Einleitungsteil der Novelle „Das Erdbeben in Chili“ (s. Schülerband, S. 269) wird in drei hypotaktisch gebauten Sätzen das Geschehen zusammengefasst: Ort, Zeit, Hauptperson (Name, Beruf), Gründe für den versuchten Selbstmord: Liebe zur Tochter eines Edelmannes und die Folgen (vgl. auch die Einleitung der Erzählung „Anekdote aus dem letzten preußischen Kriege“ (s. Schülerband, S. 103))
- typische Ausdrucksweise: dergestalt dass,
- die Einleitung zu der Erzählung „Die Marquise von O.“ (s. Schülerband, S. 271) zeigt Kleists Vorliebe für exzentrische Themen, die in seiner Zeit völlig einmalig sind; hier lässt eine Frau in einer Zeitungsannonce nach dem Manne suchen, durch den sie „ohne ihr Wissen in andere Umstände gekommen sei“

Mögliche Zusatzaufgabe

Kennzeichnen Sie den Epochenstil der Empfindsamkeit und Sturm-und-Drang-Bewegung. Wählen Sie als Beispiele:

- *J. W. Goethes Roman „Die Leiden des jungen Werthers" (s. Schülerband, S. 203)*
- *J. W. Goethes Hymne „Prometheus" (s. Schülerband, S. 204)*

Typisch für den Epochenstil der Empfindsamkeit/des Sturm und Drang (s. Schülerband, S. 202 ff.):

- als Ideal gelten der natürliche und unverbildete Mensch und seine unmittelbaren Empfindungen für die Natur
- zu Schlüsselwörtern der Literatur werden Begriffe wie *Natur, Abend, Nacht, Mond, Liebe, Herz, Leid, Freundschaft, Einsamkeit*
- die Sprache ist durch Gefühlsregungen bestimmt: Ausrufe, abgebrochene Sätze, expressiver Sprachstil (Erlebnisdichtung/Erlebnislyrik)

Beispiel für die *Empfindsamkeit*

Johann Wolfgang Goethe: Die Leiden des jungen Werthers (s. Schülerband, S. 203)

- Darstellung der Gefühlslage des Briefschreibers/Erzählers: wunderbare Heiterkeit, Gefühl der Unmittelbarkeit und des Einsseins mit der Natur
- Sprachstil: Hypotaxe (Z. 10–Z. 28); Wortwiederholungen, Diminutivformen, Ausrufe, wortmalerische Adjektive, Vergleiche, Alliterationen

Beispiel für den *Sturm und Drang*

Johann Wolfgang Goethe: Prometheus

- Genie macht sich frei von Bevormundung und unbegründeter Autorität
- Sprache: freie Rhythmen, Neologismus („Knabenmorgen-Blütenträume"), Metaphorik, rhetorische Fragen, expressiver Sprachausdruck

Stilregeln (Seite 48)

Seite 48 | **Aufgaben 1–4**

1. **Schüler-Beispiele**

a) Es ist wichtig, beim Formulieren angemessene Ausdrücke zu benutzen; gewiss sind Fachbegriffe bei der Erläuterung bestimmter Sachverhalte notwendig; man sollte aber nie Begriffe benutzen, die man selbst nicht versteht, die aber vielleicht gerade in Mode sind, die eine bestimmte Kompetenz vorspiegeln (vgl. „Kling-Klang-Wörter"). Auf nur schmückende Adjektive (vgl. Kitsch) kann man in aller Regel verzichten.

(E. B. White, W. Schneider, W. Churchill, A. Schopenhauer)

b) Für das eigene Schreiben kann vor allem Klarheit im Ausdruck von Bedeutung sein. Wichtig ist, sich immer vor Augen zu halten, dass man in der Regel für Leser schreibt; dafür ist Direktheit im Ausdruck besonders wichtig. Zur Klarheit einer Abhandlung gehört auch eine deutliche Gliederung. Was man nicht klar zu sagen imstande ist, sollte man für sich behalten; denn nicht jeder Gedanke lässt sich angemessen in Sprache fassen.

(J. Paul, W. Busch, K. Popper, L. Wittgenstein)

2./3.

- Der lyrische Sprecher kennzeichnet zwei Segel ... (1)
- ..., weil die Segel zwei Menschen meinen. (3)
- In der letzten Strophe (Zeile 11) wird dargestellt, dass auch „sein Gesell" zur Ruhe kommt. (2): Ungeschicklichkeit im Ausdruck
- Das Wort „eigentlich" ist zu streichen. (2): Ungeschicklichkeit im Ausdruck/Füllwort
- Das Bild von den zwei Segeln ist deshalb besonders treffend, weil damit symbolisch auf Zusammengehörigkeit/gegenseitiges Verstehen zweier Liebender hingewiesen wird. (2): zu allgemein
- Ich kann mir gut vorstellen ... (3): Satzbaufehler; auf den Wecker gehen. (2): Stilbruch

4. **Beispiele**

a) Schülertext „Der Albtraum" (s. Schülerband, S. 107)
Der Text orientiert sich deutlich am Sprachstil moderner Kurzgeschichten/Kürzestgeschichten (s. Schülerband, S. 105):
- unmittelbarer, abrupter Anfang
- unvollständige Sätze, z.T. Einwortsätze
- Alltagssprache
- Darstellung von Gedankenfetzen
- reduziertes Personeninventar, keine Namen
- knappe Handlung, die zum Teil unpersönlich und allgemein bleibt
- rhetorische Fragen
- Kennzeichnung bestimmter Wörter durch Kursivdruck

b) Anfangsteil einer Schülerarbeit
Typisch für den Stil der Darstellung ist die Sprache des Argumentierens und Erörterns. Die Autorin geht von eigenen Erfahrungen im Unterricht aus (Erfahrungsargument): Zweimal (Z. 1/Z. 9) erscheint in leichter Variation die Fügung „Ich habe im Unterricht gelernt, dass …". Typisch für die Erörterung sind auch die Formulierungen „Ich bin der Meinung …" (Z. 14); „Ich finde zum Beispiel …" (Z. 17); „Hier stimme ich […] zu …" (Z. 35); „Ich kann mir auch nicht vorstellen …" (Z. 40).
Für diesen schriftlichen Text typisch ist auch die Nutzung von fachsprachlichen Formulierungen: „Bedeutung und Deutung" (Z. 2); „weder ‚einseitiges Verehren' noch ‚unreflektiertes dogmatisches Ablehnen'" (Z. 14 ff.).

Von den Merkmalen unserer Sprache

Dieter E. Zimmer: Grundeigenschaften unserer Sprache (Seite 49)

Seite 50 **Aufgaben 1–5**

1.

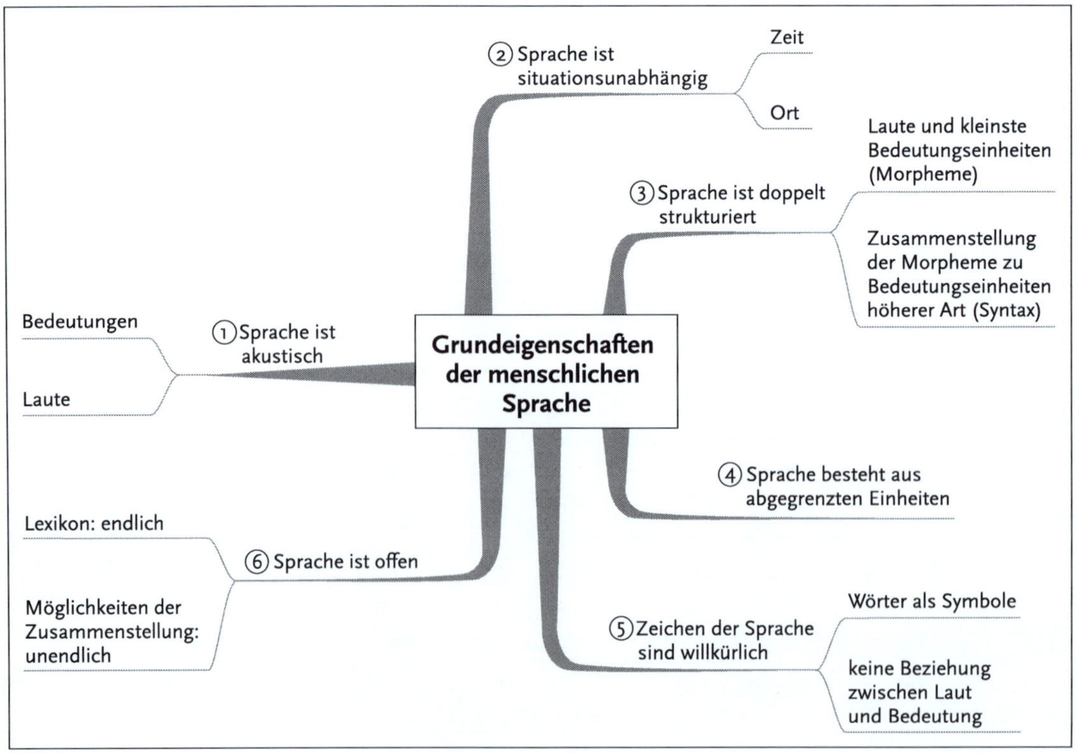

2. Eine Antwort auf die Frage des alten Mannes könnte lauten: Die Bedeutung sprachlicher Zeichen (der Zusammenhang zwischen Zeichenkörper und Zeicheninhalt) ist willkürlich (außer bei einigen lautmalenden Wörtern wie Kuckuck und Kikeriki); irgendwann einmal ist der Zusammenhang festgelegt worden. Wörter sind symbolische Zeichen, deren Lautfolge normalerweise keine Ähnlichkeit mit dem besitzen, was sie bezeichnen.

3. Ein Tier kann nicht lügen; der Mensch dagegen kann etwas zum Ausdruck bringen, was nicht der Wahrheit entspricht, was nur in der Fantasie besteht; das heißt, was unabhängig ist von Zeit, Ort, Situation, in der man sich gerade befindet.

4. Kein Kind macht sich Gedanken darüber, dass z. B. die Lautfolge *t-i-s-c-h* etwas ist, das mit dem benannten Gegenstand, an den man sich setzt, um zu essen, nichts zu tun hat. Lautfolge und das entsprechende Möbelstück gehören zusammen. Sprecher und Hörer lernen somit einen Bestand von Wörtern einer Sprache als Hinweismittel zu verstehen, die es ihnen ersparen, auf die Gegenstände und Sachverhalte der außersprachlichen Welt zurückzugreifen, das heißt, wer *t-i-s-c-h* sagt, braucht nicht auf ein entsprechendes Exemplar hinzuweisen. Das sprachliche Zeichen hat somit (nur noch) Symbolwert. Es muss gelernt werden in seinem Zusammenhang zu der Umwelterscheinung oder Vorstellung, auf die es verweisen soll. Geläufige Benennungen erweisen sich häufig als vorläufig, weil abhängig von unterschiedlichen Auffassungen, persönlichen Abwandlungen, Lehrmeinungen, vor allem dann, wenn es um Begriffe wie *Demokratie, Gerechtigkeit, Glück* geht.

5. Derjenige, der Sprache (dieses Wort meint beides, langue und parole) beschreibt, wird immer von dem Geäußerten, der „parole", als dem physikalisch Greifbaren, ausgehen müssen (d.h. einem mündlichen oder schriftlichen Text). Wenn er sich nicht in Einzelaspekten verlieren will, muss er bei seiner Beschreibung von einem System ausgehen, das in allen Äußerungen der parole zu erkennen ist. Das Regelsystem (langue) ist die Abstraktion einzelner individueller Sprachereignisse oder schriftlicher Gebrauchsweisen. So könnte man mit den Begriffen auf S. 22ff. des Schülerbandes ein Gespräch bzw. die Kommunikation zwischen Gesprächspartnern beschreiben, mit den Begriffen auf S. 333ff. einen Redetext. Mithilfe der Grammatik (s. Schülerband, S. 344) lassen sich z. B. besonders deutlich die formalen Merkmale von Wort und Satz beschreiben, z. B. Texte der Bürokratie, die durch eine Vielzahl von Nomen und nominalisierten Ausdrücken (Nominalstil) gekennzeichnet ist, oder Sachbeschreibungen, die oft einen besonders hohen Anteil beschreibender Adjektive enthalten.

Dieter E. Zimmer: Sie ist aus warmem Atem gebosselt (Seite 51)

Seite 51 **Aufgaben 1–4**

1.
- Z. 1–4: Sprache ist akustisch (s. auch Schülerband, S. 49, Z. 1); bestimmten Bedeutungen werden Laute bzw. Lautkombinationen zugeordnet; mithilfe einer begrenzten Menge von Lauten können wir eine unendliche Anzahl von Wörtern und Wortkombinationen bilden.
- Z. 9/10; Z. 15/17: Das System der Sprache ermöglicht eine Beschreibung von sprachlichen Äußerungen (parole).
- Z. 5–8: Mit Sprache kann man lügen und manipulieren; Sprache ist nicht situationsunmittelbar (vgl. auch Schülerband, S. 49, Z. 21f.).

2. Individuelle Lösungen, Beispiel
Täuschungen/Verschleierungen durch Euphemismen (sprachliche Beschönigungen) im politischen und gesellschaftlichen Leben; Gegenüberstellungen, z. B.:

Tatsächliche Bedeutung	**„Verschönerung"/Beschönigung durch Euphemismus**
• wirtschaftliche Rezession	Nullwachstum
• Entlassung von Mitarbeitern	Verschlankung der Personaldecke
• Atomkraftwerk	Gewinnung sauberer Energie
• Altersheim	Seniorenresidenz

3. Bezugnahme auf S. 57 (Schülerband): Eine Beeinflussung der Zuhörer ist besonders gut möglich mit den Mitteln der Aufwertung (der eigenen Position), der Abwertung (der gegnerischen Position) und der Beschwichtigung problematischer Zusammenhänge, zum Beispiel durch Beschönigungen (s. auch Aufgabe 2).

4.

Jahr	Wort des Jahres	Unwort des Jahres
2008	Finanzkrise	Not leidende Banken
2007	Klimakatastrophe	Herdprämie
2006	Fanmeile	freiwillige Ausreise
2005	Bundeskanzlerin	Entlassungsproduktivität
2004	Hartz IV	Humankapital
2003	Das alte Europa	Tätervolk
2002	Teuro	Ich-AG
2001	Der 11. September	Gotteskrieger
2000	Schwarzgeldaffäre	national befreite Zone
1999	Millennium	Kollateralschaden
1998	Rot-Grün	sozialverträgliches Frühableben
1997	Reformstau	Wohlstandsmüll
1996	Sparpaket	Rentnerschwemme
1995	Multimedia	Diätenanpassung
1994	Superwahljahr	Peanuts
1993	Sozialabbau	Überfremdung
1992	Politikverdrossenheit	ethnische Säuberung
1991	Besserwessi	ausländerfrei

Mündliche und schriftliche Formen der Kommunikation

Reden – Referieren – Präsentieren

Reden verstehen und selbst Reden halten

Konrad Weiß: Ich schäme mich (Seite 55)

Seite 56 **Aufgaben 1–4**

Zunächst können die Schüler mithilfe der Hinweise im Methodenkasten (Schülerband, S. 56 f.) in Partner- oder Gruppenarbeit anhand der Arbeitsaufgaben den Redetext selbstständig erschließen.
Danach sollten sie damit vertraut gemacht werden, wie eine entsprechende Aufgabe bei einer Schulaufgabe oder im schriftlichen Abitur lauten könnte (siehe Aufgabenstellungen S. 59 im Schülerband). Da eine detaillierte Stichwortlösung im Anhang des Schülerbandes (S. 361) gegeben wird, erübrigen sich an dieser Stelle weitere Hinweise.

Z
a) Fernsehansprache Adenauers (4. September 1962), siehe Seite 53
b) Analyse und Deutung der Fernsehansprache Adenauers (Schülertext), siehe Seite 54

Kurt Tucholsky: Ratschläge für einen schlechten Redner (Seite 58)

Seite 58 **Aufgaben 1 und 2**

1. Der Verfasser möchte eigentlich Ratschläge für einen guten Redner geben; er tut dies aber auf satirisch-ironische Weise, indem er – beginnend mit der Überschrift – das Gegenteil von dem sagt, was er meint:
- nie mit dem Anfang beginnen,
- umständlich formulieren,
- nicht frei sprechen,
- so sprechen, wie man schreibt,
- zu allen Themen die geschichtlichen Hintergründe erläutern,
- nicht um die Wirkung beim Publikum kümmern,
- in Nebensätzen formulieren,
- über eigene Witze lachen.

Der Autor nutzt als rhetorisches Wirkungsmittel immer wieder anschauliche Beispiele.

2. Beispiele für individuelle Lösungen

Ratschläge für einen guten Redner:
- Fangen Sie ohne weitere Umschweife mit dem Thema an.
- Bleiben Sie locker! Seien Sie authentisch und natürlich.
- Formulieren Sie nicht zu umständlich; geben Sie den Zuhörern die Rede nicht auf wie ein schweres Schulpensum.
- Formulieren Sie frei; nutzen Sie ggf. ein Stichwortkonzept.
- Sprechen Sie nicht so, wie Sie schreiben; formulieren Sie kurze Sätze.
- Geben Sie nicht zu allen Sachverhalten die historischen Hintergründe, das lähmt das Interesse.

- Achten Sie darauf, wie Ihre Rede beim Publikum ankommt, und reagieren Sie entsprechend.
- Pointen müssen sitzen; wenn Sie nötig haben, diese durch eigenes Lächeln anzukündigen, sind sie wenig „zündend".

Otto Heinrich Kühner: Meine Damen und Herren! (Seite 58)

Seite 59 **Aufgabe 1**

Die folgende „Lösung" eines Schülers zeigt eine Möglichkeit, wie man mit den Versatzstücken des Textes von Otto Heinrich Kühner eine (fiktive) satirische Feierrede zum Abitur gestalten kann, die von Sprachklischees und falschem **Feier-Pathos** geprägt ist:

Meine hoch geschätzten Damen und Herren, verehrte liebe Abiturientinnen und Abiturienten,
ich möchte Sie an diesem festlichen Tage im Namen der verehrten Schulleitung und auch in meinem eigenen Namen herzlich willkommen heißen und meiner besonderen Freude darüber Ausdruck verleihen, Sie alle hier gesund und munter und frisch und frei beisammensitzen zu sehen.
Es ist mir wirklich ein echtes Bedürfnis, Ihnen nach der zweieinhalbjährigen Zusammenarbeit in der Oberstufe – für manche ist es gar eine dreijährige, für andere eine sechsjährige und für wieder andere eine neunjährige Zusammenarbeit – mit dem Ziel der Prüfung der Reife, mit dem Sie einen wichtigen Meilenstein in Ihrem Leben gesetzt haben, zu danken; zu danken insbesondere für Ihr kritisches und zugleich kreatives Engagement und Ihre stets produktiven Beiträge. Sie wussten immer wieder bei den jeweils sich aufdrängenden Fragen klare Prioritäten zu setzen. Die Denkanstöße, die ich Ihnen vermitteln durfte, haben Sie sinnvoll und kreativ genutzt, um an Ihrer eigenen Identitätsbildung im Sinne des großen Ziels „Selbstbestimmung in sozialer Verantwortung" zu arbeiten und damit wichtige Bezüge ihres jungen Lebens ins Auge zu fassen.

Literaturhinweise zum Thema „Rhetorik"

- Axtell, Roger E.: Nie wieder Redeangst. Rhetorik nach den Regeln der Kunst, Knaur Verlag, München 1994
- Berthold, Siegwart: Reden lernen, Verlag Cornelsen/Scriptor, Frankfurt/M. 1993
- Brückner, Christine: Wenn du geredet hättest, Desdemona. Ungehaltene Reden ungehaltener Frauen, Hoffmann und Campe Verlag, Hamburg 1993
- Die politische Rede in der Bundesrepublik Deutschland, deutsch betrifft uns, H. 2/1990
- Gora, Stephan: Grundkurs Rhetorik. Eine Hinführung zum freien Sprechen. Arbeitsmaterialien Deutsch, Klett Verlag, Stuttgart 1992
- Grix, Rolf; Knöll, Wilhelm: Die Rede [des Bundespräsidenten Richard von Weizsäcker] zum 8. Mai 1945, Atelea Verlag, Oldenburg 1987
- Mentzel, Wolfgang: Rhetorik. Frei und überzeugend sprechen, Verlag STS, Planegg ^{2}2000 (Taschenbuch)
- Möller, Jürgen: Rhetorik. Unterrichtsmodell, Schöningh Verlag, Paderborn 2005 (Reihe EinFach Deutsch)
- Günther, Wolfgang (Hg.): Argumente und Parolen. Politische Propaganda im 20. Jahrhundert. Arbeitstexte für den Unterricht, Reclam Verlag, Stuttgart 1993 (UB 9518)
- Pöhm, Matthias: Nicht auf den Mund gefallen, mvg-Verlag im verlag moderne industrie, Landsberg a. L. 1998
- Reden lernen, Praxis Deutsch, H. 144/1997, Friedrich Verlag, Seelze
- Rhetorik, Arbeitstexte für den Unterricht, hg. von Michael F. Loebbert, Reclam Verlag, Stuttgart 1991
- Sarnoff, Dorothy: Auftreten ohne Lampenfieber, Campus Verlag, Frankfurt/M. 1992
- Schrickel, Rolf: Rhetorik direkt. Tipps und Tricks für erfolgreiche Reden, expert verlag, Renningen-Malmsheim 1994

Eine Fernsehansprache Adenauers (4. September 1962)

(Einen Tag, bevor der französische Staatspräsident de Gaulle zu einem längeren Staatsbesuch in der Bundesrepublik Deutschland eintrifft, wird folgende Rede des deutschen Bundeskanzlers Adenauer vom Fernsehen übertragen.)

Der französische Staatspräsident, General de Gaulle, trifft morgen zu einem mehrtägigen Staatsbesuch in der Bundesrepublik Deutschland ein. Es ist das erste Mal, dass der Präsident unseres Nachbarlandes Frankreich einen Staatsbesuch bei uns Deutschen macht. Allein dieser Umstand macht deutlich, dass der Besuch geschichtlichen Rang hat.
Frankreich und Deutschland. Lassen Sie uns in diesem Augenblick bedenken, was in diesen beiden Worten beschlossen liegt. Viel Größe und Glanz, aber auch viel Elend und Leid.
Heute ist die Zeit reif geworden, sich auf den gemeinsamen Ursprung zu besinnen und sich ein gemeinsames Ziel zu setzen. Wir wollen in Frieden und Freiheit ein Dasein führen, das dem Range Europas entspricht, das der Menschen würdig ist. In dieser Überzeugung sind nicht nur die Staatsmänner in Frankreich und Deutschland sich einig. Die Völker selbst, die Deutschen und Franzosen, sind von diesem Willen durchdrungen und fordern von ihren Regierungen, ihm Geltung zu verschaffen.
Diese Erfahrung habe ich von meinem Besuch in Frankreich mitgebracht, und ich bin sicher, dass der französische Staatspräsident die gleichen Erfahrungen in der Bundesrepublik Deutschland machen wird. Unser hoher Gast hat den Wunsch, unmittelbar zu dem deutschen Volk in allen seinen Schichten und Ständen zu sprechen, und so werden Sie selbst Gelegenheit haben, meine verehrten Zuhörerinnen und Zuhörer, aus seinem Munde die Botschaft Frankreichs an Deutschland zu vernehmen.
Ich empfinde am Vorabend des Besuchs von Präsident de Gaulle eine tiefe Befriedigung darüber, dass der große Plan, den wir seit Beginn unserer politischen Arbeit in der Bundesrepublik verfolgten, nämlich zwischen Deutschland und Frankreich eine dauernde Freundschaft zu begründen, verwirklicht werden konnte. Diese Politik haben wir zu einem weithin wirkenden Erfolg geführt, mit der einhelligen Zustimmung des ganzen deutschen Volkes nicht nur, sondern auch der Ermutigung und dem Zuspruch und der Zustimmung aller freien Völker, die wissen, dass ein gutes deutsch-französisches Verhältnis den Frieden in Europa sichert.
Gemeinsam mit unseren Freunden werden wir entschlossen an der Einigung Europas weiterarbeiten, zu unserem Wohl, aber auch im Dienst des Friedens und der Freiheit, nach denen die ganze Menschheit verlangt. Deshalb ist der Staatsbesuch, den Herr Präsident de Gaulle, dieser große Franzose, uns in Deutschland abstattet, ein Ereignis, das alle Menschen, die guten Willens sind, mit Genugtuung und Freude erfüllt. Und in dieser Gewissheit wollen wir unseren hohen Gast begrüßen.
(aus: FAZ, 6. 9. 1962)

Zum historischen Hintergrund:
Deutschland und Frankreich, die sich über Generationen hinweg als Erbfeinde angesehen und in mehreren Kriegen bekämpft haben, nehmen nach dem Zweiten Weltkrieg Ansätze zur Aussöhnung auf, die zwischen den beiden Weltkriegen von verantwortlichen Staatsmännern gemacht wurden.
Gleichzeitig soll die Annäherung der beiden Länder die europäische Einigung weitertreiben. Nach einem Besuch von Bundeskanzler Adenauer in Frankreich kommt Staatspräsident de Gaulle im September 1962 nach Deutschland. Im Jahre 1963 wird der deutsch-französische Freundschaftsvertrag geschlossen.

Aufgabe

Analysieren Sie die Rede; kennzeichnen Sie dabei vor allem den Aufbau sowie die Art und die Funktion der sprachlich-rhetorischen Mittel.

Analyse und Deutung der Fernsehansprache Adenauers (4. September 1962)

Anlass und inhaltlicher Mittelpunkt der Fernsehansprache des westdeutschen Bundeskanzlers Konrad Adenauers vom 4.9.1962 ist der Staatsbesuch des französischen Staatspräsidenten General de Gaulle am nächsten Tag, dem 5.9.1962. Die Ansprache wird über das Medium Fernsehen gesendet, das heißt, der Kanzler hat keine Möglichkeit, auf die Reaktionen seines Publikums einzugehen; es handelt sich insofern um eine „einseitige" Rede.

Der Staatsbesuch des französischen Präsidenten, dem ein Besuch des deutschen Bundeskanzlers in Frankreich vorausgegangen ist, stellt einen wichtigen Meilenstein auf dem Weg zum Freundschaftsvertrag zwischen Frankreich und Deutschland (1963) dar.

Der Redner beginnt seine Rede damit, dass er den bevorstehenden Staatsbesuch als sehr wichtig herausstellt und den „geschichtlichen Rang" betont.

In einem kurzen Abschnitt wird die leidvolle Verstrickung der Geschichte der beiden Völker angedeutet (Erbfeindschaft? Kriege?). In diesem Abschnitt fallen zwei unvollständige Sätze auf, Satzellipsen; dadurch werden die gegenübergestellten Wörter Frankreich/Deutschland bzw. Größe/Glanz und Elend/Leid in den Mittelpunkt gerückt. Im nächsten Abschnitt (ab Zeile 7) wird Adenauers politisches Ziel in einer allgemeinen, aber sehr positiven Weise genannt: gemeinsamer Ursprung und gemeinsames Ziel der beiden Völker, Frieden und Freiheit in Europa. In diesem Ziel seien sich nicht nur die Staatsmänner, sondern auch die Völker selbst einig.

Danach beginnt die Rede ausgesprochen feierlich zu werden. An vielen Formulierungen wird deutlich, dass es Adenauer darum geht, das deutsche Volk auf den Staatsbesuch entsprechend einzustimmen. Im zweitletzten Abschnitt ab Zeile 18 stellt der Redner seine Politik der Westintegration und der Freundschaft mit Frankreich deutlich in den Vordergrund: „Diese Politik haben wir zu einem weiterhin wirkenden Erfolg geführt und mit der einhelligen Zustimmung des ganzen deutschen Volkes nicht nur, sondern auch der Ermutigung und dem Zuspruch und der Zustimmung aller freien Völker, die wissen, dass ein gutes deutsch-französisches Verhältnis den Frieden in Europa sichert." In diesem Zitat werden die wesentlichen Zusammenhänge der gesamten Rede deutlich: Die eigene Politik wird als positiv herausgestellt (weiterhin wirkender Erfolg). Adenauer spricht in der Wir-Form; auffallend sind dabei die durchweg positiv konnotierten Begriffe, die er für seine politische Zielrichtung reklamiert (Ermutigung, Zuspruch, Zustimmung freier Völker, Frieden). Diese Stelle der Rede macht bereits überdeutlich, dass sie viel von einer Feierrede hat. Schließlich geht es dem Redner ja insgesamt darum, für den bevorstehenden Staatsbesuch eine positive Stimmung in der Bevölkerung zu erzeugen. Dem dient auch die Verwendung entsprechend wertender Adjektivattribute (*tiefe* Befriedigung, *großer* Plan, *dauernde* Freundschaft). Der Staatspräsident und sein Land werden mit großer Hochachtung dargestellt, zum Beispiel mit folgenden Formulierungen: der französische Staatspräsident General de Gaulle, der Präsident unseres Nachbarlandes, unser hoher Gast, dieser große Franzose ... Typisch für die feierlich wirkende, gehobene Sprachstilebene sind auch formelhafte Wendungen wie: Frankreich und Deutschland (höflichkeitshalber wird das Land des Gastes zuerst genannt), Frieden und Freiheit, Größe und Glanz, Leid und Elend, die Deutschen und Franzosen ... Wiederholt taucht das Wort „gemeinsam" auf, wiederholt und in unterschiedlichen Wendungen werden Frankreich und Deutschland genannt. Eine Zusammenfassung und Steigerung erfährt der Wert „Gemeinsamkeit" zu Beginn des letzten Abschnitts.

Die aus der Bibel entlehnte und mit dem Genitiv ein wenig altertümlich wirkende Formulierung „Menschen, die guten Willens sind" stellt den Höhepunkt der positiven Darstellung dieses Besuchs dar. Die Menschen, die dieser Besuch nicht mit Genugtuung und Freude erfüllt, werden damit indirekt als Menschen, die nicht guten Willens sind, dargestellt.

Dadurch, dass der Kanzler sowohl in der 1. Person Singular als auch in der 1. Person Plural spricht, gibt er zu verstehen, dass *seine* politischen Zielsetzungen von allgemeinem Interesse sind. Er spricht in diesem Falle für Deutschland, für das deutsche Volk, ja, ist sich der Zustimmung aller freien Völker gewiss. Feierlich und gehoben wirken auch Formulierungen wie: die Zeit ist reif geworden (Z. 7), unser hoher Gast (Z. 15), ... aus seinem Munde die Botschaft Frankreichs an Deutschland zu vernehmen (Z. 17). Zusammenfassend kann man sagen, dass Adenauer in dieser Rede am Vorabend des Staatsbesuchs eine positive Stimmung begründen will, eine breite Übereinstimmung des gesamten Volkes mit seiner Politik, mit einer Freundschaft zwischen Frankreich und Deutschland voraussetzt und damit zugleich Frankreich und den Staatsbesuch seines Präsidenten den Deutschen ans Herz legen will. Der Redetext enthält einige informierende Passagen, aber insgesamt mehr Appellierendes. Adenauer wirbt für seine Politik, für ein gemeinsames Europa im Dienste von Frieden und Freiheit.

(Schülertext)

Aufgabe

Beurteilen Sie die Schülerarbeit. Inwieweit ist es dem Verfasser gelungen, die Rede Adenauers zu analysieren und zu deuten? Beziehen Sie sich bei Ihrer Beurteilung auch auf die Kriterien auf S. 56 des Schülerbandes.

Referieren

Seite 61 **Aufgabe 1**

Die Aufgabe ist nur individuell lösbar.

Präsentieren

Seite 62 **Aufgaben 1–3**

1. Bei einem Referat zu einer Dichterpersönlichkeit durch zwei Referenten eignet sich zum Beispiel eine szenische Darbietung, bei der die beiden Referenten
- ein Gespräch vortragen,
- in unterschiedliche Rollen schlüpfen,
- abwechselnd Texte/Textausschnitte vortragen.

Für ein argumentativ geartetes Thema eignet sich zum Beispiel ein Expertengespräch, bei dem zwei Referenten unterschiedliche Positionen zur Thematik darstellen.

2. **Flipchart** (Ständer mit einem großen Papierblock): Gegenüber der Tafel hat es einige Vorzüge:
- gute Lesbarkeit,
- Aufzeichnungen früherer Vortragsphasen können bei Bedarf zurückgeholt werden,
- Aufzeichnungen können aufbewahrt werden.

Overheadprojektor
Vorzüge:
- Redner muss den Zuhörern bei der Kommentierung nicht den Rücken zuwenden
- Folien können ganz oder teilweise aufgedeckt werden
- sie können durch grafische Elemente gegliedert werden

Mögliche Nachteile:
- zu viel Text
- mangelnde Lesbarkeit
- Projektion wird durch Redner verdeckt
- zu große Anzahl von Folien
- möglicher Ausfall der Projektorbirne

PC-Präsentation
Vorzüge:
- kann genau vorbereitet werden

Mögliche Nachteile:
- gewisse Festlegung; spontane Änderung der Reihenfolge nicht möglich
- zu viel („Farb- und Animationsorgie“)
- das gesprochene Wort wird durch das Medium verdrängt, statt im Mittelpunkt zu stehen

3. Individuelle Lösungen

Seite 63 **Aufgaben 1 und 2**

1. Wichtig ist es, die Medien – diese sind allemal Hilfsmittel – zu beherrschen. Der Redner sollte auch vorab überlegen, wie er sich verhält, wenn die gesamte Technik ausfällt.
Die Veranschaulichung/Visualisierung sollte nicht übertrieben werden, sonst wird aus dem Vortrag lediglich eine Kommentierung des vorbereiteten Materials. Damit werden Zuhörer überfordert, die Vorteile der Visualisierung gehen wieder verloren, weil das gesprochene Wort in den Hintergrund tritt, statt dieses zu ergänzen.

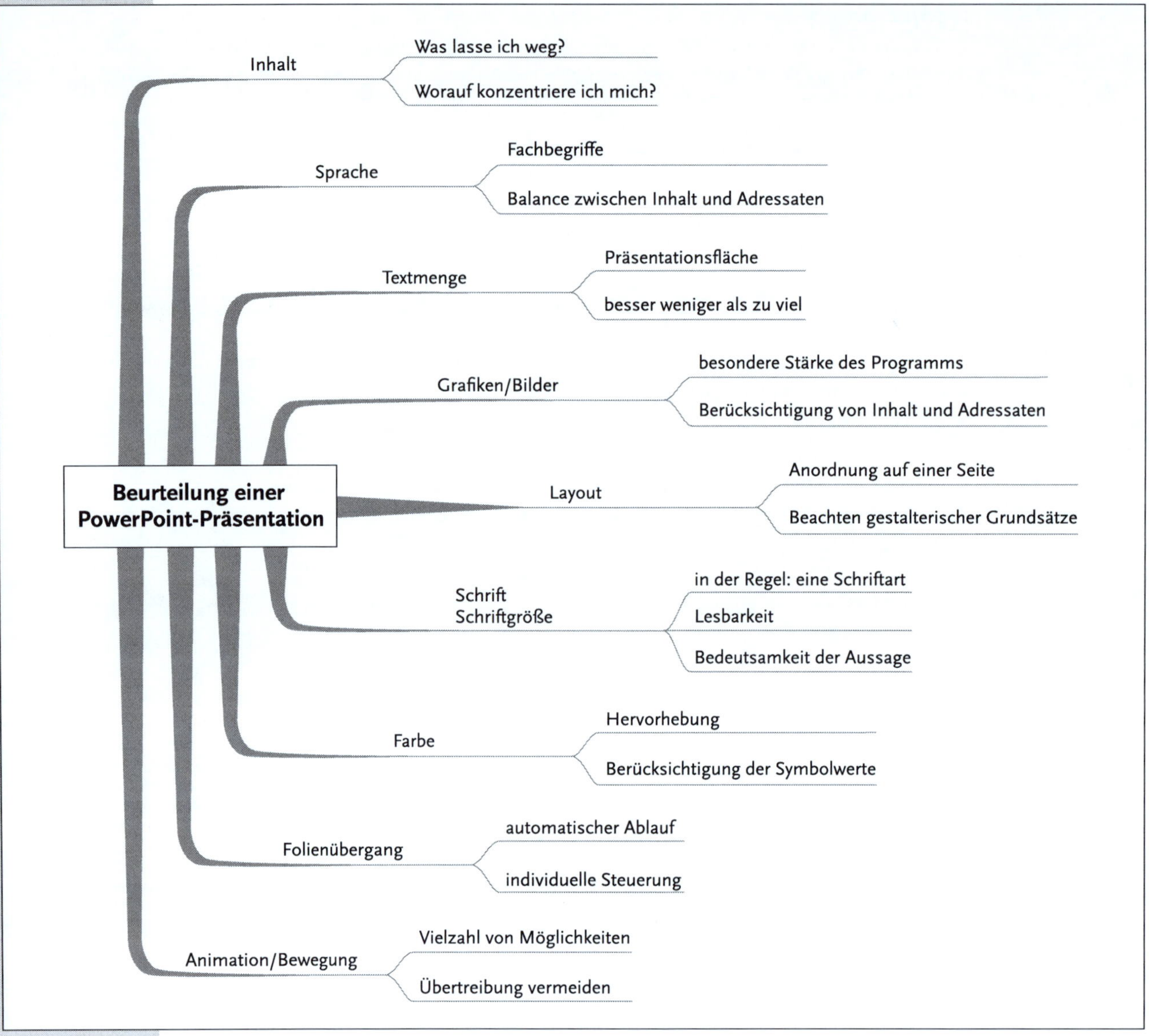

Argumentieren und diskutieren

Richtig argumentieren

Christian Althoff: DNA-Beschluss verweigert/Nur diffuse Befürchtungen (Seite 64/65)

Seite 65 **Aufgaben 1 und 2**

Die Fähigkeit zu argumentieren ist in persönlichen, öffentlichen und beruflichen Situationen immer wieder gefragt. Dies gilt für die mündliche Kommunikation im Zusammenhang eigener argumentativer Rede- und Vortragsformen sowie im Zusammenhang von partnerbezogenen Gesprächen, Verhandlungen, Diskussionen und Debatten. Auch bei den schriftlichen Formen des Argumentierens/Erörterns, sowohl bei materialgestützten Erörterungen als auch im Zusammenhang mit strittigen, argumentativ angelegten Sachtexten, geht es um die Fähigkeiten, Argumentationsformen zu erkennen, persönlich Stellung zu nehmen, Pro- und Kontra-Zusammenhänge aufzuzeigen, begründet zu beurteilen und einen eigenen Standpunkt zu verdeutlichen.

1. Seit Dez. 2003 ist durch Gesetz festgelegt, dass die Untersuchung genetischer Tatortspuren und die Entnahme einer Speichelprobe bei einem Tatverdächtigen einem Richtervorbehalt unterliegt. Vorher wurden entsprechende Tatortspuren oft ohne formellen richterlichen Beschluss untersucht, dabei wurde die Meinungsäußerung des Richters als zustimmend gewertet.

2. Der Verfasser macht in seinem Kommentar auf folgende Problematik aufmerksam:
- Spuren am Tatort (wie Blut, Haar, Speichel) nutzen den Ermittlern nur etwas, wenn ein Richter ausdrücklich der Untersuchung zustimmt (Z. 4 ff.).
- Die restriktive Regelung entspringt möglicherweise diffusen Befürchtungen von Datenschützern (Z. 10 ff.).
- Bundesregierung sollte in diesem Falle ihrer Polizei mehr vertrauen, diese nutzt die Daten nur zur Überführung der Täter (Z. 17 ff.).

3. **Argumentationsanlass**
Ist es notwendig, die Untersuchung genetischer Tatortspuren von der Zustimmung eines Richters abhängig zu machen? Wird durch diese umständliche Praxis nicht die Arbeit der Polizei und die Überführung eines Verbrechers erschwert?
Hauptargument des Kommentators (eingebaut in eine rhetorische Frage, Z. 6 f.)
Neue Regelung ist restriktiv und scheint auf diffuse Befürchtungen von Datenschützern zurückzugehen.

4. **Zuordnung:** Beispiele und Argumentationsformen

Man kennt ...	Analogisierendes Argument
Die breitflächige ...	Normatives Argument
Es wird auch ...	Indirektes Argument
Auch Molekularbiologe	Autoritätsargument

5. **Argumentationsformen** im Kommentar

Z. 7 ff.:	Argumente, die sich auf Gefühle stützen
Z. 17 ff.:	Normatives Argument
Z. 20 f.:	Analogisierendes Argument

6. **Beispiel**
1. **So lautet das Problem:**
Zurzeit (2008) gilt die Regelung, dass die Untersuchung von genetischen Tatortspuren nur mit richterlichem Beschluss möglich ist. Dies ist umständlich und kann die Ermittlungen behindern.
2. **Aus folgendem Grund sollte das Problem gelöst werden:**
Da es bei Tatortspuren oft darauf ankommt, möglichst schnell zu handeln, sollte auch die Untersuchung genetischer Tatortspuren durch die Polizei vereinfacht werden. Es geht schließlich um die möglichst schnelle Überführung des Täters.
3. **So könnte es gelöst werden:**
Die Polizei sollte weitgehend Handlungsfreiheit haben, wenn es darauf ankommt, genetische Tatortspuren zu verfolgen. Der Paragraf 81e der Strafprozessordnung sollte daher geändert werden; er hat sich nicht bewährt, weil eine zielgerichtete Verbrechensbekämpfung erschwert wird.

7. Individuelle Lösungen

8. Die folgenden Hinweise sollten nicht als „objektive Lösungen" angesehen werden; vielmehr sollte der offenen Diskussion in der jeweiligen Lerngruppe breiter Raum zugestanden werden.

Internet-Informationen sind unzuverlässig

Ja: Im weltweiten Datennetz kann jeder veröffentlichen, was er will. Jeder ist sein eigener Verleger – es gibt keine funktionierenden Kontrollmechanismen. Eine Zeitung, die Falschinformationen bringt, muss früher oder später damit rechnen, dass sie verklagt wird und ihr die Leser weglaufen.

Aber: Wer sich im Internet an die bewährten Quellen hält – zum Beispiel die Internet-Auftritte der Zeitungen und Zeitschriften –, wird auch seriös bedient. Wer sich nicht sicher ist, wie zuverlässig eine Information ist, kann sich an ein paar Regeln halten, um sie zu überprüfen:

- Wer betreibt das Angebot? Seriöse Quellen geben Herausgeber und Kontaktadresse außerhalb des Internets an.
- Wer hat es ins Internet gestellt? Ein Serviceunternehmen, der Anbieter selbst?
- Gibt es Quellenhinweise, werden Autoren genannt?
- Wird auf Literatur, andere Stellen im Internet, auf Experten verwiesen?
- Wie oft wird ein „update", eine Aktualisierung, vorgenommen?

Nutzer ertrinken in Datenflut

Ja: Anfang 1997 waren allein im World Wide Web des Internets nach einer wissenschaftlichen Schätzung über 320 Millionen Seiten mit Informationen abrufbar (kostenpflichtige Datenbanken nicht mitgerechnet). Auf eine Stichwortsuche hin werden Hunderte von Treffern angezeigt. Und die Datenmenge wächst.

Aber: Das Hauptproblem ist nicht die Datenflut, sondern die Betrachtungsweise. Das Internet ist keine Zeitung und kein Katalog, es ist ein Kommunikationsmittel und am ehesten mit dem Telefon zu vergleichen. Das Internet vereinfacht den Zugang zu Informationen. Dass auch der Umgang mit dem Netz zuerst erlernt werden muss, wollen die wenigsten einsehen.

Internet verführt zum Kundenfang

Ja: Über Surfer im Netz lässt sich vieles herausfinden. Die plumpe Methode: Der Benutzer wird aufgefordert, sich registrieren zu lassen. Eleganter ist der Einsatz von „Cookies", elektronischen Pfadfindern: Jedes Mal, wenn ein Besucher die „Website", also den Internet-Auftritt eines Anbieters besucht, hinterlässt der Anbieter auf der Festplatte des Kunden eine elektronische Botschaft. Der Benutzer merkt davon nichts.

Aber: Es gibt Sperr- und Löschprogramme gegen die elektronischen Kundenfänger. Und jeder Benutzer kann die Herausgabe seiner persönlichen Daten – E-Mail-Adresse und Kreditkartennummer – verweigern, wenn er nicht ganz sicher ist, dass er dem Anbieter vertrauen kann.

Internet-Gefahr für Kinder

Ja: Das Wort, das bei den Internet-Suchdiensten am meisten abgefragt wird, ist Sex. Viele bieten einen Teil ihres Materials frei zugänglich auch für Kinder an. Auch harmlos erscheinende Adressen können direkt zu Porno-Anbietern führen. Sekten nutzen das Internet, um Anhänger zu werben. Kinderpornografen verteilen gezielt per E-Mail Bilder und Videos und versuchen, an neue Opfer zu gelangen.

Aber: Nach Einschätzung eines führenden US-Anbieters von Filterprogrammen, der das Netz täglich nach jugendgefährdenden Inhalten absucht, fallen nur zwei Prozent aller Inhalte in diese Kategorie. Der rechtsextremen Szene ist es nach Beobachtungen des Kölner Bundesamts für Verfassungsschutz nicht gelungen, sich mithilfe des Internets eine Massenbasis zu verschaffen. Mit der wachsenden Aufmerksamkeit von Medien, Politik und Behörden haben sich viele Anbieter strafbarer Inhalte in die dunklen Nischen des Datennetzes zurückgezogen. Das macht ihre Verfolgung zwar schwieriger, erschwert aber den Zugang für Nichteingeweihte.

Internet nur was für junge Leute

Ja: Junge Leute haben es leichter, weil sie mit der Technik aufwachsen. Das Internet ist vielfältig – und eben diese Vielfältigkeit macht es für den Neueinsteiger in der Tat kompliziert.

Aber: Ist der Zugang einmal installiert, bedarf es keiner weiteren technischen Kenntnisse, um sich zurechtzufinden. Und das Surfen ist durchaus keine Sache der Jungen. Bei einer US-Umfrage vom Herbst 1997 stellte sich heraus, dass ältere Personen über 50 Jahre im Schnitt mehr Zeit im Internet verbringen als jüngere. Eine andere Studie belegt: Die ältere Generation sieht im Web ein Werkzeug, während die jüngere das Internet für fast alles nutzt, was sie auch sonst tut – von der Unterhaltung bis zum Konsum.

(Rosenthal INTERNET – SCHÖNE NEUE WELT? Copyright (©) 1999 Orell Füssli Verlag AG, Zürich)

9.

a) Es kann für Diskussionsleiter bzw. Teilnehmer aus unterschiedlichen Gründen sachlicher oder persönlicher Art sinnvoll sein, ein aggressives oder emotionales Argument zu überhören bzw. nicht zu kommentieren.

b) Die Fairness gegenüber dem Diskussionsleiter gebietet es, nur Behauptungen zu formulieren, hinter denen man auch selbst steht; ansonsten müsste man Belege für die fremde Quelle angeben.

c) Argumentieren kann man nur, wenn man sich detaillierte Informationen verschafft hat und bereits eine (vorläufige) Meinung zu dem Thema aufgebaut hat.

d) Wichtigste Voraussetzung für das Verstehen ist geduldiges Zuhören. Das „Zurückhalten“ von Äußerungen ist eine wichtige Zuhörtechnik, weil sie den Redenden dazu animieren kann, noch mehr Informationen zu geben.

e) Argumente sind keine objektiven Wahrheiten, sondern Meinungen/Thesen/Äußerungen zu einem Problem/Sachverhalt/einer strittigen Frage. Insofern ist es wichtig, auf eine Argumentation mit einer eigenen „Wahrheit“ („Ich habe eine andere Erfahrung gemacht“) zu reagieren.

10. Weitere Tipps, zum Beispiel:
- Diskussionsbeiträge anderer nicht überspitzt oder sinnentstellt wiedergeben.
- In einem Argument keine Forderungen aufstellen, von denen man weiß, dass sie nur von wenigen erfüllt werden können.
- Beispiele oder eigene Erfahrungen nicht unzulässig verallgemeinern, sondern die eingeschränkte Geltung verdeutlichen.

11. Individuelle Lösungen

Miteinander diskutieren

Seite 69 **Aufgaben 1–3**

1. **Beispiele**
- Alle Teilnehmer müssen zu Wort kommen,
- Blickkontakt zum Diskussionspartner aufnehmen,
- keine persönlichen Angriffe,
- zu widersprüchlichen Meinungen Stellung nehmen können,
- sich zurückhalten können, nicht jeden Eindruck verbalisieren,
- auch wortkarge Teilnehmer einbeziehen,
- Diskussionsbeiträge reformulieren bzw. Beiträge bestätigen,
- Höflichkeit,
- unterschiedliche Diskussionsformen praktizieren,
- Anweisungen bzw. Hilfen des Diskussionsleiters annehmen bzw. befolgen,
- Fragen nicht ausweichen, sondern sie klar beantworten,
- Diskussionsbeiträge anderer nicht verfälschend wiedergeben.

2. Männer und Frauen unterscheiden sich in ihrem Sprachgebrauch deutlich. Äußerungen von Frauen zeigen oft die Tendenz zu gefühlsbetonten Ausdrücken und zur Darstellung von Sachverhalten anhand von eigenen Erfahrungen und von Beispielen. Männer zeigen oft eher eine Äußerungsstruktur, die von Fakten und sachlich-rationalen Zusammenhängen bestimmt ist. Heute hat sich aber dieses Verhalten mit der Weiterentwicklung der speziellen Rollen bereits verändert: Karrierefrauen äußern sich oft sachlich-rational, Hausmänner dagegen gefühlsbetont. Entsprechend müssen auch die pauschalen Äußerungen von A. Alt differenziert werden:
- Nicht alle Frauen erwarten von Diskussionen Harmonie und Nähe.
- Nicht alle Männer wollen in Diskussionen auf jeden Fall ihren Standpunkt durchsetzen.

Karikatur (Seite 70)

Seite 70 **Aufgaben 1 und 2 (oben)**

1. Die Karikatur stellt in überzeichneter Weise **typische Diskussionsteilnehmer** dar, z. B. Teilnehmer, die gerne die Auseinandersetzung suchen, Teilnehmer, die in einer Diskussion eher vermitteln und Streit schlichten, usw. Gedacht sein kann eine solche einfache Auflistung von Diskussionstypen z. B. für den Leiter einer Diskussion, dem hier Ratschläge gegeben werden, wie er mit den einzelnen Typen konstruktiv umgehen kann. Wichtig ist dies vor allem bei offenen Diskussionen, bei denen es kein bestimmtes

Ziel oder Ergebnis geben kann, aber auch bei Diskussionen, die ganz bestimmte Diskussionsziele haben, zum Beispiel:
- beim Informations- und Meinungsaustausch,
- beim Schließen von Informationslücken,
- bei der Lösung arbeitsorganisatorischer Probleme,
- bei Entscheidungsfindungen und Beschlussfassungen.

Diskussionstypen, zum Beispiel:
- Pferd: seriös, abwartend, sachlich, verlässlicher Diskussionspartner
- Frosch: unterbricht oft, quatscht dazwischen
- Igel: hat feste Standpunkte, igelt sich darin ein, kommt nur schwer davon los
- Flusspferd: gemütlich, nicht aus der Ruhe zu bringen, wirkt bestätigend
- Giraffe: arrogant, besserwisserisch
- Hund: ist aggressiv und wenig feinfühlig, gibt bissige Kommentare, beißt um sich
- Gazelle: ist eher schüchtern, verhält sich passiv, muss bestätigt und ermutigt werden
- Affe: meldet sich oft, setzt sich immer wieder in Szene

2. Zuordnungen: a) Affe; b) Gazelle, c) Giraffe; d) Frosch oder Hund

Seite 70 **Aufgabe 1 (unten)**

Individuelle Lösungen. Als Thema sollte möglichst ein aktuelles strittiges Ereignis gewählt werden; Rollenspieler und analysierende Zuschauer sollten ausgewechselt werden. Im Rollenspiel dürfen die einzelnen Diskussionsteilnehmer in übertreibend-satirischer Form dargestellt werden. Techniken des Diskussionsleiters können der Zusammenstellung auf S. 70 des Schülerbandes entnommen werden.

Gustav Keller: Eine wahre Begebenheit – Zum Nachdenken (Seite 71)

Seite 71 **Aufgabe 1**

Beispiel für einen Schülerkommentar

Der Text ist ein wenig zu offensichtlich „gestrickt". Im ersten Teil stehen bei der vom Abteilungsleiter in dominanter Form geleiteten Konferenz ein paar „Redelöwen" im Vordergrund, während der Großteil der Teilnehmer sich zurückhält. Im zweiten Teil arbeiten nach einer Änderung der Konferenzform „Redelöwen" und „Gazellen" in einer Runde emsiger „Erdmännchen" am gemeinsamen Ganzen zusammen. Es erscheint nicht ganz glaubwürdig, dass eine Änderung der Konferenzordnung fast automatisch aus Gazellen und Redelöwen eine homogene Arbeitsgruppe formt. Die Darstellung wirkt in dieser Form harmonisierend.

Was könnte wichtig sein an diesem Beispiel?
- Eine Konferenz sollte nicht vom Konferenzleiter dominiert werden,
- eine Diskussion sollte alle Teilnehmer einbeziehen; hier sind Phasen für Ideensammlungen und Kartenabfragen einzuplanen,
- alle Konferenzteilnehmer sollten durch schriftliche Hinweise vorab informiert werden, um so die Möglichkeit zu haben, sich entsprechend vorzubereiten,
- Intensität und Arbeitsatmosphäre hängen auch davon ab, ob sich die Teilnehmer wohlfühlen, sich bestätigt finden, das Gefühl haben, mitarbeiten und etwas bewirken zu können.

Seite 72 **Aufgaben 1 und 2**

Besonders wichtig ist eine gute inhaltliche Vorbereitung im Hinblick auf ein bestimmtes Thema. Auch die Diskussionsformen sollten abgesprochen werden, zum Beispiel die für Kleingruppen geeignete Form:
- Rundgespräch,
- Podiumsgespräch,
- Streitgespräch.

Die einzelnen Schülerinnen und Schüler sollten sich für *eine* Diskussionsform entscheiden, diese gemeinsam vorbereiten und sie als „Rollenspiel“ vorführen.

Mögliche Zuordnungen

a) Technik des aktiven Zuhörens, Nachfragens: „Entschuldigen Sie ...“ (Diskussionsleiter oder Teilnehmer)
b) Techniken im Umgang mit aggressiven Beiträgen; ironisch kommentieren: „Na, wenn Sie weiter ...“ (Diskussionsleiter)
c) Techniken des Durchsetzens; Argumente umdrehen: „Sicher lässt sich ...“ (Diskussionsleiter oder Teilnehmer)
d) Techniken des Lenkens; Wichtigkeit hervorheben: „Besonders bedeutsam muss es für uns sein ...“ (Diskussionsleiter oder Teilnehmer)
e) Techniken des Lenkens; Einwände vorwegnehmen (Diskussionsleiter)
f) Techniken im Umgang mit aggressiven und emotionalen Beiträgen (Diskussionsleiter)
g) Techniken des Durchsetzens (Diskussionsleiter)

Erörtern – schriftlich argumentieren

Erörterung mit Materialgrundlage

Seite 75 **Aufgaben 1–5**

1.

Dialektische Problemerörterung	Steigernde Erörterung/Sacherörterung
• Verbote und Zensur ... • Klonen von Säugetieren und Menschen ... • Der digitale Mensch ... • Internet-Informationen sind unzuverlässig ...	• Erörtern Sie, warum es ... • Der Medienwissenschaftler Claus Eurich ... • Nennen Sie Argumente und Belege ... • Sachwissen ohne methodisches Wissen ... • Erörtern Sie die folgende These ...

2.

a) Bei einer dialektischen Problemerörterung wird erwartet, dass Für und Wider einer bestimmten These/einer Behauptung verdeutlicht werden. Verschiedene Ansichten sind abzuwägen und zu vergleichen. Es geht schließlich darum, in der Auseinandersetzung mit unterschiedlichen Standpunkten zu einer eigenen Beurteilung des Problems zu kommen.
b) Bei einer linear-steigernden Erörterung wird verlangt, die Stichhaltigkeit einer bereits in der Aufgabenstellung gegebenen These zu verdeutlichen und dabei im Sinne eines linear-steigernden Aufbaus (vom einfachen Argument zum komplexen, die Argumentation abschließenden Argument) zu verfahren. Es ist besonders wichtig, sich dabei auf die bereits im Thema gegebene „Lösung“ einzustellen.

3. Zuordnung: Klonen von Säugetieren und Menschen – Sollte dies erlaubt sein oder nicht?

4.

Pro-Argument
Es kann nicht richtig sein ...
Eingeschränktes Pro-Argument
Ein Klonverbot sollte für Menschen gelten ...
Kontra-Argument
Das Klonen von Menschen sollte weltweit geächtet werden ...
Das Klonen von Tieren und Menschen ...

Beispiel für den Aufbau einer Argumentation (b)

- These: Das Klonen von Menschen sollte geächtet werden.
- Argument: unverantwortlich, weil die Technik nicht sicher genug ist
- Beispiel/Beleg: Beim Klonen von Schafen haben die Wissenschaftler erhebliche Probleme gehabt.

Literarische Erörterung

Seite 76 Aufgaben 1 und 2

1. Hintergrund ist Theodor Fontanes Roman „Effi Briest“ (Schülerband, S. 110ff.); vorausgesetzt wird, dass die Schüler mit Einzelheiten des Romans vertraut sind, um entsprechend argumentieren zu können. Die literarische Erörterung verlangt einerseits die Fähigkeit zum freien Erörtern, andererseits eine genaue Kenntnis der Inhalte. Wichtig ist es hier, von dem jeweiligen Zitat ausgehend, entsprechende Belege zu benennen, die das Zitat bestätigen bzw. infrage stellen.

a) Hier geht es insbesondere um den Anfangsteil, in dem durch detaillierte Beschreibung des Hauses, Gartens und der Umgebung, durch symbolische Anspielungen (Aussehen und Verhaltensweisen Effis, Räumlichkeiten, Pflanzen) auf die späteren Ereignisse verwiesen wird.

b) Hier geht es um ein Zitat aus dem Schlussteil des Romans, der die Frage nach der Schuld an Effis Unglück aufwirft.

2. Thema b)

3.

Einleitungsteil: „Thema und Aufgabenstellung ...“

Hauptteil:
- Effis Schuld – „Man muss zunächst davon ausgehen ...“
- Instettens Schuld: „Instettens mögliche Schuld ...“
- Schuld der Eltern: „Schließlich muss auch gefragt werden ...“
- Schuld der Gesellschaft: „In erster Linie aber sind für Fontane ...“

Schlussteil: „Fontane selbst lässt die Frage nach der Schuld ...“

4. Als Gliederungsmöglichkeit kommt die Gliederungsstruktur einer dialektischen Erörterung (s. Schülerband, S. 78) nicht infrage; praktikabel ist die „Gliederungsmöglichkeit für eine lineare, steigernde Erörterung“ (s. Schülerband, S. 79).

1 Einleitung
2 Hauptteil
2.1 Effi ist selbst schuld an ihrem Schicksal.
Argumente; Belege/Beispiele
2.2 Instetten hat Schuld an Effis Unglück.
Argumente; Belege/Beispiele
2.3 Die Eltern haben Schuld auf sich geladen.
Argumente; Belege/Beispiele
2.4 Fazit: Die umgebende Gesellschaft und die Zeitverhältnisse sind vor allem schuld. Alle Figuren sind in gewissem Sinne auch „Opfer“ ihrer Zeit und der sie bestimmenden gesellschaftlichen Bedingungen.
Argumente; Belege/Beispiele
3 Schlussteil

Seite 77 Aufgaben 3 und 4

1.

Gliederung in linear-steigernder Form	Gliederung im dialektischen Sinn
• Erörtern Sie, warum Frischs „Andorra“ ... • Erörtern Sie am Beispiel von Kleists Novelle ... • Deuten Sie den Schlusssatz ... • Nennen Sie Gründe ... • Erörtern Sie, warum Dürrenmatts Drama ...	• Kann die Figur des Nathan ...?

2. Beispiel für eine Einleitung zum Thema „Erörtern Sie, warum Frischs ‚Andorra‘ (1961) als moderne Fassung von Lessings ‚Nathan der Weise‘ (1783) gelten kann“ (hier: Ausgehen von der zitierten Meinung eines Experten):

„Dem 20. Jahrhundert war es vorbehalten, Lessings aufklärerische Utopie von völkerverbindender Freundschaft und religiöser Toleranz endgültig zerstört zu haben." Dieser Gedanke wird von dem Dramentheoretiker Jakob Lehmann in seinem „Kleinen Dramenlexikon" vertreten.
Das 20. Jahrhundert war auch das Jahrhundert Hitlers und Stalins, es war das Jahrhundert der Konzentrationslager, des Holocaust. Mit Frischs „Andorra", einer Dichtung nach Auschwitz, gibt es das literarische Gegenstück zum Modell des Aufklärers Lessing. Es ist unschwer zu erkennen, dass Max Frisch mit seinem düsteren Stück, in dem der „Held" am Ende hingerichtet wird, sein Vater, der Lehrer des Ortes, sich das Leben nimmt und seine Schwester wahnsinnig wird, Lessings Familienidylle und Utopie bis in Einzelheiten zitiert, variiert, umkehrt [...].

Mögliche Fehler bei der Erörterung

- das literarische Beispiel ist nicht bekannt genug; die Argumentation bleibt daher bei Allgemeinplätzen stehen, weil nicht genügend mit Details argumentiert wird
- die Argumentation ist nicht schlüssig genug
- es wird nicht angemessen zitiert, das heißt zu wenig bzw. zu viel zitiert
- einzelne Standpunkte werden nicht genügend ausgelotet
- Fazit/Zusammenfassung ergibt sich nicht deutlich genug aus dem Vorhergehenden
- Darstellung nicht genügend gegliedert
- ungenügende Berücksichtigung sprachlicher Wendungen (zur Begründung, Einschränkung, Folgerung, Weiterführung)
- Formulierungen zur Leserführung nicht genügend berücksichtigt

Seminararbeit

Seite 89 **Aufgaben 1 und 2**

1.

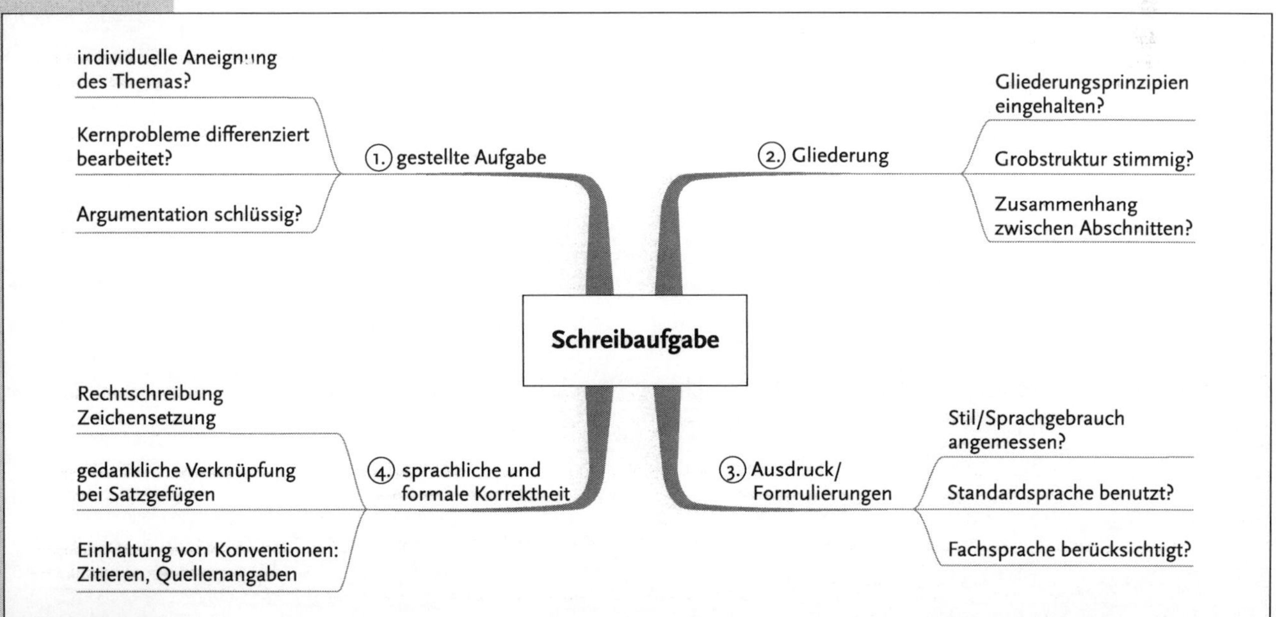

2. Individuelle Lösungen

Literarische Textarten in ihren inhaltlichen und historischen Zusammenhängen – Hilfen zur Erschließung und Interpretation

Die epische Form

Kurzprosa – Verstehen und erschließen

Wolfgang Borchert: Nachts schlafen die Ratten doch (Seite 93)

Seite 96 **Aufgaben 1–4**

1.

- Der **unvermittelte Anfang** ist typisch für Kurzgeschichten, in denen oft ausschnittartig ein Ereignis dargestellt wird. Atmosphäre und Metaphorik dieses Textanfangs wirken düster und **trostlos**: „hohle Fenster", „gähnte blaurot", „vereinsamte Mauer", „Staubgewölke", „steilgereckten Schornsteinresten", „Schuttwüste döste".
- Den größten Teil des Textes nimmt das **Gespräch zwischen dem alten Mann und dem Jungen** ein. Dem Mann gelingt es durch eine geschickte Gesprächsführung, dem Jungen sein Geheimnis zu entlocken und ihn schließlich von seinem sinnlosen Tun abzubringen (Z. 85 f.). Der Mann bewirkt eine Verhaltensänderung des Jungen, der nun in kindgemäßer Weise sein Interesse für das Lebendige, für die Kaninchen zeigt. Diese fungieren als Kontrast zum Motiv der Ratten. Der Junge gibt sich zunächst verschlossen; seine Sicherheit ist aber eher gespielt (vgl. Z. 5 f.: „Jetzt haben sie mich!"; „verächtlich", Z. 20; „geringschätzig", Z. 27 f.; „unsicher", Z. 40; „zaghaft", Z. 47; „traurig", Z. 52). Schließlich gibt er sein Geheimnis preis, Z. 55.
- Der **Schluss** des Textes ist – textartentypisch für die Kurzgeschichte – offen. Gegenüber dem düsteren Anfangsteil lässt er – auch durch die Wahl der Ausdrücke und aufgrund der Farbsymbolik – ein Quäntchen **Hoffnung** auf Normalität und neue Dynamik des Lebens aufleuchten: „Sonne", „rot vom Abend", „grünes Kaninchenfutter", „etwas grau vom Schutt". Die Verben *sehen, rufen, schwenken* betonen – im Gegensatz zu den eher statischen Verben im Anfangsteil (gähnte, flimmerte, döste) – die Bewegung und Dynamik.
- Sprachlich zeigt der Text die typischen Besonderheiten der Kurzgeschichte nach 1945; einfache Sätze, nüchtern wirkende Sprache, Umgangssprache (Gespräch), Schmucklosigkeit (Fehlen von Redezeichen für die wörtliche Rede).

Methodische Alternative

Die Phasen der Annäherung im Gespräch werden mithilfe einer einfachen **Skizze** verdeutlicht:

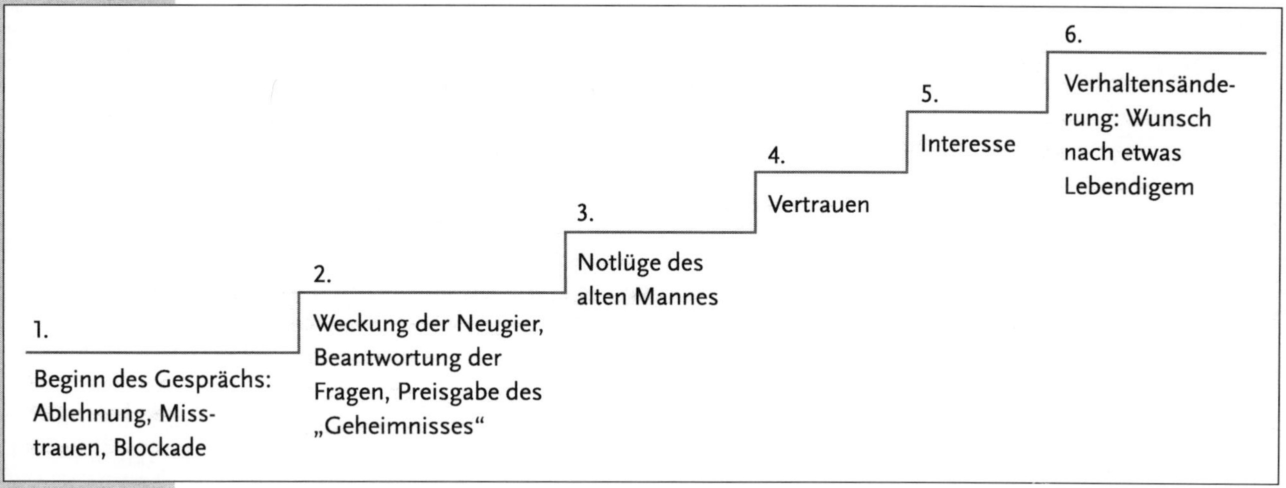

2. Alle Aussagen zur Deutung treffen auf die Kurzgeschichte zu. Im Hinblick auf die Tatsache, dass das Gespräch zwischen dem alten Mann und dem Jungen im Zentrum des Textes steht, ist die vierte Aussage als Kernhypothese anzusehen.

3. Die im Info-Kasten des Schülerbandes genannten Merkmale treffen mit einer Ausnahme (Handlung wird oft aus der Sicht einer beteiligten Person dargestellt) auf diesen Text zu. Die Erzählhaltung zwischen auktorialem Erzählen, vor allem am Anfang, und personalem Erzählen (z. B. Z. 4ff. und Schlussteil) wechselt.

4. Es dürfte für Schüler angesichts der Vorarbeit und angesichts der Markierungshilfen und Randnotizen kein Problem darstellen, den Text schriftlich zu interpretieren. Bei zeitlichen Problemen sollte auch eine Stichwortlösung möglich sein. Sinnvoll ist es, die Darstellung an den Hinweisen zur Erschließung und Interpretation (s. Schülerband, S. 97ff.) zu orientieren. Da die Schritte 1–3 bereits erarbeitet worden sind (siehe Aufgaben 1–3), geht es vor allem um die Gliederung der schriftlichen Darstellung.

Außer dem textimmanenten Ansatz bieten sich für diesen Text auch Fragestellungen an, die die Person Wolfgang Borcherts betreffen (s. Hinweise zur Biografie, Schülerband, S. 95). Die Kurzgeschichte ist in Bezug auf den Inhalt *Krieg und Zerstörung* typisch für Borchert. Diese Kurzgeschichte Borcherts, der den 2. Weltkrieg als Soldat selbst durchlitten hat, stellt nicht zuletzt eine leidenschaftliche Anklage gegen den Krieg dar.

Als Zusatztext geeignet ist die folgende Kurzgeschichte von Wolfgang Borchert (auch als Schulaufgabe oder Abi-Training).

Z **Wolfgang Borchert: Das Holz für morgen, siehe Seite 76f.**

Zur Erläuterung

Aufgabentyp
Interpretation eines literarischen Textes mit einem weiterführenden Arbeitsauftrag

Aufgabenstellung
1. *Interpretieren Sie die Kurzgeschichte. Gehen Sie dabei vor allem auf die Motive der Hauptperson ein.*
2. *Vergleichen Sie mit anderen Ihnen bekannten Kurzgeschichten Borcherts; stellen Sie wesentliche Ähnlichkeiten heraus (Sie dürfen dabei mit Spiegelstrichen arbeiten).*

Anforderungsbereich und Erwartungshorizont
- Inhalt und Handlungsgang beschreiben (Anforderungsbereiche I und II)
  Zeile 1–26: Selbstmordgedanken des jungen Mannes: Gang von der Etage über die Treppe zum Boden
  Zeile 26–49: Erinnerung an ein Kindheitserlebnis vor 11 Jahren, Gefühle von Schuldigsein;
  ab Zeile 50: Bekenntnis seiner Schuld; „Beichte“, Wiederholung seiner Selbstmordabsichten, mögliche Verunsicherung

Zeile 56–58: „Da wollte ..."
Zeile 59–Schluss: Es wird ihm klar, dass er gebraucht wird (vgl. Überschrift): In den Zeilen 59–65 wird das Wort „Junge" dreimal wiederholt, in jedem Satz wird „er" erwähnt. Im Schlussteil werden die Symbolwörter „Holz" (Wärme/Licht) und „morgen" (Zukunft, neues Leben) wiederholt; sie weisen darauf hin, dass der Protagonist nach dem Gefühl der totalen Einsamkeit und Verzweiflung in der mitmenschlichen Gemeinschaft eine Zukunftshoffnung sieht. Darauf verweist auch die Lichtsymbolik im letzten Abschnitt (Glasdach, blasser Himmel, Lampen).

- Motive und Gedankengang der Hauptperson erläutern (Anforderungsbereiche II und III)
  Der größte Teil des Textes besteht aus den Gedanken und Erinnerungen der Hauptperson. Diese war offenbar längere Zeit im Krieg und ist nach Haus zurückgekehrt. Durch die Erfahrung des Krieges ist er den Personen, die er liebt, entfremdet worden (Zeile 7 ff.: „Das war ..."). Seine Gefühle der Leere, der Beziehungslosigkeit, des „Aneinandervorbeiseins" lassen ihn am Leben verzweifeln.
- die Aussage im Zusammenhang mit der Machart deuten (Anforderungsbereiche I, II, III)
  Symbolik: Treppengeländer, Glasdach, Holz, Lampen
  kurze Sätze, Gedanken und Bewusstseinsfetzen, Wiederholungen
  zeitdeckendes Erzählen, Chronologie wird durch die Erinnerung an den Jungenstreich unterbrochen
- mit anderen Kurzgeschichten Borcherts vergleichen (Anforderungsbereiche II und III)

Kontextmaterial

Analyse des Textes „Das Holz für morgen" von Wolfgang Borchert (Schülerarbeit)

Arbeitsaufträge für die folgende Schülerarbeit

1. Interpretieren Sie die Kurzgeschichte. Gehen Sie dabei vor allem auf die Motive der Hauptperson ein.

Die Hauptperson ist ein junger Mann, der wahrscheinlich im Krieg war („Sag ihr, das wäre für Vater eine große Erleichterung, dass er nicht mehr mit dem Holzwagen los braucht und dass der Junge wieder da ist."). Neben der Aussage der Mutter ist dies auch daran zu erkennen, dass er sehr empfindlich auf alles reagiert, was auf den Krieg hindeutet (z. B. Z. 9 f.). Von seinen Familienmitgliedern fühlt er sich unverstanden, da sie nicht auf seine Angst reagieren, das Schießen „überhören". Auch nachts beim Weinen fühlt er sich allein gelassen. Grund für dieses Verhalten der Familienmitglieder könnte sein, dass sie wollen, dass er den Krieg und seine Erlebnisse so schnell wie möglich vergisst. Da er durch das Schießen ständig daran erinnert wird, ignorieren sie es. Andererseits könnte es für sie auch zur Gewohnheit werden, über die, die sie lieben, nicht zu lange nachzudenken und sie deshalb zu ignorieren. An seiner Mutter scheint er sehr zu hängen und er hat Angst, sie zu verlieren. Für ihn ist der Tod allgegenwärtig, er fühlt sich ständig an ihn erinnert und glaubt, dies nicht aushalten zu können.
Er möchte gerne Ruhe in sein Leben bringen, aber er möchte auch verstanden werden. Dazu muss er über seine Erlebnisse und Erfahrungen sprechen können. Die Familie will aber seines Erachtens nichts hören. Vielleicht leiden alle so sehr unter dem Krieg, dass sie sich nicht unnötig belasten wollen. Andererseits könnte dies aber auch wieder eines ihrer Mittel sein, den jungen Mann, der Protagonist dieser Kurzgeschichte ist, vom Krieg abzulenken. Sie lachen lieber mit ihm, um ihn auf andere Gedanken zu bringen. Das deutet er aber anders; er fühlt sich nämlich einsam, da niemand mit ihm sprechen will. Sein Ausdruck für diese Situation ist „Aneinandervorbeisein". Als „Lösung" sucht er schließlich nur noch den Selbstmord. Ein weiterer Grund für diesen könnte auch sein, dass er meint, er sei überflüssig und lästig, könnte nichts zum Familienleben beitragen. Er fühlt sich als Last für die Familie, die mit seinem Verhalten umgehen muss, es ertragen muss, was auch an anderer Stelle deutlich wird. Diese Stelle ist die, an der er von einem Streich in seiner Kindheit erzählt, dessen Folgen die ganze Familie zu tragen hatte, denn es kostete sie Geld. Deshalb möchte er auch allein sterben, möchte nicht, dass ihn jemand daran hindert. Vielleicht fühlt er sich auch sehr labil und meint, dass ihn die Mutter schnell von seinem Unternehmen abbringen könnte, was ihr zum Schluss ja auch gelingt. Außerdem hat er lange überlegt, wie er sich nun töten könnte. Er sucht nach einem wirkungsvollen Mittel, was er schließlich findet; denn er fürchtet, dass ihn sonst noch jemand retten könnte und seine Familie durch diese Erfahrung noch mehr belastet würde (Z. 18 ff.). Er liebt seine Familie und möchte sie schützen. Dies ist ein weiterer Grund für einen Selbstmord. Durch ihn ist die Familie bedrückt und traurig, auf ihn muss Rücksicht genommen werden. Um also allein zu sein, geht er auf den Boden, wo er sich aufhängen will. Dies macht er so unauffällig wie möglich, aber dennoch nicht zögerlich. Er ist von seinem Entschluss überzeugt, bis er oben ankommt. Sein Umdenken und seine Zweifel wer-

den durch den Anblick des Lichtes, das durch die Spinnweben scheint, eingeleitet. Dann entdeckt er das Ergebnis seines Streiches aus der Kindheit, das ihm diese Erinnerung ins Gedächtnis ruft. Der Strich ist weiß, was für eine freudvolle Kindheit stehen könnte, an die er sich jetzt gern erinnert. Für seine momentane Situation ist das sehr wichtig, denn er ist völlig verzweifelt. So kommt langsam Hoffnung in ihm auf. Doch sein Wunsch zu sterben ist noch größer als die Hoffnung. Um diesen Fehler gutzumachen, spendet er sein ganzes Geld. Er möchte alte Fehler gutmachen, damit er ruhig sterben kann. Dabei ist es egal, dass der Fehler schon elf Jahre her ist, denn er hat Symbolcharakter für ihn. Er steht exemplarisch für alle von ihm begangenen Fehler. Plötzlich taucht dann seine Mutter auf, die seine Wichtigkeit für die Familie heraushebt, ihn lobt, ihn als fast unentbehrlich darstellt. Dies ist sehr wichtig für ihn und lässt ihn die Hoffnung gewinnen, dass die Zukunft doch noch Aufgaben für ihn birgt und er kein völlig sinnloses Leben führt. Die Kernaussage ist also, dass viele Menschen in ihrer Persönlichkeit durch den Krieg verletzt wurden. Junge Menschen wurden durch den Krieg verändert; ihre Psyche hielt den schrecklichen Erfahrungen nicht stand.

2. *Vergleichen Sie mit anderen Ihnen bekannten Kurzgeschichten Borcherts; stellen Sie wesentliche Ähnlichkeiten heraus (Sie dürfen dabei mit Spiegelstrichen arbeiten).*

Der Hoffnungsschimmer steht am Ende vieler Kurzgeschichten von Wolfgang Borchert. Oft ist dies versteckt in irgendeinem Symbol. Hier ist das Symbol das Licht, das durch den Maschendraht scheint. Als der junge Mann diesem Licht näher kommt, wächst auch seine Hoffnung. Wie bei allen Kurzgeschichten finden wir auch hier keine Einleitung und keinen wirklichen Schluss. Für Borchert charakteristisch ist die Hoffnung, die einen positiven Schluss ahnen lässt. Wie auch sonst oft, sind auch hier die Charaktere anonym, austauschbar, sie haben keine Namen. Wie viele andere Kurzgeschichten beschreibt auch diese nur eine Momentaufnahme aus einem Leben, die für diesen Menschen wichtig und prägend ist. Borchert benutzt viele Wiederholungen, um wichtige Stellen hervorzuheben („ohne viel Aufhebens"). Zur Verbildlichung benutzt er von ihm neu erfundene Wörter („Aneinandervorbeisein"). Satzanfänge sind häufig gleich (Z. 7ff.). Diese Anapher gebraucht er hier, um alle Gründe als Einheit zusammenzufassen, jeden für sich aber zu betonen.
Borcherts Sprache ist schmucklos; er betont damit auch die Sprachlosigkeit der Masse der Bevölkerung. Wie auch hier sind seine Protagonisten oft einfache Menschen aus der Bevölkerung, die ihren Kopf für den Krieg hinhalten mussten. Auffallend ist auch in diesem Text die Farbsymbolik (möglicherweise: weißer Strich für die Freude in der Kindheit; braunes Treppengeländer für das Naziregime, gegen das der Junge mit seinem Kratzer protestiert). Auch andere Kurzgeschichten enden mit dem für Borchert so typischen Hoffnungsschimmer. So gibt es auch in den Kurzgeschichten „Das Brot" und „Die drei dunklen Könige" ein Lichtsymbol, das auf ein wenig Hoffnung in einer schweren und dunklen Zeit hindeutet. In der Kurzgeschichte „Nachts schlafen die Ratten doch" ist von „grünem Kaninchenfutter" die Rede, das etwas grau von Schutt ist. Auch in diesem Symbol wird ein Quäntchen Hoffnung angedeutet.
(Schülerarbeit)

Den Schülern kann die folgende Aufgabe gestellt werden:

Beurteilen Sie die Schülerarbeit in inhaltlicher und sprachlicher Hinsicht. Sind die beiden Aufgaben angemessen bearbeitet? Belegt der Schüler seine Einsichten deutlich genug mit dem Text?

Seite 100 **Aufgabe 1**

Johann Peter Hebel: Unverhofftes Wiedersehen (Seite 101)

Es ist methodisch sinnvoll, zunächst von der Quelle (einem Zeitungsbericht aus dem Jahre 1809, s. Schülerband, S. 102) für die Gestaltung der Kalendergeschichte auszugehen, diese zu analysieren nach den Kriterien *Inhalt, Textart, sprachliche Machart, Intention* und den Ergebnissen dieser Arbeit die Kalendergeschichte Hebels gegenüberzustellen, um durch eine erschließende Interpretation zu verdeutlichen, wie Hebel aus einem zeitgenössischen Bericht ein literarisches Kunstwerk gestaltet, insbesondere durch eine Erweiterung des Stoffes.

- **Einleitung**
  Abschied der Brautleute, der dem Wiedersehen vorausgeht; St. Luciä (12. Dezember) als dunkelste Zeit des Jahres – Zeitangabe mit symbolischer Bedeutung; Worte der Braut; einerseits Liebe, Treue

und Hoffnung, andererseits Bezug auf Tod und Trauer („da meldete sich der Tod", Z. 12 f.; Symbolik des seidenen Halstuches mit den Farben rot und schwarz). Kernaussage der Kalendergeschichte wird hier bereits angedeutet: Unbeständigkeit und Vergänglichkeit des menschlichen Glücks.

- **Mittelteil der Kalendergeschichte**
  Dieser verdeutlicht die lange Zeit zwischen dem Tod und dem Wiederauffinden des Bergmanns, zugleich wird deutlich gemacht, dass die großen Ereignisse und Personen der Geschichte der Zeit und Vergänglichkeit unterworfen sind.
  Auch die zweite Zeitangabe „Johannis" (Zeit der langen Tage und hellen Nächte) ist nicht willkürlich gewählt; denn auch sie hat symbolische Funktion: das Wiedersehen der beiden Brautleute; Liebe der Braut hat die Zeit überdauert.
- **Frei erfundener Schlussteil**
  Dieser verdeutlicht den **Sinn der Kalendergeschichte**: Spannung zwischen dem Unvergänglichen, dem Gefühl der Liebe und Treue, und dem Vergänglichen, Körperlichen. Es erfüllt sich – wenn auch in einem anderen Sinne – das, was die junge Braut vor 50 Jahren erhoffte. In ihren Worten am Schluss deutet sie an, dass das Leben auf der Erde nur ein Übergang zu einem anderen Sein ist; das Geschehen wird damit aus dem Bereich des Irdischen ins Metaphysische gehoben.
  Der Text ist **Ausdruck der Weltanschauung des Autor**s (vgl. Biografie, Schülerband, S. 102). Die **Abbildung**, auf der die alte Braut in allegorischer Weise als junge Frau mit einer Krone dargestellt ist, unterstreicht Aussage und Sinnmitte des Textes (s. oben).

Heinrich von Kleist: Die Fabel ohne Moral (Seite 103)

In dieser Parabel (s. Schülerband, S. 105) werden vom Erzähler Ursprünglichkeit und Künstlichkeit des Lebens gegenübergestellt.

Mögliches **Tafelbild**

Natürlichkeit	Künstlichkeit
Unerzogenes Kind der Natur Aus den Wäldern Leicht wie ein Vogel Über Berg und Tal Wie es mich gut dünkte nackt, wie ich vor die stehe	Pferd mit Sattel und Gebiss Künste, von denen ich nichts weiß

Der Text macht deutlich, dass Kleists Schreiben durch die Verfahren der Pointierung, Andeutung und Aussparung charakterisiert ist. Dies zeigt nicht zuletzt auch die Überschrift. Ein **Hauptthema Kleists in seinem Werk** ist immer wieder das Verhältnis von Anmut/Grazie und Bewusstsein (vgl. Kleists Prosatext „Das Marionettentheater"). Dabei geht es auch um die Unumkehrbarkeit der Reflexion, was einer Vertreibung aus dem Paradies gleichkommt. Es stehen sich gegenüber: einerseits das „unglückliche" (Selbst-) Bewusstsein und andererseits die Überlegenheit des Unbewussten und Vorbewussten gegenüber der Reflexion. **Beispiele** sind die nachtwandlerische Sicherheit der Hauptpersonen in den Werken „Die Marquise von O." (s. Schülerband, S. 271), „Prinz Friedrich von Homburg", „Das Käthchen von Heilbronn oder die Feuerprobe", „Amphitryon".
Kleist hat es sowohl seinen Zeitgenossen als auch der literarischen Nachwelt nicht leicht gemacht, sein literarisches Werk zu beurteilen (s. auch seine Biografie und weitere Texte im Schülerband, S. 268 ff.).

Heinrich von Kleist: Anekdote aus dem letzten preußischen Kriege (Seite 103)

Bei der Bearbeitung sollte auch hier die Darstellung des Augenzeugenberichts aus dem Jahre 1807 vorangestellt werden; ein Augenzeuge berichtet über eine Begebenheit nach der Schlacht bei Jena und Auerstädt, in der die preußische Armee eine vernichtende Niederlage gegen die napoleonischen Truppen erlitt.

Kennzeichen dieses Berichts

- einfache, knappe, zum Teil unbeholfene Darstellung der Geschehnisse, der Heldentat eines einzelnen preußischen Reiters, der fünf Franzosen besiegt
- Schauplatz: der Ort B. im Harz
- Person des Reiters wird nur sehr allgemein und ungenau beschrieben
- dem Schreiber kommt es offenbar darauf an, den denkwürdigen Vorfall möglichst glaubwürdig zu überliefern; er nennt deshalb unter anderem die Regimentszugehörigkeit der Beteiligten

Den Bericht nimmt Heinrich von Kleist zum Anlass, um daraus ein kleines **sprachliches Kunstwerk** zu formen, das sich durch folgende Einzelheiten **von der Vorlage unterscheidet**:

- dichterisches Anliegen und Kernaussage Kleists ist es, die Kaltblütigkeit und Tapferkeit des preußischen Reiters anschaulich werden zu lassen
- Vereinheitlichung des Schauplatzes: Jena, in der Nähe des Schlachtortes; vor einem Gasthof
- Verzicht auf unwesentliche Elemente der Vorlage (Regimentszugehörigkeit)
- Straffung der Begebenheit in zeitlicher Hinsicht
- Erhöhung der Wahrscheinlichkeit des Erzählten: Darstellung durch einen Augenzeugen (Wirt des Gasthofs)
- Wirt (ängstlich) als Kontrastfigur des Reiters (kaltblütig, gelassen)
- sprachliche Form: Anekdote (s. Schülerband, S. 105)
- **Aufbau**: Im **Einleitungssatz** wird alles Wesentliche zusammengefasst: Ort, Zeit, Erzähler, Hauptpersonen, Ausgangssituation; Ichform des Erzählers erhöht Glaubwürdigkeit für den Leser; Andeutung des Themas erweckt Spannung.
  Der **Mittelteil** lässt den Leser die Kaltblütigkeit und Tapferkeit des preußischen Reiters erleben. Zwar spricht nur der Wirt, der Leser gewinnt jedoch den Eindruck eines Dialogs zwischen dem ängstlichen Wirt und dem tollkühnen Reiter (Eindruck eines gehetzten Gesprächs: Ausrufe, Satzabbrüche, umgangssprachliche Ausdrücke, Flüche, Gebärden). Der Dramatiker Kleist arbeitet an dieser Stelle des epischen Textes **mit dramatischen Gestaltungsmitteln**: Die Personen treten redend und handelnd auf, das Geschehen wird in szenischer Weise vergegenwärtigt. Kontrapunktisch zum Wort- und Gebärdenspiel des kaltblütig-gelassenen Reiters verlaufen Sprache und Gebärden des ängstlichen Wirts. Im **Schlussteil** wird in einem wohldurchdachten Satz das Durcheinander des Kampfes und das Tempo des Geschehens verdeutlicht (Z. 62–73). Der Wirt fasst das Geschehen zusammen, wobei der Reiter bewundernd mit „Kerl" bezeichnet wird. Der Ich-Erzähler selbst verzichtet darauf, das Geschehen aus seiner eigenen Sicht zu beurteilen.

Julia Franck: Streuselschnecke (Seite 104)

Zu diesem Text ist auf S. 108 des Schülerbandes ein Trainingsvorschlag für eine Schulaufgabe bzw. für das schriftliche Abitur formuliert. Eine Auflösung der Aufgabe wird im Anhang des Schülerbandes auf S. 362 f. geboten.

Möglicher **Zusatztext** für eine moderne Kurzgeschichte:

Z **Gabriele Wohmann: Schöne Ferien, siehe Seite 79 f.**

Auflösung der Arbeitsaufgaben (s. Lehrer- und Materialienband, Seite 80)

1./2. Bei einer ersten Beschäftigung mit dem Text könnten die folgenden inhaltlichen und sprachlichen Besonderheiten des Textes auffallen (die letzten beiden Hinweise können auch als erste Deutungshypothesen angesehen werden):

- Der Leser/die Leserin hat zunächst Schwierigkeiten, die einzelnen Personen zu identifizieren und die Personennamen zuzuordnen.
- Der Leser wird im ersten Abschnitt irritiert, weil die Ich-Erzählerin das, was sie vorher von Asmus erzählt hat, zurücknimmt: „Asmus war ja diesen Sommer nicht mit." (Z. 16 f.)
- In assoziativ-reihender Form werden aus der Sicht der weiblichen Ich-Erzählerin Bewusstseinsvorgänge dargestellt, die Handlung ist reduziert auf wenige Details.

- In der Darstellung der Ich-Erzählerin werden zwei Zeitebenen ineinandergeschoben: die unmittelbare Gegenwart des Tagtraumes und frühere Erfahrungen mit Ehemann Asmus, ihrem Sohn Lutz und den anderen Verwandten (Großeltern, Cousinen).
- Erst am Schluss erhält der Leser die „Auflösung“: „... verwöhnt mich Nelson, meine Erfindung“ (Z. 75 f.).
- Die Ich-Erzählerin erträumt sich, um einen geglückten Urlaub zu erleben, an die Stelle Ihres Mannes Asmus einen anderen Mann, Heinz Pfitzner, genannt Nelson. Zum ersten Mal genießt sie wieder ihren Traum, ihren Urlaub und nimmt sich bestimmte Freiheiten heraus.
- Die Wirklichkeit/das Verhalten ihres Mannes und die Beziehungen gegenüber den Menschen aus seiner Umgebung werden ihrem Wunschbild und „Traummann“ Nelson, der als Kontrastfigur zu ihrem Mann dargestellt wird, gegenübergestellt.

Erwartungshorizont und Anforderungsbereich
- Das Thema des Textes nennen und erläutern (Anforderungsbereich I und II): gestörte Beziehung in der Ehe, Frau lebt in der Abhängigkeit von überholten Rollenvorstellungen und autoritären Familienstrukturen und flüchtet aus der Wirklichkeit in eine Traumwelt
- Den Aufbau des Textes beschreiben (Anforderungsbereich I): 1. Abschnitt: Verschlüsselung und Irritation des Lesers; 2. und 3. Abschnitt: Gegenüberstellung von Wirklichkeit (Asmus) und Traumwelt (Nelson); 4. Abschnitt: Auflösung, Enträtselung
- Die beiden **Personen** Asmus und Nelson gegenüberstellen und ihre Verhaltensweisen kennzeichnen (II), siehe das Tafelbild unten
- Die **Erzählperspektive** und **sprachliche Machart** des Textes beschreiben (I, II): Bewusstseinsvorgänge, Tagträume, Vorstellungen werden aus der Sicht einer Ich-Erzählerin dargestellt
- **Zentrale Aussagen** des Textes deuten, in denen die **ungelösten Probleme der Frau**, wie ihr falsches Rollenverhalten bzw. ihre gestörte Partnerbeziehung, deutlich werden („Sogar Nelson zu lieben strengt kaum an“, Z. 35) (III)

Gegenüberstellung der beiden männlichen Personen

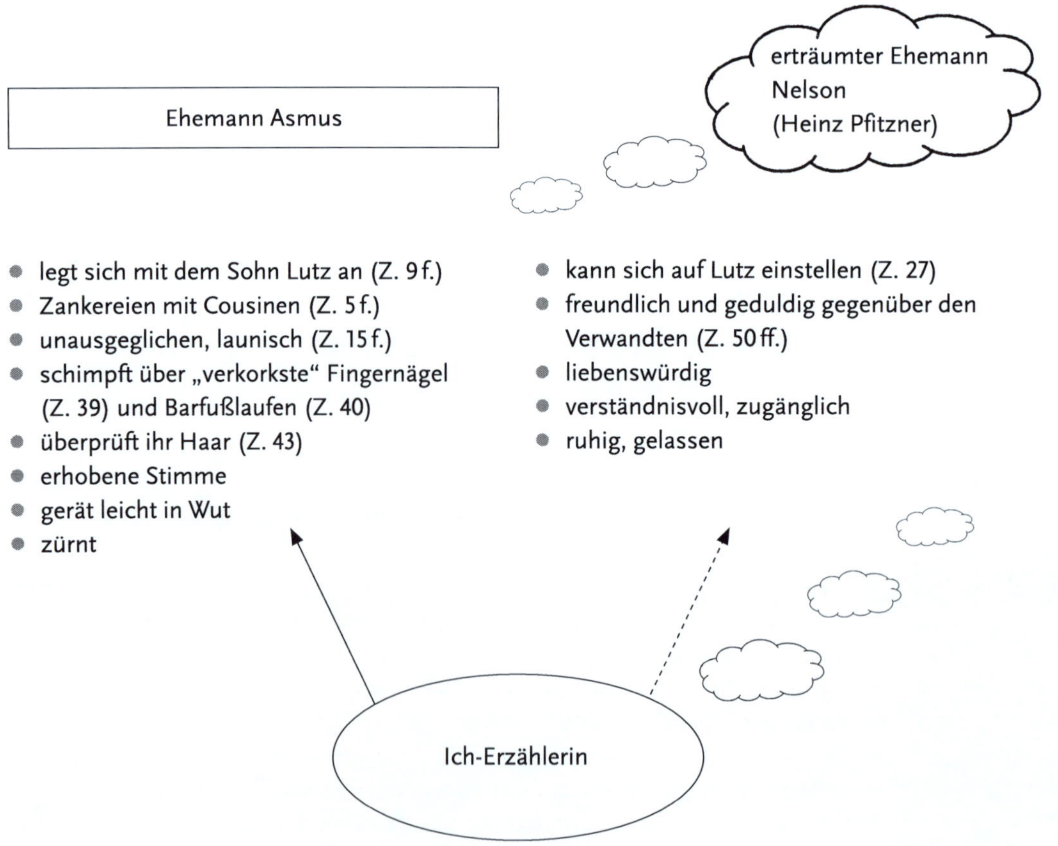

3. Beurteilung, zum Beispiel:
Die Deutungshypothese am Anfang ist brauchbar. Im weiteren Verlauf der Darstellung wird allerdings darauf nicht mehr zurückgegriffen (indem sie z. B. bestätigt, modifiziert oder gänzlich infrage gestellt/ ausgetauscht wird).

Der Schlussteil ist zu allgemein und damit unverbindlich.
Die Interpretation spricht durchaus etliche wichtige Aspekte an (Vergleich der beiden Personen Asmus und Nelson, Überschrift, mögliche ironische Bedeutung des Worts „schön“, Leitsymbol *Nelson* als Illusion und Wunschtraum); allerdings wird zu wenig die Aufgabenstellung berücksichtigt. Entsprechend müsste deutlicher die Situation der Ich-Erzählerin und die sprachliche Machart des Textes herausgestellt werden (z. B. die sprachliche Darstellung der Eigenschaften von realem Ehemann und Traummann, der Wechsel zwischen Realität und Fiktion).

Kurt Marti: Happy end (Seite 106)

Seite 108 Aufgaben 1 und 2

Der Text von Alexandra, eine Umformung der Kürzestgeschichte in die Textart *Gedicht,* bringt den Inhalt in die knappe Form von Verszeilen, die an einer Mittelachse angeordnet sind, und gibt eine Deutung des Ausgangstextes: wenig einfühlsame Reaktion des Mannes, der auf die durch den Film ausgelösten Gefühle seiner Frau in verbaler Weise aggressiv reagiert („was für ein Klotz von Mann“). Der individuelle Deutungsaspekt des Gedichts liegt vor allem in dem Wort *Ende,* das insgesamt viermal genannt wird. Für die Gedichtschreiberin bedeutet dieser Streit das „Ende einer Beziehung“.

Diese Form einer aktiven, produktiven Deutung kann insofern besonders interessant sein, als bei einer Umformung der Ausgangstext sehr genau unter die Lupe genommen werden muss und schreibend eine Deutung vorgenommen wird: Worin besteht der Aussagekern? Welche Motive/Gefühle zeigen die Personen des Ausgangstextes? Was hat mich besonders betroffen gemacht? Wie kann ich die Betroffenheit in diesem neuen Text zum Ausdruck bringen? Welche Formeigentümlichkeiten des neuen Textes sind zu beachten? Weitere Vorzüge des Verfahrens:

- Man erhält die Möglichkeit aktiver Mitarbeit bei der Deutung.
- Das Interesse am Thema und Inhalt des Textes nimmt zu.
- Der Text wird deutlich als Produkt, als von jemandem gemacht erfahren und weniger als etwas Fertiges und Vorgegebenes.
- Man kann deutlicher erfahren, dass es in poetischen Texten fast immer um Verhaltensweisen von Menschen geht.
- Vielleicht erfährt man deutlicher: Das geht auch mich an.
- Lesefreude und Miterleben werden gesteigert.
- Man erfährt die Wirkung von Texten intensiver und unmittelbarer.
- Literatur wird für mich als Leserin/Leser interessant.

Analytisches, rezeptives, kognitives Arbeiten und produktive Verfahren können einander gut ergänzen. Beides sind sinnvolle Methoden beim Verstehen von Texten (vgl. auch den Text von G. Waldmann, s.u.); das eine spricht eher den Verstand an, das andere Gefühl, Identifikation und Miterleben.

Kontextmaterial

a) Günter Waldmann

Zur produktionsorientierten Auseinandersetzung mit Literatur

Der Anteil von *Fantasie wie Kognition* im literarischen Lesen ist bei dem einzelnen Leser sehr verschieden. Es gibt Leser, die mit einem hohen Anteil an Lesefreude, Identifikation, Miterleben, vorstellender Veranschaulichung, Projektion eigener Verhältnisse in den Text und eigenem Ausfabeln des Textvorgangs und wenig Reflexion über den Text und Bewusstsein seiner Formen und Wirkungen lesen. Es gibt Leser, die einen fiktionalen Text fast nur inhaltlich aufnehmen und vor allem bewusst und kritisch und mit wenig Imagination lesen. [...] Beides, rezeptives und aktives, analytisches und produktives, kognitives und imaginatives, kritisches und emotionales, informationsentnehmendes und sinnaktualisierendes Leseverhalten hängen eng zusammen, bedingen einander, und sie sollten nach Möglichkeit im Unterricht auch zusammen praktiziert werden.

[...] Beide Verfahren sollten aufeinander bezogen und ineinander integriert sein und so einen Unterricht bilden, in dem die bewährten Verfahren der Textanalyse [...] und das Verfahren produktionsorientierter Textarbeit sich gegenseitig stützen und ergänzen [...]. In welchem Verhältnis im Literaturunterricht nun im Einzelnen z. B. *Analyse* und *Produktion* zueinander stehen sollten: ob eine Analyse und wann sie, wann aber auch einmal die Produktion vorangehen sollte, wann und wie sie ineinander verschränkt sein sollten, ob die Analyse durch eine Produktion, die selbst analytische Funktion hat, ersetzt werden kann (was häufig der Fall ist) – das lässt sich nicht generell, sondern nur für den Einzelfall, nämlich für den bestimmten Text und die bestimmten Analyse- bzw. Produktionshandlungen, mit denen er bearbeitet werden soll, entscheiden.

Der produktive Umgang des Lesers mit Literatur ist hier nicht subjektivistischer Selbstzweck, sondern er soll dem Leser die Literatur erschließen: Seine subjektive Aktivität geschieht eben nicht vor allem um ihrer selbst willen, sondern sie soll immer auch 1. der unmittelbaren *ästhetischen Erfahrung* literarischer Texte dienen; und diese Erfahrung soll 2. stets auch *Erfahrung der geschichtlichen und gesellschaftlichen Bezüge* der Literatur sein. Insgesamt soll 3. ein objektives *Erfahrungslernen* des Subjekts eingerichtet werden.

[...] Der produktionsorientierte Umgang mit Literatur wird gerade deshalb gewählt, weil er besser als ein Unterricht, der bloßes literaturwissenschaftliches Fremdwissen an die Schüler heranträgt, in der Lage ist, die Schüler zu wirklichem Lesen von Literatur zu führen.

(aus: Norbert Hopster (Hg.): Handbuch „Deutsch" Sekundarstufe 1, Schöningh Verlag, Paderborn 1984)

b) **Auswahlverzeichnis der wichtigsten Verfahrensweisen des handlungs- und produktionsorientierten Literaturunterrichts**

1 Textproduktive Verfahren

1.1 Restaurieren und Antizipieren

1.1.1 Einen Text aus seinen Teilen selber zusammensetzen (z. B. ein in seine einzelnen Verse auseinandergeschnittenes Gedicht – oder aus den alphabetisch aufgelisteten Wörtern ein eigenes Gedicht verfassen)

1.1.2 Texte entflechten (z. B. ein Gedicht, das von der Lehrkraft aus zwei Gedichten zusammengefügt worden ist)

1.1.3 Versgliederung herstellen (wenn ein Gedicht wie Prosa geschrieben vorgelegt wird)

1.1.4 Die syntaktische Struktur herstellen (bei einem Text, der mit veränderter Satzstellung vorgelegt wird – z. B. eine Gedichtstrophe von Hölderlin)

1.1.5 Ausgelassene Wörter/Sätze einfügen

1.1.6 Mit vorgegebenen Reimwörtern eines Gedichts ein eigenes Gedicht machen

1.1.7 Ein reimloses Akrostichon schreiben, z. B. zu Friede, Krieg, Liebe, Freude usw.

1.1.8 Zu einem Titel oder zu Schlüsselwörtern einen eigenen Text verfassen

1.1.9 Montage-Gedichte gestalten: aus vorliegenden Texten (z. B. Schlagzeilen, Kurzmeldungen, Anzeigen/Werbetexten usw.) ein Gedicht aufbauen

1.1.10 Den Schluss eines Textes selber verfassen

1.1.11 Während der Lektüre eines Textes an einer Stelle einhalten und eine Fortsetzung entwerfen

1.1.12 Sich durch eine Fantasiereise („Stell dir vor, du ...") in eine Textsituation hineinführen lassen und dazu einen Text verfassen

1.2 Transformieren

1.2.1 Eine mögliche Fortsetzung zu einem Text schreiben

1.2.2 Eine mögliche Vorgeschichte zu einem Text (bzw. zu einer einzelnen Figur) schreiben

1.2.3 Eine im Text nur angedeutete Handlung ausfabulieren

1.2.4 Paralleltexte verfassen. Z. B. schreiben die Schüler zu einem Gedicht mit dem Thema „Sommer" oder „Krieg" oder „Hass" usw. thematische Varianten in analoger Form

1.2.5 Einen inneren Monolog, eine erlebte Rede, einen Brief oder eine Tagebuchnotiz einer Figur verfassen

1.2.6 In Ich-Form Figuren des Textes vorstellen („Ich heiße ...")

1.2.7 Sich selber in einen Text hineindichten und eine Szene gestalten

1.2.8 Eine Figur aus einer Geschichte herauslösen und in einer anderen Welt auftreten lassen

1.2.9 Einen Text verkürzen (z. B. ein langes Gedicht verknappen) oder einen Text ausbauen (z. B. eine Kürzestgeschichte zu einer kleinen Erzählung ausbauen)

1.2.10 Einen Text für andere Adressaten bzw. in einem anderen Stil nacherzählen

1.2.11 Einen Text in eine andere Sprachvarietät umschreiben (z. B. eine Dramenszene in Dialekt setzen)

1.2.12 Einen Text aus veränderter Perspektive umschreiben

1.2.13 Dem Text eine andere Aufbaustruktur gegen (z. B. vom Schluss der Geschichte her erzählen)

1.2.14 Einen Text in eine andere Textsorte umschreiben (z. B. aus einem Kurzprosatext ein Gedicht machen)

1.2.15 Interpretierendes Schreiben von Gedichten: Zwischen die originalen Zeilen werden Kommentare, Bemerkungen, Zwischenrufe, Gegenaussagen, Beschwichtigungen usw. eingefügt

1.2.16 Einen Gegentext schreiben, z. B. zu einem idyllisierenden Naturgedicht einen Text über Umweltzerstörung

1.2.17 Textcollagen herstellen

1.2.18 Nach dem Muster eines Textes selbst einen Text schreiben

1.2.19 Eine Hörszene zu einem Text erarbeiten

2 Szenische Gestaltungen

2.1 Eine Textsituation als lebendes Bild darstellen (als wenn ein Fotograf ein Foto einer Spielszene gemacht hätte)

2.2 Pantomimisch eine stillgestellte Ausdrucksfigur (Statue) gestalten, die die Botschaft eines Textes (im genauesten Sinn des Wortes) zur Anschauung bringt (zwei bis sechs Personen)

2.3 Eine Textstelle pantomimisch darstellen

2.4 Innere Dialoge unter Anleitung eines Spielleiters führen (Leiter fragt z. B. eine Figur, was sie über eine andere denkt, fragt dann die andere, was sie zu diesen Gedanken sagt usw.)

2.5 Abstrakte Begriffe auftreten und sprechen lassen (z. B. zu Aschenbachs Versuch, Venedig zu verlassen: Der Tod, das Meer, die Liebe, die Kunst treten auf und reden zu Aschenbach, raten ihm zur Abfahrt oder zum Hierbleiben)

2.6 Einen Text oder Textteil auf spielerische Weise darstellen, auch als Puppen-, Marionetten-, Schattenspiel oder als Videoszene

3 Visuelle Gestaltungen

3.1 Einen Text in eine seine Aussage bezeichnende Schreib- oder Druckform übersetzen (Größe, Volumen, Farbe, Form der Buchstaben, Wörter, Sätze): sog. Schreibgestaltung

3.2 Bilder zu einem Text zeichnen/malen

3.3 Bildcollage zu einem Text erstellen

3.4 Für eine Erzählung die grafische Verlaufskurve mit eingefügten Schlüsselsätzen oder -wörtern gestalten

3.5 Eine Literaturzeitung herstellen. Der mögliche Inhalt am Beispiel von Wedekinds *Frühlings Erwachen*: eine Inhaltsangabe – ein fiktives Gespräch mit einem Regisseur – die Charakterisierung der Figuren des Dramas anhand von fiktiven Tagebucheinträgen, Briefen, Dialogen, Verhören, Nachrufen u. a. – fiktive Szenenfotos – die Personenkonstellation in Form einer Collage – ausgewählte Gedichte mit thematischen Anklängen – Dialog eines damaligen mit einem heutigen Leser – Äußerungen fiktiver Leser/Zuschauer – die Biografie Wedekinds u. a.

4 Akustische Gestaltungen

4.1 Mit verschiedenen Vortragsweisen experimentieren (einen Text z. B. ärgerlich, pathetisch, befehlend vorlesen)

4.2 Einen Text vertonen (z. B. mit Orff-Instrumenten)

4.3 Zum Vorlesen/Lesen eines Textes die passende Hintergrundmusik suchen, in der sich der Inhalt in gewisser Weise spiegelt oder in der sich die Gefühle der Hörer ausdrücken bzw. mit deren Hilfe Hörer den Text „interpretieren“

(aus: Gerhard Haas; Wolfgang Menzel; Kaspar H. Spinner: Handlungs- und produktionsorientierter Literaturunterricht. In: Praxis Deutsch, 123/1994, S. 24)

Der Albtraum/Traumwandler/Ende einer langen Romanze (Seite 107)

Seite 108 **Aufgaben 1–4**

Die drei Schülertexte auf S. 107 f. haben unterschiedliche Voraussetzungen:

- „Der Albtraum“: Hierzu wurde den Schülern folgender Ausgangstext gegeben:
  Ein Mann hat vor einiger Zeit bei einem Verkehrsunfall seine Frau verloren. Nach zwei Jahren lernt er eine andere Frau näher kennen. Als sie gemeinsam mit dem Auto unterwegs sind, werden sie zufällig Zeugen eines Verkehrsunfalls. Als die Frau aus der Sicht des Mannes unangemessen reagiert – sie fordert den Mann dazu auf weiterzufahren –, löst er die neue Verbindung abrupt, indem er die Frau auffordert, sofort auszusteigen.
- „Traumwandler“: frei formulierter Text
- „Das Ende einer langen Romanze“: Ausgangstext ist das Gedicht von Erich Kästner „Sachliche Romanze“, Schülerband, S. 160.
  Ein weiterer Schülertext zu dieser Vorlage lautet wie folgt:

Sachliche Romanze

Acht Jahre. Eine lange Zeit. Eine schöne Zeit. Wie gut wir uns kannten. Dann war es ganz plötzlich vorbei. Kälte, Leere. Und die große Liebe? Einfach abhandengekommen. Wir merkten es noch nicht einmal sofort. Taten erst so, als wenn nichts zwischen uns sei.
Theater? Küssten uns sogar. Theater? Sahen uns an. Theater? Keiner wusste, warum und wieso. Sie weinte. Ich stand dabei. Ich versuchte abzulenken. Alltägliches. Auch im Café am Ort. Wir saßen da. Allein. Kein Wort zwischen uns. Die Verbindung wie abgerissen. Warum ist es nicht mehr da, dieses schöne Gefühl? Wo ist es geblieben? Warum vorbei?

Die Aufgaben 3 und 4 sind nur individuell lösbar. Für wesentlich gehalten wird hier die Aufgabe, sich selbst im Schreiben von Kurzprosa zu versuchen. (Zu den Merkmalen von Kurzgeschichte und Kürzestgeschichte s. Schülerband, S. 105)
Zu einer **Veränderung**, z. B. Umformung in eine andere Form oder Verfassen von Parallel- und Gegentexten, könnten die Kürzestgeschichten von Wolf Wondratschek u. a. (Lehrer- und Materialienband, S. 78) Anlass bieten.

Beispiel für eine Schülerarbeit zum Text von Wolf Wondratschek, „Der Hundertmarkschein“:

Anonymer Verkauf — Christian V.

Eine verkauft einen Hundertmarkschein.
Eine verkauft ihn für fünfundneunzig Mark.
Welche machen einen Bogen um die Eine.
Eine muss fünfzehn Minuten später ins Präsidium.
Eine muss im Präsidium sehr schwierige Fragen beantworten.

Kontextmaterial

Kaspar H. Spinner

Kreatives Schreiben

Die wichtigste Leistung des kreativen Schreibens besteht darin, dass es mehr als andere Zugänge zum Schreiben die ganze Person erfasst. Von daher rührt die befreiende Wirkung, die viele dabei erfahren.

Lehrerinnen und Lehrer berichten immer wieder ganz erstaunt davon, wie Schülerinnen und Schülern beim kreativen Schreiben plötzlich Texte gelingen, die weit über die bisherigen Leistungen hinausgehen. Da das kreative Schreiben Schreibblockaden abbauen kann, wirkt es sich auch auf die flüssigere Gestaltung von Sachtexten aus (zu diesem Zweck werden Methoden des kreativen Schreibens bis in die Managerfortbildung hinein verwendet).

Das kreative Schreiben ist damit nicht nur ein Verfahren, Texte literarischer Art zu verfassen, und nicht nur ein Angebot für gelegentliche Abwechslung, sondern es erweist sich als ein grundlegender Zugang zum Schreiben. [...]

Für das kreative Schreiben erscheint mir die Bedeutung charakteristisch, die der Aktivierung der Imaginationskraft zugesprochen wird. Nicht eine bestimmte Aufsatzgattung mit ihren Merkmalen ist die Leitlinie, auch nicht das Bewältigen einer realen Kommunikationssituation, ebenso wenig geht es um Realitätswiedergabe (wie z. B. bei einer Beschreibung oder – bis zu einem gewissen Grade – bei einer Erlebniserzählung). Am prägnantesten hat vielleicht Friedrich Schiller [...] beschrieben, worauf es beim Schreibprozess ankommt: In einem Brief an Körner spricht er davon, dass das Schöpferische behindert werde, wenn der Verstand zu schnell die zuströmenden Ideen mustere. [...]

(aus: Praxis Deutsch, 119, Mai 1993, S. 21)

Wolfgang Borchert

Das Holz für morgen

Er machte die Etagentür hinter sich zu. Er machte sie leise und ohne viel Aufhebens hinter sich zu, obgleich er sich das Leben nehmen wollte. Das Leben, das er nicht verstand und in dem er nicht verstanden wurde. Er wurde nicht von denen verstanden, die er liebte. Und gerade das hielt er nicht aus, dieses Aneinandervorbeisein mit denen, die er liebte.

Aber es war noch mehr da, das so groß wurde, dass es alles überwuchs und das sich nicht wegschieben lassen wollte.

Das war, dass er nachts weinen konnte, ohne dass die, die er liebte, ihn hörten. Das war, dass er sah, dass seine Mutter, die er liebte, älter wurde und dass er das sah. Das war, dass er mit den anderen im Zimmer sitzen konnte, mit ihnen lachen konnte und dabei einsamer war als je. Das war, dass die anderen es nicht schießen hörten, wenn er es hörte, dass sie das nie hören wollten. Das war dieses Aneinandervorbeisein mit denen, die er liebte, das er nicht aushielt. Nun stand er im Treppenhaus und wollte zum Boden hinaufgehen und sich das Leben nehmen. Er hatte die ganze Nacht überlegt, wie er das machen wollte, und er war zu dem Entschluss gekommen, dass er vor allem auf den Boden hinaufgehen müsse, denn da wäre man allein und das war die Vorbedingung für alles andere. Zum Erschießen hatte er nichts und Vergiften war ihm zu unsicher. Keine Blamage wäre größer gewesen, als dann mithilfe eines Arztes wieder in das Leben zurückzukommen und die vorwurfsvollen mitleidigen Gesichter der anderen, die so voll Liebe und Angst für ihn waren, ertragen zu müssen. Und sich ertränken, das fand er zu pathetisch, und sich aus dem Fenster stürzen, das fand er zu aufgeregt. Nein, das Beste würde sein, man ginge auf den Boden. Da war man allein. Da war es still. Da war alles ganz unauffällig und ohne viel Aufhebens. Und da waren vor allem die Querbalken vom Dachstuhl. Und der Wäschekorb mit der Leine. Als er die Etagentür leise hinter sich zugezogen hatte, fasste er, ohne zu zögern, nach dem Treppengeländer und ging langsam nach oben. Das kegelförmige Glasdach über dem Treppenhaus, das von ganz feinem Maschendraht wie von Spinngewebe durchzogen war, ließ einen blassen Himmel hindurch, der hier oben dicht unter dem Dach am hellsten war.

Fest umfasste er das saubere hellbraune Treppengeländer und ging leise und ohne viel Aufhebens nach oben. Da entdeckte er auf dem Treppengeländer einen breiten weißen Strich, der vielleicht auch etwas gelblich sein konnte. Er bleib stehen und fühlte mit dem Finger darüber, dreimal, viermal. Dann sah er zurück. Der weiße Strich ging auf dem ganzen Geländer entlang. Er beugte sich etwas vor. Ja, man konnte ihn bis tief in die dunkleren Stockwerke nach unten verfolgen. Dort wurde er ebenfalls bräunlicher, aber er blieb doch einen ganzen Farbton heller als das Holz des Geländers. Er ließ seinen Finger ein paar Mal auf dem weißen Strich entlangfahren, dann sagte er plötzlich: Das hab ich ja ganz vergessen.

Er setzte sich auf die Treppe. Und jetzt wollte ich mir das Leben nehmen und hatte das beinahe vergessen. Dabei war ich es doch. Mit der kleinen Feile, die Karlheinz gehörte. Die habe ich in die Faust genommen und dann bin ich in vollem Tempo die Treppen runtergesaust und habe dabei die Feile tief in das weiche Geländer gedrückt. In den Kurven habe ich besonders stark gedrückt, um zu bremsen. Als ich unten war, ging über das Treppengeländer vom Boden bis zum Erdgeschoss eine tiefe, tiefe Rille. Das war ich. Abends wurden alle Kinder verhört. Die beiden Mädchen unter uns. Karlheinz und ich. Und der nebenan. Die Hauswirtin sagte, das würde mindestens vierzig Mark kosten. Aber unsere Eltern wussten sofort, dass es von uns keiner gewesen war. Dazu gehörte ein ganz scharfer Gegenstand, und den hatte keiner von uns, das wussten sie genau. Außerdem verschandelte doch kein Kind das Treppengeländer in seinem eigenen Haus. Und dabei war ich es. Ich mit der kleinen spitzen Feile. Als keiner von den Familien die vierzig Mark für die Reparatur des Treppengeländers bezahlen wollte, schrieb die Hauswirtin auf die nächste Mietrechnung je Haushalt fünf Mark mehr drauf für Instandsetzungskosten des stark demolierten Treppenhauses. Für dieses Geld wurde dann gleich das ganze Treppenhaus mit Linoleum ausgelegt. Und Frau Daus bekam ihren Handschuh ersetzt, den sie sich an dem aufgesplitterten Geländer zerrissen hatte. Ein Handwerker kam, hobelte die Ränder der Rille glatt und schmierte sie dann mit Kitt aus. Vom Boden bis zum Erdgeschoss. Und ich, ich war es. Und jetzt wollte ich mir das Leben nehmen und hatte das beinahe vergessen.

Er setzte sich auf die Treppe und nahm einen Zettel. Das mit dem Treppengeländer war ich, schrieb er da drauf. Und dann schrieb er oben drüber: An Frau Kaufmann, Hauswirtin. Er nahm das ganze Geld aus seiner Tasche, es waren zweiundzwanzig Mark, und faltete den Zettel da herum. Er steckte ihn oben in die kleine Brusttasche. Da finden sie ihn bestimmt, dachte er, da müssen sie ihn ja finden. Und er vergaß ganz, dass sich keiner mehr daran erinnern würde. Er vergaß, dass es schon elf Jahre her war, das vergaß er. Er stand auf, die Stufe knarrte ein wenig. Er wollte jetzt auf den Boden gehen. Er hatte das mit dem Treppengeländer erledigt und konnte jetzt nach oben gehen. Da wollte er sich noch einmal laut sagen, dass er es nicht mehr aushielte, das Aneinandervorbeisein mit denen, die er liebte, und dann wollte er es tun. Dann würde er es tun.

Unten ging eine Tür. Er hörte, wie seine Mutter sagte: Und dann sag ihr, sie soll das Seifenpulver nicht vergessen. Dass sie auf keinen Fall das Seifenpulver vergisst. Sag ihr, dass der Junge extra mit dem Wagen los ist, um das Holz zu holen, damit wir morgen waschen können. Sag ihr, das wäre für Vater eine große Erleichterung, dass er nicht mehr mit dem Holzwagen los braucht und dass der Junge wieder da ist. Der Junge ist extra los heute. Vater sagt, das wird ihm Spaß machen. Das hat er die ganzen Jahre nicht tun können. Nun kann er Holz holen. Für uns. Für morgen zum Waschen. Sag ihr das, dass er extra mit dem Wagen los ist und dass sie mir nicht das Seifenpulver vergisst.

Er hörte eine Mädchenstimme antworten. Dann wurde die Tür zugemacht und das Mädchen lief die Treppe hinunter. Er konnte ihre kleine, rutschende Hand das ganze Treppengeländer entlang bis unten verfolgen. Dann hörte er nur ihre Beine noch. Dann war es still. Man hörte das Geräusch, das die Stille machte.

Er ging langsam die Treppe abwärts, langsam Stufe um Stufe abwärts. Ich muss das Holz holen, sagte er, natürlich, das hab ich ja ganz vergessen. Ich muss ja das Holz holen, für morgen.

Er ging immer schneller die Treppe hinunter und ließ seine Hand dabei kurz hintereinander auf das Treppengeländer klatschen. Das Holz, sagte er, ich muss ja das Holz holen. Für uns. Für morgen. Und er sprang die letzten Stufen mit großen Sätzen abwärts. Ganz oben ließ das dicke Glasdach einen blassen Himmel hindurch. Hier unten aber mussten die Lampen brennen. Jeden Tag. Alle Tage.

(aus: Wolfgang Borchert, Das Gesamtwerk, herausgegeben von Michael Töteberg unter Mitarbeit von Irmgard Schindler, Copyright © 2007 by Rowohlt Verlag GmbH, Reinbek bei Hamburg; mit lizenzrechtlicher Genehmigung folgt der Text der reformierten Rechtschreibung.)

Aufgaben

1. Interpretieren Sie die Kurzgeschichte. Gehen Sie dabei vor allem auf die Motive der Hauptperson ein.

2. Vergleichen Sie mit anderen Ihnen bekannten Kurzgeschichten Borcherts; stellen Sie wesentliche Ähnlichkeiten heraus (Sie dürfen dabei mit Spiegelstrichen arbeiten).

Wolf Wondratschek

Der Hundertmarkschein

Eine Frau verkauft auf der Straße einen Hundertmarkschein für fünfundneunzig Mark. Der Geldschein ist echt. Die Passanten machen einen Bogen um die Frau. 15 Minuten später muss sie im Präsidium sehr schwierige Fragen beantworten.

(aus: Wolf Wondratschek: Früher begann der Tag mit einer Schusswunde, Hanser Verlag, München 1969)

Heinrich Wiesner

Tierfreunde

In der Parkanlage schlägt eine Mutter ihr Kind. Das weinende Kind stört. Alle blicken beleidigt hinüber.

Beim Rosenbeet schlägt ein Mann seinen laut heulenden Hund. Die Leute erheben sich von den Bänken, eilen hinzu, bilden einen Kreis und können sich vor Empörung nicht fassen.

(aus: Heinrich Wiesner: Kürzestgeschichten, Lenos Verlag, Basel 1980)

Kurt Marti

Lärm

In früheren Zeiten ist Lärm erzeugt worden, um böse Geister von Menschen und Häusern fernzuhalten. Die bösen Geister müssen sich fantastisch vermehrt haben bis heute – anders ist der unablässige Lärm, den wir machen, nicht zu erklären.

(aus: Kurt Marti: Das Herz der Igel, Verlag Zytglogge, Bern 1972)

Marie Luise Kaschnitz

Steht noch dahin

Ob wir davonkommen, ohne gefoltert zu werden, ob wir eines natürlichen Todes sterben, ob wir nicht wieder hungern, die Abfalleimer nach Kartoffelschalen durchsuchen, ob wir getrieben werden in Rudeln, wir haben's gesehen. Ob wir nicht noch die Zellenklopfsprache lernen, den Nächsten belauern, vom Nächsten belauert werden und bei dem Wort Freiheit weinen müssen. Ob wir uns fortstehlen rechtzeitig auf ein weißes Bett oder zugrunde gehen am hundertfachen Atomblitz, ob wir es fertigbringen, mit einer Hoffnung zu sterben, steht noch dahin, steht alles noch dahin.

(aus: Marie Luise Kaschnitz, Gesammelte Werke, Bd. 3, © Insel Verlag, Frankfurt am Main [2]1982)

Gabriele Wohmann

Schöne Ferien

Schöne Ferien, zum ersten Mal wieder, seit ich mit Asmus zusammen bin. Die unveränderte Bucht gefiel mir neuerdings. Wie lang hatte ich nicht mehr etwas wie Waten im Wasser genossen. Alle Augenblicke fiel mir ein, daß ich aufatmen konnte, und ruhig sein, ruhig sein. Keine Zankereien mit den Cousinen, im Gegenteil. Vor dem Café Rose saßen friedlich die Großeltern, und mich machte es nicht nervös, wenn sie uns unaufhörlich zu Tee und Wespennestern einluden: Spezialität der Rose. Auch mit Lutz legte Asmus sich nicht an. Lutz drehte sein Radio so laut, wie es ihm passte, und Asmus pfiff sogar mit. Natürlich badete Lutz wieder kein einziges Mal, Asmus aber äußerte sich einfach nicht dazu, womit ein Zustand erreicht wäre, den ich immer angestrebt habe. Asmus verhielt sich entweder aus Rücksicht auf mich so, oder er war ausgeglichener geworden – jetzt irre ich mich gründlich. Asmus war ja diesen Sommer nicht mit.
Statt dessen Heinz Pfitzner. Der Zufall verschlug uns ins gleiche Hotel. Nach der ersten Woche sagten wir nicht mehr Sie, und er wollte Nelson genannt werden. Der Familie gegenüber zeigte er sich zugänglich. Die ließ uns auf langen Spaziergängen allein. Ihre Großzügigkeit sah aber nicht nach Opfer aus, und zum ersten Mal freute ich mich ohne schlechtes Gewissen an dieser wirklichen Freiheit. Es machte mir auch Spaß, der Familie so einen netten Mann zu verschaffen, wenn auch nur für kurz. Oft forderte Nelson Lutz auf, sich uns anzuschließen. Weil Lutz, wie jedermann, Nelson mochte, sagte er zu. So nahm Lutz am Ausflug zum Vogelschutzgebiet teil. Nelson redet gern mit Jüngeren, er bringt sie dazu, daß sie aus sich herausgehen. Bei Lutz ein Wunder, er hat nichts als seine Schlager und zwei Diskjockeys. Jetzt hatte er Nelson. Schön für ihn, schön für uns alle. Von Nelson geht Ruhe aus, daran liegt es. Ich werde mich im Verlauf dieser Ferien erholen. Sogar Nelson zu lieben strengt kaum an.
Die Fingernägel schneide ich mir häufig, damit erinnere ich mich an Asmus. Selbstverständlich denke ich oft an ihn, mein Frieden nimmt daraufhin zu. Asmus kann nicht über meine verkorksten Fingernägel schimpfen. Auch nicht über Barfußlaufen bei kaltem Wetter. Während ich meine rotgefrorenen Fußzehen begutachte, denke ich daran, wie gern jetzt Asmus über sie in Wut geriete. Mein Haar kann er ebenfalls nicht überprüfen. Ich lasse es jeden Tag beim Baden in der Bucht naß werden. Schon nächsten Sommer werde ich wieder auf die Kommandos von Asmus Rücksicht nehmen müssen, also übertreibe ich es jetzt mit der Unvernunft. Überall fehlt Asmus, und seine erhobene, nicht hotelmäßige Stimme zürnt mir in meinem Gedächtnis, nur da.
Nelson ist liebenswürdig. Den Cousinen schnitt er vorgestern die Haare. Meinem Großvater rasierte er den flaumigen runzligen Nacken aus. Mit meiner Großmutter unterhielt er sich geduldig über die Triebwelt der Ameisen, wiedermal hatte sie sich einen Koffer voll Tierbücher mitgebracht, ihre Passion. Auf alles ging Nelson ein. Ich selber mußte mich dämpfen, damit meine Freude über unseren allgemeinen Einklang mich nicht laut machte. So ruhig sein wie Nelson, das war mein Programm. Gelassen zuhören bei törichten Äußerungen über Wetterabhängigkeit vom Mondwechsel: Lieblingstheorie meines Großvaters. Lächeln zur Behauptung, P. Huber, der 1810 die Sitten der einheimischen Ameise untersucht hat, sei kein Franzose gewesen: die Großmutter will es so. Auch die Cousinen und Lutz, alle stellten dauernd die üblichen Anlässe her, gegen die Asmus auf die Barrikaden ging.
Es kommt aber auch vor, daß ich aus heiterem Himmel erschrecke; dreh dich nicht um, sage ich mir, Asmus steht hinter dir. Ich halte den Atem an und warte ab. Irgend jemand von der Familie ruft mir dann zu: Was ist los mit dir? Schläfst du am hellen Tag? Und sie lachen miteinander – aber ohne Nelson. Sie hat die Augen zu, seht nur! Auch Asmus lacht nicht mit. Für Launen hat er nichts übrig. Jetzt rufen sie: Hallo Asmus, kümmere dich gefälligst mal um deine Frau, weck sie auf, los! Ich lasse die Augen zu. Bei geschlossenen Lidern, ruhig, ruhig, verwöhnt mich Nelson, meine Erfindung.

(Aus lizenzrechtlichen Gründen folgt dieser Text nicht der reformierten Rechtschreibung.)

Information

Gabriele Wohmann und das Krisenbewusstsein der Moderne

Gabriele Wohmann wurde am 21. 05. 1932 in Darmstadt geboren und stammt aus einer evangelischen Pastorenfamilie. Sie studierte Germanistik, Romanistik, Philosophie und Musikwissenschaft und war als Lehrerin tätig. Seit 1956 lebt sie als freie Schriftstellerin. Sie besuchte mehrere Jahre lang die Lesungen der literarischen *Gruppe 47*. Bisher schrieb sie über zehn Romane, darunter „Ernste Absicht", 1970, und „Paulinchen war allein zu Haus", 1974, sowie mehr als dreihundert Erzählungen, Kurzgeschichten, Skizzen. Für ihr literarisches Werk wurde sie mehrfach ausgezeichnet.
Wohmanns **zentrale Themen** sind das menschliche Fehlverhalten im alltäglichen Umgang und die sich daraus ergebenden Beziehungsprobleme:

- Entfremdung zwischen einzelnen Menschen,
- Ichverfall und Identitätskrise,
- Anonymität und Einsamkeit,
- Anpassungsdruck und Rollenzwang.

Die Konflikte werden dabei weitgehend in den Innenraum der Figuren verlagert.

Typisch für ihre Darstellungsweise sind u. a.:
- elliptische Erzähltechnik (Verkürzung im Satzbau),
- Montagetechnik, bei der Bewusstseinsvorgänge der Erzählerfigur, Handlungselemente und die Darstellung von Zeit und Raum übergangslos nebeneinandergestellt werden.

Aufgaben

1. Erschließen Sie den Text durch genaues und markierendes Lesen (ggf. auf einer Kopie).
2. Formulieren Sie eine erste Deutungshypothese, vergleichen Sie die unterschiedlichen Deutungsansätze in Ihrer Kursgruppe.
3. Beurteilen Sie danach die folgende Interpretation einer Schülerin: Inwieweit ist die Verfasserin der Aufgabenstellung gerecht geworden? Ergänzen Sie ggf.
4. Überprüfen Sie Zitate und Zitiertechniken (s. Schülerband, S. 87).

Nina Hansen

Interpretation der Kurzgeschichte „Schöne Ferien" von Gabriele Wohmann

(Die genaue **Aufgabenstellung** lautet:
Interpretieren Sie die Erzählung. Beziehen Sie auch biografische Zusammenhänge und Besonderheiten in Ihre Überlegungen ein.)

In der Erzählung „Schöne Ferien" von Gabriele Wohmann geht es um eine Frau, die während ihres Urlaubs mithilfe eines Traumes von einem idealen Fantasiemann ihre Probleme mit ihrem Ehemann hinwegzuträumen versucht. Man hat zunächst Schwierigkeiten, sich zwischen den einzelnen Personen zurechtzufinden. Erst am Schluss erfährt man in einer Art Pointe, dass Nelson eine fiktive Figur ist. Asmus, ihr Mann, scheint eine pedantische Persönlichkeit zu sein, was das Zusammenleben mit ihm erschwert. Gegenüber der Familie zeigt er kaum Verständnis und Interesse, weder an den Interessen seines Sohnes Lutz noch an den Lieblingsthemen der Großeltern scheint er interessiert zu sein. Demgegenüber verhält sich die Traumperson Nelson nahezu perfekt einfühlsam. Die Intoleranz von Asmus zeigt sich zum Beispiel in der Ablehnung von Lutz' Musik (vgl. Z. 10 f.), in seiner Einstellung gegenüber den „verkorksten Fingernägeln" (Z. 39) und gegen das „Barfußlaufen bei kaltem Wetter" (Z. 40). Asmus' Charaktereigenschaften zu erschließen fällt leicht, da man davon ausgehen kann, dass Nelson gegensätzliche hat. So ist Asmus im Gegensatz zu Nelson nicht liebenswürdig (vgl. Z. 50), hat kein Verständnis für junge Menschen und ihre Interessen (vgl. Z. 31 ff.), dafür aber ist er herrisch und aufbrausend. Es wird deutlich, dass die Ehepartner keinerlei Kommunikation miteinander führen. Sie bemühen sich auch nicht, zu dem anderen Zugang zu finden. Die Beziehung ist komplementär, denn die Frau wird von den Forderungen des Mannes, gepflegt auszusehen, erdrückt. Entsprechend ist ihr Wunsch nach „Ungehorsam" und unvernünftigem Verhalten deutlich ausgeprägt. Anstatt an der Wirklichkeit etwas zu verändern, flüchtet sie in eine Scheinwelt, in der genau der Mann existiert, den sie sich schon immer gewünscht hat. Wenn sie ihren Traumprinzen nicht aufgibt, wird sie Asmus niemals anerkennen und lieben können. Im ersten Abschnitt des Textes werden Asmus' Verhaltensweisen durchaus positiv und realistisch dargestellt, dann kommt allerdings der Widerspruch. „... jetzt irre ich mich gründlich. Asmus war ja diesen Sommer nicht mit." (Z. 16 f.) Im zweiten Abschnitt wird Asmus dann in Nelson verwandelt; vielleicht ist Heinz Pfitzner eine reale, ebenfalls im Hotel wohnende Person, bei der die Frau ihre Wunschvorstellungen und Träume wiederfindet. Mit der Verleugnung von Asmus' Anwesenheit verleugnet sie ihn selbst auch völlig. In dem Text kommt mehrere Male das Wort „schön" vor: „Schöne Ferien" (Überschrift/Zeile 1), „Schön für ihn, schön für uns alle" (Z. 33). Das Wort hat einen ironischen Unterton und gibt genau den irrealen Zustand an, nicht den der Wirklichkeit. Nelson stellt das Leitsymbol der Kurzgeschichte dar, da diese Illusion und Vorstellung die Beziehung zwischen den beiden Ehepartnern deutlich charakterisiert. Das Leitsymbol zieht sich durch die gesamte Geschichte, als Wunsch, als Traum, als Flucht in die Scheinwelt oder aber als Hoffnung auf eine bessere Beziehung und Zukunft. Im ersten Abschnitt wird Asmus von der Frau positiv dargestellt, kurz darauf jedoch sofort verurteilt und verleugnet. Angst spielt in der Beziehung der beiden wohl auch eine Rolle, da die Frau erschrickt (vgl. Z. 66 ff.), wenn Asmus hinter ihr steht. Dadurch wird die Abneigung, herumkommandiert zu werden, sehr deutlich. Würde diese Kurzgeschichte die Realität wiedergeben, so würden vielleicht auch Satzellipsen vorliegen. Es wird aber eine Traumvorstellung geschildert und so liegen Satzgefüge vor, die vor sich hinplätschern oder den Leser wie Watte umgeben.

Das Ende der Kurzgeschichte stellt den harten Zusammenprall mit der Realität dar. Die Frau hat sich ihrem Mann und der Wirklichkeit zu stellen. Man könnte es vielleicht als einen Hoffnungsschimmer deuten, dass die Befreiung von dem illusionären Märchenprinzen durch den eigenen Mann erfolgt. Jedoch lässt die Frau ihre Lider geschlossen (vgl. Z. 75).

Die Kurzgeschichte, bereits 1965 erschienen, hat bis heute nichts von ihrer Aktualität verloren.

(Schülerarbeit)

Romanauszüge verstehen und interpretieren ... – Zum Beispiel Romananfänge und Schlussteile

Theodor Fontane: Effi Briest

Seite 115 Aufgaben 1 und 2

1. Das Lesen der Inhaltsangabe bietet die Möglichkeit, die Schüler in eine gezielte Erwartungshaltung zu versetzen, um zu erwartende Details bei der Lektüre genauer wahrzunehmen (z. B. genaue Beschreibung des Elternhauses und seiner Umgebung, Darstellung der Personen, ihrer Besonderheit, ihrer Beziehungen, symbolische Hinweise, Vorausdeutungen auf den weiteren Verlauf).
Mithilfe der Cluster-Methode kann eine erste Annäherung an die Thematik versucht werden.

2. Das Geschehen wird von einem auktorialen Erzähler vermittelt, der in einer natürlichen, chronologischen Reihenfolge erzählt und in zahlreichen Vorausdeutungen auf den weiteren Verlauf der Geschehnisse verweist. Der Blick des Erzählers ist dabei deutlich auf die Hauptperson gerichtet. Hier wird – besonders in den Dialogpassagen – die auktoriale Erzählsituation durch eine personale Erzählsituation abgelöst. Dabei treten die Sprechenden selbst ins Zentrum der Darstellung und Kommentierungen treten zurück.
Die Charaktere und Beziehungen der Hauptpersonen können in folgender Weise zusammengefasst werden (**Tafelbild**):

Metaphorik

Bereits im ersten Kapitel wird ein dichtes Netz symbolischer, metaphorischer Hinweise geknüpft. Diese Stilmittel sind nicht in jedem Falle eindeutig bzw. klar auflösbar. Beispiele:

- Leichtsinn/Freiheit, Unabhängigkeit: Schaukel, Z. 13; Kunstreiterin, Z. 47; Tochter der Luft, Z. 48; wilder Wein, Z. 22
- Tod/Jenseits, Gefahr: Efeu, Z. 8; Schatten, Z. 4; Teich, Z. 12; Trauerzug, Z. 200; Reim auf u, Z. 205 f., Versenken der Stachelbeerschalen, Z. 209 ff.
- Natürlichkeit, Glück, Übermut: Sonnenuhr, Z. 5, wilder Wein, Z. 22
- Freiheit, Sexualität/Gefahr: wilder Wein, Z. 22
- Schutz/Sicherheit: Hufeisen, Z. 12

Besondere Vorausdeutungen im ersten Kapitel

- Heirat: „[...], eine Liebesgeschichte mit Held und Heldin, und zuletzt mit Entsagung" (Z. 93); „Eine Geschichte mit Entsagung ist nie schlimm." (Z. 102)

„Denkst du, dass ich darauf warte? Das fehlte noch. Übrigens, ich kriege schon einen, und vielleicht bald." (Z. 117 f.)

- Untreue: „[...] so vom Boot aus sollen früher auch arme und unglückliche Frauen versenkt worden sein, natürlich wegen Untreue." (Z. 211 ff.)
- Tod: „Man soll sein Schicksal nicht versuchen; Hochmut kommt vor dem Fall." (Z. 114)
  „Und dann wollen wir in einem langen Trauerzug aufbrechen [...]." (Z. 199 f.)

Seite 117 Aufgaben 1 und 2

1. Im Rahmen des Gesprächs wird das Spannungsfeld „Gesellschaft – Individuum" ausführlich erörtert. Die Fragestellungen dieses Gesprächs sind zugleich die Kernthemen des Romans. Typisch für die indirekte Erzählweise Fontanes durch den Dialog der Figuren ist, dass die hier geäußerten Meinungen nicht die des Erzählers sind, sondern gefiltert sind durch die subjektive Perspektive der beiden Gesprächspartner.

Instetten hat die gesellschaftlichen Normen internalisiert; er hat sich bereits vor dem Gespräch mit Wüllersdorf Gedanken gemacht („Ich habe mir's hin und her überlegt. Man ist nicht bloß ein einzelner Mensch, man gehört einem Ganzen an ..." (Z. 67 ff.)) und sich offenbar bereits für das Duell entschieden. Von daher ist es kaum glaubhaft, wenn Instetten behauptet, er hätte sich eventuell anders entschieden, wenn er nicht Wüllersdorf zu seinem Mitwisser gemacht hätte (vgl. Z. 107 ff.). Er ist sich schließlich mit Wüllersdorf einig, dass das Duell ohne „Durst nach Rache" (Z. 47 f.) sein muss, obwohl er seine Frau weiterhin liebt (vgl. Z. 53 ff.) und obwohl beide erkennen, dass ihr Ehrenkultus ein Götzendienst ist, dem man sich aber unterwerfen muss, „solange der Götze gilt" (Z. 148). Instetten nennt Wüllersdorf gegenüber jenes „uns tyrannisierende Gesellschafts-Etwas" (Z. 93); dies bestimmt sein Denken und Handeln; diesem Ehrenkultus opfert er in letzter Konsequenz seine Frau, seine Familie, sein Lebensglück. Bis zum Schluss verblendet, findet er nicht die Kraft, sich gegen den Götzen zu stellen und aus eigener Verantwortung zu handeln; das Opfer dieser Verblendung ist vor allem Effi, die zusammenbricht, als ihr bei ihrer ersten Begegnung mit ihrer Tochter (nach der Scheidung) bewusst wird, dass Instetten das gemeinsame Kind gemäß seinen Grundsätzen „abgerichtet" hat. Es bricht aus ihr heraus: „Was zu viel ist, ist zu viel. Ein Streber war er, weiter nichts. – Ehre, Ehre, Ehre ... Dummheit war alles, und nun Blut und Mord. Und ich schuld."

Mögliches Tafelbild

Instetten: Argumente für ein Duell (gesellschaftlicher Status, Ehre, Achtung, Angst vor dem „Mitwisser")	**Wüllersdorf:** Argumente dagegen/Einlenken (individuelles Glück des Einzelnen, Gewissen, Liebe, Verzeihen, Verjährung)
• Rücksicht auf „das Ganze" (Z. 69) • „Man ist nicht bloß ein einzelner Mensch" (Z. 68) • Man hat keinen Anspruch (vgl. Z. 76 f.) auf ein persönliches Glück • Die Gesellschaft „verachtet" (Z. 84) uns, wenn wir gegen ihre Normen verstoßen • „Fleck auf meiner Ehre" (Z. 110 f.) • Halber Mitwisser, „Gegenstand Ihrer Teilnahme ..." (Z. 124 f.) • „wie die andern wollen" (Z. 144) • „unser Ehrenkultus ist ein Götzendienst" (Z. 146 f.) • „wir müssen uns ihm unterwerfen, solange der Götze gilt" (Z. 147 f.)	• Verjährung (Z. 14 f./Z. 63) • kein Hass, keine Rachegefühle, Bestätigung der Gefühle Instettens • Tod des Kontrahenten verstärkt das persönliche Unglück (Z. 32 ff.) • Liebe (Z. 61 ff.); Bestätigung der Aussagen Instettens • „Die Welt ist einmal, wie sie ist [...]." (Z. 142 f.) • „Ich finde es furchtbar, dass Sie Recht haben, aber Sie haben Recht." (Z. 140 f.)

2. Individuelle Lösungen; zusätzlich können die Schüler, um ihre eigene Meinung zu den von Instetten und Wüllersdorf ausgetauschten Argumenten darzustellen, einen fiktiven Brief an Instetten verfassen.

Seite 118 Aufgaben 1–3

Der Roman endet dort, wo er begann. Die Leitmotive, durch die der Roman seine Abrundung findet, werden wiederholt und variiert.

Anfangsteil	Schlussteil
• Ortsbeschreibung von Hohen-Cremmen • „heller Sonnenschein" (S. 111, Z. 2ff.) spiegelt die ausgelassene Stimmung in Effis Elternhaus wider • friedliches Familienleben im Schutz der Grundstücksmauern (Z. 11ff.) • Frau von Briest kommt es gelegen, Effi mitteilen zu können, dass Baron von Instetten als „Mann von Charakter, von Stellung und guten Sitten" um ihre Hand angehalten hat	• Ortsbeschreibung von Hohen-Cremmen • „der September ging auf die Neige", S. 118, Z. 45: Hinweis auf den nahenden Winter und auf Effis Tod • Ehepaar Briest will das Haus verlassen und über Land fahren (vgl. Z. 64ff.) Frau von Briest stellt die Frage, ob sie nicht auch schuld seien (vgl. Z. 84)
• Sonnenuhr (Z. 5): glückliche Stunden im Elternhaus	• Sonnenuhr ist fort (Z. 51), an ihrer Stelle liegt eine weiße Marmorplatte (Effi ist nicht mehr da)

Der Roman spielt in der Zeit von 1870 bis 1889, der Zeit des 2. Deutschen Kaiserreiches, in dem Wilhelm I. deutscher Kaiser und Otto von Bismarck Reichskanzler war. Insofern könnte man den Roman von Fontane heute – im Gegensatz zum „Zeitroman" des zeitgenössischen Lesers – einen historischen Roman nennen. Als Gesellschaftsroman ist der Roman von Fontane jedoch heute nicht mehr aktuell und auf heutige Gegebenheiten übertragbar. Auf die Frage „Ist Fontanes Roman heute noch lesenswert?", wurden von Schülern z. B. die folgenden Fragen thematisiert:

- Wieweit geht es darum, dass der Einzelne sein persönliches Glück findet?
- Wieweit ist auf gesellschaftliche Umstände und Ansprüche Rücksicht zu nehmen?
- Wieweit kann das persönliche Glück durch Ansprüche der Gesellschaft gefährdet sein?
- Nach welchen Kriterien und Regeln leben Menschen in der Gesellschaft zusammen?
- Wieweit ist der Einzelne der Gesellschaft, in der er groß wird und lebt, verpflichtet?
- Welche Bedeutung haben materielle Sicherheit und gesellschaftliches Ansehen für das persönliche Glück?
- Von welchen gesellschaftlichen, schichtspezifischen Konventionen lässt sich der Einzelne beeinflussen oder lenken?
- Durch welche menschlichen Beziehungen wird der Einzelne geprägt?
- Welche Vorstellungen hat der Einzelne vom Zusammenleben der Menschen in Staat und Gesellschaft?
- Welche Möglichkeiten bleiben dem Einzelnen, zwischen materiellem Erfolg/Scheinglück und persönlichem Glück zu unterscheiden?
- Wieweit kann es heute in unserer Gesellschaft als Ideal gelten, ohne Rücksicht auf persönliches Glück weiterzukommen, Karriere zu machen und ein Leben im materiellen Wohlstand zu führen?
- Von welchen geschlechtsspezifischen Vorstellungen und Bildern in einer modernen Mediengesellschaft ist der Einzelne geprägt?
- Was bedeutet Schuld?
- Welche Bedeutung haben Zärtlichkeit und Liebe für eine Gemeinsamkeit zu zweit?
- Welche Bedeutung haben Vertrauen und Treue in einer Ehe?
- Inwieweit hält man sich hinsichtlich der Verfolgung seines Glücks an bestimmte Konventionen und Sozialisationserfahrungen?
- Welche Vorstellungen hat der Einzelne von Ehe, Liebe, Glück, Erfolg?
- Inwieweit können die Bedürfnisse des Einzelnen mit dem in Einklang gebracht werden, was andere wollen oder erwarten?

Nach der Vorarbeit (vgl. Aufgabenstellungen im Schülerband) dürfte es nicht schwierig sein, die Antworten zu den Arbeitsschritten 1–3 in einer schriftlichen Interpretation des Eingangskapitels zusammenzufassen. Hilfen bieten die Hinweise im Methodenkasten (s. Schülerband, S. 119).

Theodor Fontane: Was soll ein Roman? (Seite 118)

Seite 119 **Aufgabe 1**

Der Poetische Realismus unterscheidet nach der Auffassung Fontanes zwischen Kunst und Wirklichkeit. Wirklichkeit soll widergespiegelt werden, nicht unverändert dargestellt werden. Die künstlerische „Verklärung" erfordert Distanz zum Wirklichen, um darin allgemein menschliche Wahrheiten zu entdecken und diese Wahrheiten in künstlerischer Weise darzustellen. Diese Vorstellungen sind deutlich realisiert in seinem Roman „Effi Briest", zum Beispiel:
- künstlerisch-poetische Darstellungsweise mit metaphorischen Verweisen, symbolischen Andeutungen,
- Aussparung von übertriebenen, peinlichen, platten Spannungseffekten (so werden z. B. auf dezente Weise der Ehebruch und das Duell dargestellt),
- realistisches Erzählen, indem in vielen Dialogen die Figuren selbst zu Wort kommen.

Weitere Möglichkeiten im Umgang mit dem Roman

In Form von Referaten oder in Form eines in Kleingruppen organisierten Unterrichtsprojektes können weitere wichtige Themen und Textstellen des Romans bearbeitet werden:
- Geschehen und Handlungsort
  - Kindheit, Verlobung, Heirat: **Hohen-Cremmen**
  - Ehe: Einsamkeit/Furcht vor dem Spuk: **Kessin**
  - Ausbruch/Affäre mit Crampas: **Kessin**
  - ruhige Ehejahre/Trennung: **Berlin**
  - Krankheit/Tod: **Hohen-Cremmen**
- Figuren und Figurenkonstellationen
- Der Einzelne und die gesellschaftlichen Normen (vgl. auch Gespräch zwischen Instetten und Wüllersdorf, s. Schülerband, S. 115 ff.)
- Fontanes Erzähltechnik und Erzählstil: Realismus und realistisches Erzählen, bei dem die Figuren in Dialogen zu Wort kommen, Vermeidung alles Übertriebenen und Hässlichen, poetische Sprache, Humor, Stil der Andeutung und Diskretion

Kontextmaterial

Als Form einer produktionsorientierten, gestaltenden Deutung des Romans kann der folgende Textausschnitt von Christine Brückner angesehen werden:

Christine Brückner

Triffst du nur das Zauberwort

Effi Briest an den tauben Hund Rollo

So hat Mutter mich erzogen: Jeder Mann ist der Richtige. Gutes Aussehen, Adel, gute Stellung. Als ich Innstetten zum ersten Mal sah, überfiel mich ein nervöses Zittern. Als ob mein Körper sich hätte wehren wollen. Aber ich kannte die Äußerungen meines Körpers nicht. Ich hatte immer ein wenig Angst, und das hat er wohl auch gewollt. Von dem Spuk auf dem Kessiner Hausboden will ich gar nicht reden. Das war nicht recht, und darum hat er auch Schuld. Und wenn Crampas mir nicht die Augen geöffnet hätte, dann wäre ich die Angst in mir nie losgeworden. Innstetten wollte mich mit Furcht an das Spukhaus binden und mich erziehen. Aber er war ein Schulmeister und kein Erzieher. In Angst darf man auch so ein halbes Kind, das ich noch war, nicht halten.

Mach Platz, Rollo! Wir bleiben eine Weile sitzen auf der Gartenbank.

Du hast dich immer nach oben gerichtet, Innstetten. Wenn Bismarck pfiff, war Innstetten zur Stelle. Das kannte ich nicht von Hohen-Cremmen. Mein Vater hatte bei allem doch etwas Freies, nicht das Beamtische. Er wollte nicht höher hinaus und musste darum auch keine Angst haben, dass er stürzen könnte. Ich bis eine sehnsüchtige Natur. Ich hatte so viel Zeit zum Träumen und zum Mich-Sehnen, und du hattest dein Tun und sehntest dich nach nichts, du wolltest alles erreichen. Eigentlich war ich doch erst in der Knospe, aber von Blumen hast du nichts verstanden und von Frauen auch nicht viel.

Du hast mich nicht zum Blühen gebracht. Ich bin, halb aufgeblüht, verwelkt. Ich war dein liebes Spielzeug, das hast du selber gesagt, und so ein Spielzeug holt man hervor, zweigt es, spielt damit und legt es zurück in die Schublade. Ich hatte Alleinsein nicht gelernt zu Hause. Hier in Hohen-Cremmen hatte ich außer den Eltern noch meine Freundinnen und den Garten und die Schaukel und die Heckenwege. Bei dir in Kessin gab es nur die paar Zerstreuungen und das, was du „die stillen Tage“ nanntest. Und dann die Abende, wenn du die Lampe nahmst und sagtest, ich habe noch zu tun. [...]

(aus: Christine Brückner: Wenn du geredet hättest, Desdemona. Ungehaltene Reden ungehaltener Frauen, Copyright © 1983 by Hoffmann und Campe)

Der Roman „Effi Briest“ und seine filmische Umsetzung

Seite 120 **Aufgaben 1–4**

1. a) „Rosen im Herbst“ (Rudolf Jugert)
Effi mit friedlichem, engelhaftem Gesicht, Augen geschlossen, eine Hand auf dem Oberkörper liegend, Eltern an ihrem Bett, Mutter mitfühlend ihre Tochter betrachtend, Vater beugt sich herunter, Beziehung zwischen Effi und ihren Eltern hervorgehoben, weitere Person (Arzt?) im Hintergrund; diese Person wendet ihr Gesicht Effi zu; Abb. verdeutlicht insgesamt eine Atmosphäre des Verstehens und der Harmonie

b) „Fontane Effi Briest“ (R. W. Fassbinder)
Mutter und Tochter allein; Effi wendet ihr Gesicht von der Mutter ab (gegensätzliche Auffassungen von Mutter und Tochter?), Augen geöffnet, sprechend (?), Mutter wirkt kalt, skeptisch (linke Augenbraue hochgezogen), streng (s. auch Kleidung), Atmosphäre wirkt künstlich, gestellt, kalt; Fensterkreuz im Hintergrund Symbol für die Sicht auf das Draußen, die Gesellschaft?

2.–4. Individuelle Lösungen

Literaturauswahl zur Arbeit mit dem Roman

- Gathmann, Astrid: Zwei Gesellschaftsromane im 19. Jahrhundert: Effi Briest und Madame Bovary. Klett Verlag, Stuttgart 1993
- Grawe, Christian (Hrsg.): Fontanes Novellen und Romane. Interpretationen. Reclam Verlag, Stuttgart 1991 (UB8416)
- Hamann, Elsbeth: Theodor Fontane, Effi Briest. Interpretationen. Oldenbourg Verlag, München 1988
- Keuler, Dorothea: Die wahre Geschichte der Effi B. Ein Melodram. Haffmanns Verlag, Zürich 1998
- Pelster, Theodor: Theodor Fontane: Effi Briest. Lektüreschlüssel für Schüler. Reclam Verlag, Stuttgart 2003
- Reisner, Hanns-Peter und Rainer Siegte: Stundenblätter „Effi Briest“. Klett Verlag, Stuttgart 1993
- Riedel, W. und L. Wiese: Klausur- und Abiturtraining, Deutsch 1, Einführung in den Roman. Aulis Verlag, Köln 1994, S. 116–129
- Rinsum, Annemarie und Wolfgang: Interpretationen. Romane, Erzählungen. Bayerischer Schulbuch-Verlag, München 1996, S. 74–82
- Schafarschik, Walter (Hrsg.): Theodor Fontane: Effi Briest. Erläuterungen und Dokumente, Reclam Verlag, Stuttgart 1972 (UB 8119)
- Volk, Stefan: Theodor Fontane: Effi Briest. Unterrichtsmodell. Schöningh Verlag, Paderborn 2006 (Reihe EinFach Deutsch)

Die dramatische Form

Das **didaktische Arrangement** der einzelnen Texte (Primärtexte, Texte zum Inhalt, zur Biografie des Verfassers, zur Wirkungsgeschichte, Abbildungen, Aufgabenstellungen) und die jeweilige **Sequenzialisierung** in Form von Teilsequenzen gehen von verschiedenen didaktischen Konzepten aus.
Das Textangebot kann im Unterricht dazu motivieren, im einen Fall das gesamte Schauspiel zu lesen und damit **exemplarisch** und ausführlich zu bearbeiten, im anderen Fall **orientierend** zu verfahren, das heißt, Ausschnitte zu lesen und damit Orientierung und Überblick (zum Beispiel mithilfe der Inhaltsangabe) zu bieten. Ein weiteres didaktisches Mittel ist der **Vergleich** einzelner Textausschnitte bzw. Fassungen.
Bei der Erarbeitung der einzelnen Texte sollte eine **möglichst selbstständige Erarbeitung durch Schüler** unterstützt werden, wozu die Arbeitsanregungen als Hilfen genutzt werden können, zum Beispiel:
a) **Arbeit in Kleingruppen** und häufige Einbeziehung von Schülerbeiträgen/Kurzreferaten,
b) **methodenorientiertes Arbeiten** (indem immer wieder Techniken und Methoden zur selbstständigen Erarbeitung angeboten, praktiziert und reflektiert werden).

Bei der Zusammenstellung der Primärtexte wurde insbesondere darauf geachtet, **Kernstellen** der jeweiligen Stücke auszuwählen, die „heißen Stellen", auf die hin das jeweilige Schauspiel komponiert ist und auf deren Behandlung daher kaum verzichtet werden kann.
Die folgenden **Ratschläge** können bei der **Bearbeitung von Dramen** (insbesondere bei ihrer Interpretation) für Schüler hilfreich sein:

1. **Distanz** schaffen, indem man zum Beispiel das Werk mit einem anderen **vergleicht** (Unterschiede springen deutlicher ins Auge als Ähnlichkeiten)
2. **Kommentare und Lesehilfen** zu schwer verständlichen Stellen nutzen
3. das Werk als **artifizielles Produkt** betrachten, das ein gezieltes Vorgehen und eine genaue Kalkulation des Schriftstellers verrät
4. das **Werk beim Wort** nehmen, indem man zum Beispiel nach der Bedeutung des Titels oder der Namengebung von Personen und Orten fragt (bzw. auch untersucht, warum manche Personen keinen Namen erhalten haben)
5. das Werk als kommunikativen **Beziehungsprozess** sehen, d.h. zum Beispiel die Dramendialoge als **Sprechhandlung** betrachten, deren Bedeutung und Intention sich aus dem Kontext erschließen (Dialoganalyse)
6. das Werk als **Spielvorlage/„Partitur" lesen**, die für die Aufführung bestimmt ist
7. nach den **„heißesten Stellen"** suchen; dies sind die Kernstellen, in denen der Autor wichtige Grundüberzeugungen und Haltungen zum Ausdruck bringt
8. die **Gattungsintention** verdeutlichen (zum Beispiel Tragödie, Komödie, Tragikomödie, bürgerliches Trauerspiel, Parabelstück, Modell), auch um Doppelbödigkeiten und ironische Brechungen festzustellen
9. die **Grundstruktur** eines Stückes freilegen (zum Beispiel die Polarität von Protagonist und Antagonist bzw. auch das Nichtvorhandensein einer solchen Struktur)
10. das Stück an seinen **historischen Ort** stellen (dies muss dem Versuch einer Aktualisierung nicht widersprechen)
11. eine **Wertung** versuchen
12. angemessene **Kürze** der Interpretation unter Einbeziehung des Lesers

(in enger Anlehnung an: Hans-Dieter Gelfert: Wie interpretiert man ein Drama? Arbeitstexte für den Unterricht, Reclam Verlag, Stuttgart 1992 (RUB 15026), S. 61ff., © Philipp Reclam jun. GmbH & Co., Stuttgart)

Seite 124 **Aufgabe 1**

Beispiel für eine Mindmap

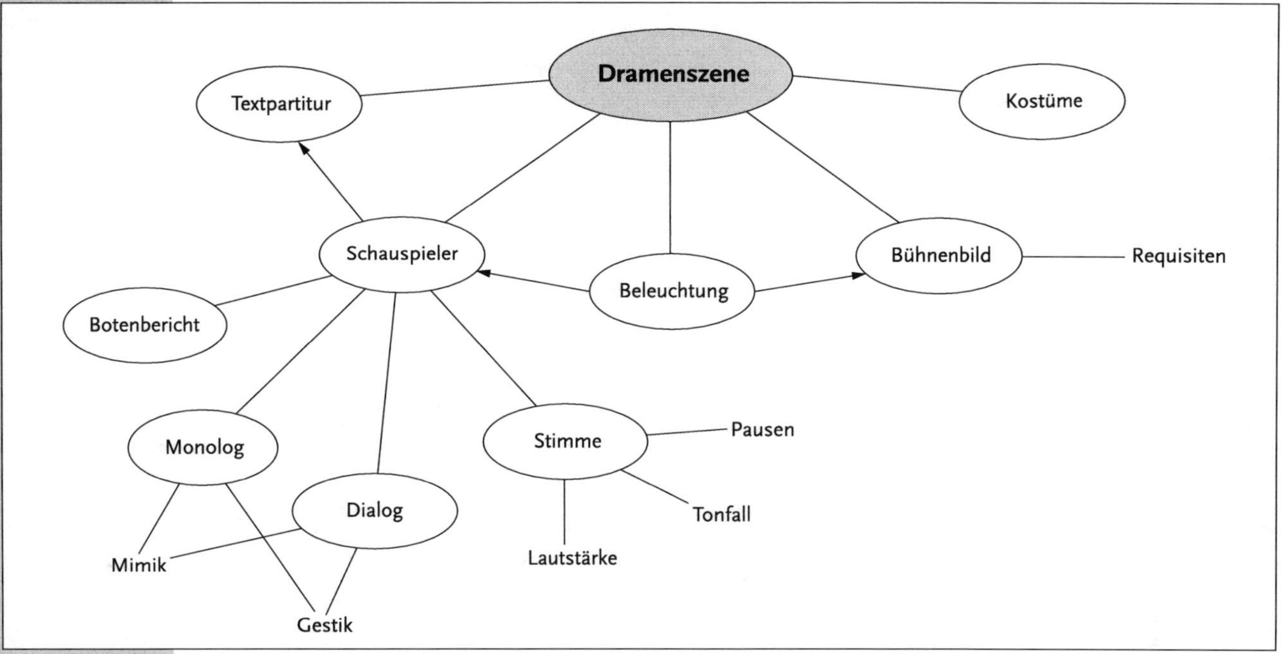

Gotthold Ephraim Lessing: Nathan der Weise, dramatisches Gedicht in fünf Aufzügen

Das im aristotelischen Sinne streng gebaute Drama (Lessing spricht von einem „dramatischen Gedicht") mit dem der Modellcharakter im Sinne einer aufklärerischen Utopie betont wird, wurde im gleichen Jahr geschrieben wie Goethes Prosafassung der „Iphigenie"; damit zeigt sich der **Wandel von der Aufklärung zum Humanitätsideal**.

Die Schlüsselszene des Dramas ist der 7. Auftritt des 3. Aufzuges mit der Ringparabel im Zentrum. Die **Ringparabel** stellt die kompositorische und gedankliche Mitte des Dramas dar. Sie ist deutlich **dreifach gegliedert**:

a) Märchen/Parabel von den drei Ringen (bis Z. 46)
b) Kurzer Dialog zwischen Nathan und dem Sultan (bis Z. 89); Ringparabel als Gleichnis für die Gleichrangigkeit der drei Weltreligionen
c) Weiterführung der Parabel: Abkehr von dogmatischen Glaubenssätzen: Betonung der Wichtigkeit, die **Wahrheit durch humanes Handeln** zu **erweisen**: „Es *eifre* jeder seine unbestochnen/Von Vorurteilen freien Liebe nach!/Es *strebe* von euch jeder um die Wette,/die Kraft des Steins in seinem Ring an Tag/zu legen! Komme dieser Kraft mit *Sanftmut,/mit herzlicher Verträglichkeit, mit Wohltun,/mit innigster Ergebenheit in Gott/*zu Hülf ..." (Z. 141–148)

   Die Änderung der Geschichte Boccaccios (Lehrer- und Materialienband, S. 96f.) erlaubt Lessing, die Parabel in seinem Sinne neu zu deuten.

   Während bei Boccaccio die Frage der Echtheit der Ringe ungelöst bleibt, lässt Lessing die Beantwortung dieser Frage beiseite. Seine **Grundaussage ist, dass ein religiöses Dogma nicht Beweis für die Wahrheit der Religion sein kann**; dieser Ausweis für die Wahrheit liegt allein im humanen, ethisch guten Handeln der Gläubigen. Der absolute Anspruch der Wahrheit wird damit relativiert im Sinne einer Bewährung im Verlaufe der Zeit. Dieser utopische Anspruch in der Zukunft wird vom Richter angesprochen („So lad ich über tausend, tausend Jahre ...", Z. 150). So verweist auch die **Schlussszene des Dramas**, in dem sich Christ, Jude und Moslem als Blutsverwandte umarmen, in optimistischer Weise **vertrauend auf ein positives Ende des Geschichtsprozesses**, auf die göttliche Vorsehung und die Harmonie der Schöpfung.

   Nathan ist im Vergleich zur Vorlage kein Wucherer. Er ist von vornherein als Vertreter einer Vernunftreligion humanen Kriterien verpflichtet (was auch die Vorgeschichte des Dramas zeigt: Der Jude

Nathan hat durch Christen seine Familie verloren, er nimmt dennoch ein Christenkind in seine Familie auf).
Lessing gestaltet in seinem Drama sowohl Momente der eigenen Gegenwart als auch der Zukunft.

Die Aktualität des Lessing'schen Dramas bringt auch der folgende Text zum Ausdruck:

Das Theaterstück spielt zur Zeit der Kreuzzüge, und zwar im Osten von Europa, in Jerusalem. Zudem wird am Anfang der Ringerzählung auf noch weiter zurückliegende „graue Jahre“ im Osten verwiesen. Am Ende der Ringerzählung wiederum wird eine ferne Zukunft angesprochen, die in die Zeit der Entstehung des Stückes, ins 18. Jahrhundert reicht, und auch wohl noch im 20. Jahrhundert Zukunft bedeutet. Das Stück wirkt auch deshalb mit diesen mehrfachen Zeitebenen auf unsere Gegenwart, in der wir (im Zusammenhang mit dem Leid, das die Nathan-Figur von sich erzählt und bei der Verbrennungsdrohung des Patriarchen) nicht nur an die Judenverfolgung vom Mittelalter bis zum 18. Jahrhundert erinnert werden, sondern auch an die Ermordung der Juden in den Konzentrationslagern, an immer noch bestehende Foltern. Damit hat das dramatische Gedicht „Nathan der Weise“ einen konkreten historischen und geografischen Hintergrund vielfältiger Intoleranz.

(aus: Helmut Göbel (Hg.): Lessings „Nathan“. Der Autor, der Text, seine Umwelt, seine Folgen, Wagenbach Verlag, Berlin 1977, NA 1993, S. 223, © Verlag Klaus Wagenbach, Berlin 1977)

Nathan, der Repräsentant des Judentums, ist als **Vertreter der Vernunftreligion** humanen Kriterien verpflichtet. Dies zeigt auch die Vorgeschichte des Dramas. Nathan hat durch Gewalt und Hass von Christen seine gesamte Familie verloren; er überwindet durch Vernunft seine negativen Einstellungen gegenüber Christen und nimmt das verwaiste Christenkind Recha in seine Familie auf. Insofern ist Nathan bereits mit Beginn der Handlung ein „fertiger Charakter“, der aus Überlegung heraus, aus Gründen der Vernunft, menschlich handelt. Der Sultan dagegen ist noch auf dem Wege. Er lässt sich jedoch durch Nathans Parabel „auf den Weg bringen“, die beiden werden zu Freunden.
Das Schauspiel, in dem besonders die Figur des christlichen Patriarchen für Dogmatismus und starre Glaubenssicherheit steht (er versucht, durch Intrigen seinen Widersacher Nathan zu verderben und mit Lug und Trug seinen religiös-fundamentalistischen Anspruch durchzusetzen), empfiehlt **Toleranz und Verstehen** (vgl. Schlussteil, Schülerband, S. 128). Insbesondere in der Ringparabel (Schülerband, S. 126 ff.) wird der absolute Anspruch einer religiösen Wahrheit infrage gestellt. Ein religiöses Dogma einer Religion kann nicht der Beweis für die Wahrheit dieser Religion sein, sondern nur das menschlich gute Handeln. Die gleiche Auffassung wird in dem Text „Suche nach Wahrheit“ (Lehrer- und Materialienband, S. 92) vertreten: Die „aufrichtige Mühe, die er angewandt hat, hinter die Wahrheit zu kommen, macht den Wert des Menschen“.

Seite 125 **Aufgabe 1**

Die gesamte Handlung ist aufgeteilt in fünf Akte oder Aufzüge, die in Szenenfolgen unterschiedlicher Länge gegliedert sind. Die Struktur des Werkes zeigt deutlich den Aufbau eines aristotelischen Dramas, d.h. eines geschlossenen, symmetrisch aufgebauten Dramas (im Gegensatz zu einem häufig offen angelegten Drama bei Büchner, Frisch, Brecht).
1. Akt: Die Hauptpersonen werden eingeführt; Konflikte werden angedeutet, die Vorgeschichte wird in die Handlung einbezogen.
2. Akt: Steigerung der Spannung: Der Sultan ist in Geldnot; seine Schwester rät ihm, dem reichen Juden Nathan eine Falle zu stellen, um ihn so erpressbar zu machen. Recha und der Tempelherr haben sich ineinander verliebt. Der Tempelherr erfährt von der christlichen Gesellschafterin Rechas, dass diese nur ein angenommenes Kind und in Wirklichkeit Christin ist.

3. Akt: Dieser stellt Höhepunkte und Sinnmitte des Dramas dar; der Muslim Saladin stellt dem Juden Nathan die Frage nach der wahren Religion. Die **Ringparabel** Nathans, die Antwort auf die Frage des Sultans, begründet die Freundschaft zwischen Nathan und Saladin.
4. Akt: Verzögerung der Handlung: Die Abneigung des Tempelherrn gegenüber Nathan wird stärker. Nathan vermutet in dem Tempelherrn einen leiblichen Verwandten Rechas; der Tempelherr verübelt Nathan, dass dieser als Jude die Erziehung eines christlichen Mädchens übernommen hat. Sowohl Daja, Rechas Gesellschafterin, als auch der Sultan unterstützen die Liebe zwischen dem Tempelherrn und Recha. Der christliche Patriarch von Jerusalem, die eigentliche Negativfigur des Stücks, versucht, Intrigen zu spinnen, die durch den Klosterbruder aufgeklärt werden.
5. Akt: Aufklärung und gutes Ende als Werk der Vernunft. Diese Aufklärung gipfelt in der letzten Szene. Durch Nathan werden die wahren verwandtschaftlichen Verhältnisse aufgeklärt: Recha und der Tempelherr sind Geschwister, diese sind mit Saladin und seiner Schwester Sittah direkt verwandt.
Diese **Schlussszene ist eher symbolisch zu verstehen**: Jude, Christ und Moslem finden sich zu einer großen „Familie" zusammen (Völkerfreundschaft, religiöse Toleranz, gegenseitiges Verstehen, humanes und vernunftgeleitetes Handeln). Diese Gedanken klingen u. a. auch an in den Idealen der Französischen Revolution (Freiheit, Gleichheit, Brüderlichkeit) oder in Schillers Ode „An die Freude" („Alle Menschen werden Brüder, wo dein sanfter Flügel weilt ...").
Diese **Utopie** (Toleranz und Verstehen zwischen den Völkern und Nationen) ist den Menschen **zur Verwirklichung aufgegeben**. Es bleibt eine immer wieder anzugehende Aufgabe und ein dauerndes Bemühen in der Geschichte. Dies ist insofern auch als Appell zu verstehen, weil die Leser aufgefordert werden, an der Verwirklichung dieser aufklärerischen Utopie der Menschlichkeit mitzuwirken und sich an der Suche nach der Wahrheit zu beteiligen. Das Zeitalter der Aufklärung ist in diesem Sinne noch längst nicht zu Ende.

Personenkonstellation

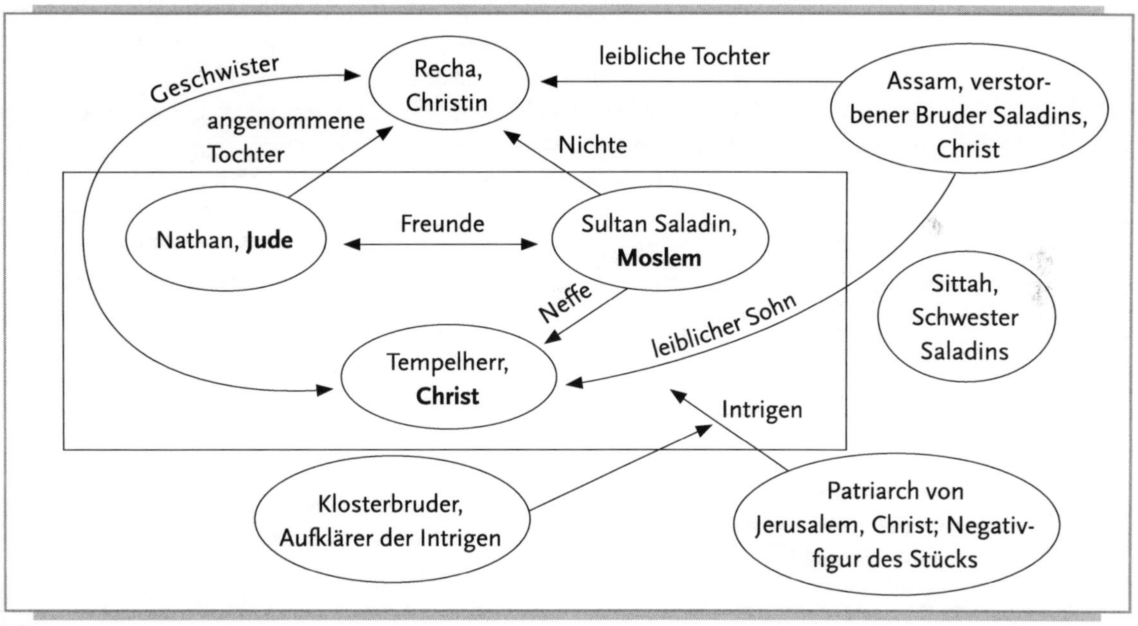

Die Ringparabel (Seite 126)

Die Ringparabel ist als eine Art Drama im Drama gestaltet. So ist die inhaltliche Struktur, die sich vor allem durch die Reaktionen des Sultans und durch den Wechsel von Bild und Übertragungsebene der Parabel ergibt, deutlich im Sinne der Struktur des aristotelischen Dramas gestaltet.

1. Exposition:	Der Ring und seine Wirkung
2. Steigende Handlung:	Der Vater und seine drei Söhne; Lösung seines Problems: Anfertigung der Duplikate
3. Höhepunkt:	Nathan erläutert den Sinn des Märchens
4. Fallende Handlung:	Streit der Söhne
5. Lösung:	Rat des Richters: „Es eifre jeder seiner unbestochnen,/Von Vorurteilen freien Liebe nach!/...", S. 127, Z. 141 ff.

Seite 128 **Aufgabe 1–4**

1. **Beziehungen zwischen dem Sultan und Nathan**

Der Sultan, ein Moslem, braucht Geld. Weil er sich schämt, dies Nathan, dem Juden, gegenüber zu sagen, greift er zu einer List. Er will Nathan in Versuchung führen, sich bloßzustellen, um ihn damit im Sinne seiner Ziele erpressbar zu machen. Deshalb stellt er ihm die Frage nach der Wahrheit der wahren Religion. Der Sultan reagiert zunächst unwirsch auf das Märchen (Z. 19, 47 ff., 60 f., 67 ff.), zunehmend wird ihm sein Gehalt bewusst (Z. 88 f., 106 ff.), bis er begeistert (Z. 128) und schließlich demütig, zerknirscht („Gott, Gott", Z. 155; „Ich Staub? Ich Nichts?", Z. 161 f.) reagiert, als Nathan ihn fragt, ob er dieser „weisre Mann" sein möchte, von dem der bescheidene Richter spricht.

Mit der Frage nach der wahren Religion stellt sich für Nathan ein existenzielles Problem. Beantwortet er die Frage im Sinne der Religion des Sultans, verleugnet er seine eigene religiöse Einstellung und religiöse Zugehörigkeit. Bezeichnet er das Judentum als die wahre Religion, beleidigt er den moslemischen Herrscher. Nathan ist dem Sultan, dem legitimen Herrscher, gesellschaftlich unterlegen, ökonomisch allerdings überlegen. Er tritt dem Sultan von vornherein freundschaftlich gegenüber. Am Ende des Gesprächs trägt ihm auch der Sultan seine Freundschaft an.

2. **Beispiele**

- Z. 19: Ich versteh dich. Weiter! (ungeduldig, irritiert, leicht verärgert, unwirsch)
- Z. 48 f.: Ich hör, ich höre! – Komm mit deinem Märchen/Nur bald zu Ende. – Wird's? (herrisch, ablehnend, mit lauter Stimme und ablehnender Geste)
- Z. 128: Herrlich! herrlich! (mit Begeisterung in der Stimme, Wahrheitsgehalt der Parabel wird ihm bewusst, mit gespannter Aufmerksamkeit)

3. Die Wahrheit einer Religion lässt sich nur durch ethisch gutes Handeln beweisen. Lessing vertritt hier aus der Sicht des gläubigen Menschen die Vorstellung einer natürlichen Religion im Gegensatz zur Offenbarungsreligion (vgl. hierzu auch die Hinweise zum Deismus, der die eigene Verantwortung und Aktivität des Menschen in den Mittelpunkt stellt, Schülerband, S. 130).

Der Edelstein kann in diesem Sinne als Symbol für die humanen Anlagen des Menschen angesehen werden, die zur Entfaltung gebracht werden können („Es eifre jeder seiner unbestochnen,/Von Vorurteilen freien Liebe nach!" ..., Z. 141 ff.). Der Edelstein ist auch das Symbol vom Licht der Wahrheit, es ist auf der Erde verloren gegangen, kann aber wiedergefunden werden unter großen Bemühungen der Menschen (s. Zitat oben). Der Stein hat die „geheime Kraft, vor Gott/Und Menschen angenehm zu machen, wer/In dieser Zuversicht ihn trug" (Z. 5 ff.). „Zuversicht" verweist auf den Glauben, dies ist eine Handlung, ein Werk des Menschen. Es geht also nach der Sicht Lessings nicht darum, den Ring zu erringen, sondern seiner wert zu sein.

Die **Wahrheit der Religion** erweist sich durch menschlich gutes Handeln, nicht durch religiöse Dogmen der jeweiligen Religion. Sie ist niemals Besitz. Auch hierfür steht die oben zitierte Kernstelle der Parabel (Z. 141 ff.).

4. Nathan wählt die Form einer märchenhaften Parabel, also einen durch Literatur vermittelten Inhalt, weil diese Textart allgemein und unverfänglich ist und ausgedeutet werden kann. In seiner Situation (siehe oben) wäre es heikel, die Frage des Sultans direkt zu beantworten. Diese Frage an Nathan war ursprünglich als Falle gemeint, um Nathan unter Druck zu setzen und somit die eigenen finanziellen Engpässe zu beseitigen. Die Wahl der märchenhaften Form ist aber auch im Zusammenhang mit Lessings eigener Situation zu verstehen (Veröffentlichungsverbot, Streit mit dem Hauptpastor Goeze; vgl. die Hinweise zur Vorgeschichte, s. Schülerband, S. 130).

Erläuterung der Parabel-Elemente

Parabel-Element	Bedeutung
Vater	Gott
Ring mit Opal	Symbol für die Wahrheit des rechten Glaubens Drei Ringe stehen bildhaft für die unterschiedlichen Ausprägungen der Religion; es geht nicht darum, den Ring zu finden und somit den wahren Glauben zu besitzen, sondern so zu handeln, um seiner wert zu sein.
Drei Söhne	Vertreter der drei monotheistischen Religionen: Judentum, Christentum, Islam
Richter	Symbolfigur: ggf. Hinweis auf Gottes Weltgericht in ferner Zukunft

Hinweise zur Figur des Richters: Die Symbolgestalt ist schwer zu deuten. Nathan verweist damit auf einen „weisren Mann" (Z. 152). Möglicherweise ist Gottes Weltgericht in ferner Zukunft gemeint; er selbst wird als bescheidener Richter bezeichnet (vgl. Z. 154). Der Richter erscheint als eine prophetische Gestalt, weil er in dieser Weise auf die Zukunft verweisen kann. Das hohe Ziel bleibt immer eine Hoffnung, die sich in der Zeit nie ganz verwirklicht. Geschichte wird hier als Heilsgeschichte gedeutet, die auf ein hohes Ziel in einer fernen Zukunft in „tausend, tausend Jahren" (Z. 150) zuläuft.

Der Sultan erwartet auf seine Frage nach der wahren Religion alles andere als ein „Märchen" (Z. 48), wie er abschätzig sagt. Seine Gestik zeigt, dass er enttäuscht ist, mehr noch, dass er „betroffen" (Z. 47) ist und sich von ihm abwendet. Seine unwirsche Reaktion macht auch deutlich, dass er Nathans Geschichte (noch) nicht verstanden hat. Im Gegenteil: Er scheint den Eindruck zu haben, dass er von Nathan an der Nase herumgeführt wird. Dieses Problem kommt dadurch zustande, dass Saladin eine eindeutige Antwort erwartet, Nathan diese aber nicht geben kann, weil er sich damit kompromittieren würde, daher wählt er die Form eines „Märchens", einer Parabel.

Zu einem Vergleich mit der Ringparabel kann der Text von G. Boccaccio, „Die Geschichte von den drei Ringen", genutzt werden, der Lessing als Vorlage diente.

Z **Giovanni Boccaccio: Die Geschichte von den drei Ringen, siehe Seite 96**

Trainingsvorschlag für Schulaufgabe und schriftliches Abitur

Text: Giovanni Boccaccio: Die Geschichte von den drei Ringen, Seite 96f.

Aufgabentyp
Vergleichende Interpretation von literarischen Texten

Aufgabenstellung
1. Vergleichen Sie die Ringparabel von Lessing mit der Fassung von Boccaccio, „Die Geschichte von den drei Ringen".
2. Erläutern Sie, in welcher Weise Lessing die Geschichte von den drei Ringen in seinem Sinne erweitert.

Anforderungsbereich und Erwartungshorizont
- jeweils Inhalt, Aufbau, sprachliche Form und Aussage erschließen (Anforderungsbereiche I und II)
- die beiden Fassungen vergleichen und beurteilen (Anforderungsbereich III)
- erläutern, in welcher Weise Lessing die Vorlage Boccaccios erweitert; die Funktion der Ringparabel im Drama Lessings erklären (Anforderungsbereiche II und III)

Hierzu noch einige knappe Hinweise:
Während bei Boccaccio die Frage der Echtheit der Ringe ungelöst bleibt, lässt Lessing die Beantwortung dieser Frage beiseite. Lessings Grundaussage ist, dass ein religiöses Dogma nicht Beweis für die Wahrheit einer Religion sein kann. Wahrheit ist kein Besitz, sondern der Ausweis der Wahrheit könne nur im ethisch guten Handeln liegen („Es eifre jeder seiner unbestochnen,/Von Vorurteilen freien Liebe nach!"). Mensch-

lich gutes Handeln heißt Sanftmut, herzliche Verträglichkeit, Wohltun, innigste Ergebenheit in Gott (vgl. Z. 145 ff.). Es bedeutet entsprechend auch Toleranz gegenüber anderen Religionen und Völkern.
Bei Lessing ist der Edelstein ein Symbol vom Licht der Wahrheit (vgl. die Hinweise unter Aufgabe 3, Lehrer- und Materialienband, S. 90). Bei Boccaccio birgt der Ring nur die Wunderkraft in sich selbst. Lessing erweitert die Geschichte von Boccaccio; dies ist von besonderer Bedeutung: Die Wahrheit des richtigen Rings ist durch gutes Handeln zu ermitteln, der Träger des Rings ist gezwungen, die Wahrheit an den Tag zu bringen. Sie besteht nicht in dem Besitz des Rings. Lessing bezieht sich hier auf das neutestamentliche Gebot der Nächstenliebe, deren Wahrheit „an ihren Früchten" zu erkennen ist. Lessing erfindet die Figur des Richters, eine Art Propheten (vgl. die Hinweise unter Aufgabe 4, Lehrer- und Materialienband, S. 91), der auf einen weiseren Mann in ferner Zukunft verweist. Auch dieser Bezug auf das hier möglicherweise angedeutete göttliche Weltgericht am Ende aller Tage ist neu und gibt dem Schluss der Parabel eine Deutung in heilsgeschichtlicher Perspektive. Der Glaube wird bei Lessing nicht offenbar durch die Macht des Rings, sondern im tätigen Bemühen, sich „... vor Gott/Und Menschen angenehm zu machen".

5. Aufzug (Schlussteil) (Seite 128)

Seite 129 **Aufgabe 1**

Diese Schlussszene ist eher symbolisch zu verstehen: Menschheit als große Familie; alle Menschen sind miteinander verwandt.
Vgl. auch die Hinweise zur Schlussszene des 5. Aktes, Lehrer- und Materialienband, S. 89.

Kontextmaterial

a)
Gotthold Ephraim Lessing

Suche nach Wahrheit

Nicht die Wahrheit, in deren Besitz irgendein Mensch ist oder zu sein vermeinet, sondern die aufrichtige Mühe, die er angewandt hat, hinter die Wahrheit zu kommen, macht den Wert des Menschen. Denn nicht durch den Besitz, sondern durch die Nachforschung der Wahrheit erweitern sich seine Kräfte, worin allein seine immer wachsende Vollkommenheit besteht. Der Besitz macht ruhig, träge, stolz. – Wenn Gott in seiner Rechten alle Wahrheit und in seiner Linken den einzigen immer regen Trieb nach Wahrheit, obschon mit dem Zusatze, mich immer und ewig zu irren, verschlossen hielte und spräche zu mir: „Wähle!", ich fiele ihm mit Demut in seine Linke und sagte: „Vater, gib! Die reine Wahrheit ist ja doch nur für dich allein!"

(aus: Gotthold Ephraim Lessing: Ausgewählte Werke, hg. von Wolfgang Stammler, Bd. 3, Hanser Verlag, München o. J.)

Die Kernaussage dieses Textes korrespondiert deutlich mit der Kernaussage der Ringparabel. Der absolute Anspruch einer religiösen Wahrheit wird infrage gestellt; ein religiöses Dogma kann nicht der Beweis für die Wahrheit einer Religion sein, sondern nur das menschlich gute Handeln, die „aufrichtige Mühe, die er angewandt hat, hinter die Wahrheit zu kommen, macht den Wert des Menschen" (Z. 1 f.). In diesem Text wird besonders das Suchen nach der Wahrheit hervorgehoben.

b)
Dieter Arendt

Aufklärung als Epoche der Vernunft

Die Vernunft wird zum höchsten kritischen Forum, vor dem sich Religion und Staat in ihrer Berechtigung auszuweisen haben; der Hinweis auf dogmatische und standesgemäße Vorrechte gilt als fanatisches Verhaftetsein in Vorurteilen. Mit Berufung auf die Vernunft [...] wird der Kampf gegen soziale, nationale und religiöse Vorurteile geführt; das neue Stichwort heißt: Toleranz. Voltaire bezeichnet sie in seinem *Traité sur la tolérance* als „l'apanage de la raison" und in seinem *Dictionnaire Philosophique* als „l'apanage de l'humanité": als Erbe oder Anspruch der Vernunft und der Menschheit bzw. der Menschlichkeit.

Toleranz ist nicht die Folge einer etwaigen Religionslosigkeit, einer Religionsfeindlichkeit oder eines postulierten Atheismus. Die Kritik an der Offenbarung zielt nicht auf eine Aufhebung der positiven (geoffenbarten) Religion ab, sondern auf eine Kritik an ihrer dogmatisierten Ausschließlichkeit und praktizierten Intoleranz. In Lessings Streit mit dem Hamburger Hauptpastor Goeze wird diese Haltung deutlich; und in seiner Nachlassschrift *Über die Entstehung der geoffenbarten Religion* lautet der letzte Paragraf: „Die beste geoffenbarte oder positive Religion ist die, welche die wenigsten konventionellen Zusätze zur natürlichen Religion enthält, die guten Wirkungen der natürlichen Religion am wenigsten einschränkt."

Toleranz ist also nicht zu verwechseln mit Indifferenz; Duldung des Fremden ist nicht Gleichgültigkeit, sondern vernünftiges und das heißt opferbereites Handeln im Rahmen der großen Völker- oder Menschheitsfamilie – wie es die Schlussszene im *Nathan* andeutet.

(aus: Dieter Arendt: Grundlagen und Gedanken zum Verständnis des Dramas. Diesterweg Verlag, Frankfurt/M. 1984)

c) Der Abfassung des Schauspiels „Nathan der Weise" ging ein theologischer Streit zwischen Lessing und dem dogmatisch orientierten Hamburger Hauptpastor Goeze (1717–1786) voraus (siehe „Zur Vorgeschichte ...", Schülerband, S. 130).

Johann Melchior Goeze

Lessings Schwächen

Ich habe aber meine sehr gegründeten Ursachen, warum ich, ehe ich auf dieser Bahn einen Schritt mit ihm weiter gehe, von ihm selbst eine völlig runde, und von aller Zweideutigkeit entfernte Erklärung, über die Fragen: *was für eine Religion er durch die christliche Religion verstehe;* und *was für eine Religion er selbst als die wahre erkenne und annehme?* fordere. Denn dass bei der Religion, die ich als die christliche bekenne und predige, die Bibel schlechterdings unentbehrlich sei, das kann ich beweisen, aber nicht dass solches auch von der Religion gelte, welche Herr Lessing die *christliche* nennet, und welche die *seinige* ist. Hier kann er gar leicht den Sieg behaupten. Allein alsdenn entstehet wieder die Frage: Ist diese Religion die wahre christliche Religion? Auf diese kommt es vornehmlich an. Und wie ist es möglich, diese Frage zu untersuchen und zu entscheiden, solange Herr Lessing hier einer deutlichen und bestimmten Erklärung ausweicht, und wenn er sich hier als ein ehrlicher Mann erklären soll, den Lesern lauter blaue Dünste in die Augen bläset.

(aus: G. E. Lessing: Nathan der Weise. Erläuterungen und Dokumente. Reclam Verlag, Stuttgart 1972)

Gotthold Ephraim Lessing

Nötige Antwort auf eine sehr unnötige Frage des Herrn Hauptpastor Goeze in Hamburg

[...] ich antworte auf die vorgelegte Frage so bestimmt, als nur ein Mensch von mir verlangen kann, dass ich unter der christlichen Religion alle diejenigen Glaubenslehren verstehe, welche in den Symbolis der ersten vier Jahrhunderte der christlichen Kirche enthalten sind.

(aus: G. E. Lessing: Nathan der Weise, a.a.O.)

d)
Peter Demetz

Lessings „Nathan der Weise"

Da Lessing ausdrücklich eine Fortsetzung der theologischen Fehde mit anderen Mitteln angekündigt hatte, suchte und fand man Übereinstimmungen bis ins Wörtliche. Goeze hatte von Lessing „eine völlig runde und von aller Zweideutigkeit entfernte Erklärung über die Fragen [verlangt]: was für eine Religion er durch die christliche verstehe; und was für eine Religion er selbst als die wahre erkenne und annehme". Auf diese beiden Fragen verweist der Text von Peter Demetz. Die erste Frage habe Lessing weitgehend beantwortet damit, dass er darunter die Glaubenslehre der ersten vier Jahrhunderte verstehe; die Antwort auf die zweite Frage sei im Drama zu finden.

Was ist das Ähnliche, das Nathan und Lessing, Saladin und Goeze verbindet?
Ich glaube, die erste Art der Analogie ist in der konkreten Lage Lessings und Nathans zu entdecken. Sie beide stehen vor der bedrohlichen Macht, die Rechenschaft fordert: Nathan, den jede Unbesonnenheit in finanzielles Unheil stürzen könnte; Lessing, der gerade in jenen frühen Augusttagen von

den Braunschweiger Behörden (die der Hauptpastor und seine Bundesgenossen gegen ihn aufgeputscht hatten) bis aufs Blut gepeinigt wurde; es hängt viel davon ab, wie sie beide, der Jude und der Schriftsteller, auf die Frage des Mächtigeren antworten. Die andere Art der Analogie ist darin zu finden, dass Lessing, den *Nathan* schreibend, der poetischen Methode Nathans vertraut. Im *Nathan* tut er wie Nathan; er hatte eine sprengende Wahrheit zu sagen und wählt deshalb nicht das Unverhüllte und Konzentrierte der Theorie, sondern das im Grunde barmherzigere ästhetische Element: Nathan erzählt sein Märchen, Lessing präsentiert sein dramatisches Gedicht. Die beiden finden sich überdies noch in einer dritten Art der Analogie zusammen, denn sie beantworten die ihnen vorgelegte Frage durchaus nicht auf die erwartete Weise. Goeze und Saladin denken an eine der positiven Religionen, wenn sie die Frage nach der wahren stellen, aber Nathan und Lessing heben sich über jede Offenbarungsreligion zu einer Religiosität, die nur ihnen gehört.
Aber selbst die dreifache Art der Analogie wird nicht zur theoretischen Identifikation. Lessings Antwort geht noch über jene Nathans hinaus, denn indem er, Lessing, die *zweite* Frage Goezes beantwortet, impliziert er, in seiner Antwort, die Vorläufigkeit seines Bescheides auf die *erste* Frage und zugleich die klägliche Irrelevanz eines Streits um die historischen Zufallswahrheiten der christlichen Religion. Er bekennt sich ja durch den Mund von Nathans Richter zur „Religion Christi“, d.h. zu jenem Glauben, den Christus als Mensch selbst erkannte und übte, während er die „christliche Religion“ den Theologen überlässt. Für jenen, der sich im „Geschichtchen“ zur tätigen Humanität und innigen Gottesergebenheit leidenschaftlich bekannte, ist das Problem, was man unter der christlichen Religion *verstehe,* nicht der brennendsten eins ...

(aus: Peter Demetz (Hg.): Gotthold Ephraim Lessing: Nathan der Weise, © 1970, Ullstein Verlag, Berlin)

e) Der folgende Text ist ein Ausschnitt aus dem Nachwort des Romans „Warum tötest du, Zaid?“ (2008), in dem Todenhöfer in einer Mischung aus Reportage, Interviews und politischem Kommentar Menschen aus dem Irak zu Wort kommen lässt, insbesondere den zweiundzwanzigjährigen Zaid, der sich einer Widerstandsgruppe angeschlossen hat.

Jürgen Todenhöfer

Warum tötest du, Zaid?

[...] Warum beginnen wir mit dem Dialog der Kulturen nicht in unserem persönlichen Umfeld? Warum bauen wir nicht den Schüleraustausch zwischen muslimischen und christlichen Ländern – vielleicht sogar mit Israel – aus? Warum stöbern wir nicht in der wunderbaren arabischen Literatur oder bei dem großen deutschen Aufklärer Gotthold Ephraim Lessing, der in *Nathan der Weise* die berühmte Ringparabel erzählt?
Darin vererbt ein Vater (Gott) seinen drei Söhnen, die er gleichermaßen liebt (Judentum, Christentum und Islam), je einen Ring. Das Original hat die Eigenschaft, seinen Besitzer, „vor Gott und den Menschen angenehm zu machen“. Die beiden anderen Ringe sind Duplikate. Die Brüder wollen durch einen Richter klären lassen, wer den echten Ring besitzt. Dieser entscheidet salomonisch, Träger des echten Rings sei, wer es schaffe, sich die Liebe seiner Mitmenschen zu verdienen.
Für die deutsche Bundeskanzlerin Angela Merkel ist die „schönste Stelle des Stücks“ jene, an welcher der Muslim Saladin den Juden Nathan bittet: „Sei mein Freund.“ Könnten wir nicht alle von dieser alten sephardisch-jüdischen Parabel und ihrem Traum vom friedlichen Wettstreit der Religionen lernen?

(aus: Jürgen Todenhöfer, Warum tötest du, Zaid? © 2008 C. Bertelsmann Verlag, München, in der Verlagsgruppe Random House GmbH)

Gotthold Ephraim Lessing: Aus der „Hamburgischen Dramaturgie“ (Seite 130)

Seite 131

Aufgaben 1 und 2

- Produktive Auseinandersetzung Lessings mit der Poetik des Aristoteles. Es gehe nicht um Mitleid und Schrecken, sondern um Mitleid und Furcht; die Furcht, dass das Unglück, das wir bei anderen im Theater wahrnehmen, uns selbst treffen könnte: „Furcht ist das auf uns selbst bezogene Mitleid.“ (Z. 13 f.)
- Personen auf den Bühnen müssen dem Zuschauer ähnlich sein, damit der Zuschauer sich in sie hineinversetzen kann und Furcht empfindet, weil er sich in ähnlicher Lage sieht. Wo diese Furcht nicht sei, könne auch kein Mitleiden stattfinden.

- Mitleid geht von der eigenen Betroffenheit der Zuschauer aus: Er fürchtet für sich, was er für andere befürchtet: „Und alles das finden wir mitleidswürdig, was wir fürchten würden, wenn es uns selbst bevorstünde." (Z. 31 f.)
- Der Unglückliche auf der Bühne soll mit uns „von gleichem Schrot und Korne" (Z. 47) sein. Erst aus dieser Gleichheit entstehe die Furcht, dass unser Schicksal dem des Darstellers ähnlich werden könnte.
- Es geht bei diesem moralisch-pädagogischen Programm darum, dass das Bühnengeschehen die Mitleidsfähigkeit des Zuschauers schult.
- Schiller: Theater als moralische Anstalt (wie bei Lessing werde die menschliche Seele durch Furcht und Mitleid gereinigt)

Giovanni Boccaccio

Die Geschichte von den drei Ringen

Giovanni Boccaccio (1313–1375) gestaltete den Novellenzyklus „Decamerone" (griech.: „Zehntagewerk"), dem dieser Text entnommen ist. Die zehn mal zehn Novellen werden durch einen Erzählrahmen, in dem der Erzählanlass dargestellt wird, zu einem Zyklus gebündelt: Vor der Pestepidemie des Jahres 1348 sind zehn junge Florentiner Adelige auf ein Landgut geflohen. Zehn Tage dauert ihr Aufenthalt dort, fern der unterhaltsamen Stadt; in diesen zehn Tagen vollbringen sie das „Zehntagewerk". Jeden Tag erzählt jeder zu einem vorgegebenen Thema eine Geschichte.

Saladin, der so tapfer war, dass er nicht aus einem geringen Mann zum Sultan von Babylon ward, sondern außerdem noch manche Siege über die sarazenischen und christlichen Fürsten erfocht, hatte, teils in verschiedenen Kriegen, teils durch seinen großen Aufwand und seine Prachtliebe, einst seinen Schatz erschöpft; und nun traf es sich eben, dass er plötzlich einer ansehnlichen Summe bedurfte, die er nirgends so schnell aufzutreiben wusste, als er sie nötig hatte. In dieser Verlegenheit erinnerte er sich eines reichen Juden, der Melchisedek hieß und in Alexandria auf Zinsen zu leihen pflegte, und er glaubte, dieser könne ihm helfen, wenn er wollte. Der Jude war aber so geizig, dass er es aus freien Stücken nimmer würde getan haben, und offenbare Gewalt wollte Saladin nicht anwenden. Weil ihn jedoch die Not drängte, so sann er auf ein Mittel, den Juden, unter einem scheinbaren Vorwand, zu zwingen, seinen Beutel aufzutun. Er ließ ihn demnach zu sich rufen und hieß ihn freundlich sich neben ihn setzen, indem er zu ihm sagte: „Trefflicher Mann, ich habe von verschiedenen Leuten gehört, dass du weise bist und in göttlichen Dingen sehr erfahren. Darum möchte ich gerne von dir wissen, welche von den drei Lehren du für die wahrhafteste hältst, die jüdische, die sarazenische oder die christliche."
Der Jude, der in der Tat ein sehr kluger Mann war, merkte wohl, dass ihn Saladin mit seinen Worten zu fangen suchte, um Händel mit ihm anzufangen, und er glaubte daher, dass er keine von den drei Religionen mehr als die anderen loben dürfte, damit Saladin seinen Zweck nicht erreichte; und da es auf eine schnelle Antwort ankam, wodurch er sich keine Blößen gäbe, so kam ihm auf der Stelle sein Scharfsinn zu rechter Zeit zustatten, und er sagte: „O Herr, Ihr habt mir da eine wichtige Frage vorgelegt. Um Euch aber zu sagen, wie ich darüber denke, so bitte ich Euch, vorher eine kleine Geschichte von mir anzuhören:

Wo mir recht ist, so hat man mir oft erzählt, dass einst ein reicher, vornehmer Mann war, der unter anderen kostbaren Kleinodien, die sich in seinem Schatz befanden, einen sehr schönen und köstlichen Ring besaß, welchen er wegen seiner Schönheit besonders auszeichnen und deswegen auf immer bei seiner Nachkommenschaft erhalten wollte. Darum befahl er, dass derjenige unter seinen Söhnen, dem er den Ring hinterlassen würde, als sein Erbe angesehen werden sollte, und alle anderen Brüder sollten ihn als das Haupt der Familie ehren und hochhalten. Derjenige, der den Ring erbte, beobachtete gegen seine Nachkommen dasselbe Verfahren und folgte dem Beispiel seines Ahnherrn.
So ward der Ring von Vater auf Sohn durch viele Geschlechter vererbt, bis ihn endlich einer bekam, der drei liebenswürdige und tugendhafte Söhne hatte, welche dem Vater alle drei gleich gehorsam waren und deswegen alle drei von ihm gleich geliebt wurden. Die Jünglinge aber, denen das Herkommen mit dem Ringe bekannt war und die, einer wie der andere, wünschten, vor den übrigen der Geehrteste zu sein, bestrebten sich um die Wette, den Ring zu bekommen; und ein jeder von ihnen bat den Vater, der schon alt war, *ihm* denselben vor dem Tod zu vermachen. Der gute Vater, der seine Söhne gleich lieb hatte und selbst keine Wahl unter ihnen zu treffen wusste, versprach einem jeden, ihm den Ring zu geben, und er ersann ein Mittel, sie alle drei zu befriedigen.
Er ließ bei einem geschickten Meister heimlich zwei andere Ringe machen, die dem ersten so völlig ähnlich waren, dass er selbst, der sie hatte anfertigen lassen, kaum imstande war, den echten vom unechten zu unterscheiden. Auf seinem Sterbebett gab er jedem seiner Söhne insgeheim einen von den drei Ringen. Nach dem Tode des Vaters wollte nun ein jeder von den drei Söhnen sein Erbe sein und den Vorrang vor seinen Brüdern behaupten, und um diesen den anderen streitig zu machen, zog jeder dem hergebrachten Brauche gemäß seinen Ring hervor.

Da war aber ein Ring dem anderen so ähnlich, dass es nicht möglich war, den echten zu erkennen, – und die Frage, wer der rechte Erbe des Vaters wäre, blieb unentschieden und bleibt unentschieden bis auf diesen Tag.

Und eben dieses, o Herr, sage ich auch von den drei Religionen, die Gott der Vater den Völkern gegeben hat, und über die Ihr mich befragtet. Jedes derselben glaubt, sein Erbteil, seine Lehre und seine Gesetze unmittelbar von ihm empfangen zu haben, – von welchem unter ihnen sich dieses aber mit Wahrheit behaupten lasse, das bleibt (wie bei den drei Ringen) noch unausgemacht."
Saladin sah wohl ein, dass der Jude sich gut aus der Schlinge zog, die er ihm gelegt hatte. Er entschloss sich daher, ihm sein Anliegen gerade zu eröffnen und zu versuchen, ob er ihm aus freien Stücken würde helfen wollen. Er tat es und gestand ihm zugleich, was seine Absicht gewesen wäre, wenn er nicht so vernünftig geantwortet hätte.
Der Jude bediente ihn willig mit der ganzen Summe, die er brauchte, und Saladin bezahlte ihm in der Folge nicht nur seine Schuld zurück, sondern machte ihm überdies noch ansehnliche Geschenke und behielt ihn als seinen Freund in so großen Ehren und in Ansehen beständig bei sich.

(aus: Giovanni Boccaccio: Decamerone, Hera Verlag, Wilhelmshaven 1951)

Aufgaben

1. Vergleichen Sie die Ringparabel aus dem Drama „Nathan der Weise" von G. E. Lessing mit der Erzählung „Die Geschichte von den drei Ringen" von G. Boccaccio.
2. Erläutern Sie, in welcher Weise Lessing die Geschichte von den drei Ringen in seinem Sinne verändert.

Johann Wolfgang Goethe: Iphigenie auf Tauris

Einführung

Die Textauszüge aus dem Drama „Iphigenie auf Tauris" rücken die Person Iphigenies und ihr Verhältnis zur Gottheit sowie ihren Konflikt und ihr Ringen um **Humanität** in den Mittelpunkt: ihre Versuchungen, dem Betrugsmanöver zuzustimmen, den Rückfall in Denkweisen archaisch-strafender Götter und schließlich die **Entwicklung einer neuen Ethik der sittlichen Autonomie**. Eine Kernfrage ist dabei, wie es ihr gelingt, sich aus dem (offenbar) festgeschriebenen Gesetz der Verfluchung des Tantalidengeschlechts zu befreien. Goethe bezeichnete sein Werk „Iphigenie auf Tauris" selbst als „ganz verteufelt human" (Brief vom 19. 1. 1802). Die Realisierung der Humanität (etwa im Rahmen politischer Zielsetzung einer völkerverbindenden Freundschaft) setzt eine enorme menschliche Anstrengung voraus, weil diesem Ziel immer menschliche Schwächen und Fehler entgegenstehen.

Iphigenie überwindet ihre Verzweiflung und zugleich das mythische Denken durch ein übergreifendes Bewusstsein, das sich beiden Seiten verpflichtet fühlt: dem Bruder und dem König Thoas. Die titanische Kraft steigert sich in ihr zu einem Heldentum der Humanität und autonomen Sittlichkeit. Ihre Humanität bewährt sich im Vertrauen auf die Humanität des Königs, für dessen Humanisierung sie seit Langem gekämpft hat. Dass sie Erfolg hat, liegt nicht nur daran, dass Orest im letzten Augenblick das Orakel umdeuten und damit den Raub des Kultbildes überflüssig machen kann, sondern primär daran, dass Thoas sich früher verpflichtet hat, sie nach Griechenland zu entlassen, wenn die Götter ein deutliches Zeichen dafür geben. Dieses Versprechen bindet ihn nicht nur privat, sondern auch als Herrscher, der seine Humanität dadurch zu beweisen vermag, dass er ein gegebenes Wort hält. Auf dieser Grundlage verkündet Iphigenie am Schluss als politisches Ziel der Humanität eine völkerversöhnende Freundschaft zwischen Griechen und Taurern: „Ein freundlich Gastrecht walte/ Von dir zu uns."

(aus: Walter Seifert: Iphigenie auf Tauris; in: Jakob Lehmann (Hg.): Kleines deutsches Dramenlexikon, Athenäum Verlag, Königstein/ Ts 1983, S. 121)

Wichtig für die Kenntnis des inhaltlichen Zusammenhangs ist der **antike mythologische Hintergrund**. Der folgende kurze Text kann den Schülern diese Zusammenhänge vermitteln:

Iphigenie ist die Tochter Agamemnons, des Königs von Mykenai, und der Klytaimnestra; ihre Geschwister sind Orest und Elektra. Alle Angehörigen dieses Geschlechts, das den Griechen durch die zahlreichen Gräueltaten seiner Mitglieder bekannt war, werden nach ihrem Ahnherrn Tantalos als Tantaliden bezeichnet.
Mit Tantalos, der als Freund der olympischen Götter an ihrer Tafel teilnehmen darf, beginnt die Reihe der Verwandtenmorde. Tantalos entwendet den Göttern ihre Leibspeise Ambrosia, verrät ihre Geheimnisse und setzt ihnen seinen geschlachteten Sohn Pelops zum Mahl vor, um ihre Allwissenheit auf die Probe zu stellen. Zur Strafe wird er in die Unterwelt verstoßen, wo er, bis zum Kinn im Wasser stehend und die herrlichsten Früchte über sich, ewig Hunger und Durst leiden muss, denn sooft er sich bückt, weicht das Wasser zurück, und die Früchte entschwinden, wenn er danach greift.

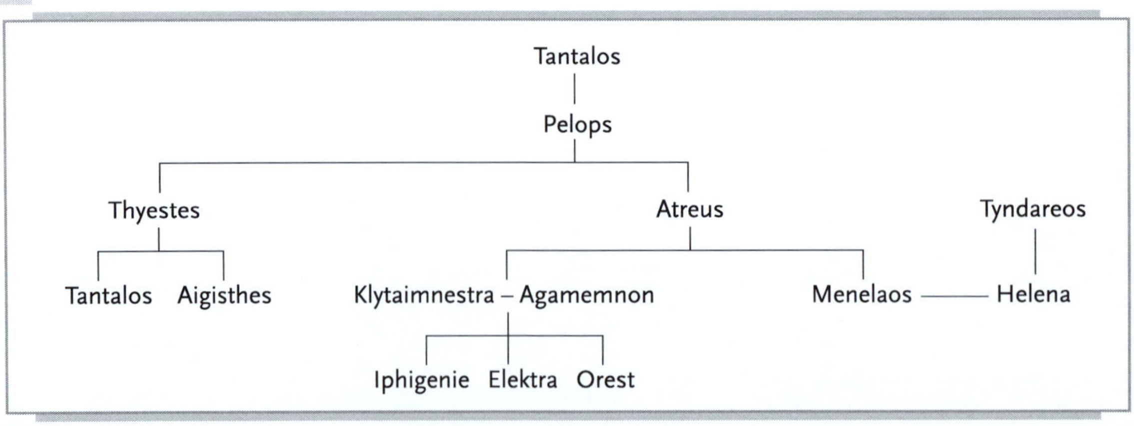

Pelops Sohn Thyestes wird von seinem Bruder Atreus vom Thron gestoßen. Thyestes' Sohn Aigisthes erschlägt Atreus und führt den Vater auf den Thron zurück. Atreus' Söhne Agamemnon und Menelaos flüchten, werden aber von Tyndareos, dem Vater der Helena, mit Waffengewalt zurückgeführt.

Agamemnon wird König von Mykenai, beseitigt den Sohn des Thyestes, Tantalos, und dessen Kind und heiratet seine Gattin, Klytaimnestra. Menelaos ehelicht Helena.
Als Helena von Paris entführt wird, vereinigen sich die Griechen unter dem Befehl Agamemnons zum Kriegszug gegen Troja. Ihre vereinigte Flotte wird aber in Aulis durch Stürme – nach anderer Version durch Windstille – am Auslaufen gehindert. Der Seher Kalchas sieht darin eine Folge des Zorns der Artemis, weil Agamemnon eine ihr heilige Hirschkuh erlegt hat. Nur durch die Opferung seiner Tochter Iphigenie ließe sich die Göttin umstimmen. Agamemnon lockt seine Frau und Tochter mit dem Vorwand, Iphigenie sollte mit Achilleus vermählt werden, ins Lager. Zu Beginn der Opferhandlung aber entrückt Artemis Iphigenie ins Taurerland, wo sie im Auftrag des Königs Thoas als Priesterin die dort üblichen Menschenopfer vollziehen muss. Anstelle der Iphigenie wird eine Hirschkuh geopfert und die Flotte kann gegen Troja auslaufen.
Als Agamemnon nach dem Sieg über Troja nach Mykenai zurückkehrt, hat Klytaimnestra mit Aigisthes die Ehe gebrochen. Sie wirft ihrem Gatten im Bad ein Netz über und erschlägt den Wehrlosen mit einer Axt. Aigisthes übernimmt die Herrschaft; Elektra rettet ihren kleinen Bruder Orest, indem sie ihn nach Phokis bringen lässt.
Als Erwachsener kehrt Orest zurück, erschlägt die Mutter und ihren Liebhaber, wird aber wegen dieser Tat von den Erinnyen verfolgt. Beim Orakel des Apollon in Delphi erfährt er, er könne entsühnt werden, wenn er das hölzerne Schnitzbild der Artemis aus dem Taurerlande nach Attika bringe. Als er mit seinem Freund Pylades in Tauris gefangen wird, soll er als Fremder von der Priesterin geopfert werden. Aber die Geschwister erkennen einander und fliehen mit dem Götterbild nach Griechenland.

(aus: Wort und Sinn. Literatur, Struktur und Geschichte, Schöningh-Verlag, Paderborn 1980, S. 236 f.)

Erster Aufzug, Erster Auftritt (Seite 133)

Seite 134 **Aufgabe 1**

Der erste Auftritt im ersten Aufzug stellt den Einleitungsmonolog dar, in dem Iphigenie ihr **Heimweh** zum Ausdruck bringt („Und an dem Ufer steh ich lange Tage,/das Land der Griechen mit der Seele suchend", Z. 11 f.). Dieses Gefühl Iphigenies zieht sich durch das gesamte Drama. Deutlich wird im zweiten Teil des Monologs auch ihr **Konflikt** zwischen der Pflicht, im Lande des Thoas zu bleiben und der Göttin Diana zu dienen, und dem Wunsch, in die Heimat zurückzukehren. Am Schluss des Monologs steht ein kurzes Gebet, dem noch im weiteren Verlauf des Schauspiels drei weitere folgen. Sie betet hier darum, den Fluch, der auf dem Tantalidengeschlecht lastet, aufzuheben.

Vierter Aufzug, Fünfter Auftritt (Seite 134)

Seite 135 **Aufgaben 1 und 2**

Im fünften Auftritt **verliert** Iphigenie **für kurze Zeit** in einer resignativen Haltung **den unerschütterlichen Glauben an die Güte der Götter**. Sie erinnert sich an das alte Lied der Parzen.

Weil sie an Güte und Liebe als Wesenszüge der Götter glaubte, setzte sie voraus, dass kein Fluch ewig dauern könne. Irgendwann hätte es eine Entsühnung geben müssen. Ihr Tempeldienst und ihr reines Herz sollten dereinst des Tantalus' Verbrechen aufwiegen und den auf ihrem Haus lastenden Fluch lösen. Jetzt scheint es ihr, dass zwar alles Gute und Schöne im Leben weicht, doch nicht der Fluch. Statt sie offen zu enttäuschen, scheinen die Götter mit alterprobter Hinterlist ans Werk zu gehen, indem sie sie der Tugenden berauben, durch die sie ihr Geschlecht zu entsühnen hoffte. Stattdessen bürden sie ihr ein Vergehen auf, das nur in Schuld und Strafe enden kann, denn sie steht vor der Alternative, entweder ihren Bruder und dessen Freund zu opfern oder ihren Wohltäter, „dem ich mein Leben und mein Schicksal danke", zu belügen und zu berauben. Unter diesen Umständen könnte das eintreten, was sie noch verzweifelt abzuwehren versucht: Sie könnte die Götter hassen lernen, so tief, wie es die in den Tartarus gestoßenen Titanen tun. Darum betet sie: „Rettet mich/Und rettet euer Bild in meiner Seele!"

(aus: Günther Holst: Johann Wolfgang Goethe: Iphigenie auf Tauris. Grundlagen und Gedanken zum Verständnis des Dramas, © Verlag Moritz Diesterweg, Frankfurt/M.)

Fünfter Aufzug, Dritter Auftritt (Seite 135)

Seite 136 **Aufgaben 1–4**

1.–3. Zwischen dem 4. und 5. Aufzug fällt **Iphigenies Entscheidung,** die Wahrheit und damit ihren ursprünglichen Glauben an die Götter auf die Probe zu stellen. Sie enthüllt dem König den Plan und vertraut auf Wahrheit und Menschlichkeit. Ihre Äußerung „Verdirb uns – wenn du darfst" (Z. 23) soll dem König klarmachen, dass auch er sich an die Gebote der Götter halten muss. Iphigenie **erprobt ihr inzwischen wiedergewonnenes positives Götterbild,** indem sie den Fluchtplan verrät und damit sich, ihren Bruder und dessen Gefährten im Vertrauen auf die Humanität des Königs diesem ausliefert.
Herauszustellen ist insbesondere **das große Wagnis, das „reine Menschlichkeit" und das Handeln nach den Grundsätzen der Humanität verlangt.**

[...] Die Verwirklichung der sozialen Vernunft hat also Zirkel-Charakter: Die Realisierung der Vernunft im Handeln des einen setzt die Realität der Vernunft in der Reaktion des anderen immer schon voraus, und diese Voraussetzung bleibt unsicher. Nur im ungewissen Vorgriff auf die menschheitliche Vernunft des anderen lässt sich vernünftig handeln. Die Rationalität der sozialen Vernunft entzieht sich der Planbarkeit, ist nicht rationalistisch machbar.
Die wichtigste Konsequenz aus dieser Einsicht ist wohl die Zerstörung eines unkritischen Fortschrittsglaubens: Goethe stellt in der „Iphigenie" dar, dass es keinen entwicklungsgeschichtlichen, gewissermaßen automatischen Fortschritt im Prozess der Verwirklichung der Humanität gibt. Im Gegenteil: Das menschliche Zusammenleben droht durch den Fluch des schicksalhaften und unverstandenen Handelns aus „Not" immer stärker bestimmt zu werden, weil dieses als ein taktisches, den Umständen angemessenes kluges Handeln gesellschaftlich vorherrscht. Die Humanisierung bleibt dagegen auf die kühnen Einzeltaten angewiesen, die in der bestehenden Gesellschaft (in Goethes Schauspiel) immer nur aus der Position äußerer Schwachheit geschehen können (Iphigenie als Frau). Allein die Radikalität eines freien und allgemeinen Sprachhandelns: die Aufhebung aller nationaler und kulturell-weltanschaulicher Differenzen durch die Macht des wahren Wortes, das natürlich und sittlich, subjektiv und allgemein ist, kann diese Schwäche überwinden. [...]

(aus: Herbert Kaiser: Geschichtliches Handeln zwischen Friedensidee und Gewalt. In: Literatur für Leser, 1/1978, S. 52 f.)

Das als Huldigung an die höfische Frau gedachte Drama „Iphigenie" und die erhaben klingende These „Alle menschlichen Gebrechen/Sühnet reine Menschlichkeit" (s. Schülerband, S. 136) verlangt nach einem hohen Stil. Deshalb übertrug Goethe 1786 (in Rom) seinen Text in den Blankvers (einen ungereimten sechsfüßigen Jambus), der durch Lessings „Nathan" in Deutschland als klassischer Dramenvers eingeführt worden war. Unterschiedslos sind Dialoge, Monologe, Gebete in einer hohen Sprachstilebene verfasst. Unterschiedslos sind auch alle Figuren (Adlige), die in einer Welt einer idealen Humanität agieren, durch diesen Sprachstil gekennzeichnet. Nicht nur Martin Walser (s. Schülerband, S. 240 f.) kritisiert die Weltfremdheit des Schauspiels. Die Hochsprache des Schauspiels befreit allerdings in gewissem Sinne das Geschehen vom Realitätsanspruch. Im Gegensatz zu dem Gefühlsüberschwang seines „Werther", der typisch ist für die Dichtung der „Empfindsamkeit" und des „Sturm und Drang", strebt Goethe mit seiner „Iphigenie" nach Mäßigung, Wahrheit, Vollkommenheit, Harmonie.

4. **Beispiel für die individuelle Lösung einer Schülerin**

Im ersten Text, von Goethe selbst verfasst, kommt Goethes Intention zum Ausdruck, ein beispielhaftes Verhalten, „reine Menschlichkeit", d.h. die Fähigkeit zu sittlicher Autonomie und die Orientierung an den Prinzipien der menschlichen Vernunft, darzustellen.
Walter Seifert kennzeichnet Iphigenies Verhalten als „Heldentum der Vernunft", weil sie das alte mythische Denken, die Abhängigkeit von den archaisch-strafenden Göttern überwindet und sich *beiden* Menschen, König Thoas und ihrem Bruder, verpflichtet fühlt und so eine Ethik sittlicher Autonomie entwickelt. Dieser Gedanke wird auch in einem anderen Text **(Anonymus)** angesprochen: Goethe gestaltet mit seiner Iphigenie ein Vernunftwesen, für das Gutsein eine individuelle Leistung darstellt. Die Realisierung der Humanität setzt eine enorme Anstrengung voraus, weil diesem Ziel immer menschliche Schwächen, Fehler (vgl. auch Iphigenies Anfechtungen und Zweifel) entgegenstehen. Für **Herbert Kaiser** ist humanes Verhalten ein Akt des Mutes, ein „unberechenbares Experiment", weil der Handelnde auf Sicherheit verzichtet; er argumentiert in diesem Zusammenhang mit Schillers Übersetzung der Kant'schen Maxime „Sapere aude", „Erkühne dich, weise zu sein".

Hubert Ivo dagegen stellt Iphigenies Handeln infrage. Sie gehe durch ihr Vertrauen in die „richtige" Reaktion von Thoas ein hohes Risiko ein, das umso bedenklicher sei, als sie nicht nur sich selbst, sondern auch andere diesem Risiko aussetze. Ähnlich argumentiert auch **Martin Walser,** er nennt Iphigenies Verhaltensänderung einen „Salto ins pure Wahrhaftige", dies wäre in einem anderen real-politischen Zusammenhang schlimmster Leichtsinn. Ein wenig belustigt stellt Walser dann fest, auch Thoas sei Weimaraner; d.h., er handele so, wie Goethe es vorgesehen habe, nämlich im Sinne der Humanität.
Die Frage, ob das Verhalten Iphigenies in einem realen Kontext zwischen Repräsentanten von Staaten funktionieren würde, sei dahingestellt. Aber darum geht es hier vielleicht auch gar nicht. Humanität im klassischen Sinne bleibt ein Ideal, eine Utopie, eine Hoffnung. Es gibt keinen automatischen Fortschritt im Prozess der Verwirklichung der Humanität, weil das humane, vernunftgeleitete Handeln des einen die vernunftgeleitete Reaktion des anderen voraussetzt.

Johann Wolfgang Goethe: Faust I

Seite 139 **Aufgaben 1–4**

1. a) Gretchen erwartet ein Kind; ihr Geliebter hat sie verlassen; nach dem Gespräch am Brunnen weiß sie, dass gesellschaftliche Ausgrenzung und Schmach auf sie zukommen werden (Beispiel: Bärbelchen).

b) Monolog, zum einen geformtes Gebet (Wiederholungen: Anfangs- und Schlussteil), zum anderen persönliche und emotionale Merkmale wie Stammeln (Wortwiederholungen, Z. 17/Z. 19); persönlicher Ausbruch/Hilferuf, Z. 29; z.T. unterschiedlich lange Verszeilen, unterschiedlicher Strophenbau, unterschiedliches Metrum.
Direkte Anrede der Gottesmutter als „Schmerzenreiche" (mater dolorosa), Z. 2, Z. 31; inständige Bitte, Z. 1, 29; wiederholtes Wort „ach" (Z. 22, 30) verdeutlicht Verzweiflung und Not der Betenden; geformte poetische Sprache/Hochsprache (Antlitz, gnädig, blickst auf); Wiederholungen, Alliterationen verstärken Intensität und Emotionalität. Gebet bedeutet Kommunikation mit Gott; sie vertraut sich der Gottesmutter und dem barmherzigen Gott an.

c) Die vorausgegangene Szene macht deutlich, dass Gretchen sehr genau ihre Situation einschätzt; sie ist gereift, erkennt ihr früheres Fehlverhalten; sie steht zu ihrer Liebe und zu ihrer Schuld (Szene *Am Brunnen,* Z. 39 ff.). Im Gebet selbst spricht sie nicht von ihrer Schuld, sondern bittet in höchster Verzweiflung und Not um Hilfe, Beistand und Trost.

2. Zwinger als Symbol: einerseits Schutzraum bei der Madonna; andererseits von zwei Mauern eingeschlossen; Bedrängung durch die Konventionen der gesellschaftlichen Schicht, in der sie lebt, sowie der Religion?

3./4. *Gefühlszustand*
Marie: dumpfe Atmosphäre, Ausweglosigkeit; Gefühl der Trostlosigkeit/Gretchen: Gefühl der Entspannung und Befreiung

Schuldgefühle
Marie fühlt sich durch Bibelstellen an ihre eigene Schuld erinnert; unausgesprochene, halb bewusste Schuld; unfähig zur Kommunikation mit Gott/Gretchen spricht die Tatsache der Sünde deutlich aus, ebenso ihre Motive; im Gebet spricht sie nicht mehr von Schuld, sondern von Schmerz, Angst und Not.

Disposition zum Gebet
Marie möchte beten, weil sie aus einem dumpfen Gefühl von Schuld Hilfe sucht; blättert unruhig in der Bibel; weiß kein Gebet/Gretchen sucht das Andachtsbild der Gottesmutter im Zwinger auf, um zu beten; schmückt das Bild mit Blumen; weiß, zu wem sie beten möchte.

Fähigkeit zu beten
Marie versucht zu beten, ist aber nicht dazu fähig/Gretchen spricht ungestört, konzentriert und voller Intensität ihr Gebet: Es ist ihr klar, zu wem sie betet, warum sie betet und um was sie betet; in unbeirrtem Glauben trägt sie der Gottesmutter ihre Verzweiflung vor.

Aussicht und Hoffnung auf Erhörung
Marie bleibt in dumpfer Sprachlosigkeit und Trostlosigkeit gefangen/Gretchen: für sie könnte das Gebet eine seelische Befreiung bedeuten; zwar kann die mater dolorosa Gretchen nicht vor „Schmach und Tod" retten; der weitere Fortgang des Dramas zeigt jedoch, dass Gretchens Gebet erhört worden ist (vgl. das Ende „Faust I" und Ende „Faust II"; vgl. auch den Trainingsvorschlag auf S. 149 und die Stichwortlösungen auf S. 364 des Schülerbandes).

Georg Büchner: Woyzeck (Szene *Kammer*)

Seite 139 **Aufgabe 5**

Das Drama Büchners verweist auf die menschliche und gesellschaftliche Problematik des 19. Jahrhunderts (Literatur des Vormärz); das Stück ist insofern modern, als damit zum ersten Mal ein „negativer Held" aus der unteren sozialen Schicht des Proletariats als Titelfigur auf die Bühne gebracht wird. Damit weist das Stück auf den Naturalismus (s. Schülerband, S. 304 ff.) voraus.
Büchner stellt mit Woyzeck einen Menschen dar, der durch seelische Zerstörung zum Mord getrieben wird; deutlich werden die gesellschaftlichen Ursachen einer Psychose aufgezeigt.
Seine auf die Realität bezogene Sichtweise, das Mitleid, das er vor allem mit Not leidenden Menschen aus unteren sozialen Schichten empfand, mögen der Grund dafür sein, dass er die literarischen Figuren der „Idealdichter" (der Klassik) als „Marionetten" empfindet. Seine Vorliebe für Goethe und Shakespeare mag darin begründet sein, dass deren literarische Figuren besonders häufig in natürlicher, lebensnaher Weise dargestellt sind. So stammt zum Beispiel auch die Figur der Grete (im „Faust") aus der einfachen bürgerlichen Schicht; ihre seelische Not wird glaubhaft dargestellt. Die Abneigung gegenüber Schiller mag vielleicht darin begründet sein, dass dessen Figuren oft als Träger von Ideen dargestellt sind (vgl. Marquis Posa in Schillers Drama „Don Karlos") und dass Schillers pathosreiche „Theater-Sprache" realitätsabgehoben erscheint; die Sprache Büchners im „Woyzeck" dagegen ist nicht durch ein metrisches Schema rhythmisiert; sie enthält auch umgangssprachliche und regionalsprachliche Formulierungen. In dieser Hinsicht zeigt Büchners Drama eher eine Nähe zu den Dramen der Sturm-und-Drang-Bewegung und zur späteren Bewegung des Naturalismus.

Georg Büchner: Woyzeck

Einführung
Werk und Leben Büchners stehen in einem engen Bezug zu den historischen und politisch-gesellschaftlichen Zusammenhängen der Zeit. Neben textimmanenten Schwerpunktsetzungen ist es deshalb notwendig, auch externe Bezüge in Form von Informationen oder zusätzlichen Texten (Büchners Biografie, seine Briefe, historische Zusammenhänge; vgl. Schülerband, S. 140 und S. 146) einzubeziehen. Büchners politische liberal-revolutionäre Einstellung wird besonders deutlich an der politischen Flugschrift **„Der Hessische Landbote"** (Schülerband, S. 279 ff.), die er mitverfasst hat.
Die Zeit, in der Büchner lebte, wird insbesondere von der Auseinandersetzung und den politisch-sozialen Gegensätzen zwischen dem **Liberalismus** (Orientierung an den Grundsätzen der Französischen Revolution wie Verfassung, soziale Gerechtigkeit und freiheitliche Menschenrechte) und der **Restauration** (Bewahrung bzw. Wiederherstellung des vorrevolutionären Zustandes) geprägt. Nähere Hinweise zu diesen historischen Zusammenhängen können Schüler auf S. 276 f. des Schülerbandes nachlesen.
Das Drama „Woyzeck" ist ein **Fragment.** Mehrere unterschiedliche Handschriften Büchners zeigen, dass sich Büchner über die letzte von ihm bevorzugte Fassung nicht ganz klar geworden ist. Erst 42 Jahre nach Büchners Tod wurde das Drama aus dem Nachlass veröffentlicht. Die Uraufführung fand im Jahre 1913 im Residenztheater München statt. „Woyzeck" gehört heute zu den meistgespielten Bühnenstücken. Mit Woyzeck wurde **zum ersten Mal eine Figur aus der Masse der armen Leute Titelheld** einer Tragödie. Insbesondere die Figur des Woyzeck ist durch Entfremdung, das **Verhältnis zwischen den Figuren durch Beziehungslosigkeit gekennzeichnet.** Das seit der Aufklärung in der Dichtung entworfene Bild eines sich selbst verantwortlichen und frei bestimmenden Individuums wird damit infrage gestellt. Büchner zeichnet einen Menschen, der durch Verzweiflung und seelische Zerstörung **zum Mord getrieben** wird; er zeigt die **gesellschaftlichen Ursachen einer Psychose** auf.

Es scheint, dieser Knecht ist unter dem Druck der Ausbeutung und Repression und unter dem eisigen Anhauch der Menschenverachtung erstarrt. Aufgescheucht durch einen Schock, der Untreue seiner Geliebten, geht dieser bewegungslose Dulder mit einem Schlag in Bewegung über, tritt in Aktion, in eine „Aktion", die durch und durch zwanghaft ist und in einen Mord mündet. [...]
Dem „Woyzeck" liegt wie dem „Hessischen Landboten" – ein System zugrunde: das System der Ausbeutung, Unterdrückung und Entfremdung. Ausbeutung ist der Zweck, Unterdrückung das Mittel, Entfremdung die Folge.

(aus: Alfons Glück: Woyzeck. Ein Mensch als Objekt; in: Interpretationen Georg Büchner. Dantons Tod, Lenz, Leonce und Lena, Woyzeck, Reclam Verlag, Stuttgart 1990, S. 182 f., © Philipp Reclam jun. GmbH & Co., Stuttgart)

Mit Woyzeck steht ein **Angehöriger des einfachen Volks** im Mittelpunkt des Geschehens. Auf gleicher sozialer Ebene mit ihm stehen Marie, das Kind, die Nachbarin Margret, der Freund Andres und die Dienstmagd Käthe (in gewissem Sinne auch der Tambourmajor, der sich zwar selbst aufgrund seiner körperlichen Statur und seiner Funktion für etwas Besonderes hält, der jedoch zur unteren Volksschicht zu zählen ist und kein militärischer Vorgesetzter Woyzecks ist).
Sozial übergeordnet und damit Repräsentanten der herrschenden bzw. einflussreichen Schichten sind der **Hauptmann,** Vertreter des Feudalismus, und der **Doktor** als Vertreter des gehobenen Bürgertums. Auseinandersetzungen und Gegensätze zwischen den Vertretern dieser beiden Gruppen werden in der Szene „Straße" (s. Schülerband, S. 143 f.) deutlich dargestellt. Die Vertreter der Armenschicht werden von Büchner individuell mit Namen gekennzeichnet, die Vertreter der bevorrechtigten Gruppen sind ohne Namen als „Figuren" ihres Standes dargestellt.
Büchner entwirft mit dieser Konstellation ein **kritisches Bild der deutschen Gesellschaft,** die nach seiner Auffassung vor allem auf dem Gegensatz zwischen dem einfachen Volk und den in dieser Gesellschaft Bevorrechtigten (s. o.) beruht.

Seite 140 Aufgaben 1 und 2

1.

Woyzeck, der „negative Held"

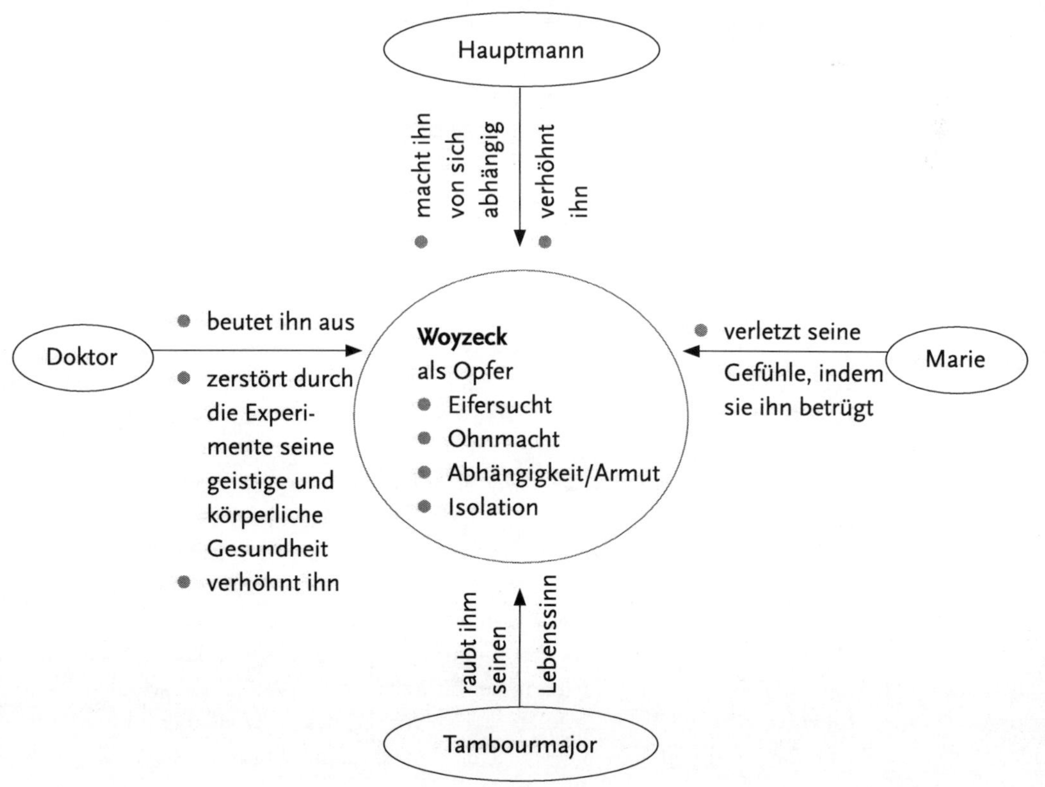

2. Anders als im klassischen Drama (Lessings, Goethes, Schillers) steht hier ein einfacher Soldat, ein Angehöriger der unteren sozialen Schicht als Hauptperson eines Dramas im Zentrum der Handlung. Woyzeck ist abhängig von seinem Vorgesetzten, einem Hauptmann; einem Arzt/Professor stellt er sich für Versuche zur Verfügung und wird von den Studenten verhöhnt. Er stellt insofern natürlich keinen klassischen, „strahlenden" dramatischen Helden dar, sondern eher einen „negativen" Helden.

Szene *Zimmer* (Seite 141)

Seite 142 Aufgaben 1 und 2

1. Die Markierungen und Randnotizen machen die **Struktur** dieser Szene überdeutlich: Im **ersten Teil** dominiert der Hauptmann mit phrasenhaften und diffusen Bemerkungen das Gespräch (Wiederholungen, Tautologien, moralisierende Überlegenheit spielend). Woyzeck dagegen reagiert formelhaft in unreflektiertem Gehorsam des Untergebenen und Abhängigen („Jawohl, Herr Hauptmann!"). Es kommt zu keiner echten Kommunikation zwischen den beiden Personen.
Im **zweiten Teil** des Gesprächs wird Woyzeck gesprächiger; als es darum geht, sein Kind in Schutz zu nehmen, fühlt er sich persönlich angesprochen (schlichte Gläubigkeit). In sprachlich wenig abstrakter Weise, jedoch mit natürlichen und anrührenden Worten, stellt er seine soziale Situation dar; Tugend und Moral sei nichts für „gemeine Leut" (Z. 57f.).

2. Das Verhalten der beiden Personen kann als **Beziehungshandeln** gekennzeichnet werden. Die Beteiligten sind Angehörige unterschiedlicher sozialer Gruppen; der Hauptmann als Offizier und Vorgesetzter führt das Gespräch; Woyzeck reagiert im 1. Teil nur, im 2. Teil spricht er auf emotionale und natürliche Weise, weil er persönlich angesprochen ist.

Es herrscht jedoch Beziehungslosigkeit vor, denn eine Veränderung des jeweils anderen Beteiligten findet nicht statt. Sie haben völlig unterschiedliche Moral- und Tugendvorstellungen; Woyzeck: fatalistische Vorstellungen; Hauptmann: formalistisches, überhebliches, beharrendes, gesellschaftskonformes Verhalten (Mühlrad als Symbol für seine Unfähigkeit, anders als in festgelegten Klischees zu denken).

Schülerbeispiel für **Subtext**; Woyzecks Vorstellungen als Teil des Gesprächs:
Es hat keinen Sinn, zu antworten; der Hauptmann ist überhaupt nicht an Austausch interessiert. Einfach reden lassen. Befehl und Gehorsam. Er übt Macht aus, allein schon durch seinen höheren Rang: er ist Offizier, ich bin ein einfacher, gemeiner Soldat. Auch seine Sprache ist der meinen überlegen. Das ist nun mal nicht zu ändern. Und das wird ewig so bleiben.

Rollenmonolog
Dieser kann für den Schüler an dieser Stelle eine Möglichkeit sein, durch das Hineinversetzen in die jeweilige Rolle über die Konstellation in diesem Gespräch zu reflektieren und damit die Befindlichkeit der beteiligten Personen zu erfassen.
Zum **Beispiel:** Im ersten Teil des Gesprächs verhält sich Woyzeck fasst völlig passiv, er wagt nicht, zu widersprechen; er reagiert erst aktiv, als der Hauptmann ihm die Tatsache vorwirft, dass er Vater eines unehelichen Kindes sei. Dem Tugendprogramm des Hauptmanns, im Dienste der Tugend seine Sinnlichkeit zu kontrollieren, setzt er entgegen, arme Leute gäben der „Natur" zwangsläufig nach; Tugend sei nur den „Herren" möglich.
Die Rollenmonologe könnten, Woyzeck betreffend, seine wünschenswerte Fähigkeit belegen, Gedanken, Kritik, Emotionen sprachlich differenziert zu artikulieren; den Hauptmann betreffend könnte man dessen Monolog in überzeichneter, karikierender Weise darstellen. Der folgende Rollenmonolog ist im Unterricht entstanden. Bei der Besprechung sollten **die Schülerarbeiten auf den Text Büchners zurückbezogen** werden, um zu reflektieren, warum Büchner seine Figuren auf diese Art und Weise angelegt hat. Zum Beispiel ist es Woyzeck aufgrund seiner eingeschränkten sprachlichen Artikulationsfähigkeit und seines Eingebundenseins in seine soziale Rolle und seinen sozialen Stand nicht möglich, seine Gedanken in sprachlich-abstrakter Weise auszudrücken (wohl aber tut er dies in einer natürlichen und – für ihn – wahrhaftigen und menschlich anrührenden Art und Weise).

Woyzeck: Gut, er ist mein Vorgesetzter, ich kann da sowieso nichts anderes tun, als Ja zu sagen, zu gehorchen und ansonsten meinen täglichen Verpflichtungen nachzukommen. Dies ist nun mal mein Schicksal. Aber an einer Stelle ist er zu weit gegangen: nämlich mir vorzuwerfen, dass ich ein uneheliches Kind habe. Was kann dieses Kind dafür?

Und Moral, das scheint ja auch so eine Sache der Reichen zu sein; manchmal habe ich den Eindruck, sie ist im Besitz der Reichen; das ist so eine komplizierte theoretische Angelegenheit. Und außerdem: Unsereins ist da sowieso schlecht dran: hier und da oben auch. Mit einer Belohnung im Himmel als Ausgleich für das Elend in diesem irdischen Jammertal rechne ich auch nicht. Und wie soll man auch tugendhaft sein, wenn es an allen Ecken und Enden fehlt, sowohl an Geld als auch an Geltung? Arme Leute, die haben keine Tugend, das muss etwas ganz Vornehmes sein. Unsereins ist offenbar unfähig, seine Triebe zu regulieren, bei uns kommt da einfach so die Natur [...]

(Schülertext)

Auch durch ein **Standbild** („Statue", vgl. auch die Informationen im Schülerband, S. 145) kann die soziale Konstellation zwischen Woyzeck und dem Hauptmann verdeutlicht werden.
Die Regieanweisung deutet bereits die Beziehung zwischen den beiden Personen an. Woyzeck ist ein einfacher Soldat, der dazu verpflichtet ist, für seinen militärischen Vorgesetzten, den Hauptmann, besondere Dienste wie das Rasieren zu verrichten. Diese Konstellation kann durch ein **Standbild („Statue")** verdeutlicht werden. Einem Schnappschuss ähnlich werden dabei die Körperhaltung, die Gesten und die Mimik fixiert und damit Beziehungskonstellationen verdeutlicht. Der Vorteil dieser Methode ist, dass Schüler dadurch, dass sie ihre Standbilder erläutern, die Möglichkeit erhalten, **sich aktiv in den Deutungsprozess einzubeziehen.**

Interpretation der Szene *Zimmer* (Schülerarbeit) (Seite 142)

Seite 143 Aufgabe 1

Die Schülerarbeit fasst die bereits erarbeiteten Zusammenhänge zusammen.

Gliederung

- Einführung: Z. 1–8
- Hauptteil:
  - Kennzeichnung des Dialogs als Beziehungshandeln zwischen Unterlegenem und Überlegenem Z. 8–34
  - Struktur: Z. 34–42
  - Kennzeichnung der beiden Personen: Z. 42–61
- Schlussteil (Abrundung, Fazit): fehlt

Passende Zitate lassen sich an verschiedenen Stellen einfügen, z. B. Z. 51: „Ich sag mir immer: du bist ein tugendhafter Mensch (gerührt), ein guter Mensch ..."

Szene *Straße* (Seite 143)

Seite 144 Aufgabe 1

Die Beziehungen der Personen

Die Szene beginnt zunächst mit einer auf oberflächlicher Ebene geführten Auseinandersetzung zwischen dem Doktor und dem Hauptmann. Dem falschen Weltschmerz, melancholischen Selbstmitleid und der Scheinmoral des Hauptmanns werden die kaltschnäuzige medizinische Experimentiersucht und die Phrasenhaftigkeit der medizinischen Fachsprache des Doktors gegenübergestellt. **Karikierend und entlarvend** wirkt der Dialog auch dadurch, dass sich die beiden gegenseitig als Hohlkopf und Einfalt bezeichnen. Insofern nehmen die Kennzeichnungen auch Bezug auf die Szene *Zimmer*.
Als Woyzeck dazukommt, weitet sich der Dialog zum Dreiergespräch. Auf eine unmenschliche Art sind Doktor und Woyzeck sich einig: Auf die brutalen und gefühllosen Andeutungen des Hauptmanns reagiert Woyzeck erschüttert. Seine körperlichen Reaktionen und seine Worte zeigen, dass er bis ins Mark getroffen ist, weil er sich seines menschlichen Glücks beraubt sieht: „Herr Hauptmann, ich bin ein armer Teufel – und hab/sonst nichts auf der Welt." (S. 144, Z. 81 f.)

Die Kernaussage

Woyzeck reagiert auf die Eröffnungen des Hauptmanns wie ein gehetztes Tier. Es ergreift ihn ein **Gefühl totaler Vereinsamung und Sinnlosigkeit.** Der Hauptmann weidet sich schadenfroh an Woyzecks Betroffenheit. Für den Doktor bleibt er bloßes medizinisches Untersuchungsobjekt. Die körperlichen Reaktionen Woyzecks werden von dem Doktor im Sinne seiner unmenschlichen Vorstellungen falsch eingeschätzt und diagnostiziert. Grotesk wirkt insbesondere die Tatsache, dass er Woyzeck dafür eine Zulage in Aussicht stellt.

Bei der Darstellung der Personen in Form eines Monologs oder einer Rollenbiografie sollte beachtet werden, dass bei der Kennzeichnung des Hauptmanns und des Doktors durchaus übertreibend und karikierend gearbeitet werden kann (so hat auch Büchner diese beiden Personen in seinem Stück angelegt). Es handelt sich bei beiden um **schablonenhaft typisierte Figuren** (Berufs- bzw. Rangbezeichnung ohne individuellen Namen). Woyzeck dagegen wird, wie auch die anderen Personen seiner sozialen Gruppe, mit einem Namen gekennzeichnet und in seinem Verhalten und in seiner Sprache individuell charakterisiert.
Die folgende **Darstellung eines fiktiven Rollenmonologs** Woyzecks (durch einen Schüler) ist auch insofern fiktiv, als Woyzeck aufgrund seiner sprachlichen Unbeholfenheit sicher nicht in dieser Weise bewusst zu artikulieren vermag, wohl aber in der Szene verbal und nonverbal tief betroffen auf die Andeutungen des Hauptmanns reagiert. Eine derartige Fiktion kann im Unterricht die Aufgabe verfolgen, dem Schüler zu ermöglichen, sich in die Situation Woyzecks hineinzuversetzen und dies entsprechend in einem Text zu formulieren.

... dies kann doch nicht wahr sein. Es stimmt nicht ..., es darf nicht stimmen. Nicht Marie, nicht meine Marie ..., eher bricht der Himmel ein.
Ich bin ein armer Teufel – habe sonst nichts auf der Welt. Niemand darf sie mir wegnehmen. Alles, was ich tue, tue ich nur für uns beide: der harte Dienst in der Kaserne, die ewige Schleiferei, die Experimente, die der Doktor mit mir anstellt, das ewige Jawollsagen beim Hauptmann, das dauernde Strammstehen ... Das bisschen Geld, das ich dabei verdiene: alles für dich und für unser Kind ... Sinnlos ist plötzlich alles ..., einsam und verloren bin ich ...
Mir wird schwindlig vor Angst. Ich höre die Stimmen wieder ... Ich verliere den Boden unter den Füßen. Leere, wohin ich sehe. Welchen Sinn hat das Leben noch für mich ohne sie? Und der andere hat sie mir genommen. Eifersucht? Zorn? Ohnmächtige Wut? ... – Ja, aber auch Trauer ... und Angst vor dem Versinken ins Bodenlose ...

(Schülertext)

Kontextmaterial

In diesem Brief zeigt sich deutlich Büchners eigenes Urteil gegenüber den Verhaltensweisen des Doktors und des Hauptmanns:

Ich habe freilich noch eine Art von Spott, es ist aber nicht der der Verachtung, sondern der des Hasses. Der Hass ist so gut erlaubt als wie die Liebe und ich hege ihn im vollsten Maße gegen die, welche verachten. Es ist deren eine große Zahl, die, im Besitz einer lächerlichen Äußerlichkeit, die man Bildung, oder eines toten Krams, den man Gelehrsamkeit heißt, die große Masse ihrer Brüder ihrem verachtenden Egoismus opfern. Der Aristokratismus ist die schändlichste Verachtung des Heiligen Geistes im Menschen; gegen ihn kehre ich seine eigenen Waffen: Hochmut gegen Hochmut, Spott gegen Spott.

(aus einem Brief Büchners an seine Familie (Februar 1834). Aus: Sämtliche Werke und Briefe, besorgt von Fritz Bergemann, Deutscher Taschenbuch Verlag, München 1965)

Seite 145/146 Aufgabe 1 und 2

Geschlossenes Drama	Offenes Drama
• oft nur wenige Figuren • Gliederung in Akte/Aufzüge und Szenen ... • oft Wahrung der Einheit von Ort und Zeit • Kunstsprache • auf Einheit abzielende Anordnung ... • am Anfang steht oft eine Konfliktsituation ...	• oft eine Vielzahl von Figuren • Handlungsgefüge mit Episoden • Handlung umspannt größere Zeiträume • eher realistische Sprache ... • lockere Szenenfolge

Geschlossenes Drama	Offenes Drama
• oft mündiger Held	• oft plötzlicher Beginn
• Geschlossenheit, Verknüpfung ...	• oft passiver Held
• Komposition stellt das Einzelne in den Mittelpunkt	

Bei der Aufgabenstellung ist zu beachten, dass Büchners Stück nur in Fragmenten vorliegt und wir über die von Büchner selbst intendierte Reihenfolge der Szenen keine endgültige Gewissheit haben. Man muss daher vermeiden, den **fragmentarischen Charakter des Stückes** als Gestaltungsprinzip zu interpretieren. Trotz dieser Einschränkung lassen sich an Büchners „Woyzeck" einige wesentliche **Kennzeichen der offenen Dramenform erkennen** bzw. diskutieren:

- Gliederung in Akte und Szenen mit fester Funktion fehlt
- Einheit des Ortes und der Zeit nicht gegeben; dagegen Vielfalt der Räume
- Handlungsgefüge: es fehlt eine kontinuierliche Szenenfolge, die Szenen sind locker aneinandergereiht, sie sind allerdings durch Wiederholung, Variation etc. aufeinander bezogen
- Komposition erfolgt nicht vom Ganzen her, sondern vom Einzelnen (hier zum Beispiel von der Person Woyzecks aus); die Mannigfaltigkeit der Nebenfiguren hat den Zweck, die Hauptperson Woyzeck in ihren sozialen Beziehungen und ihren gesellschaftlichen Abhängigkeiten zu zeigen
- es fehlen Monologe, in denen der Held sich selbst charakterisiert
- der negative Held als Einzelfigur aus der Masse der armen Leute steht im Mittelpunkt
- die Personen sind aus ideellen Zusammenhängen herausgelöst; es treten auch karikiert und schablonenhaft dargestellte Figuren auf
- Verhalten und Schicksal der Personen sind Ausdruck eines neuen Welt- und Wirklichkeitsverständnisses

Szene *Straße* (Seite 146)

Seite 146 Aufgaben 1 und 2 (oben)

1. Die Aussage dieses Textes **hängt eng mit dem dichterischen Selbstverständnis, der Weltanschauung des Dichters und der zentralen Frage Büchners „Was ist der Mensch?" zusammen.** Die Großmutter ist keine handelnde Figur des Dramas, sondern gibt wie der Marktschreier, der Budenbesitzer und der Handwerksbursche eine Art Selbstinterpretation des Dramas.
Im Schicksal des Kindes spiegelt sich das Schicksal Woyzecks. Das Märchen zeigt keine Lösung oder Hoffnungen auf. Es endet offen, ohne eine Perspektive. Das Kind hat sich „hingesetzt und geweint, und da sitzt es noch und is ganz allein" (Z. 16 f.). Hier spiegelt sich die ganze Hoffnungslosigkeit und Isolation der Menschen wider, insbesondere die Situation Woyzecks.

Das arme Kind steht für die gequälten Menschen, die zwar das Schöne sehen, die auch manchmal den Eindruck haben, dass sie selbst sogar willkommen sind, die letztlich aber doch erfahren müssen, dass alles Lug und Trug ist und die Welt für sie nur aus Holz, verwelkten Blumen und aufgespießten Mücken besteht. Und wenn sie schließlich wieder aufwachen aus ihren Träumen aus einer anderen Welt, ist sogar ihre bisherige Welt eingestürzt, ist ihnen das Liebegewordene, das Vertraute auch noch genommen. Ihre Isolation und Einsamkeit ist endgültig.
Das Märchen der Großmutter hat Marie in Bann geschlagen und ihr klargemacht, welchen Weg sie eingeschlagen hatte, sodass sie ganz erschreckt Woyzecks Einladung zum Spaziergang in den Wald aufnimmt. Während sie dem Gehörten noch nachsinnt, geht sie der endgültigen Zerstörung entgegen; sie selbst wird ermordet. Woyzeck aber wird zurückbleiben und ebenfalls seinem endgültigen Untergang entgegengehen. Es bleibt Marie nicht einmal die Möglichkeit, sich still auszuweinen; ihr Lebensweg ist zu Ende.

(aus: Herbert Ossowski: Woyzeck; in: Jakob Lehmann (Hg.): Kleines Dramenlexikon, Verlag Athenäum, Königstein/Taunus 1983, S. 58 f.)

2. Textvergleich

Das Märchen „Die Sterntaler“ (Brüder Grimm)/Das Märchen der Großmutter (Georg Büchner). Das Märchen „Sterntaler“ kann den Schülern mithilfe der folgenden **Kopiervorlage** zur Verfügung gestellt werden.

Z **Brüder Grimm: Die Sterntaler, siehe Seite 110**

Beispiel für einen Textvergleich: Das Märchen der Großmutter (Büchner) – Die Sterntaler (Brüder Grimm)

In beiden Texten mit märchenhafter Handlung geht es um das Schicksal eines armen Kindes, das zur Waise geworden ist.
In dem Text „Die Sterntaler“ verlässt ein kleines Mädchen, das arm ist und Vater und Mutter verloren hat, im Vertrauen auf Gott sein Zuhause. Als einziger Besitz sind ihm die Kleider geblieben, die es am Leibe trägt, und ein Stück Brot. Diese letzten Habseligkeiten schenkt das Mädchen nach und nach einem hungrigen Mann und frierenden Kindern. Das Kind wird dafür am Schluss belohnt durch Sterntaler, die vom Himmel fallen und die auf einmal „harte blanke Taler“ (S. 110, Z. 21) sind und die das Mädchen „reich für sein Lebtag“ (Z. 23) machen.
Der Text ist ein typisches Märchen. Das zeigt bereits die Formulierung am Anfang „Es war einmal“. Das zeigt auch der Schlussteil, in dem dargestellt wird, wie die „Heldin“ für ihr Mitleid, ihre Freigebigkeit und Güte mit Reichtum belohnt wird.
Bei dem Text von Georg Büchner handelt es sich ebenfalls um ein armes Waisenkind. Deutlich wird hier jedoch schon am Anfang die totale Isolierung und Einsamkeit des Kindes dargestellt: „war alles tot und war niemand mehr auf der Welt“ (Z. 4 f.). Das Kind hat Tag und Nacht jemanden gesucht. Es verlässt die menschenleere Erde und will in den Himmel gehen. Aber es findet nirgends ein Zuhause. Mond, Sonne, Sterne und schließlich auch die Erde erweisen sich als trügerische Hoffnungen. Als das Kind nirgends eine Bleibe findet, setzt es sich hin und weint. Es bleibt allein. Der Text stellt eher ein Antimärchen dar, weil das positive Ende, die Belohnung des „Märchenhelden“, fehlt. Der Text ist offensichtlich ein mündlich erzählter Text. Manche Ausdrücke wirken mundartlich: „arm Kind“ (Z. 1), „ein Stück faul Holz“ (Z. 9). Der Text enthält eine pessimistische Weltsicht, weil die Einsamkeit am Schluss endgültig ist und eine Besserung dieses Zustandes nicht zu erwarten ist.
Zwar sind die Hauptpersonen in beiden Texten Kinder, beide sind arme Waisen. In beiden Texten gibt es märchenhafte Motive: Beide fangen mit „Es war einmal“ an, in beiden ist die Handlung märchenhaft. Deutlich aber fallen die Unterschiede ins Auge. Während im Sterntaler-Märchen das Mädchen voller Gottvertrauen in die Welt hinausgeht, seine gesamte Habe verschenkt und schließlich durch Reichtum belohnt wird, hat das Kind in der Erzählung Georg Büchners niemanden mehr auf der Welt. So wird am Anfang der Ausdruck „alles tot“ wiederholt. Das Kind sucht vergebens ein Zuhause. Alle Hoffnungsziele erweisen sich als Lug und Trug. Am Schluss sind Einsamkeit und Isolation des Kindes endgültig. Es bleibt allein und weint. Diese Weltsicht wirkt sehr pessimistisch und trostlos. Trotz der märchenhaften Motive ist deshalb dieser Text eher ein Antimärchen (s. o.).
Demgegenüber wirkt die Weltsicht in dem typischen Märchen der Brüder Grimm positiv, weil das Mädchen für ein moralisch gutes Verhalten belohnt wird und damit sein Glück findet. Auch sprachlich unterscheiden sich beide Texte sehr deutlich: Das Märchen der Brüder Grimm enthält ausformulierte Sätze und zum Teil lange Satzgefüge. Der Text wirkt eher schriftsprachlich. Er enthält Formulierungen, die ihn deutlich als älter kennzeichnen („Gott segne dirs“, Z. 12 f.). Demgegenüber ist das Antimärchen Büchners deutlich ein mündlich erzählter Text. Dies belegen auch die kurzen, zum Teil unvollständigen Sätze sowie mundartliche Formulierungen. Bei diesen beiden Texten sind die Unterschiedlichkeiten entschieden größer als die Gemeinsamkeiten.
Mir persönlich gefällt die positive Weltsicht des Märchens der Brüder Grimm besser, weil mich das trostlose Schicksal des armen Kindes im Text von Georg Büchner eher traurig stimmt.

(Schülertext)

Aus Briefen Büchners (Seite 146)

Seite 146 **Aufgaben 1 und 2 (unten)**

1.
- „... weil wir durch gleiche Umstände wohl alle gleich würden ..."
- „Das Muss ist eins von den Verdammungsworten, womit der Mensch getauft worden ... Was ist das, was in uns lügt, mordet, stiehlt?"
- „... Menschen aus Fleisch und Blut, [...] deren Leid und Freude mich mitempfinden macht ..."

An dem Brief vom Februar lässt sich deutlich Büchners Mitgefühl gegenüber Menschen unterer sozialer Schichten ablesen. Büchners Auffassung kann auch nach heutigen Kriterien als modern bezeichnet werden. Heute, im Zeitalter eines „neuen Kapitalismus", wirtschaftlicher und kultureller Globalisierung, einer neuen Armut – man spricht (wieder) von Prekariat oder Unterschicht, die sozialen Unterschiede vergrößern sich –, kennzeichnet man andererseits wirtschaftlich sehr erfolgreiche Menschen als „geschlossene Gesellschaft".

2. Werk und Leben Büchners stehen in einem engen Bezug zu den politisch-gesellschaftlichen und historischen Zusammenhängen der Zeit. Zur Zeit Büchners standen die politisch-sozialen Gegensätze zwischen liberal-nationalen Bewegungen und den restaurativen Tendenzen der herrschenden Mächte im Vordergrund. Mit Woyzeck steht zum ersten Mal ein Mitglied des Proletariats als Titelfigur eines Dramas im Zentrum des dramatischen Geschehens. Büchners Mitgefühl galt in besonderer Weise dem einfachen Menschen, den Notleidenden und Unterdrückten. Büchner entwirft in seinem Drama ein kritisches Bild der Gesellschaft, indem er vor allem die Privilegierten dieser Gesellschaft (den Hauptmann und Doktor) in karikierender Weise bloßstellt. Typisch für diese frühe Phase des Realismus war die Bereitschaft vieler Literaten zu kritischer politischer Auseinandersetzung (vgl. auch Georg Büchners Schrift „Der Hessische Landbote", s. Schülerband, S. 279 ff., sowie die Schriftsteller Heinrich Heine, Ludwig Börne, Ferdinand Freiligrath, Georg Herwegh).

Weitere methodische Möglichkeiten im Rahmen des Schülerbandes

a) Vergleich mit einer geschlossenen Dramenform: Georg Büchners „Woyzeck" (s. Schülerband, S. 140 ff.) und Friedrich Schillers „Maria Stuart" (s. Schülerband, S. 231 ff.)
b) Vergleich mit dem Drama „Die Weber" von Gerhart Hauptmann (s. Schülerband, S. 310 f.)

Hinweis auf das Trainingsheft, 11

Interpretation eines literarischen Textes
- Friedrich Schiller: Don Karlos

„Deutsch in der Oberstufe", 11, Training, S. 60

Brüder Grimm

Die Sterntaler

Es war einmal ein kleines Mädchen, dem war Vater und Mutter gestorben, und es war so arm, dass es kein Kämmerchen mehr hatte, darin zu wohnen, und kein Bettchen mehr, darin zu schlafen, und endlich gar nichts mehr als die Kleider auf dem Leib und ein Stückchen Brot in der Hand, das ihm ein mitleidiges Herz geschenkt hatte. Es war aber gut und fromm. Und weil es so von aller Welt verlassen war, ging es im Vertrauen auf den lieben Gott hinaus ins Feld. Da begegnete ihm ein armer Mann, der sprach: „Ach, gib mir etwas zu essen, ich bin so hungrig." Es reichte ihm das ganze Stückchen Brot und sagte: „Gott segne dirs", und ging weiter. Da kam ein Kind, das jammerte und sprach: „Es friert mich so an meinem Kopfe, schenk mir etwas, womit ich ihn bedecken kann." Da tat es seine Mütze ab und gab sie ihm. Und als es noch eine Weile gegangen war, kam wieder ein Kind und hatte kein Leibchen an und fror: Da gab es ihm seins; und noch weiter, da bat eins um ein Röcklein, das gab es auch von sich hin. Endlich gelangte es in einen Wald, und es war schon dunkel geworden, da kam noch eins und bat um ein Hemdlein, und das fromme Mädchen dachte: „Es ist dunkle Nacht, da sieht dich niemand, du kannst wohl dein Hemd weggeben", und zog das Hemd ab und gab es auch noch hin. Und wie es so stand und gar nichts mehr hatte, fielen auf einmal die Sterne vom Himmel, und waren lauter harte blanke Taler: Und ob es gleich sein Hemdlein weggegeben, so hatte es ein neues an, und das war vom allerfeinsten Linnen. Da sammelte es sich die Taler hinein und war reich für sein Lebtag. (1812/15)

(aus: Brüder Grimm: Ausgewählte Kinder- und Hausmärchen, Reclam Verlag, Stuttgart 1950)

Die lyrische Form – Liebesgedichte

Einführung
Das Gesamtkapitel besteht aus zwei Teilkapiteln. Im **ersten Unterkapitel** geht es insbesondere darum, den Schülern die Möglichkeit zu bieten,
- in Reaktion auf die einzelnen Texte ihre eigenen Erfahrungen, Meinungen, Wertungen einzubringen und persönlich Stellung zu nehmen, ihre Betroffenheit, ihr Befremden, ihr Erstaunen, ihre Ablehnung zur Sprache zu bringen,
- mit dem Gedicht handelnd umzugehen, zu operieren, den Text sprechend zu gestalten, ihn schriftlich umzugestalten, weiterzuführen.

Der Hauptakzent liegt auf *produktive und kreative Eigentätigkeit der Schüler.* Es wird auch davon ausgegangen, dass es den Schülern im Umgang mit Gedichten zunächst leichter fällt, sich selbst experimentierend mit Gedichten auseinanderzusetzen, als über Gedichte zu reflektieren und sie zu interpretieren. Allerdings geht es auch bei eigenen produktiven Auseinandersetzungen kaum ohne analytische Phasen, insbesondere wenn Ausgangstexte und Beurteilungskriterien reflektiert werden müssen.
Im zweiten Unterkapitel geht es um **Erschließung und Interpretation.** Mithilfe von Arbeitsschritten, die in einem Methodenkasten (s. Schülerband, S. 161 f.) zusammengestellt sind, sollen die Schüler lernen, Gedichte systematisch zu erschließen und zu deuten. Dies geschieht an exemplarisch ausgewählten Gedichten (aus der Romantik, der Klassik, dem Expressionismus und der Zeit der Weimarer Republik). Neben den textimmanten Gesichtspunkten sind immer auch externe Bezüge (biografische Gesichtspunkte, gesellschaftliche Zusammenhänge der Zeit) zum Verständnis der Texte von Bedeutung.

Über Gedichte nachdenken und mit Gedichten experimentieren

Seite 152 **Aufgaben 1–3**

1. **Beispiel für einen Cluster**

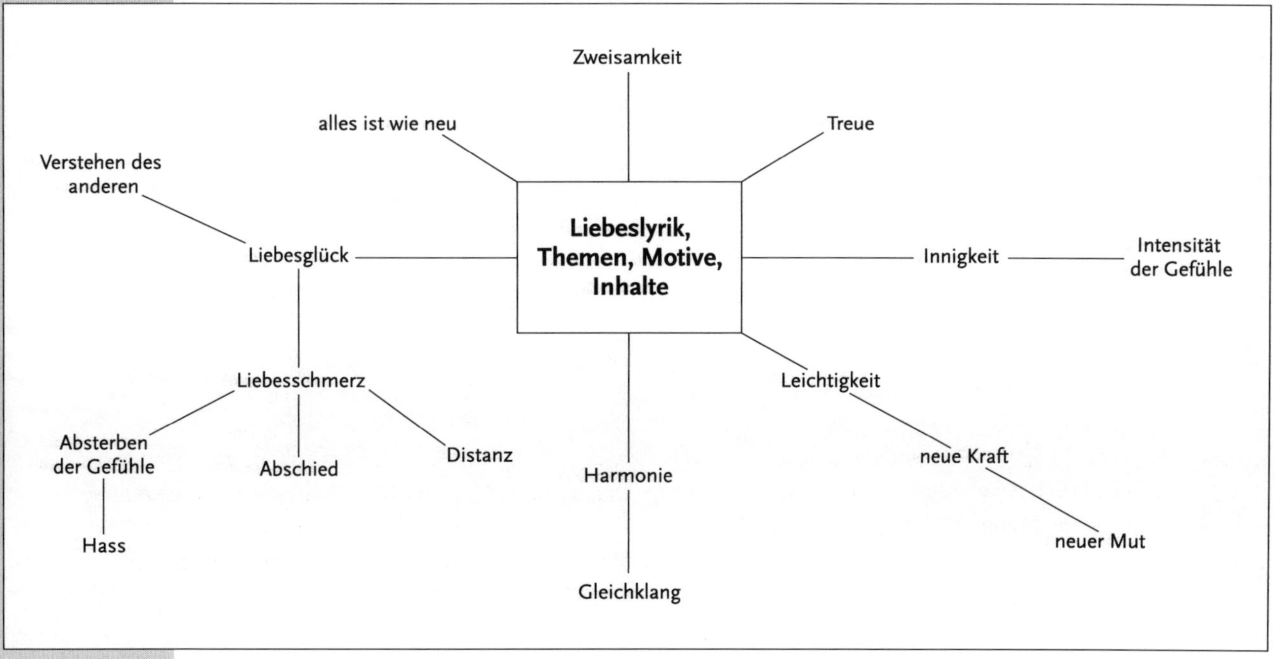

2. Die Aufgabe verlangt ein genaues Lesen der Texte, um festzustellen, um welche Thematik es geht. In Bezug auf die Gruppierung können einzelne Texte auch (mehrmals) unter unterschiedlichen Gesichtspunkten eingeordnet werden.

Inhalt, Thema, sprachliche Besonderheiten	Autor/Autorin
• Liebe als etwas Besonderes	Heine, Lan Thai, Lenau
• Traum, Sehnsucht	Günderode
• Gegensatz, Veränderung, Emanzipation	Busch, Hahn, Goncalves, Günderode
• gebundene Sprache	Busch, Goncalves, Günderode, Hahn, Heine
• freie Rhythmen und Verse	Lan Thai

3. Der Vortrag des jeweiligen Gedichtes kann kurz vorbereitet werden, möglicherweise mit einem Partner zusammen. Zu achten ist dabei zum Beispiel auf

- Betonungswörter,
- kurze Pausen, wobei die Stimme in der Schwebe bleibt,
- längere Pausen, bei denen die Stimme heruntergeht,
- sparsame begleitende Gestik.

Seite 152 Aufgabe 1 (unten rechts)

Diese Aufgabe ist nur individuell lösbar. Bemerkungen über die unterschiedlichen Fassungen der Texte können in ein intensives Gespräch über die Beschreibung und Deutung der Texte, über eine sinnvolle Überschrift, über die Kernaussage des Textes münden.

Sinnvoll ist ein Arbeiten in Kleingruppen (etwa 6 Kleingruppen, von denen jeweils zwei arbeitsgleich an einem Gedicht arbeiten).

Beispiel für eine Schülerfassung:

Die **Angst**
mich mit meinen Wünschen
und Fantasien im Rahmen
der Verliebtheit einzukreisen

habe ich
noch immer.
Ich
gehe
vorwärts
aber vorsichtig, ängstlich
und habe manchmal das Gefühl
die
Balance
nicht
halten zu
können.

Seite 153 Aufgaben 1 und 2

Die Aufgaben sind nur individuell lösbar.

Beispiele zum Text von Manfred Sestendrup, „liebe ist mehr“ und zu Edith Linvers, „Neben dir“:

- **M. Sestendrup**
  Vergleich: wie von einem ballon den ballast (Hiermit wird offenbar auf etwas verwiesen, was für dieses Gefühl wichtig ist: auf das Wagnis der Zweierbeziehung eingehen, sich preisgeben, individuelle Sicherheit aufgeben, ...)

- **E. Linvers**
  „Die rosarote Brille abnehmen"; „auf den siebten Himmel pfeifen"; „immer wieder aus allen Wolken fallen": Hier wird mit Gegensätzen gearbeitet, um den Unterschied zwischen der „Verklärung" durch die Liebe und der „Entzauberung" durch die Realität deutlich zu machen.

Beispiel für eine zusätzliche letzte Strophe (Sestendrup), die das Gedicht gleichsam „auf den Punkt" bringt:

wenn jemand mich mag, weil er
mich für ansprechend, erfolgreich, jugendlich hält,
ist das etwas, was ich dankbar registriere

wenn jemand zu mir steht,
wenn ich alt, gebrechlich, krank bin,
längst nicht mehr in meinem Beruf tätig bin,
dann sehe ich das als größtes Geschenk an –
dann ist es: **liebe**

Insbesondere sollten in der Reflexionsphase (Erläuterung der eigenen Fassung/Vergleich mit der Originalfassung) die spezifischen Stilmittel der Lyrik herausgearbeitet werden (s. Hinweise im Schülerband, S. 155):
- Wiederholung/Anaphorik,
- bildhafte und symbolische Ausdrucksweise,
- gebundene Sprache oder freie Rhythmen und Verse.

2. Beispiele für von Schülern verfasste Texte:

An DIE Frau
Ich liebe **SIE**
Dafür,
dass **SIE** mir Hoffnung gibt,
wenn ich verzweifle.
Dafür,
dass **SIE** mir Mut zuspricht,
wenn ich verliere.
Dafür,
dass **SIE** mich aufrichtet,
wenn ich zusammenbreche.
Dafür,
dass **SIE** zu mir hält,
wenn alle gegen mich sind.
Dafür,
dass **SIE** mir Rat gibt,
wenn ich nicht mehr weiter weiß.
Dafür,
dass **SIE** immer da ist,
wenn ich **SIE** brauche.
(Schülertext)

Hey du,
ich will dir sagen: „Ich liebe dich."
doch ich trau mich nicht.

Ich hab Angst
nur mit dir zu reden,
mich falsch zu bewegen,
dir einen schlechten Eindruck zu geben.

Vielleicht nicht Angst,
aber ich will dich nicht verlieren
bevor wir uns je gefunden haben.

Wir sollten was tun,
aufeinander zugehen,
aber willst du das überhaupt?
weißt du überhaupt,
dass ich es will?

Warum sind wir nur alle so spießig?
Warum sagen oder zeigen wir nie, was wir denken?
Ist es schlimm, offen zu sein?

Ach, ich bin es ja selber nicht,
versuche es, bemühe mich drum,
aber vergiss es,
das mit uns ist wohl nur ein Traum
von mir – auch von dir?
(Schülertext)

Kontextmaterial

Welche der auf den Seiten 151 bis 153 im Schülerband abgedruckten Gedichte sind „moderne Gedichte"? Bei einer Erörterung dieser Frage können die folgenden Texte hilfreich sein.

a)
Das moderne Gedicht

Die Verfasser moderner Lyrik entfernten sich von der Tradition der Lyrik als der subjektivsten aller sprechenden Künste. Das moderne Gedicht ist „objektiv" geworden. Es geht hier nicht um den Gefühlsrausch, auch nicht um die Vermittlung von Ideen, ganz zu schweigen von Intentionen des Preisens, Bestätigens oder Schmückens. Auffallend ist hingegen das Bedürfnis des Dichters nach objektiver Sachlichkeit von Erfahrung und Erkenntnis, gleichgültig, auf welchem Gebiet sich ein Gedicht bewegt. Es findet also eine vollkommene Abkehr vom Ich statt. Alle Verschiedenheiten des individuellen Stils ausgenommen, gibt es allgemeine Merkmale des modernen Gedichts:

- Moderne Lyrik verzichtet auf das unmittelbare Ansprechen des Gefühls. Das dichterische Ich tritt hinter dem Objekt zurück.
- Andere „Erlebnisse" der Dichter erfordern eine andere lyrische Technik. Das moderne Gedicht beruht nicht in erster Linie auf der Inspiration; es wird durch den Geist gesteuert, der Gesetz und Geheimnis der absoluten Wirklichkeit erfahren will.
- Moderne Lyrik besitzt mehrere Bedeutungsschichten. Nicht selten ist eine Sinndeutung nicht mehr durchführbar.
- Das moderne Gedicht ist unbedingt sachlich. Jede Art von Deklamation, Pathetik, Verniedlichung u. a. wird abgelehnt.
- Äußerste Sprachverkürzung gibt der Sprache wieder Ursprünglichkeit und Bedeutung zurück; das einzelne Wort gewinnt an Bedeutungsschwere.
- Spezifisch moderne sprachliche Mittel wie der Wechsel der Perspektive, Verfremdung, Entdinglichung u. a. unterstreichen die Grenzsituationen moderner Lyrik.
- Spezifische sprachliche Mittel – Symbolverschränkungen, Verschlüsselung u. a. – unterstreichen die Aussage.
- Das logisch-syntaktische Gefüge wird gelockert bis zur beliebigen Austauschbarkeit der syntaktischen Elemente. Häufig fehlt jede Zeichensetzung, um die beabsichtigte Akzentlosigkeit des Sprechens nicht zu stören.
- Meist liegen weder metrisches Regelmaß noch überkommene Strophen- und Gedichtformen vor. An deren Stelle treten freie Rhythmen bis zur Annäherung an die Prosa. Daher kann die Bezeichnung „Vers" durch „Zeile" ersetzt werden; die Zeilenkomposition löst den Strophenbau des traditionellen Gedichts ab.
- Das moderne Gedicht ist meist ein „offenes" Gedicht: Seine Erlebniskurve schließt sich am Ende nicht. Der Leser muss den Schluss selbst finden.

(aus: Dieter Lorenz (Hg.): Grundwissen Deutsch, Bayerischer Schulbuch Verlag, München 1990, S. 65)

b)
Deutsche Gegenwartslyrik

Moderne Dichtung (insbesondere moderne Lyrik) will weder trösten noch das Gemüt rühren, weder erbauen noch etwas veredeln. Sie will keine Sachverhalte mitteilen noch allgemeine Wahrheiten aussprechen, keine Wirklichkeit abbilden oder wiedergeben, vielmehr eine neue Wirklichkeit schaffen. Moderne Literatur soll für den Leser nicht mehr „Genuss" sein, sondern ihn zur Kritik, zur Kreativität und zum Nachschaffen anregen. Gereimte Erbaulichkeiten sind ebenso verpönt wie das Streben nach Harmonie und die Darstellung des Schönen. Literatur ist Denkansatz und Herausforderung zugleich; sie ist weder affirmativ noch lebens- oder gesellschaftsbejahend. Die Literatur hat die Aufgabe übernommen, die „Illusion [zu] zerstören, die Welt [...] sei in der Ordnung".

(aus: Hans-Joachim Willberg: Deutsche Gegenwartslyrik. Eine poetologische Einführung, Reclam Verlag, Stuttgart 1989, © Philipp Reclam jun. GmbH & Co., Stuttgart)

Fremde Texte als Ausgangspunkt kreativer Schreibversuche

Um Texte zu verändern und mit Texten in einem kreativen Sinne zu spielen, sind vor allem auch kurze Prosatexte geeignet. Dabei ist der Schreiber völlig frei in seiner individuellen Gestaltung; es geht vor allem um die „Aktivierung der Imaginationskraft". Der Text ist hier also Mittel zum Zweck kreativer Schreibversuche (s. S. 74). Die Kopiervorlage auf S. 78 (Lehrer- und Materialienband) enthält eine Zusammenstellung geeigneter Kurzprosatexte.

Z

Wolf Wondratschek: Der Hundertmarkschein, siehe Seite 78
Heinrich Wiesner: Tierfreunde, siehe Seite 78
Kurt Marti: Lärm, siehe Seite 78
Marie-Luise Kaschnitz: Steht noch dahin, siehe Seite 78

Auf S. 74 des Lehrer- und Materialienbandes ist ein Beispiel für eine Schülerarbeit zu einer Veränderung des Textes von Wolf Wondratschek „Der Hundertmarkschein" angegeben.

Weitere Möglichkeiten kreativer Gestaltung von Gedichten – Stilvorgaben

Kreatives Schreiben ist nicht, auch wenn die Offenheit des Schreibens betont wird, ein Schreiben ohne Regeln. Es werden hier für entsprechende erste Versuche mit dieser Art des Schreibens drei relativ einfache formale Vorgaben gemacht (Elfchen, Silbenschneeball, Haiku). Diese Stilvorgaben eignen sich vor allem für die **Formulierung von Augenblicksstimmungen, Natureindrücken und Sinneswahrnehmungen.** Der Vorzug einer Nutzung derartiger Kurzformen könnte darin liegen, dass der Schreiber „gezwungen" wird, in möglichst knapper Form seine individuellen Eindrücke wiederzugeben und sprachlich ökonomisch zu arbeiten, indem er passende Ausdrücke sucht, austauscht und umstellt.

„Elfchen"
Bei dieser für alle Schulformen geeigneten Form handelt es sich um ein kurzes Gedicht aus nur elf Wörtern, die auf fünf Zeilen verteilt sind.
Die Regeln im Einzelnen:
1. Zeile: 1 Wort (eine Farbe oder eine Eigenschaft)
2. Zeile: 2 Wörter (etwas, das diese Farbe/Eigenschaft hat: ein Gegenstand, ein Tier, ein Baum, ein Mensch ...)
3. Zeile: 3 Wörter (wo es ist, was es tut, wie es ist, genauere Bestimmung)
4. Zeile: 4 Wörter (Ergänzung/Zusatz; zum Beispiel etwas über sich selbst)
5. Zeile: 1 Wort als Abschluss/Zusammenfassung

Beispiele

Rot
Der Berg
Eine gläserne Wand
Steht starr am Horizont
Einsamkeit
(Ralf)

braun
die Blätter
im nahen Park
im nächsten Jahr Staub
vergänglich
(Kirsten)

Licht
ein Lichtstrahl
über dem Meer
leuchtet in goldschimmernden Wellen
Hoffnung
(Lisa)

„Silbenschneeball"
Die erste Zeile eines solchen Gedichts besteht aus einem einsilbigen Wort, die zweite Zeile besteht aus zwei Silben (dies kann ein Wort, es können auch zwei Wörter sein); die dritte Zeile aus drei Silben usw. (Vielleicht versuchen Sie zunächst einmal, einen Text mit sechs oder sieben Zeilen zu schreiben.)

Beispiel

Wir
Wir
sind zwei
nie allein
wie wäre es
hätten wir uns nicht ...
fragst du dich das auch oft
Nie darf es so kommen, nie
(Jessika)

Haiku

Das Haiku ist ein japanisches Kurzgedicht. Im 17. und 18. Jahrhundert gehörte es zu den klassischen Lyrikformen in Japan. Derartige „Gedichte zum Sehen" schrieben japanische Künstler mit Pinsel und Tusche zu einem Bild, oft auch auf einen Fächer, damit sie deutlich gesehen wurden.

Beispiele

Der Wind
Sanft umweht er mich.
Ich spüre seinen Hauch wie
Atem auf der Haut.
(Tina)

Voller Frühlingsmond!
Und die Leute fragen noch:
Mensch, was starrst du so?
(Hotta Bakusui)

Morgen – Sonne – Schnee:
Selbst die Krähe, sonst verhasst
heute ist sie schön.
(Matsuo Basho)

Heute sehe ich
In dichten Wolkenhaufen
Mehr als gestern Nacht
(Michael)

Wie der volle Mond
auf das Abendhimmelsgrün
eine Föhre malt!
(Hattori Ransetsu)

Gedichte verstehen und interpretieren

Johann Wolfgang Goethe: Warum gabst du uns die tiefen Blicke (Seite 157)

Zu biografischen Zusammenhängen

Die Weimarer Hofdame Charlotte von Stein war Goethes Vertraute im ersten Jahrzehnt seiner Weimarer Zeit. Sie half ihm, sich in die Weimarer Hofgesellschaft einzuordnen und vermittelte ihm die für seine verantwortungsvolle Tätigkeit so wichtige Selbstdisziplin. Um der unerreichbaren 33-jährigen Hofdame zu gefallen, nahm Goethe schnell Abstand vom Lebensstil der Stürmer und Dränger und strebte stattdessen nach Ordnung und Gesittung (vgl. das Drama „Iphigenie auf Tauris", Schülerband, S. 132 ff.). Mit Datum vom 14. April 1776 schickte Goethe der Freundin das Gedicht. Da es als persönliches Liebesbekenntnis Charlotte von Stein gewidmet war, bleibt das Gedicht zunächst unveröffentlicht. Die besonderen Voraussetzungen dieses Verhältnisses dürfen nicht außer acht gelassen werden: Es handelt sich um „Seelenliebe", die keinen Anspruch auf körperliche Vereinigung erhob. Die Umstände von Goethes heimlicher Abreise (von Karlsbad aus) nach Italien mussten Charlotte von Stein tief verletzen (s. dazu auch die Informationen auf S. 211 und 213 f. im Schülerband). Zutiefst getroffen musste sie sein, als Goethe nach seiner Rückkehr aus Italien sich in sinnlicher Leidenschaft an Christiane Vulpius band, eine Arbeiterin in einer Fabrik für künstliche Blumen. Der Bruch zwischen Charlotte von Stein und Goethe war unausweichlich. Tragik und Missverständnis dieser Beziehung liegt vielleicht darin, dass Frau von Stein nicht erkannte, dass ihre Rolle und Bedeutung in Goethes Leben nicht auf ewige Treue begründet sein konnte, sondern zeitbedingt war, nur für eine Phase ihres gemeinsamen Lebens Geltung haben konnte. Auf Dauer konnte Goethe, insbesondere nach den Erfahrungen in Italien, kein Genügen finden in der Beziehung zu einer Frau, die ihm „nur" eine „Seelenfreundschaft" bieten konnte.

Kontextmaterial

Charlotte von Stein, die am 25. Dezember 1742 als Charlotte Ernestine Albertine von Schardt vermutlich in Eisenach geboren wurde, erfuhr [...] das in mancher Hinsicht exemplarische Frauenschicksal eines adligen Mädchens der Goethezeit. Schon als Sechzehnjährige trat sie in den Dienst der Herzogin Anna Amalia, deren Hofdame sie blieb, bis sie im Jahre 1764 eine Vernunftehe mit dem herzoglichen Stallmeister, nachmals Oberstallmeister, Josias von Stein einging. Sieben Kinder wurden in dieser Ehe geboren, die vier Mädchen starben jedoch schon im Kindesalter. Die anstrengenden Schwangerschaften hatten Charlotte von Stein zermürbt, und die Ehe mit ihrem Mann, der selten zu Hause war, zumeist an der Hoftafel speiste oder mit dem Herzog auf Reisen ging und sich ohnedies für nichts so sehr interessierte wie für seine Pferde, erfüllte sie keineswegs. Josias von Stein tolerierte die Neigungen seiner Frau – sie beherrschte nicht nur die französische Sprache, das Tanzen, Handarbeiten und Klavierspielen, sondern dilettierte bisweilen auch in der Malerei und Dichtkunst –, aber er teilte sie keineswegs.

So führte Charlotte von Stein ein freudloses und einsames Leben, und dies hätte sich wohl kaum geändert, wäre nicht im Jahre 1775 Johann Wolfgang Goethe, bereits als Dichter des „Götz von Berlichingen" und insbesondere des „Werther" berühmt, nach Weimar gekommen. [...]

Goethe [gab ...] ihrem Leben einen neuen Sinn. Noch im November 1775, nachdem Goethe gerade erst in Weimar eingetroffen war, hatten sie einander kennengelernt, und schon im Dezember besuchte Goethe Frau von Stein auf ihrem Gut in Großkochberg und ritzte seinen Namen in ihre Schreibtischplatte ein.

Beide, Frau von Stein und Goethe, empfingen aus dieser Seelenbeziehung die Anregungen, derer sie in dieser Phase ihres Lebens bedurften. Charlotte hatte endlich einen Geistesverwandten gefunden, der sie an seinen Gedanken und literarischen Plänen teilhaben ließ. [...]

Die Beziehung wurde schnell sehr intensiv, und es scheint, als sei Charlotte von Stein, mehr noch als Goethe, der gebende Partner gewesen. Sie verwies Goethe sein wildes Treiben, hielt ihn in Schranken, verbot ihm das vertrauliche „Du", das er sich schon zu Beginn des Verhältnisses angemaßt hatte, und zeigte ihm dennoch – wenngleich in den Grenzen, die ihr Status als verheiratete Frau ihr gebot –, dass auch sie Gefühle für den Dichter hegte.

(aus: Astrid Seele, „Frauen um Goethe" [Auszug], Copyright © 1997, 2000 by Rowohlt Taschenbuch Verlag GmbH, Reinbek bei Hamburg)

Zum Gedicht „Warum gabst du uns die tiefen Blicke"

Kernstrophe des privaten Briefgedichts ist die Strophe 4, in dem der mäßigende Einfluss der Angesprochenen auf den lyrischen Sprecher verdeutlicht wird. Man kann davon ausgehen, dass der Einfluss der sieben Jahre älteren Hofdame auf Goethe gemeint ist. Der Schreiber deutet die Beziehung zu der geliebten und verehrten Freundin als eine Art therapeutische Mäßigung seiner verworrenen Gefühle.

Zum Aufbau des Gedichts

- 1./2. Strophe: Frage an das Schicksal in Form eines Selbstgesprächs, mit dem das eigene Schicksal überdacht wird. Dabei wird ein Gegensatz deutlich: Die „tiefen Blicke" schließen die Liebenden von einem gewöhnlichen irdischen Glück aus: „Uns zu lieben, ohn uns zu verstehn." Der reflektierende Mensch beneidet manchmal den unkomplizierten, naiv dem Dasein hingegebenen Menschen.
- 3. Strophe: Glück des unkomplizierten Menschen (Gegensatz von Traum und Ahndung); Sicht auf die Gegenwart, Zukunft, Vergangenheit (Seelenverwandtschaft, Seelenwandlung)
- 4. Strophe: (s. auch oben: „Zu biografischen Zusammenhängen") Einfluss der Geliebten auf den lyrischen Sprecher: Mäßigung, Anregung, Beruhigung, Selbstdisziplin
- 5. Strophe: Sprecher behauptet für die Angesprochene mit, dass die Gegenwart sie nicht dem zwecklosen Traumglück ausliefern werde, weil sie die „tiefen Blicke" haben, denen sich das „wahr Verhältnis" zu erkennen gibt. Dies ist nur als eine schon da gewesene Verbundenheit zu begreifen (vgl. Strophe 3).

Seite 157 **Aufgaben 1–3**

1. Der lyrische Sprecher bekundet eine Seelenverwandtschaft (Strophe 3); mäßigender Einfluss und sittliche Läuterung; Liebe als vollkommenes Verstehen des Partners, aber auch als Verzicht auf die „schnellen Freuden" (Strophe 1) (Enthaltsamkeit gegenüber der sinnlichen Liebe?)

2./3. Vgl. die Hinweise oben; deutlich wird in diesem Gedicht die Liebesauffassung der Klassik: Mäßigung, Ausgleich, Vervollkommnung und Harmonisierung (Strophen 4 und 5).

Clemens Brentano: Der Spinnerin Nachtlied (Seite 158)

Zum Text

- **Lyrisches Ich:** Spinnerin bei der Arbeit; sie erinnert sich an die glückliche Zeit mit dem Geliebten.
- In den einzelnen Strophen wechseln **Vergangenheit und Gegenwart;** Vergangenheit: dunkle Vokale (a); Gegenwart: helle Vokale (ei); in den einzelnen Strophen wechseln außerdem die Romantikmotive **Mondschein (Sehnsucht) und Nachtigall (erfüllte Liebe),** diese beiden Motive verbinden in den einzelnen Strophen die Vergangenheit, die Zeit der Liebe, und die Gegenwart, die sehnsuchtsvolle Erinnerung an diese Zeit.
- Das **Spinnrad** erhält die Bedeutung der verronnenen Zeit.
- **Grundaussage des Textes:** Das Liebesglück ist eine Sache der Vergangenheit. In der letzten Strophe wird die Hoffnung ausgesprochen, dass die Sehnsucht der Frau nach ihrem Geliebten ihre Erfüllung in der Ewigkeit findet, indem die Gegensätze in einer neuen Qualität aufgelöst werden.
- Die **Sprache und die Form des Textes** (Liedcharakter) wirken zunächst einfach; der Aufbau ist jedoch sehr kunstvoll; typisch an diesem romantischen Gedicht ist auch die Klangform und Musikalität, auf die der Dichter höchste Sorgfalt verwendet (vgl. oben).
- Das Gedicht ist auch insofern **typisch für die Romantik,** als die Sehnsucht der Spinnerin übertragen werden kann auf die grundsätzliche Sehnsucht des Menschen nach Auflösung der Gegensätze auf einer höheren Ebene. Das Phänomen der Liebe wird insofern in diesem Text poetisch verklärt.

Seite 158 **Aufgabe 1**

Die Hinweise/Hilfen im Schülerband können zu folgendem **Tafelbild** entwickelt werden:

Der Spinnerin Nachtlied

1. Vergangenheit
   - Nachtigall (Liebeserfüllung)
   - süßer Schall
   - zusammen
2. Gegenwart
   - weinen
   - allein
   - Mond (Sehnsucht)
3. Vergangenheit
   - zusammen
   - Nachtigall
   - Schall
4. Gegenwart
   - Mond
   - allein
   - „Gott wolle uns vereinen"
5. Vergangenheit
   - Nachtigall
   - Schall
   - zusammen
6. Gegenwart
   - „Gott wolle uns vereinen"
   - allein
   - Mond
   - weinen

Aussage:
Liebesglück ist vergangen; Hoffnung auf Erfüllung der Sehnsucht in der Ewigkeit

Hinzugezogen werden können an dieser Stelle die beiden Bilder von Edvard Munch (s. Schülerband, S. 14). Die beiden Bilder thematisieren:

a) Zuneigung/Liebesglück: Nähe, Anschauen, Gesicht des Mannes wird von den Haaren der Frau „umfangen"

b) Loslösung (Abschied?, Trennung?, Tod?, Einsamkeit?: abgewandte Gesichter, Isolation)
Auch das Gedicht von Brentano thematisiert zwei gegensätzliche Haltungen: die erfüllte Liebe der Vergangenheit und die sehnsuchtsvolle Erinnerung an diese Zeit. Dies spiegelt sich in den Gedanken der Frau wider.
Vgl. den Trainingsvorschlag zum Textvergleich (Clemens Brentano: Der Spinnerin Nachtlied/Erich Kästner: Sachliche Romanze im Schülerband, S. 163); die Lösungshinweise finden sich im Anhang des Schülerbandes auf S. 365.

Hinweis auf das Trainingsheft, 11

Interpretation und Vergleich von zwei themengleichen Gedichten

- Joseph von Eichendorff: Das zerbrochene Ringlein/Marie Luise Kaschnitz: Einer von Zweien
„Deutsch in der Oberstufe", 11, Training, S. 63 ff.

Conrad Ferdinand Meyer: Zwei Segel (Seite 159)

Zum Text

Es handelt sich bei diesem Text um ein **symbolisches Liebesgedicht.** Die zwei Segel symbolisieren die beiden Liebenden; der Wind könnte die Stärke der Liebe darstellen. **Kernaussage des Gedichts ist die Harmonie von Ich und Du und die wechselseitige Abhängigkeit.**

- 1. Strophe: Zwei elliptisch gebaute Sätze; die Einheit der beiden Segel wird betont; der Wechsel von hellen und dunklen Vokalen verdeutlicht die Polarität von Mann und Frau; der einheitliche Rhythmus mit abwechselnd männlicher und weiblicher Kadenz betont die Wirkung von Harmonie.
- 2. Strophe: In einem hypotaktisch gebauten Satzgefüge wird die innere Verknüpfung der beiden Liebenden betont; das eine „Segel" passt sich dem anderen an; das Wort *Empfinden* verweist auf die menschliche Ebene von Liebendem und Geliebtem.
- 3. Strophe: Sprachlich: zwei parallele Satzgefüge; inhaltlich: die Segel sind wechselseitig voneinander abhängig (hasten – geht schnell/rasten – ruht); Bedeutung: Die Liebenden sind völlig aufeinander bezogen; damit wird die Harmonie betont.

In einem **Tafelbild** lassen sich diese Zusammenhänge auf folgende Weise darstellen:

Form		Inhalt
zwei Satzellipsen	1. Strophe	Einheit: zwei Segel
Satzgefüge	2. Strophe	innere Verknüpfung/Mitempfindung füreinander
parallele Satzgefüge	3. Strophe	wechselseitige Abhängigkeit: hasten – geht schnell rasten – ruht

Aussage: Harmonie von Ich und Du

Seite 159 **Aufgaben 1–3**

Die Aufgaben sind nur individuell lösbar. Deutliche Hilfen bieten die Hinweise zum Text oben.
Beispiele für Markierungen und Randnotizen:

Conrad Ferdinand Meyer
Zwei Segel

„Segel" als Bild

Zwei Menschen: Liebe?

Zwei Segel erhellend a
Die tiefblaue Bucht! b
Zwei Segel sich schwellend a
Zu ruhiger Flucht! b

Kreuzreim, Wechsel von unbetontem und betontem Versende

Alliteration/
Stabreim: Z, W

Wie eins in den Winden
Sich wölbt und bewegt,
Wird auch das Empfinden — Menschen
Des andern erregt. — Metrum betont

Harmonie, sind aufeinander bezogen — Bewegung

Begehrt eins zu hasten, — x x́x x x́x
Das andre geht schnell, — x x́x x x́
Verlangt eins zu rasten, — x x́x x x́x
Ruht auch sein Gesell. — x x́x x x́

(aus: M. von Zeller, A. Zäch (Hg.): Sämtliche Werke, Bentele Verlag, Bern 1962)

Bertolt Brecht: Erinnerung an die Marie A. (Seite 160)

Zum Text

Der Text ist zunächst einmal – wie auch andere Gedichte in dieser Reihe – als **Rollenlyrik** anzusehen, d. h., der junge Schriftsteller Bertolt Brecht projiziert seine eigenen Gefühle oder nur vorgestellte Gefühle in eine fiktive Figur hinein (lyrischer Sprecher/lyrisches Ich). Wir können daher nicht ohne Weiteres davon ausgehen, dass es sich hier um individuellen Selbstausdruck bzw. eine Art „Erlebnisdichtung“ handelt, die konkrete Rückschlüsse auf die Lebenseinstellung des jungen Schriftstellers zuließe.

[Es] ist daran zu erinnern, dass die frühe Fassung mit *Sentimentales Lied Nr. 1004* überschrieben ist. [...] Brechts Gedicht ist damit zusätzlich auch noch als parodistischer Gegenentwurf zu bürgerlicher Liebeslyrik anzusehen. Die ursprüngliche Überschrift, die bisher lediglich als Nummerierung weiterer *Sentimentaler Lieder* (vgl. Nr. 78, 8, 97 f.) verstanden worden ist, hat Bedeutung, wenn man die Zahl der von Giacomo Casanova „geliebten“ Frauen unterlegt *(Histoire de ma vie,* 1789–1798); da sind es nämlich 1003. Brecht besingt – sozusagen in Fortsetzung – die 1004. Das verstärkt nicht nur den Rollencharakter (auf Distanz) des „Sprechers“, auch die Liebesgeschichte wird so allen Sentiments von vornherein entkleidet: Die legendäre Zahl, die von Casanova überliefert ist, trägt die Tendenz, die Brechts Gedicht dann bestimmt, bereits in sich, sie zählt Unsinniges, sie nivelliert die je einzelne „Liebe“ zum nicht mehr erinnerbaren Ereignis.

(aus: Jan Knopf: Brecht-Handbuch. Lyrik, Prosa, Schriften [Mit einem Anhang: Film], S. 35 f. © 1984 J. B. Metzlersche Verlagsbuchhandlung und Carl Ernst Poeschel Verlag GmbH in Stuttgart)

Zum Aufbau

- 1. Strophe: sentimental wirkende Darstellung im ersten Teil der Strophe: blauer Mond, junger Pflaumenbaum, holder Traum, schöner Sommerhimmel ...; dieses Stimmungsbild erweist sich später als Klischee, denn die Geliebte ist vergessen; Vergegenwärtigung des Septembertages durch die Wolke (drei Schlussverse)
- 2. Strophe: zerstört den Eindruck der ersten Strophe; das Liebeserlebnis wird vom Strom der Zeit fortgeschwemmt und verblasst. Der Sprecher nimmt hiermit Bezug auf die Vergangenheit. Im Dialog wird das Titelwort „Erinnerung“ wiederholt; diese wird zugleich geleugnet: „ich kann mich nicht erinnern“ (V. 13). Das lyrische Ich weist zurück, dass die Begebenheit etwas mit Liebe zu tun hat. Der Dialogpartner bestätigt dies: „ich weiß schon, was du meinst“ (V. 14). Die 4. und 5. Zeile enthalten die Kernaussage des Gedichts.
- 3. Strophe: Bestätigung der Aussagen der 2. Strophe; es wird von Vers zu Vers deutlicher, dass von der Liebe im September nichts geblieben ist. Wiederaufnahme der Motive *Wolke, Kuss, Pflaumenbaum.* Der Sprecher hält Distanz zu den erinnerten Vorgängen. Eine genaue Erinnerung ist ihm nicht möglich. Noch einmal tritt die Wolke in Erscheinung, hier insbesondere als Zeichen der Vergänglichkeit: „Doch jene Wolke blühte nur Minuten/Und als ich aufsah, schwand sie schon im Wind.“ (V. 23 f.)

Mögliche Anforderungsbereiche und Erwartungshorizont

- Thema und Aussage des Textes beschreiben und deuten
  (Text hat keinen sentimentalen „Erbauungscharakter“, sondern er ist eher eine Parodie herkömmlicher Liebeslyrik; flüchtiger Selbstgenuss: Marie A., voller Name wird nicht erinnert; Gesicht ist auswechselbar; Wolke als Symbol für die Flüchtigkeit und Anonymität des „Liebes“-Erlebnisses: „Und fragst du mich, was mit der Liebe sei?/So sag ich dir: ich kann mich nicht erinnern“ (V. 12 f.))

- Erläutern, dass hier ein lyrisches Ich spricht, das auf seine vergangenen Erlebnisse zurückblickt (Distanz zu den erinnerten Vorgängen)
- Die Stil- und Wirkungsmittel des Textes beschreiben und erklären (Überschrift, Aufbau, Wiederholung von Leitmotiven: Wolke, Pflaumenbaum, Kuss, weiß)

Methodische Hinweise
Im Unterricht ist es zunächst wichtig, auf die ersten Eindrücke der Schüler zu reagieren (was löst der Text in mir aus?). Im Sinne einer hermeneutischen Erarbeitung sollte das erste Textverständnis am Text „abgearbeitet" – d. h. die Bedeutungshypothesen verifiziert oder falsifiziert werden. Dazu kann der Lehrer die oben gegebenen Informationen in den Unterricht einbringen. Zur Herausarbeitung der Intention Brechts (vgl. Anforderungsbereiche) sollte ein Vergleich zu anderen Texten der Reihe gezogen werden: In welchen Texten wird Liebe ähnlich dargestellt? In welchen Texten wird Liebe ganz anders dargestellt?

Seite 160 **Aufgabe 1**

Die Aufgabe ist nur individuell lösbar. Die Hinweise zum Text bieten Anhaltspunkte dafür, wie ein markierter Text aussehen kann, z. B. Deutungshypothese notieren, Aufbau kennzeichnen, Dialogpartner, thematische Motive und Bildlichkeit (Wolke, Kuss, Pflaumenbaum) verdeutlichen. Schüler sollten darauf hingewiesen werden, dass nur Wesentliches markiert wird (es gibt allerdings auch Schüler, die zu wenig markieren).

Kontextmaterial

Jan Knopf

Erinnerung an die Marie A.

Die Intensität des Gedichts liegt in erster Linie in seinem geradezu unerhörten Klang. Bereits die beiden ersten Verse setzen auffällige lautliche Zeichen: „im blauen Mond" (1), „Pflaumenbaum" (2), gleich dreimal dominant der „au"-Diphthong, wobei zwei Liebessymbole – wie Gottfried Benn gesagt hätte, von erheblichen gefühlsbetonten „Wallungswerten" – am Beginn stehen: der Mond, das Liebessymbol (und Kitschsymbol für Liebe) schlechthin, der Pflaumenbaum mit seinen sexuellen Konnotationen (die Pflaume als weibliches Sexualsymbol ist ein alter Topos). Der Mond hat dazu noch die – eigentlich vorrangige – Bedeutung „Monat" (9). Und „blau" ist aus der lyrischen Tradition der Klassik das, um noch einmal Benn zu bemühen, „Südwort" schlechthin, hier aber durch die Korrespondenz mit dem Pflaumenbaum ebenfalls sexuell konnotiert: wiederum von erheblichem Wallungswert.
Der „o"-Laut von „Mond" wird aufgenommen in „holden Traum" (4) – hier verbunden mit dem „au" von „blau" und „Pflaume" –, in „Sommerhimmel" (5), in „Wolke" (6) und in „oben" (7), auch hier in einer Strophe also viele Zusammenklänge. Dies geht mit dem „i"-Laut weiter: „Still" (2), „die stille [...] Liebe" (3), wiederum der „Sommerhimmel" (5), der „o" und „i" klanglich miteinander verbindet, „die ich" (6), nochmals „ich" (8) und „sie nimmer" (8), dazu die gehäuften „ei"-Laute, deren einzelne Aufzählung ich mir hier erspare.
Das klangliche Zusammenstimmen geht außerdem über die Strophengrenzen hinweg. Nicht nur, dass der Pflaumenbaum in jeder Strophe vorkommt, und die Wolke in Strophe 1 und 3, oder die dreimalige Wiederholung des „still", sondern auch die Abstimmung durch zum Teil leicht variierte Anaphern: „An jenem Tag" (1), „Seit jenem Tag" (9), „Sie war sehr weiß" (7, 20), „Und als ich aufsah" (8, 24), „Doch ihr Gesicht" (15), „Doch jene Wolke" (23). Gerade durch die letztgenannte Anapher wird die Identifikation des „Gesichts" mit der „Wolke" formal sehr deutlich betont.
Es gibt zudem rhythmische Leitmotive, die verschiedene Teile des Gedichts klanglich aufeinander beziehen; hier sind es zweifüßige Jamben, die häufiger wiederkehren: „Da hielt ich sie" (3), „Sie war sehr weiß" (7), „Und fragst du mich" (12), „So sag ich dir" (13) und „Die weiß ich noch" (19); es ließe sich sicherlich noch mehr finden, ich begnüge mich mit den auffälligsten syntaktischen Klein-Einheiten, die rhythmische Zusammenhänge stiften.
Hinzu kommen die vielen Alliterationen. Besonders deutlich mit dem weichen „w" in „Wolke" (6), „weiß" (7), „gewiß" (14), „wohl" (11), „Wind" (24) – und dies wiederholt in allen Strophen, wobei „weiß" als Adjektiv (Farbwort) und als Verb („wissen") eingesetzt ist. Weiterhin sind Assonanzen festzustel-

len, die Zusammenklänge außerhalb der Reime herstellen: „(Sommer)himmel“ (5), „nimmer“ (8, 15), „immer“ (19, 21). Und schließlich die Parallelismen: „ich weiß schon, was du meinst“ (14), „das weiß ich wirklich nimmer“ (15) und „Ich weiß nur mehr“ (16).

Bei diesem umfassenden Zusammenklang fällt es kaum mehr auf, dass die Hälfte der Verse nicht gereimt ist. Reime sind, wie gesagt, von der Quelle vorgegeben, jeweils nur in den Versen 2 und 4 sowie 6 und 8 gesetzt. Alle anderen Verse sind Waisen – doch dies fällt allgemein beim Hören des Gedichts gar nicht, beim Lesen erst nachträglich auf.

Fazit ist: Das Gedicht setzt Stimmungswerte, die es unmittelbar, erlebnishaft erscheinen lassen und somit die Rezipienten „anrühren“. In diesem Sinn scheint es sich tatsächlich um Lyrik im landläufigen Verständnis zu handeln: Es hat das „ewige“ Thema der Liebe zum Inhalt, bezieht seine Wirkung durch den Klang, setzt intensive Stimmungswerte, erscheint vollkommen gegenwärtig und erfüllt die „geformte Beständigkeit des Kunstwerks“ mit seinen Naturbildern.

Dennoch läuft alles auf Desillusionierung hinaus. Das lyrische Ich schaut aus erheblichem zeitlichen Abstand zurück, aber nicht elegisch (9, 22), und auch sonst ist das Gedicht von einem außerordentlich distanzierten Rückblick bestimmt, sodass jeglicher biografische Bezug zum Autor höchst fraglich wird, mag Brecht auch mit der Marie A. des späteren Titels an seine Liebe zu Marie Aman und sein angebliches Versprechen gedacht haben. Das lyrische Ich jedenfalls ist kein junger Mann mehr und insofern mit dem gerade 23-jährigen Autor kaum identifizierbar.

(aus: Jan Knopf (Hg.): Gedichte von Bertolt Brecht. Reclam Verlag, Stuttgart 1995, S. 35 ff., © Philipp Reclam jun. GmbH & Co., Stuttgart)

Weitere Anregungen

Es bietet sich ein Vergleich mit anderen Gedichten der Reihe an.
Anders dargestellt wird die Thematik zum Beispiel in folgenden Gedichten:

- C. F. Meyer: Zwei Segel (Schülerband, S. 159)
- C. Brentano: Der Spinnerin Nachtlied (Schülerband, S. 158)
- J. W. Goethe: Warum gabst du uns die tiefen Blicke (Schülerband, S. 157)

Ähnlich dargestellt wird das Thema in den Gedichten:

- E. Kästner: Sachliche Romanze (Schülerband, S. 160)
- U. Hahn: Danklied (Schülerband, S. 152)

Erich Kästner: Sachliche Romanze (Seite 160)

Mögliche Anforderungsbereiche und Erwartungshorizont

- Aufbau und Intention/Aussage des Gedichts beschreiben
  (Verfremdung des üblichen Liebesgedichts, Flüchtigkeit der Liebe, Erkalten eines ehemals intensiven Gefühls, Unfähigkeit des Mannes und der Frau, ihre Isolation zu überwinden)
  Aufbau: Strophe 1: anonymes Liebespaar, Abschied nach acht Jahren; Strophe 2: Gefühle werden überspielt, Unfähigkeit zur Aussprache, Beziehungslosigkeit und Kälte: „Da weinte sie schließlich. Und er stand dabei.“ (V. 8); Strophe 3: Höhepunkt des „sachlichen“ Verhaltens; Strophe 4: Resignation, aufkeimende Erkenntnis, ungläubiges Erstaunen, Unfähigkeit, die Isolation zu durchbrechen: „Sie saßen allein, und sie sprachen kein Wort“ (V. 16)
- Thema und Tonart des Gedichts beschreiben und durch einen Vortrag entsprechend gestalten (sachlich, leidenschaftslos; es geht um die Flüchtigkeit und das Erkalten von Liebesempfindungen und die entsprechenden Reaktionen von Mann und Frau)
- den lyrischen Sprecher und die Personen kennzeichnen
  (Dargestellt aus der distanzierten „sachlichen“ Sicht des lyrischen Sprechers erfährt der Leser, dass es sich um ein anonymes Liebespaar (er und sie) handelt, das sich seit „acht Jahre[n] kannte[.]“ und dessen Liebe plötzlich abhandengekommen ist.)
- die Überschrift erklären und die mögliche Wirkung reflektieren
  (*Romanze* hat u. a. die Bedeutung *romantisches Liebesabenteuer;* es spricht im Text vieles dafür, dass der Gegensatz von *Romanze* und *sachlich* hier ironisierend gemeint ist.)

Methodischer Hinweis
Bezogen auf den Text „Das moderne Gedicht" (Lehrer- und Materialienband, S. 114) sind hier für eine Diskussion in der Lerngruppe u. a. folgende Kennzeichnungen relevant:

- Entfernung von der Tradition der Lyrik
- Abkehr vom Ich
- Verzicht auf das unmittelbare Ansprechen des Gefühls
- Sachlichkeit
- Grenzsituationen
- Symbole und Verschlüsselungen betonen die Aussage
- Annäherung an Prosa
- Erlebniskurve schließt sich nicht, am Schluss offen

Die Erklärung der Liebe zwischen Mann und Frau (sie bleiben ohne Namen) wird vom lyrischen Sprecher in der dritten Person und in sachlicher, leidenschaftsloser Weise dargestellt. Die Überschrift *Sachliche Romanze* ist in der Verbindung der beiden Wörter wahrscheinlich ironisierend und verfremdend gemeint. In einem entsprechend unbeteiligt wirkenden Tonfall muss das Gedicht vorgetragen werden.

Produktionsbezogene Aufgabe als methodische Alternative
Als methodische Alternative können die Schüler den Text in eine Kürzestgeschichte übertragen. Dabei sollten möglichst viele Einzelheiten aus dem Gedicht Kästners (insbesondere die Verhaltensweisen der Personen) übernommen werden. Die unterschiedlichen Gestaltungen können verglichen werden unter dem Gesichtspunkt der Kernaussage des Ausgangstextes: „banales" Zuendegehen einer großen Liebe. Schließlich sollten im Rückbezug auf den Text Kästners die Fragen gestellt werden: Warum hat Kästner in seinem Gedicht die traditionellen Formen von Strophik, Reim und Metrum gewählt? Inwieweit dienen diese formalen Elemente seiner Aussage?

Schülerbeispiel für eine Übertragung in eine Kurzprosa-Form
Gleich wird er sagen, dass er in der Bar war. Sicher, Herbert. Und ich war beim Friseur. Ja, ja, mein Friseur. Ohne ihn würd ich mich langweilen. Diese Massage. Dieser Mann. Und Herbert war in der Bar. In der Bar – wie immer.
Kann dies denn wirklich der Sinn sein? Ich bin glücklich. Er ist glücklich. Doch was ist mit uns? Wir sind nicht glücklich. Soweit man noch „wir" sagen kann.
Früher gab es ein „wir" und früher waren *wir* glücklich. Ich gehe gleich zum Friseur. Zum Friseur – wie immer. O schau nur die Schiffe, sagt er immerzu. Als ob ich sie noch nie zuvor sah. Es ist schön. Unser Haus: Der Ausblick.
Herbert? Nein.
Manchmal denk ich an früher. Wir haben uns die Schiffe angeguckt. Gemeinsam. Wir waren glücklich. Ich stehe am Fenster. Herbert steht am Fenster. Früher standen wir am Fenster. Und jetzt? Ich geh gleich zum Friseur.
Er schaut mich an. Es glitzert in seinem Auge. Aus längst verlorenen Zeiten. Ich erinnere mich. Er auch?
(S. auch das Beispiel im Schülerband, S. 107 f.)

Zum **Trainingsvorschlag** (Vergleich der beiden Texte von Erich Kästner, „Sachliche Romanze"/Clemens Brentano, „Der Spinnerin Nachtlied", Schülerband, S. 163) werden im Anhang des Schülerbandes (S. 365 f.) ausführliche Lösungshinweise angeboten.

Methodische Alternativen

Eine **methodische Alternative** stellt die Bearbeitung eines Kommentars eines Experten dar.

Z **Rudolf Walter Leonhardt: Sachlich um der Leser willen, siehe Seite 125**

Weitere methodische Möglichkeit

Vergleich mit dem Text „Erinnerung an die Marie A.“ von B. Brecht

	B. Brecht	E. Kästner
Zeit	Rückerinnerung	Gegenwart (mit Bezug auf gemeinsam verbrachte acht Jahre einer „guten“ Beziehung)
lyrischer Sprecher	lyrisches Ich	lyrisches Er
Einstellung	Distanz/Erinnerung	Distanz/Sachlichkeit
mögliche Aussage	Flüchtigkeit der Beziehung (Wolke)/ vage Erinnerung an ein vages Gefühl	plötzlich erkaltete Beziehung/Trauer und Ratlosigkeit

Weitere **didaktische Möglichkeiten** bietet der folgende Text:

Z **Analyse des Gedichts „Danklied“ von Ulla Hahn (Schülerband, S. 152), siehe Seite 126 f.**

Benutzte und empfohlene didaktische Literatur zur Lyrik

- Binneberg, Kurt: Interpretationshilfen. Deutsche Lyrik von der Aufklärung bis zur Klassik, Klett Verlag für Wissen und Bildung, Stuttgart/Dresden 1992
- Binneberg, Kurt: Liebeslyrik. Lektürehilfen, Klett Verlag, Stuttgart 1989
- Deutsche Gegenwartslyrik. Eine poetologische Einführung. Arbeitstexte für den Unterricht, Reclam Verlag, Stuttgart 1989 (UB 15010)
- Deutsche Liebesgedichte, hrsg. von Siegfried Braun und Hans Lobentanzer, Arbeitstexte für den Unterricht, Reclam Verlag, Stuttgart 1993 (UB 9590)
- Deutsche Liebeslyrik. Sekundarstufe II, hrsg. von Ursula Frank, Reclam Verlag, Stuttgart 2008 (UB 15402)
- Gedichte und Interpretationen. 7 Bände. Von Renaissance und Barock bis Gegenwart, Reclam Verlag, Stuttgart 1982–1997
- Gelfert, Hans Dieter: Wie interpretiert man ein Gedicht? Arbeitstexte für den Unterricht, Reclam Verlag, Stuttgart 1990 (UB 15018)
- Gnüg, Hiltrud (Hg.): Nichts ist versprochen. Liebesgedichte der Gegenwart, Reclam Verlag, Stuttgart 1993 (UB 8559)
- Korte, Hermann: Lyrik von 1945 bis zur Gegenwart. Oldenbourg Interpretationen, Oldenbourg Verlag, München 1996
- Petruschke, Adelheid: Stundenblätter – Lyrik von der Klassik bis zur Moderne. Sekundarstufe II, Klett Verlag, Stuttgart 1995
- Riedel, Werner; Wiese, Lothar: Klausur- und Abiturtraining. Deutsch 4. Einführung in die Lyrik, Aulis Verlag, Deubner & Co, Köln 1995
- Schläbitz, Norbert: Lyrik nach 1945, Schöningh Verlag, Paderborn 2007 (Reihe EinFach Deutsch)
- Sowinski, Bernhard; Schuster, Dagmar: Gedichte der Empfindsamkeit und des Sturm und Drang. Oldenbourg Interpretationen mit Unterrichtshilfen, Oldenbourg Verlag, München 1992
- van Rinsum, Annemarie und Wolfgang: Interpretationen Lyrik, Bayerischer Schulbuch-Verlag, München 1994

Rudolf Walter Leonhardt

Sachlich um der Leser willen

Das Gedicht steht am Anfang des Gedicht-Bandes „Lärm im Spiegel"; es ist der Prolog, mit dem sich der durch „Herz auf Taille" gerade berühmt-berüchtigt gewordene Neunundzwanzigjährige (1928) seinen Lesern ausweisen will. Und der Titel „Sachliche Romanze" steht für ein Programm: So etwas „Romantisches" wie Liebe wird nicht geleugnet, im Gegenteil, es gehört auch bei Kästner zum Repertoire. Aber es wird in nüchterner, „neuer Sachlichkeit" darüber berichtet. Gereimte Prosa? Journalismus in Versen? Gedichte als Lebenshilfe?

All das wollte Kästner. Lebenshilfe vor allem. Nicht: sich selbst darstellen (ihm kam die eine oder andere Liebe erst viel später „abhanden"); nicht: der Sprache Urlaute entlocken (er wollte allgemein verständlich sein); nicht: Auswege in einer poetischen Metaphysik suchen (er liebte das Leben so, wie es ist, oder doch, seiner nie verzagenden Hoffnung nach, sein könnte). Auf jedes formale Raffinement wird verzichtet. Die Sätze sind von lakonischer Kürze und schulfibelartiger Klarheit. In der vierten Strophe den Rhythmus zu brechen durch einen zusätzlichen Vers ist das Äußerste, was Kästner hier sich und seinen Lesern zumutet. Es wird eine „alte Geschichte" erzählt, die daran erinnert, was bei Heine zwischen „Jünglingen" und „Mädchen" passieret. Da brechen dann Herzen entzwei. In der Tat ist Kästner ohne den Vorgänger Heine nicht zu denken. Was unterscheidet ihn?

Es geht um scheinbar Triviales, wobei der Schein des Trivialen deutlich genug hervorgehoben wird. Das größte Menschenglück – für Kästner und andere: die Liebe – soll sich nicht von ganz poesielosen alltäglichen Gebrauchsgegenständen unterscheiden. Jüngere, denen „Stock oder Hut" keineswegs mehr alltägliche Gebrauchsgegenstände sind, mögen Kästners Vergleich als leicht nostalgieverstaubt empfinden; aber Stöcke und Hüte „kamen" in den Zwanzigerjahren sooft „abhanden" wie heute Kugelschreiber oder Autoschlüssel. Die erste Strophe könnte, zur Not, auch von Heinrich Heine stammen. Dann jedoch beschwört Kästner hier wie so oft eine Bürgertugend, die Heine auch schon kannte, aber so unverstellt nie beschrieben hätte: inmitten der traurigsten Ratlosigkeit verzweifelte Tapferkeit. Man muss die Form wahren, man darf niemanden verletzen, schon gar nicht den, den man einmal geliebt hat. Die einstmals alles sich waren und die nun alles verloren haben: Sie schreien einander nicht an, sie bringen sich nicht um, was doch zumindest literarisch ganz wirkungsvoll wäre; sie sehen irgendwo herum und klammern sich daran: Nachmittags wird Kaffee getrunken. So weit stimmt die Welt noch. Am Abend freilich hat man nicht mehr im Café zu sitzen. Das ist nicht in Ordnung. Kästners Geschichten in Vers und Prosa sind oft ganz einfach traurig und in ihrer Traurigkeit völlig unabhängig von gesellschaftlichen Zusammenhängen, total unkorrigierbar. Humanismus und Sozialismus lagen ihm gleich nahe, aber sie bedeuteten ihm nicht das Gleiche. Er verehrte Schopenhauer und glaubte mit ihm an das Mitleid als den höchsten moralischen Wert. Dieses Gedicht ist wie viele Kästner-Gedichte eine Parabel: Wie den beiden geht es Tausenden. Und da Tausende von einem solchen ganz nüchternen, trivialen, journalistischen Versgebilde sich berührt gefühlt haben, ist es womöglich so „trivial" nun wieder auch nicht. „Trivial" ist nur der unnütze Allgemeinplatz. Kästners Verse wären treffender mit „ungemein schlicht" zu bezeichnen. Sie können ja nützen. Sie wollen es auch.

Kästner wollte Lebenssituationen so darstellen, dass viele sich betroffen und manche sich getröstet fühlen. Das „Abhandenkommen" der Liebe ist ein großes Thema. Es bedarf, dennoch oder daher, für Kästner nicht der großen Worte. Seine Leser danken ihm das. (1977)

(aus: Marcel Reich-Ranicki (Hg.): War es die Liebe. Gedichte und Interpretationen aus der Frankfurter Anthologie, © Insel Verlag, Frankfurt/M. 1985, S. 267–269)

Aufgabe

Analysieren Sie den Text im Hinblick auf seinen Aufbau und die Deutung des Gedichtes von Erich Kästner. Beurteilen Sie den Deutungsansatz.

Schülerarbeit

Aufgabe zur Schülerarbeit

Erschließen und interpretieren Sie das Gedicht „Danklied“ von Ulla Hahn (Schülerband, S. 152). Gehen Sie bei Ihrer Deutung vor allem auf den Zusammenhang von sprachlichen und inhaltlichen Aussagen ein.

Inhaltlich geht es um den Dank, der vom lyrischen Sprecher, einem lyrischen Ich, an einen Liebespartner gerichtet wird, von dem dieser sich trennen muss, weil er sich sicher ist, dass er sein Leben allein meistern muss („Ich muss alleine gehn.“). Im Lauf des Gedichts wird für mehrere Dinge gedankt. Im Vordergrund steht allerdings der Dank dafür, dass der Liebespartner den Abschied nicht erschwert. Stattdessen bekundet dieser Verständnis und genau dafür wird gedankt.
Offen gelassen wird im gesamten Gedicht, ob der Sprecher nun männlich oder weiblich ist. Ich denke aber, dass die Autorin mit Absicht das Geschlecht verschweigt, um eine größere Allgemeingültigkeit zu erreichen. Sowohl sie als auch er kann eine Liebesbeziehung beenden und weggehen.
Insgesamt werden Gefühle in diesem Gedicht nicht ausdrücklich betont, durch die Schlichtheit im Ausdruck dem Leser aber trotzdem vermittelt. Hier steht die Form des Gedichts gewissermaßen im Kontrast zum Inhalt: „das für mich alles ist und weiter nichts“. Dieses Zitat zeigt deutlich die hohe emotionale Ebene, die Bedeutung des Partners für den Sprecher. Hier geht es also offenbar um ehrlich empfundenen Dank, nicht um Darstellung großer Gefühle, was vielleicht dann nicht ganz ehrlich wirken würde. Dieses Gedicht ist ja auch kein Liebesgedicht, sondern eigentlich ein Gedicht, das den Abschied verdeutlicht, die Loslösung; obwohl diese Beziehung zu Ende ist, war sie für den lyrischen Sprecher „positiv“ im Hinblick auf die Wirkung („... der/mich vorwärts bringt zu mir/auf meinem Weg“).
Es scheint allerdings paradox, und so könnte dies und anderes dann vielleicht auch ironisch gemeint sein, wenn man in der ersten Zeile liest, dass für das Nichtbeschützen gadankt wird. Dieser oberflächliche Widerspruch ist bei näherer Betrachtung aber dann doch keiner mehr, denn es wird für Freiheit gedankt, die der Sprecher sich wünscht und die der Partner ihm lässt. Gerade dieser merkwürdige Einstieg fesselt den Leser, macht Lust darauf, weiterzulesen, um diesen Widerspruch aufzuklären. Auch die nächsten Zeilen sind antithetisch gebaut und verdeutlichen in immer neuen Bildern/Metaphern die Freiheit und Selbstständigkeit, die dem Sprecher so wichtig sind. Die Bilder vom Bären am Firmament und vom Stab und Stecken stehen für Abhängigkeit bzw. aus der Sicht des Sprechers für den Wunsch nach Unabhängigkeit. Der Sprecher möchte selbst etwas erreichen, sagen können: „Das habe ich selbst geschafft.“ Außerdem drücken *Stab und Stecken* das Bedürfnis nach Hilfe aus. Der Partner soll aber nicht helfen, wenn gar keine Hilfe nötig ist. Stattdessen möchte er so akzeptiert werden, wie er ist, nicht durch Partnerschaft verändert und unfrei werden. Die hier vorherrschenden männlichen Kadenzen stehen vielleicht für die Selbstständigkeit, Freiheit, den starken Willen der Person. Durch den umschließenden Reim wirkt die Strophe in sich abgeschlossen; in der neuen Strophe wird ein neuer Aspekt angesprochen. Verbunden wird die erste Strophe mit der zweiten und später mit der dritten durch die Anaphorik zu Beginn „Ich danke dir [...]“.
Auch in der zweiten Strophe scheint die Aussage widersprüchlich zu sein, denn es wird für einen Fußtritt gedankt. Allerdings wird auch hier wieder das Positive hervorgehoben, denn der Fußtritt tut nicht nur weh, sondern bringt auch weiter, was ja in der nächsten Zeile gesagt wird. Hier wird also auch das Negative, der Streit, die Auseinandersetzung in einer Beziehung als positiv gesehen, der Fußtritt könnte symbolisch gemeint sein; er beinhaltet ja auch Neubeginn und einen Schritt zu sich selbst. Im Gegensatz zur ersten Strophe, in der etwas stärker der Partnerbezug betont wird, wird hier das Augenmerk eher auf den Sprecher gelegt. Die andere Person wird hier auch wieder positiv dargestellt; sie versteht den Sprecher: „Du machst es mir nicht schwer.“ Es wird von der Trennung gesprochen, die vom Sprecher ausgeht, aber vom Partner akzeptiert wird. In dieser Strophe wird „Ich danke dir“ wiederholt, um den Dank besonders hervorzuheben. Dem Sprecher ist es wichtig, dass der Partner die Gründe für die Trennung kennt und für den gemeinsamen Lebensabschnitt ehrlichen Dank erhält. Der Sprecher möchte den Partner nicht im Glauben lassen, er habe etwas falsch gemacht und das sei der Grund für die Distanz. Jeder muss seinen eigenen Weg gehen und kann den anderen nur ein Stückchen auf seinem begleiten.

Auch die letzte Strophe enthält, wie die anderen, keine schmückenden Adjektive. Allerdings wirkt der Ausdruck „schönes Angesicht" widersprüchlich, ebenso die folgende Zeile („das für mich *alles* ist und weiter *nichts*"). Hier könnte man wiederum meinen, es sei Ironie im Spiel, denn der Ausdruck passt gar nicht richtig – auch in Bezug auf die Sprachstilebene – in den Zusammenhang. Das Paradoxe, Widersprüchliche wird so offenbar von Strophe zu Strophe gesteigert. Auch die nächste Zeile der 3. Strophe wirkt unpassend, denn hier dankt der lyrische Sprecher dafür, „dass ich dir nichts zu danken hab/als dies ...". Zuletzt findet er doch noch einen bescheidenen Dankesgrund, denn mit dem Dank für das Gedicht dankt er für die Inspiration, die seelische und geistige Beflügelung, die er aus der Beziehung gewonnen hat. Damit sind möglicherweise auch all die anderen Gefühle gemeint, die der Partner in ihm weckte. Vielleicht könnte hier auch gefolgert werden, dass mit dem lyrischen Sprecher auch die Verfasserin des Gedichts gemeint ist, d.h. biografische Bezüge angesprochen sind. Damit wäre der lyrische Sprecher eine Sprecherin.

Nun muss noch kurz der Titel des Gedichts miteinbezogen werden. Die Zusammensetzung *Danklied* klingt fröhlich und unbekümmert, insbesondere das Grundwort *Lied*. Man erwartet echten Dank, nicht Dank für etwas Negatives. Insofern stehen auch Überschrift und Inhalt des Gedichts in einer gegensätzlichen Beziehung.

Ich halte das Gedicht für originell und interessant, besonders wegen seiner Offenheit und Mehrdeutigkeit: lyrische Sprecherin oder lyrischer Sprecher?, Ironie?, richtige Trennung der Partner oder nur eine Distanz, die eigene Selbstständigkeit in der Beziehung befördert? Diese Fragen bleiben für mich offen. Vielleicht wird durch die einfache Form und durch die Widersprüchlichkeiten in Form und Inhalt die Banalität der Distanz gegenüber dem Partner zum Ausdruck gebracht. Auch dies kann eine gewisse Ironie deutlich machen: Eine der üblichen Auffassungen von harmonischem Verstehen widersprechende Beziehung bringt den Partner „vorwärts zu mir".

(Petra S.)

Aufgabe

Beurteilen Sie, ob die Schülerin der Aufgabenstellung gerecht geworden ist, und erläutern Sie, inwieweit die Deutung des Textes Sie überzeugt.

Sachtexte – Verstehen, analysieren, erörtern

Analyse von Sachtexten

Johannes Weinberg: Kommunikation mit und ohne Erfolg (Seite 166)

Seite 167 **Aufgaben 1 und 2**

Diese Aufgaben haben den Sinn, die Schüler zunächst selbst tätig werden zu lassen, bevor sie die Textbeschreibung eines anderen Schülers beurteilen (vgl. Aufgaben im Schülerband, S. 168).

Beispiel für eine knappe Beschreibung
- Bereits die Überschrift macht deutlich, **worum es geht**: erfolgreiche und nicht erfolgreiche Kommunikation
- **Autor:** Germanist
- **Adressaten:** erwachsene Leser
- **Thematik:** sprachliche Anpassung an die jeweilige Kommunikationssituation und Einstellung auf das Gegenüber
- **Aufbau:**
  kurze Einführung in das Thema: Situation erfassen, damit Verständigung klappt
  Negativbeispiel
  knappe Kommentierung dieses Beispiels: kurze und klare Antwort notwendig
  Positivbeispiel
  Zusammenfassung: sich sprachlich auf sein Gegenüber einzustellen ist eine wichtige Fähigkeit, die schon im Kindesalter erlernt wird
  Aussageabsicht: Lesern durch Beispiel und Gegenbeispiel verdeutlichen, wie wichtig das Erfassen der Situation und die Einstellung auf den Redepartner ist

Textbeschreibung des Schülers Sven K. (Seite 167)

Seite 168 **Aufgaben 1 und 2**

Die Struktur des einfachen, leicht verständlichen Textes ist klar erfasst. Einzelne Ungenauigkeiten, unpräzise Ausdrücke und Pauschalierungen (Z. 3; Z. 5 ff.; Z. 13; Z. 16 ff.; Z. 22; Z. 30) stören den Gesamteindruck. Die Einfachheit des Textes müsste im Detail beschrieben und belegt werden. Es werden Zeilenangaben gemacht und ein Zitat eingebaut (Z. 19 f.). Sprachliche Konnektoren sind nicht erkennbar; Leserhilfen werden nicht gegeben. Im Sinne der Hinweise auf S. 98 (Schülerband) können Konnektoren und Leserhilfen eingebaut werden, z. B.:
- Besonders deutlich wird an dieser Stelle vom Verfasser herausgestellt, ...
- Ich befasse mich zunächst mit dem Aufbau des Textes ... Nun widme ich mich der Aussageabsicht des Verfassers. Worum geht es ihm? ...

Es könnten außerdem weitere kurze Zitate eingebaut werden, die wesentliche Aussagen des Textes belegen, z. B.: „Wir erfassen die Situation und die Verständigung klappt ...“/„Erfassen können, was der andere will.“

Eberhard Hermes u. a.: Modellbeschreibung des Textes von Weinberg: Kommunikation mit und ohne Erfolg (Seite 168)

Seite 169 **Aufgabe 1**

Es handelt sich um zwei sehr unterschiedliche Darstellungen und Darstellungsabsichten. Die **Textanalyse des Schülers Sven K.** hat den Sinn, vor allem für sich selbst, aber auch für Mitschüler und den Lehrer darzustellen,
- dass er den kommunikativen Zusammenhang des Textes (Thematik, Adressaten, Absicht, Aufbau, Machart) erfasst hat,
- dass er dies in angemessener Weise darstellen und vermitteln kann (Fachvokabular, Berücksichtigung der wichtigsten Grundsätze der Textbeschreibung und -analyse).

Bei der **Modellbeschreibung für Schüler** geht es offenbar vor allem um Vollständigkeit. Hier soll mithilfe des Fachvokabulars am Rand vorgeführt werden, welche Kriterien in diesem Text angesprochen sind. Dabei wird in auffallender Weise Fachsprache eingesetzt: Publikation, Fachgermanistik, Adressaten, ... Auffallend ist auch, dass die Modellbeschreibung kritische Töne anschlägt; sie ist genauer, vor allem hinsichtlich der Intention, Strategie, der sprachlichen Mittel; es wird mit kurzen Zitaten gearbeitet (Z. 31 f.).

Moises Naim: Globaler Wandel (Seite 169)

Seite 170 **Aufgaben 1 und 2**

Mit den Aufgaben wird ein Beispiel für eine Analyse im Sinne der „Hinweise zur Analyse von Sachtexten" (s. Schülerband, S. 171 f.) gegeben.

Beispiel für eine Analyse
1. Schritt:
Es geht um die Analyse (Beschreibung, Erläuterung der Absicht, Beurteilung) des Sachtextes „Globaler Wandel". Schon beim ersten orientierenden Lesen wird bereits durch die Überschrift klar, dass es um die Globalisierung geht, einen technischen, wirtschaftlichen, politischen und kulturellen globalen Wandel, der mit Beginn der 90er-Jahre nach dem Fall der Mauer, dem Zerfall der UdSSR, des letzten multinationalen europäischen Großreiches, und damit der Diskreditierung des kommunistischen Systems begann.

2. Schritt:
Einzelheiten des Textes, zum Beispiel:
- **Art des Textes:** informierender Sachtext, der die Chancen und Gefahren der Globalisierung verdeutlicht
- Sachverhalt/**Thematik**/Problematik: Die Globalisierung hat internationale Fortschritte, neue geschäftliche Möglichkeiten und politische Entwicklungen ermöglicht; sie bietet zugleich aber auch neue Möglichkeiten für die internationale Kriminalität, für die illegale Wirtschaft, deren ganze Problematik wir zurzeit noch nicht einschätzen können.
- **Aufbau:**
  Der erste Abschnitt (Z. 1–12) enthält die **Kernthese:** „Im letzten Jahrzehnt des 20. Jahrhunderts veränderte sich die Welt." (Z. 1 f.) Diese These wird durch Einzelaussagen differenziert: Vielfalt neuer Ideen und Technologien, Veränderung des Lebens für Milliarden Menschen, Demokratie und freie Marktwirtschaft werden populär; 90er-Jahre als historische Periode („Macht der Ideen").
  Unterthese: (Z. 13 ff.): Das rasante Tempo des technischen Fortschritts überrascht alle. Dazu werden einzelne Belege aufgeführt: Preisverfall bei Frachtraten, Telefonanrufe, politische Folgen, Anstieg der Börsenkurse, internationaler Handel, Zunahme von Medien und Nachrichten.
  Neue **weitere These** (Z. 42–57): Im Rahmen der Globalisierung hat auch die internationale Kriminalität zugenommen. Sie ist sogar zu einer politischen Macht geworden.
  Rhetorische Fragen (Wie konnte das passieren?, Wie soll man das Neue charaktierisieren?, s. Z. 58 ff.) sollen das Interesse des Lesers wecken. Umfassende Beantwortung dieser Fragen (Z. 58–111; zum Teil Wiederholung bereits oben angesprochener Inhalte) endet mit dem Satz: „An diesen Leitgedanken orientierten sich in den Neunzigerjahren Wirtschaftspolitiker rund um den Erdball." (Z. 110 f.)

Angeführt werden folgende Zusammenhänge:

- Globalisierung als technischer Wandel (Z. 67–76),
  - Globalisierung als politische Revolution (Z. 78 ff.) und als „Triumph des politischen und wirtschaftlichen Systems des Westens“ (Z. 80 f.). Dazu gehören unter anderem offene Volkswirtschaft, Beseitigung von Handels- und Investitionshindernissen, Exportförderung.
  - Fazit: Durch die Globalisierung sind neue Gewohnheiten, neue Möglichkeiten, aber auch neue Probleme entstanden, wie stark dabei die internationale Kriminalität, der es nicht nur um Geld, sondern auch um politische Macht geht, geworden ist, wissen wir noch nicht.

Sprachlich-rhetorische Machart: leicht verständlicher Text durch bekanntes Vokabular (Globalisierung, Kommunismus, Internet), inhaltliche Wiederholungen, rhetorische Fragen zur Interesseweckung (Z. 58–66).

3. Schritt:

Absicht: Informieren über den globalen Wandel; seine Details, seine Folgen; problematisieren: Globalisierung hat nicht nur Fortschritte, sondern auch Probleme gebracht, indem das internationale Verbrechertum gestärkt wurde.

Beurteilung, z. B.: Text macht deutlich, dass Globalisierung nicht nur technischen Wandel, sondern auch politischen Wandel bedeutet (historische Periode, die die Macht der Idee verdeutlicht); er macht darüber hinaus in einfacher Weise deutlich, dass Globalisierung nicht nur Fortschritt, sondern auch Gefahr bedeutet.

4. Schritt/5. Schritt:

Hier geht es um die schriftliche Darstellung; die Hinweise im Schülerband, S. 171 f. bieten Möglichkeiten für eine Gliederung. Der erste Entwurf sollte überarbeitet werden, dabei können – wenn notwendig – Zitate, Konnektoren und Leserhilfen eingebaut werden.

Verena Raupach: Die Sprache dem Markt überlassen? (Seite 173)

Dieser Text dient als **Trainingsvorschlag**. Im Anhang des Schülerbandes (S. 367 f.) werden ausführliche Hinweise zur Auflösung gegeben.

Hinweis auf das Trainingsheft, 11

Analyse eines Sachtextes

- Martin Walser: Die Rolle des Lesers von literarischen Texten

„Deutsch in der Oberstufe“, 11, Training, S. 45 ff.

Strittige Sachtexte – Textgebundene Erörterung

Dietrich Schwanitz: Bildung. Alles, was man wissen muss (Vorwort an den Leser) (Seite 175)

Seite 176 **Aufgaben 1–5**

Zum Text

Dieser stellt das Vorwort zu dem Sachbuch „Bildung. Alles, was man wissen muss“ dar. Ein solches Vorwort an den Leser verfolgt das Ziel, den Leser/die Leserin anzusprechen, ihm/ihr das Vorgehen des Verfassers zu erläutern und ihn/sie von der Art des Vorgehens und der Schwerpunktsetzung des Buches zu überzeugen und ihn/sie so zu motivieren, das Buch zu kaufen und zu lesen. Um an die Sympathie des Lesers/der Leserin zu appellieren, beginnt der Autor mit einer rhetorischen Frage (Z. 1 ff.). Bereits ab Zeile 7 wendet er das gleiche Stilmittel noch dreimal an.

1./2. **Argumentative Struktur;** dafür einige Beispiele:
Kernthese: Lernstoff der Schule bleibt oft tot. Argument: Das Wissen ist im Umbruch und das Bildungssystem ist in der Krise.
Weitere These: Es ist notwendig, ein lebendiges Verhältnis zu unserem Bildungswissen zu gewinnen. Argument: Deshalb muss das Bildungswissen auf eine auch sprachlich einfache Weise dargestellt werden.

Für die Argumentation des Verfassers ist zentral, dass er zweierlei gegenüberstellt:
Auf der einen Seite:
- „toter" schulischer Lernstoff: Anhäufung uninteressanter Fakten (vgl. Z. 3); alter Bildungsstoff, fremd geworden und in Formeln erstarrt (Z. 19 ff.); weihevoller Zinnober, Imponiereffekte und Begriffsnebel (Z. 56 ff.); Formelpanzer (Z. 63 f.); mit Formeln abspeisen (Z. 73 f.)

Auf der anderen Seite:
- Ein Gedanke beginnt plötzlich zu leuchten „wie ein explodierender Stern" (Z. 16); Zugang zu unserem kulturellen Wissen ... bereichern und ins Gespräch der Zivilisation eintreten (Z. 32 ff.); lebendiges Verhältnis zu unserem Bildungswissen (Z. 55 f.); Bildungswissen „einer sprachlichen Massage" (Z. 64 f.) unterziehen, „nach Erkenntnissen suchen" (Z. 73)

Der Verfasser identifiziert sich mit dem zweiten Standpunkt. Für seinen Blickwinkel und seine Intention, ein lebendiges Verhältnis zu unserem Bildungswissen (Z. 55 f.) zu gewinnen und das kulturelle Wissen zu bereichern (Z. 33), nennt der Verfasser, als Fragen formuliert (Z. 37–54), verschiedene Beispiele.
Er stellt unter seinem Blickwinkel dar, was er für wichtig erachtet, z. B. „Was trägt [das Wissen] zu unserer Selbsterkenntnis bei? ..." (Z. 37–44).
Deutlich bringt er zum Ausdruck, dass er den Leser, der früher (angeblich?) mit langweiligem Stoff abgespeist wurde, verstehen kann: „Ich empfinde mit denen ..." (Z. 72 f.); „Früher ist es mir genauso ergangen" (Z. 74). Deshalb habe er dieses Buch geschrieben für die, die „das Bedürfnis haben, ihr Leben durch den Zugang zu unserem kulturellen Leben zu bereichern" (Z. 31 ff.).

3. Infrage stellen und hinterfragen kann man bei diesem Text,
- dass der Eindruck erweckt wird, Bildung könne auf angenehme, leichte, unterhaltsame und interessante Weise vermittelt werden,
- ob die Schwarz-Weiß-Gegenüberstellung (s.o.) nicht zu einfach, vielleicht auch polemisch und populistisch ist und das einzige Ziel verfolgt, Leser für das Buch zu gewinnen,
- ob es dem Verfasser gelingt, mit seinem Buch, wie im Leservorwort versprochen, Vergnügen zu bereiten,
- ob die bei diesem komplexen Thema vorgenommene Auswahl nicht zu einseitig ist (Welchen Stellenwert hat bei der Bildung der Bereich der Naturwissenschaften? Beispiele dazu werden nicht genannt.),
- ob die subjektive Darstellungsweise des Verfassers nicht zu einseitig ist.

4./5. Individuelle Lösungen
Mithilfe der Hinweise zu den Aufgaben 1–3 dürfte eine argumentative Auseinandersetzung mit dem Text zu leisten sein. Die oben gegebenen Hinweise bieten auch Möglichkeiten für eigene Argumentationen und Bewertungen. Hilfen für die Gliederung der Darstellung bietet vor allem der Schritt 4 (vgl. Methodenkasten, S. 177 f., Schülerband).

Walter Wüllenweber: Hier entscheidet sich die Zukunft ... (Seite 179)

Zum Text

Thema des Textes ist – wie die Überschrift bereits andeutet – die Zukunft unserer Gesellschaft als Wissensgesellschaft. Es erfolgt eine Gegenüberstellung zwischen der früheren bzw. zu Ende gehenden Industriegesellschaft (Beispiele: Autobauer in Detroit, Z. 64 f.; „Handwerk hat goldenen Boden", Z. 161 f.) und der heutigen bzw. zukünftigen Wissensgesellschaft (Beispiele: Arbeitslosenquote hat unter Akademikern nicht zugenommen, Z. 77 ff.; „Kopfwerk hat goldenen Boden", Z. 166; Kfz-Mechaniker als „Wissensberuf", Z. 176).
Ebenso geht es (im Hinblick auf Bildung und Ausgaben für Bildung) um einen Vergleich zwischen Deutschland und anderen europäischen Ländern bzw. OECD-Staaten.

Auffallend ist die große Zahl an **Autoritätsargumenten** (Z. 53, 56, 86, 93, 126, 146, 147) und von Beispielen (Zahlenmaterial, Statistiken, vor allem bei den Vergleichen oben).

Seite 180 **Aufgabe 1–3**

Die drei Aufgaben beziehen sich auf die „Hinweise zum Verfassen einer textgebundenen Erörterung" (Schülerband, S. 177 f.); damit sollen Schüler lernen, mit der in diesem Methodenkasten empfohlenen Schrittfolge zu arbeiten.

Hauptthese wird bereits am Anfang formuliert: Der Zustand des Bildungssystems ist die gefährlichste Bedrohung für den Wohlstand der Gesellschaft (Z. 1 ff.). Dazu werden Unterthesen formuliert:
- Unsere wirtschaftlichen Probleme hängen auch mit unseren Problemen im Bildungswesen zusammen (Z. 54).
- Wissensgesellschaft erfordert einen anderen Arbeitsmarkt als die Industriegesellschaft (Z. 94).
- Rechtzeitiges Starten in die Wissensgesellschaft hätte auch das drängendste Zukunftsproblem lösen können: „die Alterung der Gesellschaft" (Z. 116 f.).

Erweiterung bzw. Kritik von Argumenten
- Erweiterung: Die an der Schule eingeleiteten Reformen (Kernlehrpläne, Lernstandserhebungen, zentrale Prüfungen, Kompetenzorientierung, G8-Reform, Zentralabitur) sind Reaktionen auf die PISA-Ergebnisse.
- Kritik: Der Verfasser sagt nicht, **wie** das notwendige Wissen zu vermitteln ist. Es geht sicher nicht darum, den Stoff, dessen Aktualitätswert ohnehin schnell überholt ist, zu vergrößern, sondern Methoden und Strategien zu vermitteln, das Lernen des Lernens, um den Einzelnen zu qualifizieren, selbstständig und selbst gesteuert zu lernen und weiterzulernen und somit in einer immer komplexer werdenden Welt zurechtzukommen.

(S. auch den **Trainingsvorschlag** auf S. 183; hier sollen Schüler auf der Grundlage des Textes von Wüllenweber ein erörterndes Redemanuskript verfassen.)

Hinweis auf das Trainingsheft, 11

Erörterung im Anschluss an einen Sachtext
- Rolf Dressler, Unsere Sprache hat's verdient!
- Helmut Glück: Sprachentwicklung in der modernen Mediengesellschaft

„Deutsch in der Oberstufe", 11, Training, S. 73 ff.

Ruth Klüger: Frauen lesen anders (Seite 181)

Seite 181 **Aufgaben 1–3**

1. **Markierungen, zum Beispiel:**
- „Längst haben wir gelernt ... gleich bleibt." (Z. 6–10)
  (Einführung: Autorin weist auf das Grundaxiom der Rezeptionsästhetik hin, dass jeder Leser/jede Leserin eine die Textbedeutung mitschaffende Größe ist.)
- „Aber die schönsten Liebesgeschichten? So würde eine Frau sie auf Anhieb kaum nennen." (Z. 23 f.)
  (Infragestellung der Urteile von Literaturexperten) Es folgen noch zwei weitere Beispiele für die These der Verfasserin (s. Überschrift): Z. 28 ff., Z. 59 ff.
- „Spät habe ich gelernt, mir meine Betroffenheit als Frau beim Lesen und Zuhören einzugestehen." (Z. 76 f.) (Dieser Satz leitet das Fazit des Artikels ein.)

2. Anwendbar sind alle Punkte des zweiten Arbeitsschrittes mit Ausnahme der letzten Frage.

3. Diese Aufgabe ist nur individuell lösbar. Um das wichtige beurteilende Argumentieren (im Anschluss an einen Sachtext) zu üben, das im Abitur als höchstes Anforderungsniveau III gewertet wird, können die Schüler zu einer kurzen schriftlichen (begründeten) Stellungnahme aufgefordert werden.

Beispiel für eine Schülerarbeit

Die Argumentation der Autorin gefällt mir sehr gut. Mir ist die Rezeptionsästhetik als Theorie sehr wohl vertraut. Ich habe aber bisher noch nicht so richtig darüber nachgedacht dass dies auch mich, meine Art, Texte zu lesen und zu verstehen, betrifft. Stattdessen habe ich eigentlich in der Schule immer das getan, was mir von meinem Deutschlehrer aufgetragen wurde: zu beschreiben, zu analysieren, zu interpretieren. Jeder Leser, jede Leserin ist gefragt, Literatur kritisch, gegen den Stich zu lesen; dieses Fazit der Autorin halte ich für wichtig. Richtig und überzeugend finde ich auch die Beispiele, auch wenn diese sämtlich der Literatur des 18. und 19. Jahrhunderts entnommen sind. Aber überaus deutlich wird damit die These der Autorin untermauert: Frauen lesen anders, Frauen lesen anders als Männer. Die angesprochenen literarischen Meisterwerke von Shakespeare, Büchner und Schiller sind keine Liebesgeschichten (jedenfalls nicht für Frauen), ebenso wie Kleists und Hebbels Meisterwerke keine Liebesgeschichten sind. Auch Schillers berühmte Ode an die Freude ist ein überzeugendes Beispiel. Ich nehme an, es lassen sich in der älteren Literatur eine Fülle von Beispielen finden, weil es in früheren Zeiten um die Selbstständigkeit der Frau entschieden schlechter bestellt war als heute. Andersherum weiß ich, dass es heute eine Vielzahl schreibender Frauen gibt, die auch frauenspezifische Fragestellungen in die Literatur einbringen, sodass sich Frauen als Leserinnen darin wiederfinden.

(Julia T., Jgst. 12)

Wolfgang Michal: Von Spurenlesern, Bücherwürmern und Überfliegern (Seite 182)

Seite 183 **Aufgaben 1–3**

1. Die Überschrift deutet an, dass es um die schwierige Kunst des Lesens geht, bei dem (ähnlich wie bei den Spurenlesern) auf viele Details geachtet werden muss. Zum anderen geht es offenbar um unterschiedliche Arten des Lesens (intensives und häufiges Lesen der „Bücherwürmer"/überfliegendes Lesen). Es handelt sich hier um einen eher argumentierenden Text; der Leser wird zur Stellungnahme aufgefordert (vgl. z. B. Frage in Z. 30/31; Konjunktiv ab Z. 20).

Gliederung

- Einführung: Z. 1–19: Lesekompetenz als Schlüsselkompetenz moderner Gesellschaften
- Zentrale Fragestellung: Z. 20–31: Laufen wir Gefahr, unsere zentralen Lesefähigkeiten zu verlieren?
- Anzeichen für eine Gefährdung: Z. 32–Z. 63
- Internetleser als neuer Leser-Typ: Z. 64–88
- Schlussteil: Beurteilung durch wohlwollende Leseforscher: Z. 89–98

Unverstandene Begriffe: außer den bereits in den Fußnoten erklärten Begriffen ggf.: professionell (Z. 49); Koexistenz (Z. 59)

Markierung wichtiger Textstellen, zum Beispiel

„Die Lesekompetenz ... beschreibt nicht weniger als die intellektuelle Potenz eines Landes." (Z. 10 ff.)
„Laufen wir Gefahr, unsere Fähigkeit zum Spurenlesen zu verlieren? Es gibt durchaus Anzeichen dafür." (Z. 30 ff.)
„Doch dieser Leser ist nicht mehr der alte." (Z. 63)
„Wohlwollende unter den Leseforschern erkennen darin [gemeint ist der ‚Typus des Internetlesers'] eine Emanzipation." (Z. 89 f.)

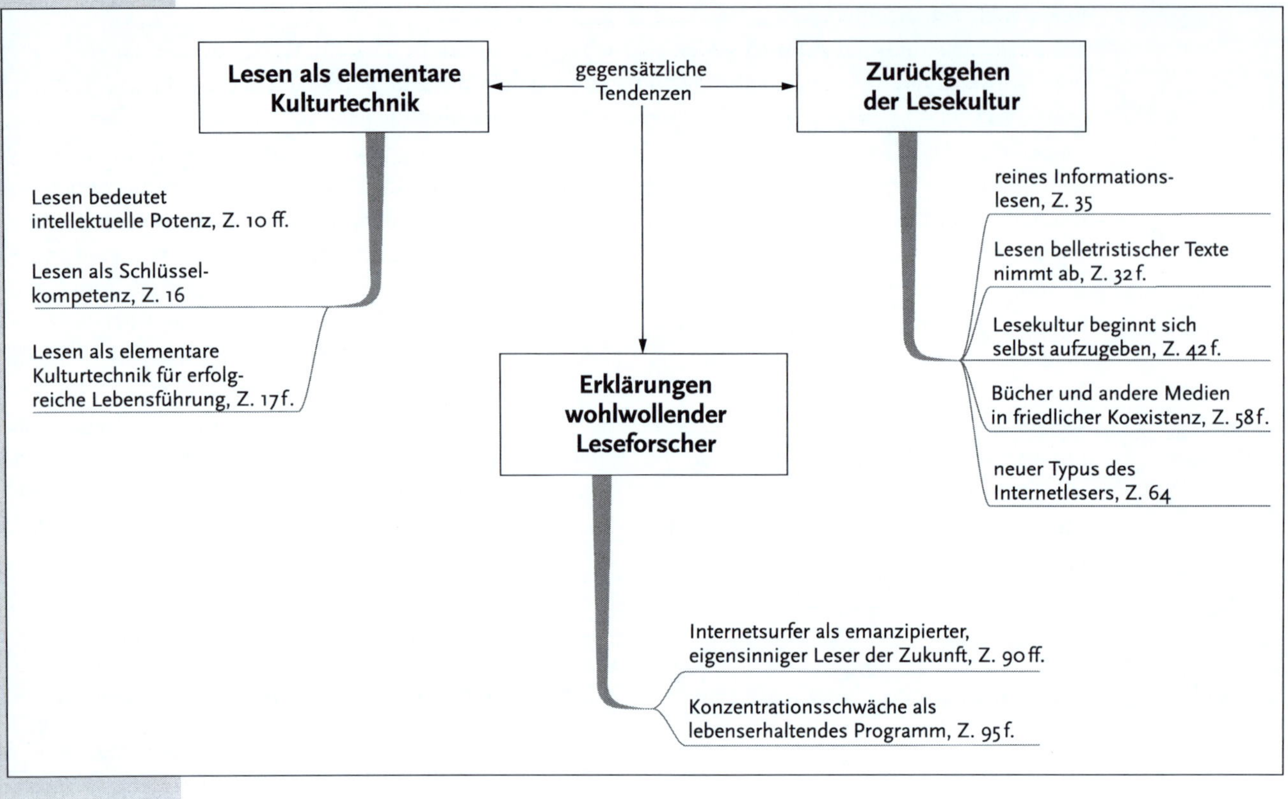

3. **Zusammenfassen/beurteilen**

Ggf. zu starke Polarisierung durch den Verfasser: Gibt es tatsächlich den scharfen Gegensatz zwischen dem alten und dem neuen Leser (vgl. Z. 63)? Gibt es nicht viel mehr Übergänge und Zwischentöne? Wird das moderne Kommunikationsmitte *Internet* nicht zu schwarzgemalt?

(Vgl. zum Verfassen einer vergleichenden Analyse von Sachtexten den **Trainingsvorschlag** für Schulaufgabe und schriftliches Abitur im Schülerband, S. 195.)

Multimediale Informationsgesellschaft

Medien – Möglichkeiten und Grenzen

Seite 186 **Aufgabe 1**

Exemplarisch werden im Folgenden (mit Bezug auf den Methodenkasten, Schülerband, S. 186) Hinweise zur Beschreibung und Deutung von Karikaturen gegeben.

a) Datenflut

1. Was ist dargestellt?

Ein Mann geht in der Flut der Daten und Zahlen, die aus dem Computer auf ihn einstürmen, unter.

2. Welche Absicht verfolgt der Karikaturist?

Der Karikaturist stellt deutlich Kritik am unangemessenen Gebrauch des Computers dar, der den Benutzer mit „Datenmüll" überschüttet.

3. Welche Wirkung übt die Karikatur aus?

Auf den Betrachter übt die Karikatur eine eindeutig negative Wirkung aus. Der Mann reckt hilflos die Arme hoch, weil er „untergeht". Er hat die Orientierung verloren und sich im Datenwirrwarr „verheddert". Der Benutzer wird als hilfloses Opfer dargestellt, das der ungeordneten Informationsfülle nicht mehr gewachsen ist. Im übertragenen Sinne: Der Informationszuwachs durch die neuen Medien kann eine große Chance sein, bewirkt aber auch die Gefahr, überfordert zu werden, die Orientierung zu verlieren und „unterzugehen"

b) Lehrerin der Klasse 1 B (Schülerbeispiel)

Die Zeichnung ist eine Karikatur, die in spöttisch verzerrter Weise die Lehrerin einer Klasse 1 darstellt, die ratlos in ihrem leeren Klassenzimmer steht.

Die Lehrerin wird im Vergleich zu den Gegenständen im Klassenraum übertrieben groß dargestellt. Hervorgehoben werden dabei besonders der Leibesumfang, der Kopf und die Haare. Die Größe betont das Alleinsein. Die Abwesenheit der Schüler wird verdeutlicht durch die unbenutzte Tafel und die auf den Tischen stehenden Stühle. Die Darstellung der Lehrerin wirkt wie ein Spottbild, besonders durch die übergroße Nase, die strähnig nach unten fallenden Haare, die ratlos aufgerissenen Augen, die resigniert nach unten gezogenen Mundwinkel, durch den Gegensatz zwischen dem Leibesumfang und den dünnen Gliedmaßen sowie durch das Blümchenkleid und die spitzen Schuhe. Die gespreizten Finger der linken Hand könnten Ratlosigkeit zeigen.

Im Text unter dem Bild wird formuliert, dass die Lehrerin ihre Schüler und Schülerinnen der Klasse 1B bald nur noch über E-Mail erreichen kann. Entscheidend ist dabei die Formulierung „nur noch". Das heißt, es könnten demnächst alle Formen direkter Kommunikation im üblichen Schulunterricht wegfallen, zum Beispiel die Gespräche, das Sprechen, Lesen, die Kommunikation durch Körpersprache.

Mit der Darstellung dieser extrem unnatürlichen Situation wird kritisch darauf hingewiesen, wohin einseitiger und übertriebener Mediengebrauch führen kann: zum Beispiel zur Verarmung der direkten Kommunikation zwischen Lehrer und Schülern. Möglicherweise will der Karikaturist auch kritisch auf den Trend hinweisen, dass schon jetzt zu viele Schulkinder in frühem Alter zu lange vor dem Bildschirm ihres Computers sitzen.

Der Karikaturist kommentiert also mit den Mitteln der karikierenden, überspitzten Darstellung einen übertriebenen Computergebrauch bei jüngeren Kindern, insbesondere das Verschicken von E-Mails.

Seite 187 **Aufgaben 1–5**

1. Beispiel für ein Schülerstatement: Alle Aussagen üben mehr oder weniger Kritik an modernen Medien. Es ist eine altbekannte Wahrheit, dass Wort und Bild, mit denen die Medien arbeiten, Wahrheit, **aber auch Lüge** enthalten können. Grundsätzlich bieten die Medien ein Mehr an Wissen, ein Mehr an Bildung. Die Angebotsvielfalt hat auch zu mehr Qualität geführt. Wie bei jedem erweiterten Markt gibt es allerdings auch mehr schlechte Angebote, im Fernsehen, im Radio, in der Presse, im Internet; ebenso wie die moderne Massendemokratie auch zu mehr schlechten Politikern geführt hat. Es wird bei einem Überangebot für Jugendliche immer schwieriger, sich gegenüber den Kompaktladungen von Bildern und Texten zur Wehr zu setzen. Wer wollte ernsthaft behaupten, dass „Informationsgesellschaft" informierte Gesellschaft bedeutet? Kritik allein hilft aber nicht weiter. Es geht darum, Kinder und Jugendliche in einen sinnvollen Umgang mit Medien einzuüben. Hier sind natürlich in erster Linie die Eltern gefragt, in zweiter Linie natürlich auch Schule und Gesellschaft.

2. Exemplarisch hier die Auseinandersetzung mit der zweiten Aussage:
Der Amokläufer Robert S. (Tatort Erfurt 2002) hat mehr oder weniger im PC gelebt, vor allem in Ego-Shooter-Spielen, mit denen er das Töten übte. Die Familie war ahnungslos oder hat resigniert geschwiegen. Seine blutrünstigen Fantasien, aber auch seine Verzweiflung zeigt der Jugendliche, der frustriert, vereinsamt, von der Schule verwiesen, keine Perspektiven mehr für sich sieht, nur im Netz. Die Frage nach dem „Warum" wird erst danach gestellt. Ähnliches gilt für den Amokläufer Tim K. (Tatort Winnenden bei Stuttgart 2009). Es ist klar: Wer viele Stunden im Chat kommuniziert, verlernt das direkte Gespräch in realen Situationen der Wirklichkeit. Wer dauernd in fremden Videowelten herumsurft, verlernt es, sich selbst zu erleben, über sich selbst nachzudenken, eine eigene Identität aufzubauen und eigene Aktivitäten zu organisieren. Insbesondere bei Jugendlichen ist die Gefahr groß, in die Welt des PC einzusteigen und aus realen Lebenssituationen auszusteigen. Heute gelten 16 % der Jugendlichen als computergefährdet. Was ist zu tun? Wie das Autofahren ist auch der Computergebrauch zu lernen. Allerdings fühlen sich auch kritische Eltern überfordert, weil sie das Medium nicht genau kennen. Die unkontrollierbar erscheinende Welt des Computers darf nicht dazu führen, eine wichtige Erziehungsaufgabe zu vernachlässigen. Diese heißt: Im richtigen Augenblick „Nein" zu sagen. Es gilt zu überlegen, worauf es bei einer heute vorherrschenden unbegrenzten Informationsfülle vor allem ankommt: um eine sinnvolle Orientierung, um gültige Normen, um ein glaubhaftes Beispiel der Erwachsenen.

3./4. Individuelle Lösungen. Mithilfe der folgenden Fragen können die Umfragen bearbeitet werden:

a) Welches Thema wird angesprochen?
b) Welche Bedeutung haben die Zahlenangaben?
c) Welche Absicht verfolgt die Statistik?
d) Welche Kerninformation ist [für mich] von besonderer Bedeutung?
e) Welche Thesen/Prognosen haben sich bereits bewahrheitet?

5. Individuelle Lösungen

Gerd Scobel: Fernsehen für Idioten (Seite 187)

Seite 188 **Aufgaben 1–3**

1. Individuelle Lösungen, zum Beispiel:
Der wichtigste Satz des Textes (Z. 31 ff.): „Der einzig verbleibende Rohstoff, der uns im Exportwettbewerb langfristig konkurrenzfähig macht, ist unser Know-how; das Wissen, die gute, umfassend-solide Bildung und die Informiertheit."
Für diesen Satz spricht insbesondere, dass er, in ein wenig variierter Form, am Schluss als Fazit wiederholt wird: „... die Zukunft erfordert immer flexiblere Menschen mit vielseitigen Eigenschaften und breiterer Bildung." (Z. 43 ff.)

2. **Argumentationsaufbau des Textes**
Überschrift: Fernsehen für Idioten

a) Vergleich: Waschmaschine – Fernsehen (Analogieargument)
b) Mediales Wäschewaschen der Wirklichkeit erfolgt durch vollautomatisches Fernsehprogramm: reibungslos, glatt, unterhaltsam
c) „Störung" durch Kulturprogramm verlangt andere Form der Aufmerksamkeit
d) Vorwürfe gegen öffentlich-rechtliches Fernsehen
   - Bildungsauftrag im Hinblick auf Wissens- und Informationsgesellschaft wird nicht ernst genommen: entsprechende Aktionen sind erbärmlich

– Argument für die Notwendigkeit von Kulturprogrammen: Analysen der Wirtschaft, Soziologie, Politik, Kulturwissenschaften, Bildung als wichtigster Rohstoff
  – Beleg/Beweis: Erfolg der Sendung „Wer wird Millionär?" zeigt Interesse an Bildung/Wissen
f) Fazit: Zukunft erfordert Menschen mit breiter Bildung

3. Individuelle Lösungen; mit dem Leserbrief kann
a) der Grundtenor des Textes bestätigt werden,
b) grundsätzliche Kritik (z. B. Verallgemeinerung, Verteufelung des Fernsehens) formuliert werden,
c) einzelne Argumente bestätigt, andere kritisiert werden.

„Ich bin dann mal da!" – Ein Interview mit der Kommunikationswissenschaftlerin Miriam Meckel (Seite 188)

Seite 190 **Aufgaben 1 und 2**

1. In dem Interview, das Thomas Borchert und Dirk Liedke mit der Kommunikationswissenschaftlerin Miriam Meckel führen, geht es um deren neues Buch „Das Glück der Unerreichbarkeit". Sie plädiert darin dafür, Regeln für die moderne Kommunikation mit E-Mail, SMS, Handy zu entwickeln, um so aus der „Erreichbarkeitsfalle" herauszukommen. Die Kommunikation der Gegenwart verlagere sich immer mehr auf die technischen Plattformen; es gebe immer weniger persönliche Gespräche und Telefongespräche. Nur durch Lügen („Mein Akku war leer") könne man noch legitimieren, nicht erreichbar zu sein, statt deutlich zu machen, dass man arbeiten wolle, nicht unterbrochen werden möchte oder sein Privatleben führen möchte. Es sei eine „Unterbrechungs-Unkultur" entstanden, sodass ein Büromensch sich etwa zweieinhalb Minuten auf eine Sache konzentrieren könne, bevor er von außen durch einen Anruf oder eine E- Mail unterbrochen wird.

2. Individuelle Lösungen; Stellungnahme zu den Kernthesen:
- **Möglichkeiten der** Technik, ständig für alle erreichbar zu sein, kann Kommunikationsstress auslösen.
- Um der „Kommunikationsfalle" und dem Kommunikationsstress zu entgehen, sind Regeln für die moderne Kommunikation zu entwickeln.

Werner Faulstich: E-Mail als Medium (Seite 190)

Seite 190 **Aufgaben 1 und 2 (unten)**

1. Die E-Mail ist nicht ein „papierbasiertes Schreiben", sondern ein digitalisierter Brief. Die Gesprächspartner können binnen Sekunden aufeinander reagieren; Informationsträger ist ausschließlich die digital übertragene und auf dem Computerbildschirm lesbare Schrift. Bei der E-Mail fehlt zunächst einmal die emotionale Botschaft (vgl. Handschrift, Papier beim Brief oder Stimme/Tonfall beim Telefonat). Wichtiges Element der E-Mail ist die elektronische Adresse und Betreff-Zeile.

2. Individuelle Lösungen. Auch die SMS ist – wie die E-Mail – eine Mischung aus Reden und Schreiben. Formale Briefbausteine finden sich wieder (Anrede, Mitteilung, Gruß, Unterschrift).
Informationsträger ist ausschließlich die digital übertragene Schrift, die auf dem Mini-Display eines Handys lesbar ist. Eine persönliche Note wie beim Brief oder Telefonat fehlt.

Seite 191 **Aufgaben 1–3**

1./2. Individuelle Lösungen; nachgegangen werden könnte zum Beispiel folgenden Fragen:
- Wieweit sind Bewerbungen per Internet/E-Mail möglich, erwünscht, rechtsverbindlich?
- Wieweit sind Kaufverträge/Aktienaufträge ohne Unterschrift rechtsverbindlich?
- Es gibt kein Briefgeheimnis; insofern sind Nachrichten per E-Mail nicht geschützt.

3. Beispiele: Unterschiede zwischen Brief und E-Mail insbesondere bedingt durch die Situation:

- Es geht in der Regel um sachliche Zusammenhänge; insofern kann auf An- und Abrede sowie auf Einleitungen verzichtet werden.
- Es fehlt bei der E-Mail ein Kompositionsprinzip.
- Rechtschreib- und Grammatiknormen sind weniger wichtig; Fehler erhöhen allerdings die Gefahr, nicht richtig verstanden zu werden.

Claus Eurich: Die Informationsgesellschaft selbst wird zu dem Problem, für dessen Lösung man sie hält (Seite 191)

Horst Güntheroth/Ulf Schönert: Wikipedia – Wissen für alle (Seite 192)

Seite 192 Aufgaben 1 und 2 (oben links)

1. Individuelle Lösungen; Beispiele:

Die Kernthese wird bereits in der Überschrift angesprochen:

a) Die Informationsgesellschaft erstickt an ihrem eigenen Informationsmüll; statt Information entsteht Desinformation, Informationsbruch und Kommunikationsunfähigkeit.

Als weitere Thesen können angesehen werden:

b) Das Internet steht als Beispiel dafür, wie eine grenzenlose Öffnung informationstechnischer Kanäle zu einer Flut von Inhaltslosigkeit führt.

c) Für den Normalverbraucher geht im Fluss der Informationen die Wahrnehmungstiefe verloren; Überschriftenwissen ersetzt profunde Ausleuchtung; die Mittelmäßigkeit wächst.

d) Der Gesamtsinn bleibt auf der Strecke.

Der Verfasser nutzt unterschiedliche **Formen von Argumenten:**

- An erster Stelle steht das **Autoritätsargument;** als „Kronzeuge" gilt Stanislaw Lem mit einem längeren Zitat (Z. 6 ff.).
- Als weitere Argumentationsart wird das **normative Argument** genutzt: „Noch nie war Quantität gleich Qualität." (Z. 3)

Der kritische Leser kann zum Text unterschiedliche Einstellungen einnehmen:

- Bestätigung der Auffassung des Autors; insbesondere der letzte Fragesatz macht die Problematik deutlich: Es fehlt an einer gemeinsamen Orientierung, am Konsens; die Vielfalt wird zur Kommunikationsfalle. Man kann Wissen nicht einfach per Mausklick abrufen. Wissensaneignung muss um Weg und Mühe des Erkennens wissen; ohne methodische Fähigkeiten ist Wissen nicht zukunftsträchtig; abstraktes Denken darf nicht überflüssig werden.
- Infragestellungen; der Text stammt aus dem Jahre 1999; inzwischen ist das Internet zu einem Medium geworden, auf dessen Beherrschung bei der Ausbildung kaum noch verzichtet werden kann; es kommt darauf an, den richtigen Gebrauch zu erlernen, die Grenzen der Arbeit mit dem Internet zu erkennen.
- Eingeschränkte Kritik bez. Bestätigung; Formulierung bestimmter Spielregeln im Umgang mit Texten aus dem Internet.

2. Individuelle Lösungen; wesentlich ist die im Text „Wikipedia – Wissen für alle" geäußerte Ansicht, dass Schüler Informationskompetenz erlernen müssen. Um weitere Argumente zu finden, können die Schüler auf andere Texte in diesem Kapitel zurückgreifen (z. B. Schülerbuch, S. 193 ff.).

Hans Magnus Enzensberger: Altes Medium (Seite 192)

Seite 192 Aufgabe 1 (unten rechts)

Das lyrische Ich des Gedichts spricht ein Gegenüber an und entschuldigt sich bei ihm dafür, dass dieser einen schwer entzifferbaren Text vor Augen hat, der nicht aus dem Computer stammt, sondern mit einem Bleistift geschrieben wurde, und dass diesem so entstandenen Text 26 Buchstaben und Papier (Z. 19 f.) zugrunde liegen.

In der dritten Strophe verweist das lyrische Ich im Zusammenhang mit „virtual reality“ auf Gedichte von Goethe, Benn und Gryphius. Mit dem Hinweis auf diese traditionellen Formen der Lyrik will der Sprecher im Gedicht offenbar ausdrücken, dass die Sprecher in den zitierten Gedichten mit den Mitteln der bildhaften Aussage ihre innere Befindlichkeit zum Ausdruck bringen und dafür die diesen Empfindungen und Stimmungen gemäße Form finden. Die letzte Strophe richtet sich noch einmal – entschuldigend, fast schon Unterwürfigkeit spielend – an den Adressaten. Die letzten beiden Verszeilen wirken allerdings, zusammen mit der Überschrift, ironisierend, soll doch eigentlich zum Ausdruck gebracht werden, dass das alte Medium dem neuen Medium einiges voraushat.

Stilmittel des kritischen Gedichts:
- direkte Anrede,
- Ironie,
- lakonische Formulierung: „das ist alles“ (Z. 24),
- eindringlich wirkende Wiederholungen (Z. 5, 6, 25, 26),
- Benutzung von Begriffen aus dem Bereich der neuen Medien (Z. 10, 11, 13, 22, 23),
- Gegenüberstellung von alt und neu,
- moderne Gestaltung (freie Rhythmen).

Das Internet – ein modernes Kommunikationsmittel

Seite 193/194 **Aufgaben 1–3**

1. Die einzelnen Äußerungen lassen sich in folgender Weise gruppieren:

a) Mandel/Reinmann-Rothmeier; Hagemeister; Ladenthin
Hier geht es vor allem um den Gedanken, dass das Internet ein Mittel und Werkzeug für das Lernen ist; es kann nicht das Lernen selbst ersetzen; viele der Informationen im Internet sind unstrukturiert, unsystematisch; beim Lernen aber geht es um Systematik, Tiefe, um den Weg und die Mühe des Erkennens; auch um abstraktes, kognitives Lernen. Außerdem gehört zum Lernen methodisches Wissen, das Lernen des Lernens, sonst bleibt Wissen wenig zukunftsträchtig; Wissen kann man sich also nicht so ohne Weiteres durch einen Mausklick erwerben.

b) Dyson, Enzensberger
Das Internet eröffnet Chancen, aber es eröffnet auch die Möglichkeiten zum Missbrauch (Verbreitung von Lügen, Pornografie, gewaltverherrlichende Ideen). Ein Zentrum, das diese Zusammenhänge ordnet, gibt es nicht. Internet ist ein Medium wie andere Medien, es bedeutet grundsätzlich weder Fluch noch Segen. Es kommt auf den Benutzer an, was er daraus macht. Dyson weist auf die große Verantwortung hin, die der Mensch hat, gerade weil umfassende Möglichkeiten des sinnvollen Gebrauchs und des Missbrauchs bestehen.

2./3. Individuelle Lösungen

Jens Voss: Surfen statt denken (Seite 194)

Zu diesem Text erübrigen sich didaktische Hinweise; vgl. dazu den **Trainingsvorschlag** (s. Schülerband, S. 195) und die Auflösungen im Anhang des Schülerbandes auf S. 369 f.

Mit dem folgenden Zusatztext lassen sich weitere Differenzierungen erarbeiten:

Z **Christoph Drösser: Die Gedanken sind frei – Verbote und Zensur taugen nicht für die neuen Medien, siehe Seite 140 f.**

Christoph Drösser

Die Gedanken sind frei[1]

Verbote und Zensur taugen nicht für die neuen Medien

Der Gedanke ist so simpel wie wohlfeil: Brutale Computerspiele funktionieren als Drehbücher, die von labilen Jugendlichen nur noch in die Tat umgesetzt werden müssen. Diese volkstümliche Variante der Medienkritik hat im Moment wieder Konjunktur. Es wird nach schärferer Zensur und Verboten gerufen, und nicht nur die Ballerspiele soll es treffen, sondern auch Filme und Bücher. Die Jugend soll geschützt werden vor bösen Bildern und Worten, auf dass sie nicht auf böse Gedanken komme.

Die zu wandelnden Zeitbomben gestempelten Spieler gingen in die Defensive: Ihr Zeitvertreib, sagten sie, habe ja mit Gewalt nichts zu tun. Es gehe ihnen um sportlichen Wettkampf und Geselligkeit, die brutalen Szenarien und spritzenden Eingeweide seien quasi nur die Entwicklung des Spielgedankens.

Was natürlich barer Unsinn ist. Würde in den Spielen auf abstrakte geometrische Figuren geschossen, so verlören sie einen großen Teil ihres Reizes. Es mag sein, dass das Töten nicht die primäre Motivation für die meisten Spieler ist – doch so abgestumpft ist niemand, dass für ihn der Schuss auf eine menschliche Figur nicht von ganz anderen Emotionen begleitet wäre als der auf ein skurriles Trickfilm-Monster oder eine bunte Kugel.

Aber das ist beim rechtschaffenen Bürger, der am Sonntagabend seinen Tatort anschaut, nicht anders. Auch der Krimi hätte weniger Spannung, ginge es nur um Urkundenfälschung statt um Mord. Und kaum jemand würde behaupten, die Gewalt im TV verhöhne die Opfer von Gewaltverbrechen – wenn nicht gerade eine frappierende Parallelität der Handlungen besteht. Kurz nach dem 11. September war es selbstverständlich opportun, Filme aus dem Programm zu nehmen, in denen Flugzeuge in Wolkenkratzer krachen. Und die besonneneren der Computerspieler haben nach der Tragödie von Erfurt zumindest die öffentlichen Lan-Partys abgesagt.

Tod und Sex kitzeln die Fantasie – das gilt für die Literatur schon immer, und dies hat jedem neuen Medium den anfänglichen Schwung gegeben. Auch der Fernsehkrimi füttert die Fantasien. Vielleicht stellt sich der brave Zuschauer im Ohrensessel bisweilen vor, seinen Chef auf dieselbe heimtückische Weise um die Ecke zu bringen wie der Mörder auf der Mattscheibe. Das darf er. Die Gedanken sind frei – nicht nur, weil man sie nicht erraten kann. Abgründe lauern in jeder Bürgerseele. Und literarisch verarbeitete Fantasien geben nicht erst seit dem Marquis de Sade Einblicke in diese Abgründe. Vor den allzu abartigen Varianten sollte man die Kinder schützen, dafür gibt es Altersbeschränkungen bei Filmen und Videospielen und den Index der Bundesprüfstelle für jugendgefährdende Schriften (für den das Bundesverfassungsgericht 1990 im „Mutzenbacher-Urteil" sehr enge Kriterien festgelegt hat – kurz gesagt: Kunst darf nicht auf den Index).

In diesen Tagen muss man es offenbar wieder deutlich sagen: Es besteht ein Unterschied zwischen einer Gewaltfantasie und Gewalt, zwischen einer vorgestellten, medial ausgeschmückten Tat und der Tat selbst. In den USA fällte vor ein paar Wochen der Oberste Gerichtshof ein wichtiges Urteil: Er kassierte ein Gesetz, das „virtuelle Kinderpornografie" der realen gleichstellte. Er untersagt also, Filme, die etwa durch Computermanipulation zustande gekommen sind, genauso zu behandeln wie Filme, für deren Herstellung Kinder real missbraucht wurden. Der „virtuelle" Film mag geschmacklos sein und an niedere Instinkte appellieren – aber er gehört in eine andere Kategorie. Wer reale Kinderpornografie produziert oder vertreibt, der soll mit aller Härte des Gesetztes verfolgt werden. Wer fiktive Fantasien über Sex mit Kindern verbreitet, den mögen wir wie Nabokov[2] in den literarischen Himmel heben oder zutiefst verachten. Das Schlimmste, was ihm aber passieren kann, ist, dass sein Werk unter die Ladentheke verbannt wird.

---

1 Bezug auf ein Volkslied aus dem 19. Jahrhundert, dessen 1. Strophe heißt:
Die Gedanken sind frei,/Wer kann sie erraten,/Sie fliehen vorbei,/Wie nächtliche Schatten./Kein Mensch kann sie wissen,/Kein Jäger erschießen/Mit Pulver und Blei./Die Gedanken sind frei.

2 Hinweis auf Wladimir Nabokovs skandalösen Roman „Lolita", in dem die Beziehung zwischen einem alternden Mann und der minderjährigen Tochter seiner Vermieterin dargestellt wird.

Ich habe einen zehnjährigen Sohn, der in den nächsten Jahren (mit oder ohne mein Wissen) Dinge sehen und hören wird, die mir in der behüteten Jugend der Sechzigerjahre nicht zugänglich waren. Während wir heimlich in den Unterwäscheseiten des Quellekatalogs blättern mussten, um die vage Ahnung von der Anatomie des anderen Geschlechts zu präzisieren, haben die heute Heranwachsenden via Internet Zugang zu Millionen Bildern, die diese Anatomie in allen Details zeigen, einschließlich der Penetration diverser Körperöffnungen auf jede erdenkliche Weise. Das macht mir Sorgen, und gleichzeitig weiß sich, dass ich es kaum verhindern kann. Und dass auch Jugendschutzparagrafen und Filtersoftware dagegen wenig ausrichten werden. Die Idee, Jugendliche vor dem schädlichen Einfluss von Medien zu schützen, muss und darf man deswegen nicht aufgeben. Aufgeben muss man aber wohl die Idee, dass Verbote und Zensur die Mittel dazu sind. Das ging nur in einer Zeit, in der die Herausgabe von Massenmedien auf wenige beschränkt und damit ein Verbot der Quellen einfach war. Wie schützt man also Heranwachsende vor dem negativen Einfluss von Bildern und Schriften? Es gibt darauf keine befriedigende Antwort. Die beste ist immer noch ein Stichwort, das [...] aktueller ist denn je: „Medienkompetenz“. Wenn ich meinem Kind die Medien nicht vollständig vorenthalten kann oder will, muss ich es in die Lage versetzen, mit ihnen umzugehen, ohne Schaden zu nehmen. Das bedeutet: die Kinder begleiten, mit ihnen über ihre Medienerfahrungen reden, mit ihnen die Fähigkeit üben, Wahrheit von Lüge und Schund von Kunst zu trennen. Und sie irgendwann loslassen, weil sie mit den neuen Medien souveräner umgehen als die Generation ihrer Eltern.

Die größte Gefahr, die von den Computermedien ausgeht, ist nicht das angebliche Verschwimmen der Grenze zwischen Fiktion und Realität. Studien mit Jugendlichen, die ausgiebig Ego-Shooter spielen, haben ergeben, dass das Ballern auf Zombies und menschliche Figuren emotional eine viel geringere Wirkung hat als ein traditioneller Spielfilm mit einer komplexen, „lebensnahen“ Handlung.

Anstatt Leichen zu zählen, sollten die Medienkritiker sich der wirklich neuen Qualität der Online-Spiele und der virtuellen Gemeinschaften zuwenden: der Möglichkeit, sein soziales Leben fast ausschließlich im Netz zu verbringen. Vor einigen Jahren starb in Norwegen ein Junge bei einem Verkehrsunfall. Erst im Nachhinein stellten seine Eltern fest, dass der gesamte Freundeskreis ihres Kindes aus Mitspielern eines Online-Spiels bestand. Bei der – ergreifenden – Trauerfeier im Netz standen grobpixelige Spielfiguren am virtuellen Grab des Jungen.

Hunderttausende Menschen haben schon heute ihre sozialen Kontakte hauptsächlich im Cyberspace – nicht weil sie den Unterschied zwischen Realität und Virtualität nicht sähen, sondern weil sie es so gewählt haben. Viele finden dadurch überhaupt erst Anschluss. Aber es ist oft ein Anschluss im Wortsinn: ein Leben, das seinen Sinn verliert, wenn man den Stecker zieht. Über dieses Phänomen werden die Soziologen in den nächsten Jahren zu brüten haben.

(DIE ZEIT, Nr. 22, 23.05.2002)

Aufgaben

1. Lesen Sie den Text zunächst in überfliegender Weise. Formulieren Sie stichwortartig, welche Aussagen Ihr Interesse finden.

2. Arbeiten Sie in einem zweiten genauen (ggf. markierenden) Lesedurchgang die Kernthesen des Verfassers heraus. Beschreiben Sie den Argumentationsaufbau und erklären Sie die Überschrift.

3. Erörtern Sie die Kernthesen des Textes.
   - Machen Sie deutlich, worin Sie dem Verfasser zustimmen und womit Sie nicht einverstanden sind, begründen Sie jeweils.
   - Verdeutlichen Sie Ihre eigene Auffassung.

Literatur in ihren historischen Zusammenhängen – Überblick, Schwerpunkte, Beispiele

Zur Wiederholung, Vertiefung – Aufklärung und Empfindsamkeit/Sturm und Drang

Aufklärung: Vernunft und Freiheit

Einführung

Das **zentrale Ereignis** der gesamten Epoche ist die **Französische Revolution im Jahre 1789**. In Frankreich wird die politisch-soziale Umwälzung weitergeführt mit den Revolutionen der Jahre 1830 und 1848; die „verspätete" Revolution in Deutschland im Jahre 1848 bewirkt keine bürgerlich-demokratische Veränderung, wohl aber kennzeichnet den Umbruch vom 18. zum 19. Jahrhundert eine intensive geistige Produktion (der Bürger als „Dichter und Denker"). Insgesamt ist die Epoche von der Aufklärung bis zur Romantik durch die beginnende Emanzipation des Bürgertums, ein **neues bürgerliches Bewusstsein** und den **Aufbruch in eine neue bürgerliche Gesellschaft** gekennzeichnet (vgl. auch die Hinweise im Schülerband, S. 199 f.); für die gesamte Epoche gilt als **Leitidee das selbstbestimmte Subjekt**.
Die Aufklärungsphilosophen betonen Freiheit und Autonomie des Subjekts; Ich-Bewusstsein und künstlerische Autonomie werden mit jeweils unterschiedlicher Akzentsetzung auch in den Epochen der Empfindsamkeit/des Sturm und Drang, der Klassik und der Romantik vertreten. Aufklärung und Empfindsamkeit/Sturm und Drang sind mit der Betonung von Verstandeskultur bzw. Gefühlskultur eher als **Teile *einer* Entwicklung** anzusehen: Die Betonung individueller Gefühlsregungen ist eine **Ergänzung und Weiterentwicklung** von Vernunft und Rationalität. Gedanken der Aufklärung bzw. des Sturm und Drang wirken auch in der Klassik weiter. In der Klassik mit ihrer Betonung von Maß, Harmonie und Bildungs-
ideal finden insgesamt wichtige Strömungen der Geistes- und Literaturgeschichte zusammen: so zum Beispiel die Vorstellungen von antiker, vor allem griechischer Kunst (Renaissance), von Humanismus, von aufgeklärtem Bewusstsein, von der Autonomie des Subjekts und seiner Gefühle. Auch zwischen der Klassik und der Romantik mit ihrem Ideal der „Poetisierung der Welt" gibt es Gedankenverbindungen. Allerdings setzen sich die Romantiker von den Formidealen der Klassik ab und knüpfen an frühere Bewegungen wie Pietismus, Empfindsamkeit/Sturm und Drang an. Romantik als Gegenbewegung gegen den Rationalismus der Aufklärung hat es bereits vor der „romantischen Schule" gegeben.
Auch wenn hier einzelne Epochen deutlich benannt und erläutert werden, so kann es nicht darum gehen, die Epochen einfach aneinanderzureihen (vgl. Conrady, Schülerband, S. 207) oder einzelnen Texten Epochenmerkmale „aufzusetzen". Vielmehr geht es darum, den **Epochenumbruch vom 18. zum 19. Jahrhundert** zu verdeutlichen als ein Konzept, bei dem sich die Literatur aus den Fesseln der höfisch-absolutistischen Zusammenhänge befreit und (im weiten Sinne verstanden) zum **Träger aufklärerischer Ideen** wird. Es geht hierbei um die zentrale Frage nach den Möglichkeiten von Selbstbestimmung, Autonomie und Freiheit im individuellen, gesellschaftlichen und künstlerischen Sinne. Dies bedeutet auch eine **Neuorientierung des Bürgertums** gegenüber einem religiös-ständischen Weltbild, wobei die Distanz gegenüber dem Adel und die Kritikfähigkeit zunimmt.
Die **Leitidee der Autonomie** bietet die Möglichkeit, der **„Gleichzeitigkeit des Verschiedenen"** (Conrady) nachzugehen. Insofern betrifft der Epochenumbruch des 18./19. Jahrhunderts auch (noch) die politische Literatur des Vormärz und des „Jungen Deutschland".

Immanuel Kant: Beantwortung der Frage: Was ist Aufklärung? (Seite 200)

Bei dem Text handelt es sich um einen Auszug aus dem Aufsatz von Immanuel Kant „Beantwortung der Frage: Was ist Aufklärung?“. In diesem Anfangsteil des Aufsatzes befasst sich Kant mit der Definition des Begriffs „Aufklärung“ und gibt eine Analyse der geistigen Situation des Menschen. Den Schülern soll durch den Text deutlich werden,

- dass Kant unter dem aufgeklärten Menschen den **mündigen Menschen** versteht, der sich seines **Verstandes**, der **Vernunft** bedient,
- dass demgegenüber der nicht aufgeklärte, unmündige Mensch an fremde Autoritäten auf wissenschaftlichem wie auf ethischem Gebiet glaubt,
- dass die Unmündigkeit auf Feigheit und Gewohnheit beruht,
- dass der Mensch sich selbst aufgrund seines Verstandes aus dieser Unmündigkeit lösen kann und dadurch **geistige Freiheit** erlangt.

Der Auszug eignet sich dazu, um die Argumentation des Verfassers herauszuarbeiten und die einzelnen logischen Schritte nachzuvollziehen.
Die Fortsetzung des Textes kann von den Schülern selbstständig bearbeitet werden; dabei sollte mit der Begrifflichkeit einer Argumentationsanalyse gearbeitet werden (z. B. These, Antithese, Argument, Beispiel, Beleg, Fazit ...).

Faulheit und Feigheit sind die Ursachen, warum ein so großer Teil der Menschen, nachdem sie die Natur längst von fremder Leitung freigesprochen (naturaliter majorennes), dennoch gerne zeitlebens unmündig bleiben; und warum es anderen so leicht wird, sich zu deren Vormündern aufzuwerfen. Es ist so bequem, unmündig zu sein. Habe ich ein Buch, das für mich Verstand hat, einen Seelsorger, der für mich Gewissen hat, einen Arzt, der für mich die Diät beurteilt usw., so brauche ich mich ja nicht selbst zu bemühen. Ich habe nicht nötig zu denken, wenn ich nur bezahlen kann; andere werden das verdrießliche Geschäft schon für mich übernehmen. Dass der bei Weitem größte Teil der Menschen (darunter das ganze schöne Geschlecht) den Schritt zur Mündigkeit außer dem, dass es beschwerlich ist, auch für sehr gefährlich halte: dafür sorgen schon jene Vormünder, die die Oberaufsicht über sie gütigst auf sich genommen haben. Nachdem sie ihr Hausvieh zuerst dumm gemacht haben und sorgfältig verhüteten, dass diese ruhigen Geschöpfe ja keinen Schritt außer dem Gängelwagen, darin sie sie einsperreten, wagen durften, so zeigen sie ihnen nachher die Gefahr, die ihnen drohet, wenn sie es versuchen, allein zu gehen. Nun ist diese Gefahr zwar eben so groß nicht, denn sie würden durch einige Mal Fallen wohl endlich gehen lernen; allein ein Beispiel von der Art macht doch schüchtern und schreckt gemeiniglich von allen ferneren Versuchen ab.

[...]

Zu dieser Aufklärung aber wird nichts erfordert als *Freiheit;* und zwar die unschädlichste unter allem, was nur Freiheit heißen mag, nämlich die: von seiner Vernunft in allen Stücken *öffentlich Gebrauch* zu machen. Nun höre ich aber von allen Seiten rufen: *Räsoniert nicht!* Der Offizier sagt: Räsoniert nicht, sondern exerziert! Der Finanzrat: Räsoniert nicht, sondern bezahlt! Der Geistliche: Räsoniert nicht, sondern glaubt! [...] Hier ist überall Einschränkung der Freiheit. Welche Einschränkung aber ist der Aufklärung hinderlich? welche nicht, sondern ihr wohl gar beförderlich? – Ich antworte: Der *öffentliche* Gebrauch seiner Vernunft muss jederzeit frei sein, und der allein kann Aufklärung unter Menschen zustande bringen; der *Privatgebrauch* derselben aber darf öfters sehr enge eingeschränkt sein, ohne doch darum den Fortschritt der Aufklärung sonderlich zu hindern. Ich verstehe aber unter dem öffentlichen Gebrauche seiner eigenen Vernunft denjenigen, den jemand als *Gelehrter* von ihr vor dem ganzen Publikum der *Leserwelt* macht. Den Privatgebrauch nenne ich denjenigen, den er in einem gewissen ihm anvertrauten *bürgerlichen Posten* oder Amte von seiner Vernunft machen darf.

[...]

Wenn denn nun gefragt wird: Leben wir jetzt in einem *aufgeklärten* Zeitalter? so ist die Antwort: Nein, aber wohl in einem Zeitalter der *Aufklärung.* Dass die Menschen, wie die Sachen jetzt stehen, im Ganzen genommen, schon imstande wären oder darin auch nur gesetzt werden könnten, in Religionsdingen sich ihres eigenen Verstandes ohne Leitung eines andern sicher und gut zu bedienen, daran fehlt noch sehr viel. Allein, dass jetzt ihnen doch das Feld geöffnet wird, sich darin frei zu bearbeiten, und die Hindernisse der allgemeinen Aufklärung oder des Ausganges aus ihrer selbst verschuldeten Unmündigkeit allmählich weniger werden, davon haben wir doch deutliche Anzeigen. (1784)

(aus: Immanuel Kant: Werke in sechs Bänden, Band VI. Hrsg. von Wilhelm Weischedel, Wissenschaftliche Buchgesellschaft, Darmstadt 1964, S. 53 ff.)

Mögliche Aufgabenstellungen zum Textauszug im Schülerband (Seite 200)

1. *Klären Sie den Inhalt des Textes und die Funktion der einzelnen Inhaltsteile.*

Zeile	Inhalt	Funktion
1–2 2–4 4–7 7–9 10–21	Definition des Begriffs „Aufklärung" ...	Allgemeine Antwort auf die Kernfrage der Überschrift (Einleitung) ...

2. *Diskutieren Sie die Aussage Kants. Inwieweit ist diese für Sie heute noch gültig? Aktualisieren Sie ggf. die Kennzeichnungen im Hinblick auf heutige gesellschaftliche und politische Verhältnisse.*

Hinweise zu den Aufgaben 1 und 2

1.

Zeile	Inhalt	Funktion
Zeile 1–2	Definition des Begriffs „Aufklärung"	Allgemeine Antwort auf die Kernfrage der Überschrift (Einleitung)
Zeile 2–4	Definition des Begriffs „Unmündigkeit"	Erklärung der Hauptbegriffe
Zeile 4–7	Definition des Begriffs „selbst verschuldete Unmündigkeit"	
Zeile 7–9	Aufforderung, den eigenen Verstand zu nutzen	ethischer Appell an die Eigenverantwortlichkeit
Zeile 10–21	Ursachen für die Unmündigkeit: a) menschliche Schwächen b) Gewohnheit c) unreflektierte Übernahme von Autoritäten auf wissenschaftlichem und ethischem Gebiet	Untersuchung und Diagnose

Es wird zudem erkennbar, dass in dem letzten Satz eine gesellschaftspolitische Anforderung enthalten ist: die Achtung, der Respekt vor dem Menschen und seinen Rechten, gleich welchen Standes.

2. s. Hinweise zum Text

Methodische Alternative

Die Schüler können einen kurzen **„Gegentext" schreiben**, mit dem sie der einseitigen Betonung der Vernunft ein Loblied auf die Macht des Gefühls entgegenstellen. Diese Diskussion kann zu der Überlegung führen, dass der Mensch – wie später im Sturm und Drang als Kritik formuliert – nicht nur vom Verstand, sondern wesentlich auch vom Gefühl geleitet wird.
Ergänzt werden kann der Zusammenhang durch die folgenden Kontextmaterialien.

Kontextmaterial

Immanuel Kant

Der kategorische Imperativ

Handle so, dass die Maxime[1] deines Willens jederzeit zugleich als Prinzip einer allgemeinen Gesetzgebung gelten könne. (1788)

[1] Maxime: Grundsatz, Leitsatz

Zum Text

In seinem Hauptwerk „Kritik der praktischen Vernunft" (1788) begründet Kant die Sittenlehre. Kernpunkt dieses Werkes ist das sittliche Grundgesetz, die „Pflicht-Ethik" des kategorischen Imperativs. Das Handeln nach diesem Gesetz heißt Pflicht; deren Wurzeln sind die Freiheit und Unabhängigkeit des Menschen vom Mechanismus der Natur. Die folgenden beiden Texte können Zusammenhang und Gedankengang verdeutlichen:

Der kategorische Imperativ (Grundlegung zur Metaphysik der Sitten, 2. Abschnitt/Kritik der praktischen Vernunft § 7)

a) Alle Imperative gebieten entweder hypothetisch oder kategorisch. Jene stellen die praktische Notwendigkeit einer möglichen Handlung als Mittel zu etwas anderem, was man will (oder doch möglich ist, dass man es wolle), zu gelangen vor. Der kategorische Imperativ würde der sein, welcher eine Handlung als für sich selbst ohne Beziehung auf einen anderen Zweck als objektiv-notwendig vorstellte.

b) Handle nur nach derjenigen Maxime, durch die du zugleich wollen kannst, dass sie ein allgemeines Gesetz werde![1]

c) Handle so, als ob die Maxime deiner Handlung durch deinen Willen zum allgemeinen Naturgesetz werden sollte.[2]

d) Handle so, dass du die Menschheit sowohl in deiner Person als in der Person eines jeden anderen, jederzeit zugleich als Zweck, niemals bloß als Mittel brauchtest.[3]

e) Handle so, dass die Maxime deines Willens jederzeit zugleich als Prinzip einer allgemeinen Gesetzgebung gelten könne.

(aus: Armin Müller (Hg.): Ethik als philosophische Theorie des Handelns, Aschendorff Verlag, Münster 1988, S. 80)

Kants Bestimmung der Natur als Bereich der unter Naturgesetzen stehenden Erscheinungen ist die Voraussetzung seiner praktischen Philosophie. Aus ihr ergibt sich nämlich, dass Menschen als Naturwesen in ihrem Verhalten ebenso determiniert sind wie alles andere natürliche Geschehen. Um dem gegenüber die Möglichkeit freien und verantwortlichen Handelns behaupten zu können, entscheidet sich Kant für einen Perspektivenwechsel: Freiheit gibt es nicht als etwas in der Welt Erkennbares, sondern sie wird nur in der unmittelbaren Verpflichtung zu vernünftigem Handeln erfahren. Anders gesagt: Dass wir den Anspruch, vernünftig zu handeln, nicht abweisen können, ist der hinreichende Grund dafür, die Möglichkeit eines solchen Handelns anzunehmen. Ein Handeln ist nicht deshalb frei, weil es nicht den Naturgesetzen unterworfen wäre, sondern allein deshalb, weil es als ein Handeln beschrieben werden kann, das dem Vernunftanspruch entweder genügt oder nicht genügt. Ausgesprochen wird die Forderung, vernünftig zu handeln, im Sittengesetz bzw. im obersten Prinzip der Sittlichkeit, dem kategorischen Imperativ.

(aus: Martin Gressmann (Hg.) Philosophisches Wörterbuch, 23. Aufl. 2009, Alfred Kröner Verlag, Stuttgart)

Hinweise für den Unterricht

Durch den Text soll den Schülern deutlich werden, wie Kant die Pflicht des Menschen zu sittlichem Handeln begründet. Kant leitet aus der Tatsache, dass der Mensch ein Vernunftwesen ist, die Verpflichtung ab, den kategorischen Imperativ zu befolgen. Sittlich gute Handlungen müssen so beschaffen sein, dass sie zugleich für alle (vernünftigen) Menschen Gültigkeit haben.
Den Schülern sollte deutlich gemacht werden, dass Kant für den kategorischen Imperativ die allgemeinste Formulierung gewählt hat und dass es daneben andere kategorische Imperative gibt, d.h. Forderungen, die Anspruch darauf erheben, unbedingt gültig zu sein. Als Beispiele könnten erwähnt werden:

1. „Du sollst nicht töten", siehe 10 Gebote im Alten Testament,
2. das Jesuswort „Du sollst deinen Nächsten lieben wie dich selbst",
3. „Alle Menschen sind vor dem Gesetz gleich", siehe Grundgesetz Artikel 3.

---

[1] Der Gegensatz zu „allgemeiner Gesetzgebung" ist eine solche, die sich ausschließlich von privat-egoistischen oder gewinnversessenen Motiven leiten lässt.

[2] Kant spricht auch in diesem Zusammenhang von Naturgesetz, weil er hier „Natur" völlig unspezifisch als „Dasein der Dinge ..., sofern es nach allgemeinen Gesetzen bestimmt ist", verstanden wissen will.

[3] Mit dieser Formulierung bietet Kant gewissermaßen einen Probierstein an, bei dessen Gebrauch der Grad der „Allgemeinheit der Gesetzgebung" im bestimmten Fall unterscheidbar wird.

Es kann den Schülern deutlich gemacht werden, dass man **Kants kategorischen Imperativ** heute als den **kleinsten gemeinsamen Nenner des menschlichen Zusammenlebens** im Sinne der Aufklärung bezeichnen kann.

Empfindsamkeit/Sturm und Drang: Gefühl ist mehr als Denken

Johann Wolfgang Goethe: Die Leiden des jungen Werthers (Seite 203)

Zum Text

Der Briefroman Goethes ist als Ausdruck einer neuen Geistesströmung zu verstehen; die neuen Wertorientierungen des *Sturm und Drang* spiegeln sich deutlich in der Person Werthers wider (Hervorkehrung der Individualität, der subjektiven Empfindung, des Gefühls der Einheit mit der Natur). Werther empfindet im Sinne der Zeit pantheistisch. Nach den Vorstellungen des Pantheismus ist Gott in den „Dingen" (in der Welt, in der Natur, in den Menschen selbst). Daher empfindet Werther die Natur als beseelt, als Teil von sich selbst. Im **Brief vom 10. Mai 1771** empfindet Werther höchste Erfüllung in der Natur, deren Harmonie ihm offenbar wird. Weil er sich in diese Natur eingebettet fühlt, ist er mit sich selbst und mit der „Welt" im Einklang. Auch Gott spiegelt sich für ihn in der Natur wider. Folgende Ausdrücke zum Beispiel verdeutlichen seine positive seelische Verfassung: Heiterkeit, süßer Frühlingsmorgen, freue mich meines Lebens, das liebe Tal, die hohe Sonne, ... In der Natur spürt Werther die „Gegenwart des Allmächtigen" (Z. 19); indem er sich selbst, wie die Natur, als Gottes Schöpfung begreift, erfährt er den Zusammenhang von Natur, Mensch und Gott: „... dass es würde der Spiegel deiner Seele, wie deine Seele ist der Spiegel des unendlichen Gottes!" (Z. 27 f.).
Zur Form des Textes: Nach einer kurzen **erzählerischen Einleitung** (bis Z. 10) folgt in einem einzigen Satz eine Fülle atemloser, sich immer neu steigernder Beschreibungen der Natur und des Ichs in dieser Natur. In aneinandergereihten **„wenn-Sätzen"** steigert sich die Erwartung immer weiter, ohne in einem „dann" gelöst zu werden. Das Ende dieser **hypotaktischen Satzkonstruktion** verdeutlicht die Schwierigkeit, die eigenen Empfindungen in ihrer Unmittelbarkeit und in ihrem Drängen ausdrücken zu können. Das wiederholte „wenn" schafft Unruhe und Bewegung; es drückt das Bestreben aus, die erlebte Natur mit dem eigenen Gefühl zu verbinden, das eigene Ich mit der Natur verschmelzen zu lassen.
Deutlich wird die gefühlsmäßige Erregung auch in den zahlreichen Ausrufen, den direkten Anrufen an den Freund und Adressaten des Briefes. Wie sich auf **syntaktischer Ebene** die Erregung zeigt, so auch auf **semantischer Ebene** durch eine Häufung von Begrifflichkeiten aus dem Gefühlsbereich und dem Naturerlebnis (siehe oben). An **rhetorischen Stilmitteln** finden sich Diminutiva, zahlreiche wortmalerische Adjektive, Alliterationen, Wortwiederholungen, ein Chiasmus u. a.

Mögliche Aufgabenstellungen

1. *Analysieren Sie den Brief Werthers vom 10. Mai 1771, indem Sie die Gefühlslage des Schreibers kennzeichnen; nennen Sie Belege und entsprechende Formulierungen im Text: Satzbau, sprachlich-rhetorische Stilmittel wie Wortwiederholung, Ausruf, wortmalerisches Adjektiv, Vergleich, Alliteration, Diminutivform, ...*

2. *Erläutern Sie, welche Wirkung der Text auf Sie selbst hat. Versuchen Sie, Gründe für diese Wirkung ausfindig zu machen.*

3. *Was könnte im Hinblick auf den Roman mit Goethes eigener Kennzeichnung als „... Bruchstücke einer großen Konfession" gemeint sein? Nehmen Sie auch Stellung zu dem Zitat aus Goethes autobiografischer Schrift „Dichtung und Wahrheit" im Info-Kasten.*

Hinweise zu den Aufgaben

1. **Briefform** („Werther" als Briefroman): Romanform als Möglichkeit einer sehr intimen Seelenschilderung; Sprache wird zum unmittelbaren Ausdruck der jeweiligen Stimmungslage: die Natur wird auf pantheistische Weise allein aus der Sicht Werthers beschrieben.

Umfassende einheitliche Stimmung (ganze Seele): wunderbare Heiterkeit (Z. 1); Ich ... freue mich meines Lebens, Z. 3 f.; Ruhe, Z. 6

Werther empfindet in der Natur höchste Erfüllung; er ist völlig mit sich im Einklang; in der Natur empfindet er auch das Wirken Gottes. Zusammenhang von Natur, Ich, Gott und Unmittelbarkeit der Empfindungen zeigen sich u. a. auch in Folgendem:

- Satzbau, z. B. Z. 10–28: ein einziger Satz als Ausdruck größter gefühlsmäßiger Erregung
- Wortwiederholungen: Seele (Z. 2, 5, 27, 28)
- positiv konnotierte Adjektive: wunderbare Heiterkeit, Z. 1; süßer Frühlingsmorgen, Z. 2; ewiger Wonne, Z. 20 f.
- Diminutivformen: Z. 15, 17, 18
- emotionale Steigerungen: so glücklich, Z. 5; so ganz in dem Gefühle von ruhigem Dasein versunken, Z. 6 f.; was so voll, so warm in dir lebt, Z. 26 f.

Es wird aber bereits auch in diesem Brief deutlich, dass Werther nicht in der Lage ist, den übergroßen Reichtum seiner Eindrücke zu ordnen; er ist unfähig, die Natur zu zeichnen; er kann auch seine Eindrücke nicht schriftlich artikulieren (formal wird dies auch deutlich durch den überlangen wenn-Satz, der plötzlich abbricht, Z. 15 – 24).

2. Den Schülern erscheint die gefühlvolle Sprache des Werther anfangs gewiss ungewohnt, vielleicht gar schwülstig oder kitschig. Zur Vorbereitung auf den Text erscheint es daher als sinnvoll, dass die Schüler sich eingehend mit der Epoche der „Empfindsamkeit"/des „Sturm und Drang" beschäftigen (s. Schülerband, S. 202 f.). Der Schlüssel für das Verständnis der emphatischen Sprache der Literatur ist sicher zu einem wesentlichen Teil die Kenntnis der kulturellen und gesellschaftlichen Verhältnisse der Zeit.

Vorschläge zum methodischen Vorgehen:

- Der Text wird (nach entsprechender Vorbereitung) von einem Schüler gelesen. Die spontanen Äußerungen der Schüler (möglicherweise in einer „Blitzlicht"-Runde) können in Form eines **Clusters** gesammelt und in der folgenden Arbeitsphase am Text „abgearbeitet" werden (vgl. die Hinweise zum Text und zur Epoche).
- Um den Schülern zu verdeutlichen, dass die Wirkung dieses Briefes auch durch die hypotaktischen Satzkonstruktionen verstärkt wird, bietet sich eine **Umformung des Textes** an. Beispiel:

„... das liebe Tal um mich dampft. Die hohe Sonne an der Oberfläche der undurchdringlichen Finsternis meines Waldes ruht. Nur einzelne Strahlen stehlen sich in das Heiligtum. Ich liege dann im hohen Grase am fallenden Bache. Näher an der Erde werden mir tausendfältige Gräschen merkwürdig. Ich fühle das Wimmeln der kleinen Welt zwischen Halmen ..."

3. Mit der Kennzeichnung könnte Goethe darauf hinweisen, dass in dem Roman vieles dichterisch verarbeitet ist, was mit seinen eigenen widerstreitenden Lebensgefühlen, Stimmungslagen und Erfahrungen zu tun hatte (vgl. seine Bekanntschaft mit Charlotte Buff und ihrem Verlobten Kestner in Wetzlar, den Selbstmord des Legationssekretärs Carl W. Jerusalem mit einer Pistole, die er sich von Kästner ausgeliehen hatte). Entscheidend für das Verständnis des Romans ist jedoch die literarische Strömung der Zeit, in der das Bedürfnis nach Mitteilung der eigenen Gefühle und Empfindungen (vgl. auch die Hochschätzung von Briefromanen) im Vordergrund stand.

Kontextmaterial

Werthers gegenteilige, nämlich negative Einstellung zur Natur verdeutlicht der Brief vom 18. August 1771. Hier spiegeln sich in der Darstellung der Natur Werthers Enttäuschung und Zerrissenheit wider.

Johann Wolfgang Goethe

Die Leiden des jungen Werthers

Am 18. August.

Musste denn das so sein, dass das, was des Menschen Glückseligkeit macht, wieder die Quelle seines Elendes würde?

Das volle, warme Gefühl meines Herzens an der lebendigen Natur, das mich mit so vieler Wonne überströmte, das rings umher die Welt mir zu einem Paradiese schuf, wird mir jetzt zu einem unerträglichen Peiniger, zu einem quälenden Geist, der mich auf allen Wegen verfolgt. Wenn ich sonst vom Felsen über den Fluss bis zu jenen Hügeln das fruchtbare Tal überschaute und alles um mich her keimen und quellen sah; wenn ich jene Berge, vom Fuße bis auf zum Gipfel, mit hohen, dichten Bäumen bekleidet, jene Täler in ihren mannigfaltigen Krümmungen von den lieblichsten Wäldern beschattet sah, und der sanfte Fluss zwischen den lispelnden Rohren dahingleitete und die lieben Wolken abspiegelte, die der sanfte Abendwind am Himmel herüberwiegte; wenn ich dann die Vögel um mich den Wald beleben hörte, und die Millionen Mückenschwärme im letzten roten Strahle der Sonne mutig tanzten, und ihr letzter zuckender Blick den summenden Käfer aus seinem Grase befreite, und das Schwirren und Weben um mich her mich auf den Boden aufmerksam machte, und das Moos, das meinem harten Felsen seine Nahrung abzwingt, und das Geniste, das den dürren Sandhügel hinunter wächst, mir das innere, glühende, heilige Leben der Natur eröffnete: Wie fasste ich das alles in mein warmes Herz, fühlte mich in der überfließenden Fülle wie vergöttert, und die herrlichen Gestalten der unendlichen Welt bewegten sich allbelebend in meiner Seele. Ungeheure Berge umgaben mich, Abgründe lagen vor mir, und Wetterbäche stürzten herunter, die Flüsse strömten unter mir, und Wald und Gebirg erklang; und ich sah sie wirken und schaffen ineinander in den Tiefen der Erde, alle die unergründlichen Kräfte; und nun über der Erde und unter dem Himmel wimmeln die Geschlechter der mannigfaltigen Geschöpfe. Alles, alles bevölkert mit tausendfachen Gestalten; und die Menschen dann sich in Häuslein zusammen sichern und sich annisten und herrschen in ihrem Sinne über die weite Welt! Armer Tor! der du alles so gering achtest, weil du so klein bist. – Vom unzugänglichen Gebirge über die Einöde, die kein Fuß betrat, bis ans Ende des unbekannten Ozeans weht der Geist des Ewigschaffenden und freut sich jedes Staubes, der ihn vernimmt und lebt. – Ach damals, wie oft habe ich mich mit Fittichen eines Kranichs, der über mich hin flog, zu dem Ufer des ungemessenen Meeres gesehnt, aus dem schäumenden Becher des Unendlichen jene schwellende Lebenswonne zu trinken und nur einen Augenblick in der eingeschränkten Kraft meines Busens einen Tropfen der Seligkeit des Wesens zu fühlen, das alles in sich und durch sich hervorbringt.

Bruder, nur die Erinnerung jener Stunden macht mir wohl. Selbst diese Anstrengung, jene unsäglichen Gelüste zurückzurufen, wieder auszusprechen, hebt meine Seele über sich selbst und lässt mich dann das Bange des Zustandes doppelt empfinden, der mich jetzt umgibt.

Es hat sich vor meiner Seele wie ein Vorhang weggezogen, und der Schauplatz des unendlichen Lebens verwandelt sich vor mir in den Abgrund des ewig offenen Grabes. Kannst du sagen: *Das ist!* da alles vorübergeht? da alles mit der Wetterschnelle vorüberrollt, so selten die ganze Kraft seines Daseins ausdauert, ach, in den Strom fortgerissen, untergetaucht und an Felsen zerschmettert wird? Da ist kein Augenblick, der nicht dich verzehrte und die Deinigen um dich her, kein Augenblick, da du nicht Zerstörer bist, sein musst; der harmloseste Spaziergang kostet tausend armen Würmchen das Leben, es zerrüttet *ein* Fußtritt die mühseligen Gebäude der Ameisen und stampft eine kleine Welt in ein schmähliches Grab. Ha! nicht die große, seltne Not der Welt, diese Fluten, die eure Dörfer wegspülen, diese Erdbeben, die eure Städte verschlingen, rühren mich; mir untergräbt das Herz die verzehrende Kraft, die in dem All der Natur verborgen liegt; die nichts gebildet hat, das nicht seinen Nachbar, nicht sich selbst zerstörte. Und so taumle ich beängstigt. Himmel und Erde und ihre webenden Kräfte um mich her: Ich sehe nichts als ein ewig verschlingendes, ewig wiederkäuendes Ungeheuer. (1774)

(aus: Erich Trunz (Hg.): Goethes Werke. Hamburger Ausgabe in 14 Bänden, Bd. 6, Hamburg 1972)

Johann Wolfgang Goethe: Prometheus (Seite 204)

Zum Text

Das Gedicht stellt einen **Monolog des lyrischen Sprechers** dar, der sich mit dem mythischen Vorbild des Prometheus in Übereinstimmung sieht (in der griechischen Sage erhebt sich Prometheus gegen die Götter). Der lyrische Sprecher wendet sich voller Verachtung an Zeus und die Götter: „Ich kenne nichts Ärmer's ..." (Z. 13). Danach blickt er zurück auf seine Kindheit und gibt seiner Enttäuschung über die fehlende Hilfsbereitschaft der Götter Ausdruck: „Da ich ein Kind war ..." (Z. 22). Aus dieser Haltung resultieren die Konsequenzen, nämlich das **Vertrauen auf die eigenen Kräfte** („Hast du's nicht alles selbst vollendet ..." (Z. 33)) und die Aufkündigung der Verehrung für die Götter („Ich dich ehren? Wofür?" (Z. 38)). Im letzten Teil des Gedichts wird deutlich, dass das sprechende Ich wie Prometheus eine **gottähnliche Selbstbestimmung** vornimmt. Hier wird das Selbstverständnis des Sturm-und-Drang-Dichters angesprochen, der seine Fähigkeit in **Analogie zur göttlichen Schöpferkraft** versteht: „Hier sitz' ich, forme Menschen nach meinem Bilde." (Z. 52 f.)

Am deutlichsten zeigt sich die Abkehr von den tradierten, in der Aufklärung streng eingehaltenen lyrischen Grundformen wie Strophe, Metrum und Reimschema, in den sogenannten *freien Rhythmen.*

Inhalt und Form werden im Rhythmus miteinander verbunden. Weitere sprachliche Stilmittel sind:

- Neologismen (z. B. Knabenmorgen-Blütenträume),
- Metaphern,
- bevorzugter Gebrauch des Possessivpronomens 1. Pers. Sing. und des Personalpronomens 1. Pers. Sing.,
- Imperativformen,
- rhetorische Fragen,
- Wortfelder: Natur, Kultur, Religion, Mensch – Gott, Kindheit, Gefühl, Werte,
- emphatische, expressive Sprache,
- Hinwegsetzen über syntaktische Regeln,
- Ausdruck subjektiver Empfindung.

Hinweise zum methodischen Vorgehen

- Zu Beginn oder zum Abschluss der Bearbeitung sollte das Gedicht für die Schüler hörbar gemacht werden durch einen **Lehrer- oder Schülervortrag**. Die Hintergründe der Prometheussage sollten geklärt werden.
- Um einen affektiven Zugang zum Text zu ermöglichen, kann vor der eigentlichen Analyse ein **Standbild** erstellt werden, bei dem die Schüler jeweils zu zweit versuchen sollten, die Stimmung des Gedichts mimisch, schauspielerisch nachzustellen.

Die Stimmung des Gedichts kann auch in einer kleinen **Skizze** zusammenfassend gezeichnet werden. Beide Verfahren sind gut geeignet, sich dem Gedicht zunächst über die erzeugte Wirkung zu nähern und dürften den Schülern recht schnell deutlich machen, dass sich hier der Mensch über Gott stellt, sich auflehnt, anklagt.

- Die Deutung erfolgt im nächsten Schritt, indem zunächst gefragt werden kann, wie diese Stimmung der Auflehnung im Einzelnen gestaltet und wie sie sprachlich erreicht wird (vgl. Hinweise zum Text). Die Ergebnisse können anhand eines **Tafelbildes** verdeutlicht werden:

Mensch		**Gott**
• befiehlt dem Gott • die Erde, die Hütte, der Herd sind sein Eigentum • wird von den Göttern beneidet	**gegenwärtiger Zustand**	• Befehlsempfänger • Vergleich mit einem Knaben, der Disteln köpft • Götter sind arm • nähren sich kümmerlich von Opfern und Gebeten der Bettler und Kinder
• war als Kind orientierungslos, hoffnungslos, hilflos • flehte Gott um Hilfe an • Entwicklung zur Selbstständigkeit aus eigener Kraft	**Vergangenheit – Anklage**	• gleichgültig gegenüber der menschlichen Hilflosigkeit • Gott hat nicht geholfen, nicht vom Tod und der Sklaverei gerettet • Gott wird überflüssig
• Aufkündigung der Verehrung • Anklage • Reifung und Stärkung durch die Härte des Schicksals	**Auflehnung – Anklage**	• nicht anbetungswürdig • wird entthront • verliert seine Allmacht, untersteht dem Schicksal und der Zeit wie der Mensch
	Ergebnis **Mensch = Schöpfer = Gott** **Genie**	

Der Halbgott Prometheus verkörpert Unabhängigkeit und Selbstherrlichkeit gegenüber der Gottheit. Das Genie macht sich frei von Bevormundung und unbegründeter Autorität. Nach Auffassung der Stürmer und Dränger hat das dichterische Genie auch das Recht, sich von Begrenzungen frei zu machen.

Das Gedicht „Prometheus“ ist mit seinen freien Rhythmen ein Beispiel dafür, dass strenge (herkömmliche) literarische Formen außer Kraft gesetzt werden.

Mögliche Aufgabenstellungen

(Lösungshinweise: s. Anmerkungen zum Text oben)

1. *Beschreiben Sie die Wirkung, die der Text auf Sie ausübt. Machen Sie Ihre Eindrücke an Einzelheiten fest.*
2. *Erschließen Sie den Text mithilfe folgender Fragen:*
   - *Wer ist in diesem Gedicht Sprecher, wer Angesprochener?*
   - *Welche Ansprüche erhebt der Sprecher, welche Anklage erhebt er gegenüber dem Angesprochenen?*
   - *In welcher Weise gleicht der Sprecher dem mythischen Vorbild des Prometheus?*
3. *Erläutern Sie an diesem Gedicht (in freien Rhythmen) die Abkehr von tradierten lyrischen Formen (Metrum Strophe, Reimbindung) und den Gebrauch bestimmter sprachlich-stilistischer Mittel (Neologismus, Metapher, Imperativform, rhetorische Frage, expressiver Sprachausdruck). Versuchen Sie, einen Bezug zum Inhalt des Gedichts zu ziehen.*
4. *Erläutern Sie zusammenfassend, inwiefern das Gedicht im Inhalt und in der Form typisch ist für die Zeit des Sturm und Drang.*
5. *Rezitieren Sie das Gedicht, machen Sie dabei die Sprachhaltung deutlich.*

Gottfried August Bürger: Der Bauer (Seite 205)

Zum Text

- Anklage gegen den Fürsten (direkte Ansprache in Form einer Frage: Willkür, Gewalt, Ausbeutung)
- Die ersten Strophen beginnen jeweils mit der gleichen anklagenden Frage, verstärkt durch Anaphorik und Parallelismus („Wer bist du ...“).
- Die letzten drei Strophen machen deutlich, dass der Ertrag der Arbeit jeweils demjenigen gehört, der sie verrichtet hat und nicht einem selbst ernannten Herrscher.
- In der Schlussstrophe, beginnend mit einem abschätzig wertenden Ausruf, wird das Fazit gezogen, dass der Fürst kein Landesherr von Gottes Gnaden sein kann, da sich sein Verhalten mit dem, was das Christentum verkündet, nicht vereinbaren lässt.
- Im letzten Vers wird, wiederum in direkter Ansprache, der Fürst als Tyrann bezeichnet; damit wird ein Bezug zum ironisch gemeinten Untertitel hergestellt: „An seinen durchlauchtigen Tyrannen“.

Mögliche Aufgabenstellung

1. *Fassen Sie Inhalt, Aufbau, sprachliche Form und Intention des Gedichts zusammen; übernehmen Sie dazu die folgende Skizze.*

Lyrischer Sprecher: Der Bauer

Adressat: An ...

Inhalt		**Form**
	1. Wer bist du ...?	
....	2.	Fragen (Anaphern)
....	3.	
....	4.	
....	5.	....
	6.	

Intention:

....

Hinweis zur Lösung

Lyrischer Sprecher:	Der Bauer		
Adressat (Ironie):	An …		
Inhalt			**Form**
Gewalt und Willkür des Fürsten aus der Sicht des Bauern	• Wer bist du …? • Wer bist du …? • Wer bist du …?		Fragen (Anaphern)
Infragestellung des Fürsten als Herrscher „von Gottes Gnaden“	• Die Saat … • Du Fürst … • Ha! du wärst Obrigkeit von Gott?		Antworten

Methodische Alternativen

a) Vergleich mit Goethes Hymnus „Prometheus“
In Goethes Text geht es um das Selbstverständnis des Sturm-und-Drang-Dichters, das in einem alten Mythos symbolisiert wird: Der Dichter versteht seine Fähigkeit in Analogie zur göttlichen Schöpferkraft. In Bürgers volkstümlichem Text wird durch den Mund des Bauern die gesellschaftliche Not charakterisiert.

b) Um die politische Intention des Gedichts herauszuarbeiten, kann es in eine andere Textform umgestaltet werden, zum Beispiel
- in einen politischen Aufruf/ein Pamphlet,
- in eine kurze politische Rede,
- in eine kurze dramatische Szene, für die die entsprechenden Personen erfunden werden können.

Weimarer Klassik: Veredelung des menschlichen Wesens durch die schöne Kunst

Karl Otto Conrady: Zum Epochenbegriff *Klassik* (Seite 207)

Seite 208 **Aufgaben 1 und 2**

Kernthesen, Argumente, Beispiele
- **These:** Auch bei dem Epochenbegriff *Klassik* sollte man sich der „Überredungskraft“ vertrauter Epochenbegriffe entziehen.
- **Argument:** Epochenbezeichnungen können der Vielgestaltigkeit des Zeitraums nicht gerecht werden.
- **Beleg/Beispiel:** Es herrscht in der Klassik (von 1786 bis 1805) eine deutliche Gleichzeitigkeit von Verschiedenem vor: Goethe und Schiller sind in ihrer Breitenwirkung begrenzt; Trivialliteratur und volkstümliche Bühnenstücke (Vulpius, Kotzebue) haben breitere Wirkung; „Deutsche Klassik“ ist nur eine Strömung unter anderen, nur eine Theorie von Kunst und Literatur neben anderen; neben den typischen Klassikern gibt es Autoren wie Jean Paul, Heinrich von Kleist, Friedrich Hölderlin, die sich einer typisierenden Zuordnung entziehen. Neben den eher unpolitischen Einstellungen der Klassiker gibt es Schriftsteller, die das Gegenteil wollen, nämlich eine radikal-demokratische Veränderung der politisch-gesellschaftlichen Zustände.
- **Gegenthese:**
Obwohl jeder Kennzeichnung von Epochen widersprochen werden kann und Epochenbezeichnungen nur einen begrenzten Wert haben, sind sie nötig, um Schwieriges verständlich zu machen: Es gehört zum geistigen Orientierungsbedürfnis, ungeordnete Vielfalt zu ordnen und Abläufe zu gliedern.

Der „Musenhof“ Weimar

Richard Friedenthal: Weimar (Seite 209)
Birgit Lahann: „Liliput-Weimar – von Halbstarken regiert“ (Seite 210)

Seite 212 **Aufgaben 1 und 2 (oben)**

1. a) **Kennzeichnung des Ortes Weimar**
- Residenzstadt eines Landes, das kein gewachsenes Staatswesen ist; Gemengelage
- hauptsächlich Bauern, wirtschaftlich unproduktiv, Feldwege, keine richtigen Straßen
- halbes Dorf, 6000 Einwohner
- zwei Hofhaltungen („Fürstenhaus“ für das Herzogpaar, „Palais“ für die Herzoginmutter)

b) **Kennzeichnung der Personen**

Goethe: gemeinsame, freundschaftliche Lebensführung (zwischen dem jungen Herzog und Goethe) erregt Aufsehen: reiten, tanzen, diskutieren, Briefe schreiben, beraten; Goethe ist „Favorit“ (Günstling); Goethe wird „Geheimer Rat“ und Mitglied des obersten Conseils (Friedenthal)

Herzog Carl August: Goethe erhält vom Herzog das Gartenhaus an der Ilm geschenkt; Gehalt: 1200 Taler im Jahr, Aktionen gegen „Spießbürger“; Geniegehabe (Beispiele durch Chronisten Karl August Böttiger festgehalten und veröffentlicht, vgl. Lahann)

Charlotte von Stein: Hofdame, 33 Jahre, nervöser Typ, klein und mager, schwarze Haare, dunkle Augen, weiß gekleidet, leidend; in unglücklicher Ehe seit elf Jahren mit dem Oberstallmeister des Herzogs verheiratet; sieben Kinder, von denen drei Söhne am Leben bleiben; Beginn einer zehnjährigen Liaison mit Goethe, 1700 Briefe und Billets (Lahann)

2.

	Friedenthal	Lahann
Art der Darst.	Darstellung eines Germanisten (Goethe-Biografie)	Darstellung von Fachjournalisten in einer Zeitschrift
Adressaten	Germanisten/Deutschlehrer/an Goethe interessierte Leser ansprechen	Massenleser interessieren durch anschauliche Darstellung; disparates Verhalten Goethes zeigen: auf der einen Seite Erbarmungslosigkeit (Räumung der Wohnung), auf der anderen Seite Fähigkeit zu Selbstzerknirschung und Reue
Texteigenart	eher beschreibend; an Normen schriftlichen Sprachgebrauchs orientiert	eher erzählend; anschauliche Zitate, Formen mündlichen Sprachgebrauchs (Einwortsätze, rhetorische Frage, Umgangssprache)

Friedhelm Kemp: Goethes Welt in Briefen (Seite 212)

Seite 212 **Aufgaben 1 und 2 (unten)**

1. Als ausgebildeter Jurist war der 22-jährige Goethe aus Straßburg heimgekommen. Danach betreibt er eine Anwaltspraxis in Frankfurt. Im Jahre 1775 verlobt sich Goethe mit der sechzehnjährigen Bankierstochter Anna Elisabeth („Lili“) Schönemann in Frankfurt. Von Mai bis Juli macht Goethe eine Reise in die Schweiz; Zweck dieser Reise ist für Goethe die Entfernung von Lili; soziokulturelle Spannungen zwischen den Familien sowie Goethes Bindungsängste verhindern die Verbindung mit dieser Frau. Goethe löst die Verlobung im Herbst des Jahres 1775. Entgegen dem Rat seines Vaters folgt er im Herbst der Einladung des Herzogs Carl August nach Weimar. Bis zum Herbst 1775 hat der Rechtsanwalt Goethe seine Praxis betrieben und insgesamt 28 Prozesse geführt. Sein Hauptgeschäft ist dieser Beruf aber nicht gewesen. Als Sohn eines vermögenden Vaters hat Goethe das Glück, auf die Einkünfte aus seiner Anwaltspraxis nicht angewiesen zu sein. Goethes Entschluss, sich in Weimar dem Staatsdienst zu widmen, hat seit 1775 sein künftiges Leben bestimmt. Abgeschlossen ist damit eine Phase seines Lebens,

aus der fast alle Pläne und Ideen für seine großen späteren Dramen stammen; hervorzuheben ist insbesondere der „Urfaust".

Kontextmaterial

a) Karl Otto Conrady

Es fiel Goethe schwer, sich wieder in die Frankfurter Verhältnisse und seine Anwaltstätigkeit zu schicken. Schon um den 8. August herum klagte er dem Freunde Merck, er sei wieder „scheisig gestrandet" und möchte sich ohrfeigen, dass er nicht zum Teufel gegangen sei, da er flott war. „Zu Ende dieses Jahres muss ich fort. Daur' es kaum bis dahin, auf diesem Bassin herumzugondoliren, und auf die Frösch- und Spinnenjagd mit groser Feierlichkeit auszuziehen." Der Kleinkram der Fälle, die er in der geforderten „feierlichen" Förmlichkeit der Juristerei zu bewältigen hatte, war ihm zuwider. Frankfurt möglichst bald den Rücken zu kehren war für ihn beschlossene Sache.
Gleichwohl kam es noch zu geselligen Vergnügungen, auf denen Lili und Johann Wolfgang als Paar erschienen; noch war das Band, das sie hielt, nicht zerrissen. [...]
Wenige Tage später schrieb Goethe einen mehrseitigen tagebuchartigen Brief an Gustchen Stolberg, ein einziges Dokument der Krise, in die er geraten war. [...] „Ich lasse mich treiben, und halte nur das Steuer, dass ich nicht strande. Doch bin ich gestrandet, ich kann von dem Mädgen nicht ab [...]. Ich bin ein armer Verirrter, Verlohrner – [...]. Welch ein Leben. Soll ich fortfahren? oder mit diesem auf ewig endigen." Und doch findet der Unruhige, Zweifelnde Halt: im Gedanken an jene vielen, die von weither seine Bekanntschaft suchen, und in der Überzeugung, dass auch diese schmerzhafte Phase seines Lebens ihn selbst voranbringe. Es ist diese Zuversicht, dass seinem Leben ein verborgener Sinn innewohne, die Goethe immer wieder gestützt hat. Glück und „Behagen" sind damit freilich nicht schon gewährleistet, von denen der Greis überzeugt war, er habe sie in seinen fünfundsiebzig Jahren keine vier Wochen besessen (zu Eckermann, 27.1.1824).

(aus: Karl Otto Conrady: Goethe. Leben und Werk, Artemis Verlag, Düsseldorf/Zürich 1994, S. 257 f.)

b) Richard Friedenthal

Wieland besaß neben anderen Tugenden eine lange und feine Spürnase. Er witterte, dass eine neue Generation heraufkam, die über andere Kräfte verfügte, als er sie besaß. Von allen Autoren seiner Zeit hat er das großzügigste Verständnis für ihm sehr entgegengesetzte Naturen bewiesen, so später noch Heinrich von Kleist gegenüber. Und dann hat er sich erstaunlich früh, schon als Vierziger, alt gefühlt, als der Papa Wieland, der die Kinder toben lässt. Und so schrieb er in seinem MERKUR über Goethe und seinen GÖTZ:
„Junge, mutige Genien sind wie junge, mutige Füllen; das strotzt von Leben und Kraft, tummelt sich wie unsinnig herum, schnaubt und wiehert, wälzt sich und bäumt sich, schnappt und beißt, springt an den Leuten hinauf, schlägt vorn und hinten aus, und will sich weder fangen noch reiten lassen. Desto besser!"
Man kann die Satire und die ganze Originalgeniezeit nicht besser charakterisieren.

(aus: Richard Friedenthal: Goethe © 1963 Piper Verlag GmbH, München)

2.

Wieland:
- „meine Seele so voll von Goethe wie ein Tautropfen in der Morgensonne" (Z. 5 f.)

Herzoginmutter Anna Amalia:
- erkannte in Goethe gefeierten, vielversprechenden Autor (bekannt bereits als Verfasser des Dramas „Götz von Berlichingen" und des Romans „Die Leiden des jungen Werthers")
- lernt Goethe als Menschen schätzen; verspricht sich von ihm eine Förderung ihres Sohnes, des regierenden Herzogs Carl August
- unterstützt seine Anstellung in Weimars Diensten

Charlotte von Stein:
- „Mir geht's mit Goethen wunderbar" (Z. 29)
- „Übermaß von Liebe" (Z. 30 f.)
- durch Goethe zu „mancherlei Betrachtungen" (Z. 31) und zum „Deutschschreiben" (Z. 36) inspiriert
- dankbar für Anregungen
- nennt ihn „meinen Heiligen" (Z. 39 f.)

Johann Wolfgang Goethe (1749–1832)

Johann Wolfgang Goethe: Das Göttliche (Seite 215)

Zum Text

Das Gedicht setzt in der ersten Strophe spruchartig ein. Empfohlen wird dem Menschen die Verwirklichung ethischer Werte: edel, hilfreich und gut zu sein. Als überraschende Begründung folgt danach die Feststellung, das geforderte Verhalten sei das Merkmal des Menschen. Allein seine sittlichen Eigenschaften würden ihn zum Menschen machen. Mit der Aufforderung, der Mensch solle „Vorbild" (Z. 59) von Höherem sein, ist der Schlussteil des Gedichts eine letzte Variation des Anfangs.

Inhaltlicher Aufbau

- 1. Strophe: Der Mensch soll edel, hilfreich und gut sein; allein diese menschlichen Eigenschaften machen ihn zum Menschen.
- 2. Strophe: Gruß an die höheren unbekannten Wesen, „Die wir ahnen" (Z. 9); jene höheren Wesen existieren nicht ohne das beispielhafte Handeln des Menschen; damit wird das den Menschen aufgegebene Verhalten in außergewöhnlicher Weise gewürdigt.
- 3.–5. Strophe: Darstellung der umfühlenden Natur (Sonne, Mond, Sterne, Wind, Ströme, Donner, Hagel) sowie des Glücks, der Glücksgöttin
- 6.–8. Strophe: Mensch muss sein Leben nach „ewigen, ehrnen/Großen Gesetzen" (Z. 32 f.) vollenden, aber ist nicht ganz festgelegt, denn nur er vermag Unmögliches (er unterscheidet, er wählet, er richtet, verleiht dem Augenblick Dauer, darf Belohnung und Strafen austeilen, heilen, retten, Gegensätze zusammenknüpfen).
- 9. Strophe: Was den Unsterblichen im Großen zugesprochen wird, kann nur deshalb verehrungswürdig sein, weil das ethische Handeln des Menschen diesem einen Sinn gibt.
- 10. Strophe: Bezug auf den Anfang; der edle Mensch, der das Nützliche und Rechte tut, soll ein Vorbild jener höheren Wesen sein.

Seite 215 **Aufgaben 1–4**

1. Siehe Hinweise zum Text: Der Mensch soll edel, hilfreich, gut sein (1. und 10. Strophe); diese ethischen Werte sind das Merkmal des Menschen.

2. Das sittliche Verhalten des Menschen soll dem der höheren Wesen gleichen; es lehrt, an jene „geahneten Wesen" zu glauben: der Mensch als ein „Vorbild/Jener geahneten Wesen" (Z. 59 f.).

3. Die Möglichkeit des Glaubens an die höheren Wesen wird mit dem ethischen Verhalten der Menschen verbunden (s. 2. Strophe, Hinweise zum Text). Dies bedeutet einerseits eine Reaktivierung der unbekannten höheren Wesen, andererseits eine deutliche Hervorhebung des dem Menschen möglichen und aufgegebenen ethischen Verhaltens.

4. Typisch ist der feierliche, ekstatische Stil und die Form des gehobenen Sprachgebrauchs; typisch für Goethes Hymnen sind auch freie Rhythmen und die Gliederung nach Strophen/Abschnitten. Die mahnenden Verse vom Wesen des Menschen sind offensichtlich an jeden gerichtet; sie formulieren allgemein Wahres und Gutes. Im Sinne einer idealtypischen Humanität wird auf etwas abstrakt Edles, Hilfreiches und Gutes hingewiesen. Ein praktischer Bezug wird nicht angesprochen.

Kontextmaterial

Eine mögliche Kritik an Goethes Hymne kann anhand des folgenden Textes formuliert werden:

An wen sind die mahnenden Verse gerichtet? Offensichtlich an jeden Menschen. Die Rede vom Wesen des Menschen und den ihm zugewiesenen humanen Verhaltensweisen war damals ohne Zweifel fortschrittlich; denn sie setzte sich über die Grenzen der ständisch bestimmten Gesellschaft und ihre Regulative hinweg, im Blick auf allgemein Wahres und Gültiges. Die Aufforderung, edel, hilfreich und gut zu sein, ist gegen die Wirklichkeit gesprochen, in der Menschen diesem Prinzip nicht folgen wollen oder können; eine Mahnung, vom wirklichen zum wahren Menschen voranzustreben. In der Allgemeinheit der Forderung stecken jedoch Probleme. Der Appell ergeht an den „Menschen als solchen", also an die Angehörigen *aller* Stände, an den Bürger, Beamten, Handwerker, Bauer – und natürlich auch an den Fürsten. Was aber macht den *Inhalt* des Edlen, Hilfreichen und Guten aus, wenn ein Bauer in seiner unerbittlichen Fron und ein Fürst in seiner Machtfülle mit denselben ethischen Vokabeln ermahnt werden? Was dem Unabhängigen das berechtigte oder unberechtigte Bewusstsein seines Edelmuts stärken mag, wenn er sich durch das Gedicht bestätigt meint, kann den Geknechteten, Unterprivilegierten und Ausgebeuteten wie Hohn und Zynismus anmuten. In der geschichtlichen Situation, in der Goethe die Verse schrieb, hat er anscheinend nur so allgemein bleiben können, indem er auf etwas Ideales zeigte, von dem aus Wege in die Realität der wirklichen Menschen erst noch gebahnt werden mussten.

Wohlgemerkt, hier wird Goethes Gedicht nicht abgewertet, sondern es wird über Wirkungsbereich und Wirkungsmöglichkeiten der großartigen Rede vom Edlen, Hilfreichen und Guten nachgedacht. Fast wie ein kritischer Nachtrag lesen sich Sätze wiederum Johann Gottfried Seumes, auch wenn sie ungefähr zwanzig Jahre später, jedoch unter gleichen gesellschaftlichen Bedingungen, geschrieben sind:

Nun kommt der Krieg. Mein Gott, der Adel wird ja nichts geben, er ist ja befreit von Auflagen. Solange der Landmann noch ziehen und fahren kann, wird sich doch auf dem Edelhofe kein Rad rühren. Wenn die Leute bei solchen Umständen noch gut und redlich sind und beitragen und fechten, so beweist das von der einen Seite das Göttliche [!] und von der andern das Eselhafte in unserer Natur. Ein Deutscher soll schlagen, damit ihn, wenn er nicht in der Schlacht bleibt, sodann der Edelmann wieder hübsch frohnmäßig in der Zucht habe. Dafür hat er denn von einem Jahrhundert in das andre die dumme Ehre, der einzige Lastträger des Staates zu sein. Wo nicht Gerechtigkeit ist, kann kein Muth sein (an Böttiger, Anfang November 1805).

Auch diese Frage stellt sich: Wer eigentlich vermag in den historischen Umständen, in denen Goethe das Gedicht verfasste, zu wählen und zu richten, belohnen und zu strafen? Nach welchen Maßstäben sind die „Guten" und „Bösen" als solche zu qualifizieren? Abstraktes Edles, Hilfreiches und Gutes, ist es auch noch so idealtypisch human gedacht, entgeht kaum der Gefahr, zur Floskel zu werden, die sich jedermann aneignen kann, ohne über die Maßstäbe Auskunft zu geben. Dass gerade solche Verse als Feierstundensprüche abgenutzt werden können, ist verständlich.

(aus: Karl Otto Conrady: Goethe. Leben und Werk, Verlag Artemis & Winkler, Düsseldorf 1994, S. 390 f.)

Johann Wolfgang Goethe: Wandrers Nachtlied (Seite 216)/Ein Gleiches (Seite 216)

Zu den Texten

Die beiden Gedichte wollte Goethe stets zusammen abgedruckt wissen. Das zweite Nachtlied (oder Abendlied), nach Umfragen das bekannteste Gedicht Goethes, trägt die Überschrift „Ein Gleiches", damit ist ein gleiches Lied, also ein weiteres Abendlied gemeint.

Der Titel der beiden Gedichte gestaltet das Motiv des umherschweifenden Wanderers, das im wörtlichen wie im übertragenen Sinne gemeint sein kann.

Der erste Text, eine einzige Periode, hat vor allem im letzten Teil den Charakter eines Gebets. Dem Schlüsselwort „süßer Friede", das auf den ewigen Frieden, den Tod, bezogen ist, steht das Spannungsverhältnis von Leid, Schmerzen, Elend einerseits und Erquickung und Lust andererseits gegenüber. Angesprochen ist nicht Gott, sondern die Anrede richtet sich an den Frieden. Die rhetorische Frage „Was soll all der Schmerz und Lust?" klingt resignierend; den Seufzer „Ach, ich bin des Treibens müde!" kennzeichnet der Lyriker Karl Krolow mit den Worten: „Hier hatte jemand genug und sagt es." (in: Kurt Rothmann: Literaturwissen Goethe. Reclam Verlag, Stuttgart 1994, S. 58)

Zur Form: Die Wiederholung „Komm, ach komm" wird durch den Ausruf „Ach" verstärkt. Mit Ausnahme des siebten Verses ist „Wandrers Nachtlied" vierhebig jambisch gestaltet. „Ein Gleiches" lässt kein festes Metrum erkennen; vier Versen im Kreuzreim folgen vier Verse im umschlingenden Reim.

Auf die Bitte um Frieden im ersten Abendlied folgt im zweiten (Ein Gleiches) eine Darstellung der zur Ruhe gekommenen Natur (Gipfel > Wipfel > Vögel > Mensch).

Schlüsselwort ist „Ruh" (vgl. das Schlüsselwort des ersten Gedichts, „Süßer Friede"). Die letzten beiden Verse enthalten die Einsicht, dass die vom Menschen ersehnte Ruhe mit seinem Tod zusammenfällt.

Seite 216 **Aufgaben 1–4**

1. Inhaltlich verbindet die beiden Gedichte das gleiche Thema/Motiv: Es sind Nachtlieder oder Abendlieder. Dieses Motiv weist auf das Ende des Menschen. Im 2. Gedicht „Ein Gleiches" wird das gleiche Thema wie im ersten Gedicht dargestellt (vgl. Hinweise zum Text).

2. Das Gedicht hat den Charakter eines Gebets; es geht um den Menschen als Wanderer, der an sein Ziel kommt. Es enthält die Bitte um Frieden, nach Ruhe. Gegenübergestellt wird das „Treiben" (s. Hinweise zum Text).

3. K.O. Conrady stellt vor allem die Frage, ob mit dem Schlüsselwort „Ruhe" das Gedicht hinreichend erfasst werde; Ruhe drücke nur die Natur aus, während der Mensch noch darauf wartet, zur Ruhe zu gelangen. So erhalte das Gedicht eine Spannung zwischen Unruhe und Ruhe. Conrady lässt offen, ob mit der Ruhe, die der Sprecher im Gedicht nennt, der Tod als ewige Ruhe gemeint sein könnte.

4. Beide Gedichte machen auch klanglich den Wunsch nach Ruhe deutlich. Dies mag die große Anzahl an Vertonungen erklären.

Johann Wolfgang Goethe: Der Zauberlehrling (Seite 217)

Seite 218 **Aufgaben 1–3**

1. Individuelle Lösungen:
   a) Zur Inhaltsangabe: Die Komik des Textes entsteht durch das Missverhältnis von Machtrausch und Versagen, von Selbstlob und kläglichem Scheitern.
   b) Zum Aufbau; Besonderheit: In den sieben achtzeiligen Strophen hat der 1. Teil vier Hebungen, der 2. Teil drei Hebungen. Diese achtzeiligen Strophen wechseln jeweils mit einer Strophe in einem anderen Versmaß, die der Formelsprache des Zauberns angepasst ist. Der Rhythmus steht auf trochäischem Grundgerüst.
   c) Zweiteilung von längerer und kürzerer Strophe; in der längeren Strophe wird das Geschehen dargestellt; in der kürzeren Strophe geht es um die Zaubersprüche bzw. um Ratlosigkeit und Vergessen der Zauberformel.

2. Ziel: Im Zusammenhang mit einem Gedicht (Lyrik) die Formen des Epischen und Dramatischen darstellen (Ballade als „Urei" der Dichtung):
   - Lyrisches: Form eines Gedichts (Strophe, Reim, Metrum)
   - Episches: Es wird eine Handlung, ein Geschehen dargestellt.
   - Dramatisches: Im Dialog zwischen Personen entsteht dramatische Spannung.

3. Individuelle Lösungen zur Erörterung der folgenden Standpunkte:
   a) Conrady: zu möglichen Aussagen der Ballade, die aber allesamt als Spekulationen bezeichnet werden (Anwendungsbeispiele sammeln); „biedere Lehre", nicht vorwitzig und voreilig zu sein; gerichtet an alle, die Ordnungen vorschnell aufheben oder verändern möchten
   b) Rothmann: zur Form des Textes (Text vortragen); Monolog eines anmaßenden Lehrlings; vierhebige Trochäen, wirft Sprachebenen durcheinander, erst Schlussformel stellt metrische Ordnung wieder her

Johann Wolfgang Goethe: Natur und Kunst (Seite 219)

Seite 219 **Aufgaben 1–3**

1./2.
- 1. Strophe: Gegensatz von Kunst und Natur, die sich auszuschließen scheinen; lyrischer Sprecher bringt zum Ausdruck, dass sein „Widerwille" verschwunden ist und er beiden Verständnis entgegenbringt.
- 2. Strophe: Unterscheidung zwischen „freiem Glühen der Natur im Herzen" und gebundenem „Geist und Fleiß" in „abgemessnen Stunden"

- <u>3./4. Strophe:</u> Übertragung auf die Bildung; Unterscheidung von „ungebundnen Geistern“ (V. 10) und „Beschränkung“ (V. 13) und „Gesetz“ (V. 14). Die Synthese von beidem führt zur „Vollendung reiner Höhe“ (V. 11), eben Freiheit. Der Dreischritt von der formlosen Kunst über Gesetze der Kunst zum vollendeten Gebilde als einer höheren Natur wird zum Gleichnis für alle Bildung.
  Beschränkung, Selbstdisziplin ist notwendig. Diese Auffassung kennzeichnet Goethes klassische Arbeitsphase: Streben nach Maß, Ausgleich, Gesetz, Harmonie.

3. Von deutschen Barockdichtern wurde die Gedichtform des Sonetts häufig verwendet. Es ist eine romanische Gedichtform aus dem 16. Jahrhundert mit strengem Vers- und Strophenbau und festgelegter Reim- und Strophenfolge: 14-zeiliges Gedicht aus zwei Vierzeilern (Quartette) und zwei Dreizeilern (Terzette). Quartette und Terzette sind durchgereimt. Der äußeren Form des Sonetts entsprechen der syntaktische Bau und die innere Struktur.
Quartette: Thesen und Antithesen des Gedichts
Terzette: bringen Gegensätze zur Synthese

Johann Wolfgang Goethe: Gefunden (Seite 219)

Seite 220 | Aufgaben 1–5

1. Ein einsamer Wanderer findet im Waldschatten eine Blume, er gräbt diese mit allen Wurzeln aus und pflanzt sie am stillen Ort des Gartens wieder ein, wo sie weiterwächst und blüht. Gemeint ist mit dem Ich offenbar ein Mann, der sich liebevoll und sorgend (aber auch in einseitiger Aktion) um ein Mädchen kümmert, es aus seinem gewohnten Umfeld herausholt und es in harmonischer Weise an ein neues Umfeld gewöhnt. Das Blümchen, das im Schatten stand, wird hier in eine neue Umgebung hineingestellt, wo es zum Blühen kommt. Der verantwortungsvolle Mann gewinnt das Mädchen für immer.

2. Kernstrophe des Gedichts ist sicher die Strophe 3: Einmal spricht hier die Blume, sodass der Bezug zum Menschen deutlich wird, zum anderen steht die 3. Strophe auch formal im Zentrum der fünf Strophen.

3. Sprachlich und syntaktisch eine einfache Form; die fünf Strophen folgen dem Muster des Volkslieds (vier Verse, zweihebige Jamben, regelmäßiges Reimschema, männliche Kadenz). Auffallend sind die Natur- und Blumenmetaphorik, die Goethe, ebenso wie den einfachen Ton schlichter Volkslieder, öfter verwandte sowie die heute kaum noch gebräuchlichen Diminutivformen. Die Sprache der Bilder vermeidet Direktheiten. So kann man seine „Wahrheit“ gleichsam „durch die Blume“ sagen. Das Gedicht hat Ähnlichkeiten mit dem in Goethes Sturm-und-Drang-Phase entstandenen Gedicht „Heideröslein“.

4. Adressat des Goethe-Gedichts war seine Ehefrau Christiane. Das Gedicht ist im Jahre 1813 auf dem Weg von Weimar nach Ilmenau entstanden; als Brief schickte er es an Christiane; er nahm dabei Bezug auf das Jahr 1888, in dem er Christiane kennengelernt hatte. Er spricht indirekt und mithilfe eines Bildes seine tiefe Zuneigung zu seiner Frau aus (liebende Sorge um das Wohlergehen des andern; den anderen zum Blühen bringen). Deutlich macht das Gedicht allerdings auch, dass das Ich der aktive Teil ist, während das „Blümchen“ die Handlungen an sich vollziehen lässt.

5. Individuelle Lösungen; bei der Beurteilung des Gedichts mag das folgende Kontextmaterial hilfreich sein. Möglich wäre für Schüler auch ein Umschreiben des Gedichts aus der Sicht des „Blümchens“.

Kontextmaterial

[...] So feinsinnig die fünf Strophen gemeint sein mögen, sie eröffnen jedoch die subjektive Ausdeutung eines Verhältnisses von zwei Menschen nur von der einen Seite, nämlich der des Mannes. Schon das erste Wort lautet „Ich“. Und dieses Ich simuliert in der ersten Strophe eine absolute Geschlossenheit gegenüber der Umwelt, denn „nichts zu suchen, das war mein Sinn“. Nun kommt die unvorhergesehene Überraschung: nämlich ein Geschöpf, ein Blümchen, sieht der in sich eingesponnene Spaziergänger im Schatten stehen. Aber, so erfahren wir, von diesem Wesen geht eine Leuchtkraft aus. Die Blüten der Pflanze leuchteten „wie Äuglein schön“, sind wie Sterne in der klaren Nacht. Es folgt in der dritten Strophe das Geständnis des Mannes, dass er Besitz ergreifen, es brechen wollte. Er denkt sich in die

Rolle des die Natur beherrschenden Mächtigen hinein, wird allerdings durch die schüchterne Frage des Wesens in Waldblumengestalt zum Umkehren veranlasst: „Soll ich zum Welken gebrochen sein?" Wiederum hebt die Strophe mit „Ich" an: „Ich grub's mit allen den Würzlein aus [...]." Das signalisiert den Respekt vor dem Wunderbaren, dem Inkommensurablen der Natur, dem Geschöpf, das da nicht einfach ist, sondern das verwurzelt ist. Denn nun gräbt er gleichsam das ausgemachte Umfeld mit aus, verpflanzt samt Würzlein das Blümchen Christiane in den Garten am hübschen Haus. Aber er, der einstens im Walde da so einsam für sich hin ging, sucht nun in eigener Verantwortung einen stillen Ort, um den von ihm initiierten Transplantationsvorgang erfolgreich abzuschließen. Er pflanzt in der die Harmonie herstellenden fünften und letzten Strophe am „stillen Ort" im Garten das Blümlein ein und erfährt: „Nun zweigt es immer und blüht so fort."

Das Gedicht „Gefunden" spiegelt einen Strang in Goethes Mentalität. Wenn der Verfasser seiner Frau nach 25 Jahren Zusammenleben durch die Blume sagt, er habe sie entdeckt, er habe sie sorgsam behandelt, habe sie aus der Umgebung des Wildwuchses in den kultivierten Bereich des Gartens geholt, habe ihren Lebensraum erweitert, freue sich an all diesem von ihm veranlassten Geschehen und hege Hoffnung, dass des Gedeihens noch kein Ende sei, dann offenbart er Strophe für Strophe auch ein Stück zeitbedingten männlichen Wunschdenkens. Vom Umgang mit einem abhängigen Wesen ist die Rede, nicht aber von einer gewachsenen und ebenbürtigen Partnerschaft.

Es ist gut zu wissen, dass dieser Entwurf einer Beziehungsdeutung, so gut gemeint er gewesen sein mag, an der Wirklichkeit vorbeiging. Christiane war mehr, als das Bild vom gefundenen und gehegten Blümlein hergibt.

(aus: Klaus Doderer: Johann Wolfgang Goethe „Fundsache"; in: K. D.: Reisen in erdachtes Land. Literarische Spurensuche vor Ort – Essays. München. Iudicium, 1998, S. 103–106. –)

Johann Wolfgang Goethe: Briefe aus Italien (Seite 220)

Seite 221 **Aufgaben 1–3**

1./2. Goethe hatte sein Hauswesen geordnet; der treue Diener Seidel war über alles informiert. Der Herzog, Goethes Landesherr und Freund, hatte seinem Minister, ohne zu wissen, wohin und wie lange sich dieser zu entfernen gedachte, unbeschränkten Urlaub zugesagt.

Als Goethe im Sommer 1786 von Karlsbad aus nach Italien aufbrach, erfüllte er sich damit einen lang gehegten Wunsch: Dies versucht er, dem Herzog deutlich zu machen („unwiderstehliches Bedürfnis", Z. 14; „Art von Krankheit", Z. 15; „Begierde, dieses Land zu sehn, war überreif", Z. 19).

Goethes Tonart ist außerordentlich freundlich, entgegenkommend. Er lässt keinen Zweifel daran, wie sehr er sich dem Herzog verbunden fühlt. Die Festlegung der Dauer seiner Reise gibt er in die Hand des Herzogs.

- „verzeihen Sie das Geheimnis ...", Z. 2
- „tausendmal, ja beständig an Sie denke ...", Z. 7 f.
- „Freunde und Vaterland ..." , Z. 20
- „zugleich bitte ich: Schreiben Sie mir so bald als möglich ...", Z. 31 f.
- „Ihre Liebe erhalten ...", Z. 50

Deutlich wird in dem Scheiben auch, dass Goethe in Italien zu einem Künstler reift, der sich auch mit Architektur und Malerei befasst und unablässig „lernt". Die Reise nach Italien ist aber auch eine „Flucht":

- vor der seit Jahren empfundenen Gefahr der Selbstentfremdung,
- vor der alltäglichen Amtsroutine,
- aus dem Dunstkreis des Weimarer Hofes und dem Bannkreis des zehnjährigen Herzensbündnisses mit Charlotte von Stein.

Seite 223 **Aufgaben 1–3**

1. Die Briefe und Nachrichten an das Ehepaar Herder und auch andere Freunde, wie z. B. auch an den Dichter Wieland, zeigen, wie fest sich Goethe den Zurückgelassenen verbunden fühlte und wie sehr ihm daran lag, sie an seinem Glück teilhaben zu lassen.

Das Schreiben an Herder ist in einem relativ kühlen, sachlich gehaltenen Ton abgefasst. Im Mittelpunkt dieses Briefes stehen, abgesehen von den Grußformeln am Anfang und Schluss, die Hinweise auf Winckelmann, der das idealistische Bild der Antike prägte und eine Auffassung von Kunst, der sich auch Goethe verpflichtet fühlte. Seine verheimlichte Abreise nennt er einen Salto Mortale, bemerkt, dass er mehr studiert als genießt, betont, dass Rom „eine Welt sei" (Z. 7), eine Läuterung und Prüfung für ihn (vgl. Z. 27). Er spricht von einer Wiedergeburt (Z. 31). Zum Abschluss betont er, das abgelaufene Jahr 1786 sei das wichtigste seines Lebens.
Der Grund, dass Goethe gerade Herder und seiner Frau diese Einzelheiten mitteilt, mag darin liegen, dass Herder dem jungen Goethe einst wichtige Anregungen (z. B. zum Volkslied, zu Shakespeare, zum Genie-Begriff) vermittelt hat, d. h. einmal sein Lehrer war. Goethe hatte zudem daran mitgewirkt, Herder als Generalsuperintendenten nach Weimar zu holen.

Kontextmaterial

Der Schluss des Briefes an die Familie Herder enthält den folgenden persönlichen Gruß an die Kinder Herders:

Sehr oft, ihr lieben Kinder, wünscht ich, dass ihr das Gute mit mir genießen könntet, das mir so reichlich beschert ist. Man merkt den Winter nicht, die Gärten sind mit immergrünen Bäumen bepflanzt, die Sonne scheint hell und warm, Schnee sieht man nur auf den entferntesten Bergen gegen Norden. Die Zitronenbäume, die in den Gärten an den Wänden gepflanzt sind, werden nun nach und nach mit Decken von Rohr zugedeckt, die Pomeranzenbäume aber bleiben frei stehn. Es hängen viele Hunderte der schönsten Früchte an so einem Baume, der nicht wie bei uns beschnitten und in einen Kübel gepflanzt ist, sondern in der Erde frei und froh in einer Reihe seiner Brüder steht. Man kann sich nichts Lustigers denken als einen solchen Anblick. Für ein paar Groschen isst man, so viel man will; sie sind schon jetzt recht gut, im März werden sie noch besser sein.
Neulich waren wir am Meere und ließen fischen. Da kamen die wunderlichsten Gestalten von Fischen und Krebsen zum Vorschein, auch der Elektrisier-Fisch, der, wenn man ihn anrührt, einen Schlag wie die Elektrizität gibt.
Hier in Rom ist alles voller Gemälde und Statuen und die schönsten Granite, Porphyre, Marmore kann man hier an allen Orten und Enden sehn. Lebt wohl und schreibt mir oft, ich habe euch sehr lieb und werde euch dereinst viel erzählen. G.

(aus: Goethe. Leben und Welt in Briefen, Zusammengestellt von Friedhelm Kemp, Deutscher Taschenbuch Verlag, München 1978, S. 310)

Johann Wolfgang Goethe: Die Wahlverwandtschaften (Seite 223)

Seite 224 **Aufgaben 1–3**

1.
- Bereits im ersten Satz unterstreicht der Autor, dass er einen Erzähler erfindet, zugleich macht die Parenthese die Übereinstimmung mit dem Leser deutlich („so nennen wir" (Z. 1)).
- Der Text zeigt deutlich eine Tendenz ins Allgemeine; die Handlung setzt in der erzählten Zeit ein; Raum und Zeit werden nicht klar verbürgt; die Örtlichkeit wird nur im Zusammenhang mit den Figuren gesehen; die Angaben von Landschaftselementen sind sparsam.
- Der Gärtner erhält keinen Namen; wird auf seine Tätigkeit hin verallgemeinert; seine Sprache trägt keine individuellen Züge; er ist Randfigur und Mittler zwischen den Eheleuten.
- Eduard: von ihm geht die Handlung aus; fragt nach seiner Frau; unterbricht den Gärtner, erteilt den Auftrag („ich wünsche die neue Schöpfung zu sehen", Z. 26 f.); er gibt im Dialog das für das weitere Geschehen wichtige Stichwort („Die Hütte scheint mir etwas zu eng", Z. 48 f.);
- Charlotte wird indirekt durch Worte des Gärtners vorgestellt als geschickt Planende; ihr Wesen wird vor allem durch den Dialog bestimmt; sie zeigt sich als die Besonnene, Vermittelnde („Das ist wohl zu überlegen und von mehr als einer Seite zu betrachten", Z. 76 f.); fast versachlichtes Verhalten gegenüber Eduard („An der Türe empfing Charlotte ihren Gemahl ...", Z. 42); sie betont die Zweisamkeit („Für uns beide doch geräumig genug ...", Z. 50); spielerisch nimmt sie die Äußerung ihres Mannes auf, die auf die tragische Konfiguration des Romans hinweist: „Warum nicht? [...] und auch für ein Viertes." (Z. 53 f.)

- Nach außen bietet sich im Einleitungsteil des Romans eine heitere, pfleglich geordnete Welt, in der aber bereits erste Störungen und Distanzierungen sich andeuten.

2. „Die Wahlverwandtschaften" stehen am Beginn von Goethes Alterswerk. Was den Leser irritierte und noch irritiert ist die Tatsache, dass Goethe vieles in der Schwebe belässt. Der Grund für die vielen unterschiedlichen Deutungen des Romans als Liebes-, Ehe-, Schicksals-, Gesellschafts- oder Zeitroman hat seinen Grund in der Ambiguität des Textes. Der klaren Figurenkonstellation der vier Hauptpersonen (Eduard, Charlotte, Hauptmann, Ottilie) stehen Widersprüche, Verschleierungen und Mystifikationen gegenüber, insbesondere am Schluss des Romans, in dem nach dem Freitod Ottilies der Erzähler in sachlicher Form über die vermeintlichen Wunderwirkungen durch die tote Ottilie berichtet, die nicht aus Todessehnsucht aus dem Leben geschieden war, sondern aus gläubiger Buße, und mit einer für den Leser völlig offenen Formulierung schließt: „Jeder mochte ... das Unglaubliche hören; manche, um darüber zu spotten, die meisten, um daran zu zweifeln, und wenige, um sich glaubend dagegen zu verhalten."
Goethe selbst erklärte dazu:

[...] Jedem Alter des Menschen antwortet eine gewisse Philosophie. Das Kind erscheint als Realist [...]. Der Jüngling [...] wird zum Idealisten umgewandelt. Dagegen ein Skeptiker zu werden hat der Mann alle Ursache; er tut wohl zu zweifeln, [...] den Verstand beweglich zu erhalten [...]. Der Greis jedoch wird sich immer zum Mystizismus bekennen. Er sieht, dass so vieles vom Zufall abzuhängen scheint: Das Unvernünftige gelingt, das Vernünftige schlägt fehl, Glück und Unglück stellen sich unerwartet ins Gleiche; so ist es, so war es, und das hohe Alter beruhigt sich in dem, der da ist, der da war, und der da sein wird.

(aus: Goethes Werke. Hamburger Ausgabe in 14 Bänden, hg. von Erich Trunz, Wegner Verlag, Hamburg 1948–1969)

3. Der Briefroman Goethes „Die Leiden des jungen Werthers" ist im Jahre 1774, fast ein Meschenalter zuvor, entstanden. Während dort Inhalt und sprachliche Form durch das Gefühl und Leidenschaftlichkeit gekennzeichnet ist (Natur, Mikrokosmos, Morgenglanz, Sterne, Wiese, Frühling, Käfer), wirkt hier die Sprache im Vergleich zur naturhaft-emotionalen Darstellung mit Ausrufen, Diminutivformen kalt, fast wissenschaftlich, vom Verstand diktiert. Die konventionell abgezirkelte Atmosphäre der gehobenen Gesellschaft, die künstlich angelegte Gartenanlage bilden den Hintergrund des Geschehens.

Friedrich Schiller (1759–1805)

Friedrich Schiller: Die Worte des Glaubens (Seite 226)

Seite 226 **Aufgaben 1–4**

1.

1. Strophe: Ankündigung	• Ankündigung der drei „inhaltsschweren" Worte, die zum Innersten des Menschen gehören
2. Strophe: Freiheit	• Freiheit • Missbrauch durch gewalttätige Revolutionsführer (vgl. Franz. Rev.) • freier Mensch nicht Furcht einflößend
3. Strophe: Tugend	• Tugend kein leeres Wort • Tugend muss trotz aller Rückschläge immer wieder geübt werden • Tugend hat nichts mit Verstand zu tun; vorrationale Seelenhaltung (vgl. Gemüt des Kindes)
4. Strophe: Glaube an Gott	• Gott als ein heiliger Wille ohne Schwankungen wie beim Menschen • Gott als höchster, alles umfassender, lebendiger Gedanke • Gott als ein „ruhiger Geist", der in allem Wechsel beständig bleibt
5. Strophe: Bestätigung der 1. Strophe	• zweimalige Hinwendung zum Leser • Wert des Menschen besteht im Glauben an die drei Worte

2. Hinter dem lyrischen Sprecher steht deutlich die Einstellung Schillers, um dessen bekenntnisartiges und feierliches Aussprechen tiefster Überzeugungen es hier geht.

3. Individuelle Lösungen; es geht um die Darstellung tiefreligiöser Überzeugungen; heute ein wenig dogmatisch wirkend: moralische Direktheit („nenn ich euch"), direktes Ansprechen des Lesers in der 1. und 5. Strophe. Die heute möglicherweise befremdlich wirkenden Verse müssen aus der Zeit heraus verstanden werden (zehn Jahre nach dem Ausbruch der Französischen Revolution veröffentlicht).
Das Wort *Freiheit* hat für Schiller eine zentrale Bedeutung; er hat diese Thematik in seinem Werk immer wieder gestaltet („Die Räuber", „Kabale und Liebe", „Don Karlos", „Wilhelm Tell", „Die Jungfrau von Orleans").

4. Individuelle Lösungen; die Schüler sollten an dieser Stelle die Möglichkeit erhalten, über für sie und ihre unmittelbare Gegenwart wichtige Orientierungen und Wertmaßstäbe nachzudenken, zum Beispiel: Was bedeutet für Sie Glück, Freiheit, Toleranz, religiöse Orientierung? Welche Maßstäbe für Erziehung und Bildung halten Sie für besonders wichtig?
Bei der Gestaltung des Textes sollte allerdings jegliche moralisierende Tonart vermieden werden, es sei denn, es werden Textarten wie Glosse, Parodie, Satire gewählt.

Friedrich Schiller: Der Ring des Polykrates (Seite 226)

Seite 228 Aufgaben 1–3

1. Es geht in der Ballade darum, dass ein Übermaß an Glück dem Menschen nicht zukommt, weil die menschliche Existenz eine begrenzte ist, die das „reine" Glück nicht kennt.
(vgl. Goethes Gedicht „Grenzen der Menschheit": „Denn mit Göttern soll sich nicht messen irgendein Mensch".)
Goethes Verständnis der Ballade als „Urei der Dichtung" (Ballade enthält Merkmale der drei literarischen Gattungen Lyrik, Epik, Dramatik):
a) Lyrik: Form eines Gedichts: 16 Strophen, regelmäßiges Reimschema (aabccb), die Reime b enden männlich, die anderen weiblich, viertaktiger Jambus
b) Epik: Erzählt wird in mehreren Handlungsschritten, dass Polykrates in außergewöhnlicher Weise vom Glück „verfolgt" wird und dass dies ein Fluch sein muss.
c) Gespräch als Mittel dramatischer Gattung; das Gespräch steigert die Dramatik des Geschehens.

2. **Aufbau**
1. Rahmen (Strophe 1 zusammen mit Strophe 16)
2. Dreifache Kette der glücklichen Überraschungen im Wechsel von Warnung und Widerlegung (Strophen 2–8)
3. Missglücktes Opfer (Strophen 9–15)
4. Rahmen (Strophe 16, zusammen mit Strophe 1)

Kernstelle der Ballade (vgl. auch Hinweise zu Aufgabe 1): Reaktion des Gastfreundes auf das unerhörte Glück des Polykrates: mit Grauen (5.), erstaunet (7.), mit Entsetzen (9.). Den Kern treffen die Aussagen in Strophe 9 („Des Lebens ...") und Strophe 11 („Dass sie zum Glück den Schmerz verleihn.")

3. Individuelle Lösungen; berücksichtigt werden sollten die auf S. 226 des Schülerbandes genannten Hinweise in Schillers Text.

Friedrich Schiller: An die Freude (Seite 228)

Seite 229 Aufgaben 1–5

1./2. Der Hymnus ist als Wechselgesang aufgebaut. Dem Sänger der achtzeiligen Strophe (vier Kreuzreimpaare und umarmender Reim) folgt jeweils der Chor mit einer vierzeiligen Strophe. 1. Strophe: Die Freude bindet, was die „Mode" (gesellschaftliche Übereinkünfte, Zivilisation, Ständeklauseln) geteilt hat. In den anderen Sängerstrophen werden Bereiche genannt, in denen Freude wirkt (Freundschaft, Liebe zwischen Mann und Frau, Naturwesen, Gestirne, Wahrheitsstreben, Tugend, Glaube; selbst dem Toten ist die Freude auf dem Weg in die jenseitige Welt nicht verschlossen). Die Hymne wirkt feierlich und bringt rauschhafte Begeisterung zum Ausdruck.

3. In einer künftigen aufgeklärten Gesellschaft ohne Stände hat die Unterscheidung von *Bettlern* und *Fürstenbrüdern* keine Bedeutung mehr.

4. Individuelle Lösungen; siehe auch die Hinweise zu Ruth Klügers Text auf S. 181 des Schülerbandes.

5. Durch Beethovens Vertonung (Schlusschor der IX. Symphonie) und verschiedene Pop-Versionen ist das Gedicht heute, auch im Ausland, einer der bekanntesten Texte Schillers, wobei einschränkend betont werden muss, dass wohl nicht immer der Verfasser des Textes bekannt ist.

Friedrich Schiller: Briefe an seinen Freund Christian Gottfried Körner (Seite 229)

Seite 230

Aufgabe 1 (oben links)

Dem vertrauten Freund Christian G. Körner (den Schiller samt dessen Leipziger Freundeskreis seit 1785 kennt und die ihm lebenslang verbunden bleiben) teilt Schiller in seinem Schreiben aus dem Jahre 1789 unumwunden mit, wie er sein Verhältnis zu Goethe sah. Im Jahre 1788 waren sich die beiden zum ersten Mal begegnet; das Treffen verläuft förmlich; von Goethes Seite aus besteht kein näheres Interesse.
Er spricht in diesem Schreiben vor allem die Unterschiede zwischen beiden an; möglicherweise sind dabei auch die materiellen Verhältnisse gemeint.
Das Jahr 1794 war das Jahr der beginnenden Freundschaft zwischen den beiden Ausnahmekünstlern. In seinem Brief an Körner spricht er jetzt von „Übereinstimmung“, von „geben“ und „empfangen“. Im Horizont mit dieser beginnenden Zusammenarbeit und dem regen gedanklichen Austausch sind dann auch Schillers Werke bis zu seinem Tode zu sehen: Insbesondere gab Goethe seinem Freund wichtige Ratschläge bei der Arbeit an seinem „Wallenstein“, um die ungeheure Stoffmasse zu bewältigen.

Friedrich Schiller: Ankündigung der Monatszeitschrift „Die Horen“ (Seite 230)

Seite 230

Aufgaben 1–3 (unten rechts)

1./2. Insbesondere sind die zeitgeschichtlichen Geschehnisse im Zusammenhang der Französischen Revolution zu nennen: Schreckensherrschaft der Jakobiner, Sturz und Hinrichtung Robespierres, Fortdauer des 1. Koalitionskrieges: In diesem kämpfen die europäischen Fürsten in wechselnden Bündnissen gegen die Ausbreitung revolutionärer Ideen. Im Text wird in verschiedenen Formulierungen auf diese Zusammenhänge eingegangen: „Kampf politischer Meinungen und Interessen“, Z. 2f.; „allverfolgenden Dämon der Staatskritik“, Z. 6; Schiller distanziert sich – auch in der Wortwahl – von den revolutionären Ereignissen in Frankreich; in der Zielbestimmung der neuen Zeitschrift wendet er sich deutlich vom Zeitgeschehen ab (siehe Z. 14ff.): „Wahrheit und Schönheit“ (Z. 20f.), „an dem stillen Bau bessrer Begriffe, reinerer Grundsätze und edlerer Sitten, von dem zuletzt alle wahre Verbesserung des gesellschaftlichen Zustandes abhängt, nach Vermögen geschäftig sein“ (Z. 38ff.), „wahre Humanität ... befördern“ (Z. 46f.); „Schönheit zur Vermittlerin der Wahrheit ... machen“ (Z. 47f.); „zur Aufhebung der Scheidewand“ beitragen, „welche die *schöne* Welt von der *gelehrten* zum Nachteile beider trennt“ (Z. 59f.).
Deutlich spricht Schiller hier die „politische“ Intention der Weimarer Klassik aus: keine politische Veränderungen durch gewaltsamen Umsturz und Revolution, sondern allmähliche Veränderungen durch Humanisierung der Menschen und der Gesellschaft.

3. Individuelle Lösungen: Die Schüler sollen bei diesem Entwurf auch dazu angeregt werden, bei einem solchen Objekt auch gesellschaftliche und politische Themen ins Auge zu fassen. Bei der Besprechung der Arbeiten kann noch einmal ein Bezug zu Schillers Position gezogen werden, sich entschieden von den gewaltsamen Auseinandersetzungen des aktuellen Zeitgeschehens abzuwenden.

Friedrich Schiller: Maria Stuart (Seite 231)

Seite 234 **Aufgaben 1–4**

1./2. Die Königin von Schottland, Maria Stuart, von Königin Elisabeth als Anwärterin auf den englischen Thron gefürchtet, ist von einem englischen Gericht zum Tode verurteilt, weil sie versucht haben soll, Elisabeth umbringen zu lassen.

Die für den Schülerband ausgewählte Szene aus dem 3. Aufzug, in der sich die beiden Gegenspielerinnen Maria Stuart und Elisabeth begegnen, bildet die **Peripetie des Dramas, sein Kernstück und seinen Höhepunkt**.

Ort der Handlung ist ein kleiner Park in Fotheringhay, dem Ort, in dem das Gefängnis Maria Stuarts liegt. Maria, die durch die Vermittlung des Grafen Leicester um dieses Gespräch gebeten hat, hegt die Hoffnung, von ihrer Widersacherin Elisabeth ihre Freiheit zurückzuerhalten. Sie ist dafür bereit, sich dieser zu unterwerfen, auch wenn sie den gegen sie erhobenen Vorwurf für unbegründet hält.

Scheint es in dem Gespräch der beiden Königinnen zunächst noch vorwiegend um politische Belange zu gehen, verschiebt es sich im weiteren Verlauf nach und nach auf eine persönliche Ebene, in der sich die Königinnen als rivalisierende Frauen gegenüberstehen.

Der Dialog zeigt eine **Entwicklung der Gegenspielerinnen in unterschiedlichen Haltungen und Gefühlen**. Diese Entwicklung gewinnt zum Ende der Szene Dynamik und Dramatik; Elisabeth leitet das Treffen mit der Scheinfrage an ihre Umgebung nach dem Namen des Parks und mit der Bemerkung über die sie bedrängende Liebe des Volkes zu ihr ein sowie mit dem beiläufigen Zusatz in Richtung Maria („Wer ist die Lady?", Z. 17).

In diesen Formulierungen wird **Elisabeths Strategie** deutlich, dass die Königin und Herrscherin auftritt, die nur zufällig mit der unbedeutenden Widersacherin zusammentrifft. Es soll von Anfang an klar sein, dass sie Herrin über das Leben Marias ist und schon das Zusammentreffen eine Zumutung darstellt. Ihre Gefühlslage wird durch die Äußerung Marias widergespiegelt: „O Gott, aus diesen Zügen spricht kein Herz!" (Z. 16)

Maria, in Kenntnis des Todesurteils des Gerichts, sucht das Gespräch mit Elisabeth, um ihre äußere Situation zu ändern, d.h. letztlich die Vollstreckung des Urteils abzuwenden. Aus ihren Worten und Gesten (siehe auch Schillers Regieanweisungen: „Sie schaudert zusammen und wirft sich wieder an der Amme Brust", Z. 14f.) spricht Todesangst.

Schiller erreicht bereits vor Beginn des eigentlichen Dialogs, dass der Zuschauer den nun folgenden Dialog aus Sicht Marias wahrnimmt, sich mit ihr identifiziert und so einen eher negativen Ausgang der Begegnung fürchtet.

Der nun folgende Dialog wird bestimmt durch die **schrittweise erfolgende Unterwerfung Marias**. Sie gibt nach und nach all ihre politischen Ansprüche auf, erniedrigt sich vor Elisabeth. Die Unterwerfung beginnt mit dem Kniefall Marias (Z. 45) und endet mit ihrem Verzicht auf Englands Thron (Z. 178f.).

Elisabeth kostet ihre Überlegenheit aus und zeigt sich hart und emotionslos Maria gegenüber. Sie wirft ihr Falschheit vor, vielfach sprachlich ausgedrückt im Bild der Schlange, und weist alle familiären Bande zurück. Maria habe sich mit dem Papst verbündet und versucht, Elisabeth zu ermorden. Der einzige Schutz vor ihr sei Marias Tod.

Maria, die bereit ist, Elisabeths Überlegenheit als Entscheidung des Himmels anzunehmen und sich ihr zu beugen, appelliert vergeblich an den Edelmut der Königin, an die verwandtschaftlichen Beziehungen. In ihrem Verhalten wirkt sie zutiefst menschlich. So beschwert sie sich über die ihr widerfahrene ungerechte Behandlung, zeigt Elisabeth Möglichkeiten auf, wie diese zu ihrer Verbündeten hätte werden können und deutet immer wieder das Opfer an, das sie zugunsten ihrer Befreiung zu leisten bereit ist. Am äußersten Punkt der Unterwerfung verzichtet Maria auf alle Rechte und bittet um das nackte Leben.

Im Verhalten Elisabeths wird deutlich, dass sie in Maria nicht nur die politische Gegnerin, sondern auch die **persönliche Rivalin als Frau** sieht. Sie wirft ihr vor, ihren eigenen Mann getötet und durch ihre weiblichen Reize die Männer verführt zu haben („Es kostet nichts, die allgemeine Schönheit/Zu sein, als die gemeine sein für alle!", Z. 219f.).

Dieser Versuch Elisabeths, die Rivalin auch menschlich zu erniedrigen, führt zu einer **Wandlung in Marias Haltung**. Sie gibt ihre unterwürfige Haltung auf und reagiert nun mit Gefühl und Empörung, indem sie Elisabeth zutiefst beleidigt. Sie spricht das aus, was diese am meisten fürchtet und was sie am meisten trifft, indem sie ihre illegitime Herkunft benennt und nun auch ihren rechtmäßigen Anspruch auf den Thron fordert („Der Thron von England ist durch einen Bastard/Entweiht …", Z. 259f.).

Mit dieser Äußerung versetzt sie Elisabeth einen „tödlichen" Schlag, besiegelt aber zugleich ihr eigenes Schicksal.
In der Regieanmerkung heißt es nicht umsonst an dieser Stelle (Z. 225): „vor Zorn glühend, doch mit einer edeln Würde". Maria gewinnt in dieser Affekthandlung den Zustand, der ihr die **transzendentale Freiheit** ermöglicht; sie wird im Verlaufe der weiteren Dramenhandlung geläutert zur „schönen Seele", sie übernimmt das, was ihr von außen bestimmt ist.

Schillers dichterische Kraft und Wirkung erklärt sich in besonderer Weise auch durch die eingesetzten sprachlich-rhetorischen Mittel, z. B.:
- bildhafte Sprache, die das Gesagte veranschaulicht („ ... wie/Die Felsenklippe", Z. 64 f.)
- Aufforderungssätze und rhetorische Fragen, die dem Gesagten Nachdruck verleihen („Was habt Ihr mir zu sagen, Lady Stuart?", Z. 75)
- Antithesen, die für eine Zuspitzung sorgen („Ihr seid nicht schuldig, ich bin auch nicht schuldig", Z. 105)
- Aufzählungen und die Wahl bestimmter Adjektive, die die Aussagekraft des Gesagten verstärken („Ich kam zu Euch als eine Bittende,/Und Ihr, des Gastrechts heilige Gesetze/Der Völker heilig Recht in mir verhöhnend,/Schlosst mich in Kerkermauern ein ...", Z. 95 ff.)

Anders als z. B. das Sturm-und-Drang-Drama „Kabale und Liebe" hat das klassische Drama „Maria Stuart" eine feste metrische Form. Das Metrum der Klassik ist – in Anlehnung an G. E. Lessing – der Blankvers (ein ungereimter fünfhebiger Jambus).

3. Der **6. Auftritt des 5. Aufzugs** (Schülerband, S. 234) spielt im Zimmer Marias auf Schloss Fotheringhay. Die ausgewählte Szene umfasst die Anrede Marias an weitere Anwesende, unter anderem an ihren Haushofmeister und Geistlichen Melvil.
Hier tritt eine andere Maria auf, was schon an ihrer weißen, festlichen Kleidung und dem Kruzifix deutlich wird (siehe die entsprechenden Regieanweisungen Schillers, Schülerband, S. 234). Maria hat mit ihrem Leben abgeschlossen und ihr Urteil angenommen.

Schillers Regieanmerkung ist von deutlicher Symbolik. Maria „ist weiß und festlich gekleidet", ihr großer schwarzer Schleier ist zurückgeschlagen. Bei ihrem Eintritt weichen die Anwesenden „zu beiden Seiten zurück". Wenn auch das Zurückweichen der Anwesenden Ausdruck ihres Schmerzes ist, Maria erscheint als die Heilige, vor der man auf die Knie sinkt. Und sie spricht das Schiller'sche Stichwort aus, wenn sie von der „frohen Seele" spricht, die sich auf Engelsflügeln zur „ew'gen Freiheit" schwingt. Während Elisabeth in zeitlicher Zerrissenheit zurückbleibt, hat Maria die transzendentale Freiheit gefunden, die die „schöne Seele" auszeichnet. Das Eingangsmotiv vom Schmuck taucht wieder auf. Maria ist prächtig geschmückt. Ihre Prachtgewänder sind Ausdruck und Erscheinung dessen, was sie selbst darstellt. Maria wird zur übermenschlichen Figur, weil sie den Zustand erreicht, der in ästhetischer Antizipation die Einheit von Notwendigkeit und Freiheit darstellt.

(aus: Jakob Lehmann (Hg.): Kleines deutsches Dramenlexikon, Athenäum Verlag, Königstein/Taunus 1983, S. 290)

4. Als es nach dem Gespräch mit Elisabeth (III. 4) für Maria keine Möglichkeit mehr gibt, den Tod abzuwenden, unterwirft sie sich ihrem Schicksal freiwillig. Sie stirbt in völliger Übereinstimmung mit sich selbst und hat somit den Zustand der transzendentalen Freiheit erreicht: s. Hinweise im Text (V. 6): „frohe Seele", Z. 13, „zur ewgen Freiheit", Z. 14; „einer freien großen Königin", Z. 17; „in meiner edeln Seele", Z. 24 (vgl. dazu auch die Hinweise im Info-Kasten des Schülerbandes, S. 235: „Eine schöne Seele nennt man es ...").
Dass Maria im Sinne Schillers zur „schönen Seele" geläutert wird, machen vor allem die folgenden Formulierungen deutlich: „... Freuen solltet/Ihr euch mit mir, dass ... die frohe Seele sich/Auf Engelsflügeln schwingt zur ewgen Freiheit", Z. 10 ff.
An dieser Stelle kann noch einmal Bezug genommen werden auf den Text „Die Worte des Glaubens" (Schülerband, S. 226), vor allem auf die 2. Strophe („Der Mensch ist frei geschaffen ..."), um mit Bezug auf den Ausschnitt (V. 6) aus Schillers „Maria Stuart" die Bedeutungen des Wortes *Freiheit* auszuloten.

Methodische Alternativen bei der Bearbeitung des Ausschnitts III. 4:
a) Schüler bereiten das Sprechen und Spielen des Dialogs vor und demonstrieren ihre „Aufführung" vor der Lerngruppe. Auf Nachfragen einzelner Schüler der Lerngruppe erläutern sie Einzelheiten ihres

Personen- und Textverständnisses und geben Begründungen für ihre sprachlichen und spielerischen Akzentsetzungen.

b) Die Kernstelle der Szene mit Marias verhängnisvollem Satz wird in einen fiktiven Monolog Marias umgesetzt, um ihre innere Einstellung und ihren Wandel zu verdeutlichen.

c) Gestaltende Interpretation:
   - Verfassen eines Tagebucheintrages in der Rolle Marias oder Elisabeths
   - Die Szene wird in einen Prosatext mit einem allwissenden Erzähler umgeschrieben, wobei mit dieser Erzählperspektive die besondere Möglichkeit genutzt werden kann, Personen und Geschehen zu bewerten und zu kommentieren. (Anschließend kann der Lehrer die Schüler auf die Prosafassung *Maria Stuart* von Stefan Zweig aufmerksam machen.)

d) Die Schüler untersuchen die Regieanweisungen zu den beiden Personen und deuten sie; z. B. Elisabeth (fixiert Maria); Deutung: Sie ist im Banne ihrer Gegnerin.

e) Die Schüler bauen ein Standbild, das die Verfassung der Königinnen in einer bestimmten Phase des Gesprächs zum Ausdruck bringt.

f) Vergleich der Szene III. 4 aus Schillers Drama „Maria Stuart" mit Bertolt Brechts „Der Streit der Fischweiber". Brecht stellt Schillers idealistischer Deutung seine eigene Theaterversion gegenüber. Abgedruckt ist Brechts kurzer Text in: Christiane Grawe: Erläuterungen und Dokumente. Friedrich Schiller: Maria Stuart, Reclam Verlag, Stuttgart 1978, S. 199 ff.

Friedrich Schiller: Die Schaubühne als moralische Anstalt betrachtet (Seite 235)

Seite 235 **Aufgaben 1 und 2**

1.
- Theater als moralische Anstalt (wie bei Lessing wird die menschliche Seele durch Furcht und Mitleid gereinigt)
- Theater ist eine künstliche Welt, in der wir die wirkliche Welt hinwegträumen.
- Theater bietet eine unmittelbare Anschauung von Seelenvorgängen und Seelenerschütterungen.
- Das Bühnengeschehen weckt unsere Empfindungen.
- Der Zuschauer wird durch „heilsame Leidenschaften" (Z. 12) erschüttert: So identifiziert sich der Unglückliche mit fremdem Kummer, der „Glückliche wird nüchtern und der Sichere besorgt" (Z. 15 f.).
- Es bringt die unterschiedlichsten Menschen aufgrund gleicher Empfindungen als Mensch und Wesen Gottes zusammen („durch eine allwebende Sympathie verbrüdert", Z. 23 f.).
- Jeder Einzelne genießt das, was auch die anderen empfinden.
- Theater als Organon der Menschheit: Durch das Theater erlangen wir auf intuitivem Wege eine genauere Kenntnis vom Wesen der Menschheit (vgl. Z. 20 ff.).

2.
Beispiele für individuelle Lösungen
- Dem Zuschauer wird in dem Gespräch zwischen Maria und Elisabeth (s. Schülerband, S. 231 ff.) deren innere Motive und Seelenvorgänge deutlich, z. B.: Selbstüberwindung, Widerstreit zwischen vernunft- und gefühlsgeleiteten Reaktionen, Abweisung, Skepsis, Unaufrichtigkeit, tiefer Hass, Stolz, verletzter Stolz, Schadenfreude über Erniedrigung.
- Der Zuschauer erlebt – zusammen mit anderen Zuschauern – dass das, was auf der Bühne vor sich geht, ihn menschlich erschüttert, weil er feststellt: Das betrifft mich auch.

Kontextmaterialien

a) Der Höhepunkt eines Dramas ist die Situation bzw. der Handlungsmoment, in dem das Hauptmotiv des Ganzen sichtbar wird. In diesem Sinne ist die Begegnung der beiden Königinnen der Höhepunkt der „Maria Stuart". Hier entscheidet die Heldin nicht nur selbst über ihr bis dahin unentschiedenes Schicksal, sondern sie tut das auch durch eine Handlung, die zugleich den poetischen Sinn ihres ganzen Wesens offenbart. Dieser Sinn liegt einerseits in der Selbstüberwindung ihres menschlichen Stolzes, ihrer völligen Demütigung vor dem äußeren Sieger – mehr noch aber in der entschlossenen Preisgabe ihres Lebens, als es darum geht, den empörenden Übermut der Siegerin zu züchtigen, die es nicht verschmäht, die gedemütigte Nebenbuhlerin auch noch in ihrer tiefsten Menschenwürde zu beleidigen. Diese Tat macht nicht nur den Höhepunkt des Dramas aus, sondern bestimmt auch in Schillers Augen die menschliche Höhe seiner Heldin. Es ist eine heroische

Tat: die Preisgabe des Lebens zur Bewahrung der persönlichen Würde und zum Triumph des Rechts. Es spielt dabei nicht nur keine Rolle, sondern ist dramatisch überhaupt nicht anders wohl zu denken, als dass Maria diese Tat eines empörten Rechtsgefühls im höchsten Affekt und also nicht nur aus rein sittlichen Motiven, sondern zugleich zur Befriedigung ihres lange aufgespeicherten Hasses vollbringt. Denn die sittliche Weltordnung bedient sich fast immer der menschlichen Leidenschaften, um dem Recht zum Siege zu verhelfen. [...] Tatsache ist, dass Maria für unser aller Gefühl das misshandelte Recht wiederherstellt und auch durch den sicheren Tod sich nicht davon abhalten lässt, der schamlosen englischen Heuchlerin die Maske herunterzureißen und ihr ins Gesicht zu sagen, was uns allen längst auf der Zunge brennt. In diesem Augenblicke ist sie, die sich damit selbst zum Tode verurteilt, der Anwalt des Rechts, und sie macht ihre Hinrichtung dadurch vor aller Welt zu einem offenkundigen Racheakte, als den sie ihre Verurteilung immer schon mit Recht empfunden hatte. Sie bringt durch ihre heroische Handlung die Wahrheit an den Tag. Das ist ein echt Schiller'sches Motiv, zu dem nur ein Dichter wie er den geschichtlichen Stuartstoff zuspitzen konnte. *Die zum Tode Verurteilte ist die moralische Siegerin.*

(aus: H. A. Korff: Geist der Goethezeit. Versuch einer ideellen Entwicklung der klassisch-romantischen Literaturgeschichte. 11. Teil: Klassik. Leipzig: Koehler & Amelang [1]1958, S. 251 f., 256 f.)

b) Erst im Angesicht des Todes wird Maria zu einer schönen Seele: Zur äußeren tritt die innere Schönheit; eine ideale Koinzidenz von Wesen und Erscheinung stellt sich ein, die Schiller zufolge auch in der zweiten höheren Idylle präsent wäre. Der Tod ist in der Tragödie der Preis, der für diese ideal-idyllische Koinzidenz zu bezahlen ist. Schiller spiegelt sie auch szenisch: durch Gestik, Mimik und das Gewand Marias sowie durch die Gestaltung des Raums. Ein geistig-seelischer Vorgang, Marias ideale Verwandlung, wird durch sinnliche Details konkretisiert: Die neue Idealität im Bewusstsein und in der Seele Marias wird durch äußere Prachtentfaltung versinnlicht. Das Theater wird zum „heitern Tempel", worin der Betrachter selber einen idealen Mitvollzug des Geschehens, einen geistig-erkennenden und zugleich sinnlichen Mitvollzug, leistet.

(aus: G. Sautermeister: Idyllik und Dramatik im Werk Friedrich Schillers, Kohlhammer Verlag, Stuttgart 1971, S. 209–215)

Der folgende Text Schillers „Über Anmut und Würde" kann als Zusatzaufgabe bearbeitet werden.

Z

Friedrich Schiller: Über Anmut und Würde (Auszug), siehe Seite 167

Hinweise

Dieses Essay Schillers entstand im Mai/Juni 1793. Die Schönheit des Menschen erschöpft sich nach Schiller keineswegs im „guten Aussehen", es gibt ein Mehr an Schönheit, das er Anmut (auch Grazie) nennt. Alle Anmut ist schön, aber nicht alle Schönheit ist anmutig. Die Anmut wird von Schiller im Gegensatz zur naturgegebenen Schönheit als bewegliche Schönheit, als „geistgeborene" Schönheit bezeichnet. Voraussetzung dafür ist, dass im Menschen Vernunft und Sinnlichkeit, Pflicht und Neigung in einem solchen Verhältnis zueinander stehen, dass keine von beiden in ihrer Freiheit beeinträchtigt wird. Mit seiner positiven Einstellung zur natürlichen, sinnlichen Seite des Menschen entfernt sich Schiller von der Position Kants, der das sittliche Heil des Menschen in der Unterdrückung seiner Sinnlichkeit sah. Die „schöne Seele" vermag Sinnlichkeit und Vernunft, Pflicht und Neigung harmonisch in Einklang zu bringen. Diese Art wahrer menschlicher Schönheit sieht Schiller vor allem bei der Frau. So wird auch verständlich, dass Menschen, die nicht „gut aussehen", eine große Ausstrahlung besitzen können, weil sie durch die Anmut von innen schön werden. Der Kampf der „schönen Seele" gegen Affekte und Leidenschaften lässt sie groß und erhaben werden. „In diesem Kampf bestätigt sie ihre Kraft als ‚Würde': Beherrschung der Triebe durch die moralische Kraft ist Geistesfreiheit, und Würde heißt ihr Ausdruck in der Erscheinung." So wird die Würde zum Gegenbegriff, der die Anmut ergänzt.

(in enger Anlehnung an Walter Schafarschik: Friedrich Schiller. Literaturwissen für Schule und Studium. Reclam Verlag, Stuttgart 1999, S. 151 ff.,)

Friedrich Schiller

Über Anmut und Würde

So gewiss ich nämlich überzeugt bin ..., dass der Anteil der Neigung an einer freien Handlung für die reine Pflichtmäßigkeit dieser Handlung nichts beweist, so glaube ich *eben daraus* folgern zu können, dass die sittliche Vollkommenheit des Menschen gerade nur aus diesem Anteil seiner Neigung an seinem moralischen Handeln erhellen kann. Der Mensch nämlich ist nicht dazu bestimmt, einzelne sittliche Handlungen zu verrichten, sondern ein sittliches Wesen zu sein. Nicht *Tugenden,* sondern *die Tugend* ist seine Vorschrift, und Tugend ist nichts anders „als eine Neigung zu der Pflicht“. Wie sehr also auch Handlungen aus Neigung und Handlungen aus Pflicht in objektivem Sinne einander entgegenstehen, so ist dies doch in subjektivem Sinn nicht also, und der Mensch *darf* nicht nur, sondern *soll* Lust und Pflicht in Verbindung bringen; er soll seiner Vernunft mit Freuden gehorchen. [...] Erst alsdann, wenn sie *aus seiner gesamten Menschheit* als die vereinigte Wirkung beider Prinzipien hervorquillt, *wenn sie ihm zur Natur geworden ist,* ist seine sittliche Denkart geborgen, denn solange der sittliche Geist noch *Gewalt* anwendet, so muss der Naturtrieb ihm noch *Macht* entgegenzusetzen haben. Der bloß *niedergeworfene* Feind kann wieder aufstehen, aber der *versöhnte* ist wahrhaft überwunden.

In der kantischen Moralphilosophie ist die Idee der *Pflicht* mit einer Härte vorgetragen, die alle Grazien davon zurückschreckt und einen schwachen Verstand leicht versuchen könnte, auf dem Wege einer finstern und mönchischen Asketik die moralische Vollkommenheit zu suchen. [...]

Eine schöne Seele nennt man es, wenn sich das sittliche Gefühl aller Empfindungen des Menschen endlich bis zu dem Grad versichert hat, dass es dem Affekt die Leitung des Willens ohne Scheu überlassen darf und nie Gefahr läuft, mit den Entscheidungen desselben im Widerspruch zu stehen. Daher sind bei einer schönen Seele die einzelnen Handlungen eigentlich nicht sittlich, sondern der ganze Charakter ist es. [...] In einer schönen Seele ist es also, wo Sinnlichkeit und Vernunft, Pflicht und Neigung harmonieren, und Grazie ist ihr Ausdruck in der Erscheinung.

Würde

So wie die Anmut der Ausdruck einer schönen Seele ist, so ist *Würde* der Ausdruck einer erhabenen Gesinnung.

Es ist dem Menschen zwar aufgegeben, eine innige Übereinstimmung zwischen seinen beiden Naturen zu stiften, immer ein harmonierendes Ganzes zu sein und mit seiner vollstimmigen ganzen Menschheit zu handeln. Aber diese Charakterschönheit, die reifste Frucht seiner Humanität, ist bloß eine Idee, welcher gemäß zu werden er mit anhaltender Wachsamkeit streben, aber die er bei aller Anstrengung nie ganz erreichen kann. [...] Die *schöne* Seele muss sich also im Affekt in eine *erhabene* verwandeln, und das ist der untrügliche Probierstein, wodurch man sie von dem *guten Herzen* oder der *Temperamentstugend* unterscheiden kann. Ist bei einem Menschen die Neigung nur darum aufseiten der Gerechtigkeit, weil die Gerechtigkeit sich glücklicherweise aufseiten der Neigung befindet, so wird der Naturtrieb im Affekt eine vollkommene Zwangsgewalt über den Willen ausüben, und wo ein Opfer nötig ist, so wird es die Sittlichkeit und nicht die Sinnlichkeit bringen. War es hingegen die Vernunft selbst, die, wie bei einem schönen Charakter der Fall ist, die Neigung *in Pflicht nahm* und der Sinnlichkeit das Steuer *nur anvertraute,* so wird sie es in demselben Moment zurücknehmen, als der Trieb seine Vollmacht missbrauchen will. Die Temperamentstugend sinkt also im Affekt zum bloßen Naturprodukt herab; die schöne Seele geht ins Heroische über und erhebt sich zur reinen Intelligenz. Beherrschung der Triebe durch die moralische Kraft ist *Geistesfreiheit,* und *Würde* heißt ihr Ausdruck in der Erscheinung. (1793)

(aus: Friedrich Schiller: Werke. Hrsg. von Gerhard Friebe, Herbert G. Göpfert, Herbert Stubenrauch, Carl Hanser Verlag, München 1958, S. 464 f.)

Aufgabe

Erläutern Sie Schillers zentrale Begriffe wie zum Beispiel „Tugend“, „Anmut“, „schöne Seele“, „Geistesfreiheit“. Stellen Sie danach einen Bezug zu Schillers Dramenfigur Maria Stuart her; inwieweit kann man bei ihr von einer „schönen Seele“ sprechen?

Friedrich Hölderlin (1770–1843) – Dichter zwischen Klassik und Romantik

Friedrich Hölderlin: Hälfte des Lebens (Seite 237)/Diotima (S. 237)/Abbitte (S. 237)/ Die Eichbäume (S. 238)

Seite 237 **Aufgaben 1–3**

1./2. Das Wort „Nachtgesang" hat für Hölderlin die Bedeutung *Entfremdung* und zeigt einen Gegensatz zwischen Dunkelheit und Helligkeit an. Beides verweist auf die Überschrift „Hälfte des Lebens". Es kann sein, dass das Bild am Schluss des Gedichts auf die zweite Hälfte des Lebens von Hölderlin bezogen werden kann (vgl. Biografie).

Das Gedicht ist in freien Rhythmen verfasst; ungewöhnlich ist die Gleichzeitigkeit von Früchten und Blüten (Verse 1 und 2). Ein ungewöhnlicher Ausdruck im Rahmen des Gedichts ist das Wort *tunkt;* möglicherweise wird es wegen seiner Assonanz mit dem Wort *trunken* gebraucht. Der Schwan (Vers 4) steht seit der Antike als Symbol für den Dichter. Das Wort *heilignüchtern,* ein Oxymoron, steht für Begeisterung und Klarheit; beides Bedingungen der Dichtkunst. In der 2. Strophe steht entsprechend die Metapher *Blumen* für die dichterische Rede.

Zum Aufbau

- 1. Strophe:
  - besteht aus einem Satz
  - Bild des Sommers: blühende Seenlandschaft (Vers 1–3), Bild von Fülle und Harmonie
  - Motiv der Liebe und Zuneigung („trunken von Küssen", V. 5)
  - als positiv empfundenes Weltverhältnis (Blüten und Früchte vereint)
  - ihr: kommunikativer Bezug
  - Wasser als Grenze

- 2. Strophe:
  - Wehruf am Anfang
  - W-Alliterationen (weh, wo, wenn, Winter, wo), Anschluss an das Wort *Wasser* in Strophe 1
  - Winter (V. 9; Schatten als Komplement des Dichters gilt als positiv)
  - Begrenzung („Mauern", V. 12)
  - Auf die Frage (V. 8–11) wird keine Antwort gegeben.
  - lyrisches Ich äußert sich zum ersten Mal (V. 8): Einsamkeit? Isolation?
  - Kälte (V. 13): Erfahrung einer Lebenskrise?

3. **Beispiele**

a) **„Diotima"**
- elegisches Distichon; Doppelvers aus daktylischem Hexameter und daktylischem Pentameter; durch das Zusammenwirken der Verse ergibt sich eine Antithetik (in inhaltlicher und formaler Hinsicht)
- mythisch überhöhte Figur der Diotima („Wonne der himmlischen Muse", lebendige „Schönheit") als Ruhe, Frieden, Versöhnung stiftende Gestalt (Z. 1–4)
- Bezug auf die historischen Zusammenhänge der Zeit („Chaos der Zeit", Z. 2)
- Aufforderungen: „Komm und besänftige ...", Z. 1; „Ordne ...", Z. 3; „Kehr ... zurück", Z. 7f.
- Utopie, verheißungsvolle Zukunftsperspektive (Z. 9–11)

b) **„Abbitte"**
- Kurzode, nach dem gleichen Gestaltungsprinzip gebaut wie Hölderlins große Oden. Hölderlin verwendet das asklepiadeische Silbenmaß: auftaktloser, symmetrisch gebauter reimloser Sechsheber: **x́xxxxx́/xxxxx́x**. Die erste Vershälfte besteht aus einer betont beginnenden und schließenden Folge mit einer Doppelsenkung nach der zweiten Hebung.
- Liebe zu Diotima hat für den lyrischen Sprecher fast sakrale Bedeutung: „Heilig Wesen" (Z. 1); sie führt ihm Frieden und Harmonie vor Augen; engelhafte Ruhe ihres Wesens erscheint ihm als göttliches Attribut.
- Lyrischer Sprecher spricht die Ahnung aus, dass er im Elend enden wird, was das Zerbrechen seiner Liebe einschließt; liebender Mann vergleicht sich mit dem trüben, vorüberziehenden „Gewölke" (Z. 5). Frau erscheint als Mittlerin zwischen diesseitigem und jenseitigem Bereich: „heilig

Wesen“ (Z. 1), „goldene Götterruhe“ (Z. 1f.), „friedlicher Mond“ (Z. 6), „Ruhst und glänzest“ (Z. 7) (vgl. dazu Goethes „Iphigenie auf Tauris“, s. Schülerband, S. 132ff.).

c) **„Die Eichbäume“**
- Verwendung eines antiken Versmaßes, des Hexameters
- zwei Formen der dichterischen Existenz:

Ihr:
- „Gärten, da lebt die Natur geduldig und häuslich“ (Z. 2); „Pflegend und wiedergepflegt“ (Z. 3) (Pflanzschule unter der Herrschaft des Gärtners)
- „Knechtschaft“ (Z. 14)

Ich:
- „Eichbäume“ (Titel)
- „Söhne des Berges“ (Z. 1), „ihr Herrlichen“ (Z. 4), „ein Volk von Titanen“ (Z. 4), „fröhlich und frei“ (Z. 8), „in freiem Bunde“ (Z. 13) (Freundschaft unter Gleichwertigen)

Als Dichter zur Meisterschaft gelangt, weiß sich der lyrische Sprecher (Hölderlin?) der Kategorie der Selbstständigen zugehörig. Mit der Bezeichnung *Eichbäume* schafft Hölderlin ein Symbol für das Alleinstehen Großer. Dies war die Form, die sein Verhältnis zu den Dichtern der Klassik einnahm.

Zum biografischen Hintergrund

Das Gedicht markiert eine Wende in Hölderlins Schaffen. Ende 1795 löst er sich von der „Schule“ seines verehrten Meisters Friedrich Schiller (Dichten großer gereimter Hymnen); fluchtartig verlässt er Schiller, um zu seiner eigenen Form zu finden. Zum ersten Mal verwendet er wieder ein antikes Versmaß. In dem Gedicht „Die Eichbäume“ rechtfertigt das lyrische Ich sein Verhalten, indem es durch Kontrastbilder zwei verschiedene Formen der dichterischen Existenz charakterisiert: eine, aus der es heraustritt, die andere, in die es hineintritt.

Für Hölderlin bedeutet die Lösung von Schiller auch einen Verzicht auf freundschaftlichen Umgang mit einem idealen Gesprächspartner nach mehrjähriger Zusammenarbeit; das Gedicht „Die Eichbäume“ kann man auch als ein Werben um das Verständnis Schillers verstehen. „Die Eichbäume“ erschien 1797 in Schillers Monatszeitschrift „Die Horen“ (s. Schülerband, S. 230).

Umgang mit dem klassischen Erbe: Rezeption und Kritik

Heinz Piontek: Um 1800 (Seite 239)
August E. Hohler: Goethes Weimar hat Buchenwald nicht verhindert (S. 239)
Günter Kunert: Goethes gedenkend (S. 239)

Seite 239 **Aufgabe 1**

a) **Heinz Piontek: Um 1800**
- Gedicht macht in einer knappen Sprache und in knapper Gegenüberstellung den Widerspruch der Verhältnisse deutlich.
- Text setzt ein mit dem Verhältnis von Untertan (kratzfüßige Verbeugung) und fürstlichem Herrscher (Aufstampfen als Geste der Macht und Überlegenheit).
- Die Gegenüberstellung „Gedichtzeile/Stockschläge“ wirft Fragen auf:
  Missverhältnis zwischen schöner Dichtung und Unfreiheit; die Unfreiheit setzt den Wert der Gedichte nicht herab; andererseits sind die Gedichte keine Entschuldigung für die Unfreiheit.
- Das feudalistische Verhältnis von Herrscher und Untertan schließt ein, dass Landeskinder an fremde Mächte als Soldaten verkauft werden.
- Es besteht ein Missklang aufgrund der Gleichzeitigkeit von Klassik („die Tinte leuchtet“, Z. 9) und der Unfreiheit („Viele träumen, dass man sie verkauft“, Z. 7f.).

Zur Aussage des Gedichts

Das Gedicht stellt deutlich die Ideale von Freiheit und Humanität und die politisch-gesellschaftliche Realität gegenüber, in der einfache Menschen Angstträume haben, weil sie fürchten müssen, verkauft zu werden. Nur wer beides sieht, kann die klassische Zeit angemessen beurteilen.

b) **August E. Hohler: Goethes Weimar hat Buchenwald nicht verhindert**

Zum Inhalt

Der Verfasser stellt die Kultur der Klassik als Angelegenheit einer kleinen Elite, eines erlauchten Kreises dar. Für die alltäglichen Nöte der kleinen Leute, die Masse der armen und unterdrückten Menschen

habe diese Kultur keine Bedeutung gehabt. Für die, die sich mit den Idealen der Humanität befassten, sei dies keine Garantie für ein entsprechend menschliches Verhalten gewesen. Das sei kein Einwand gegen Goethe, wohl aber gegenüber seiner „absoluten Autorität".
Zur **Erörterung** ein Schülertext als Beispiel:

[...] Dass eine große Kultur gleichsam „automatisch" in ein ideales humanes Verhalten mündet, dürfte grundsätzlich kaum zu erwarten sein. Da auf dem Grundriss jeder Kultur das Ungeheuerlichste geschehen kann, hat auch Goethes Wirken das KZ Buchenwald (ca. 150 Jahre später) nicht verhindern können. Um 1800 setzte sich das Theater- und Lesepublikum aus Adligen und Angehörigen des Besitz- und Bildungsbürgertums zusammen. Goethe, der in seiner Biografie eine Entwicklung vom Stürmer und Dränger zum Klassiker durchgemacht hat, sah wohl selbst den Kontrast zwischen den hehren Idealen und der hohen sprachlichen Form, in der er seine idealistischen Utopien von Humanität darstellte, und den einfachen Lebensverhältnissen der unteren Schichten. In einem Brief an Schiller aus dem Jahre 1802 nannte er seine Schauspiel *Iphigenie* „verteufelt human". Der Humanitätsgedanke ist eine Utopie; Utopien und Visionen muss es immer geben; sie dürfen auch nicht kapitulieren vor einer schlechten, unvollkommenen Wirklichkeit. Goethe und Schiller dachten daran, durch eine allmähliche Humanisierung des Lebens die gesellschaftliche und poetische Wirklichkeit auf Dauer zu verändern. Um auf den ersten Teil meiner Darstellung zurückzukommen: Da Wert und Wirkung von großer Dichtung nicht grundsätzlich und für alle Zeiten gelten, konnten Goethes Vorstellungen und Ideale von humanem Verhalten die Unmenschlichkeiten, die Buchenwald möglich werden ließen, nicht verhindern, zumal Goethes Werke von den totalitären Machthabern in ihrem Sinne umgedeutet und verfälscht wurden.

c) Günter Kunert: Goethes gedenkend

Schon die 1. Strophe ruft bei dem Leser eine pessimistische Stimmung hervor, wenn von „leeren Weiten/[...] zwischen Städten" und „deren Menschen" gesprochen wird.
Der **1. Vers** enthält eine direkte Ansprache in Frageform an ein „Du". Ist (bezogen auf die Überschrift) damit Goethe oder, was näher liegt, der Leser gemeint?
Da die Frage „Was wirst du tun [...]" ohne Fragezeichen, im Präsens und Indikativ – nicht im Konjunktiv – gestellt wird, wird der Zustand „leere Weiten [...]" nicht in die Ferne gerückt, sondern in die nahe, reale Zukunft.
Auch die Konjunktion „wenn", die den Nebensatz **Vers 1–3** mit der Frage verbindet, scheint in diesem Zusammenhang mehr eine temporale als eine konditionale Bedeutung zu haben. Der **Vers 4** gibt die nüchterne Antwort in aussichtsloser Lage: „Da hilft kein Klagen. Und kein Beten." Die mögliche Aussage der Strophe könnte sein: Wenn – leere Weiten statt Wälder zwischen Städten – die Natur stirbt und – leere Weiten zwischen den Menschen – die Menschen vereinsamen, gibt es keine Hoffnung auf menschliche Hilfe und keine auf göttliche Hilfe (weil auch der Himmel leer ist?). Es wird klar: Die Frage ohne Fragezeichen ist keine echte Frage, weil das „Du" nichts tun kann, sondern eine resignierende Feststellung. Die **2. Strophe** beginnt wieder mit einer direkten Ansprache: „Dein [...]".
Auch hier bleibt offen, wer angesprochen wird.
Es wird nicht Hoffnung, aber „Trost" geboten, durch einen kurzen Satz ohne Prädikat („Dein Trost ein Wort", V. 5). Hier stellt sich die Assoziation an das Zauberwort in Eichendorffs Gedicht „Wünschelrute" ein (vgl. Schülerband, S. 246).
Die altertümliche biblische Formulierung „Es steht geschrieben" (V. 5) klingt wie eine prophetische Aussage. Im **3. Vers der 2. Str.** nimmt Kunert dann das Wort „noch" auf, das dem Angesprochenen von vielen anderen Worten geblieben ist. In diesem Wort steckt das „nun", „gleich", „jetzt", das Augenblickliche, aber auch schon das Vergehen „bis jetzt".
Auf dieses „noch" muss etwas folgen. Was das ist, wird in der **3. Strophe** in vier Versen, gleich geschlossenen Sätzen, vorgetragen, die jeweils mit dem Wort „noch" beginnen. Im **1. Vers der 3. Str.** ist der Anfang des Prologs in Goethes „Faust" aufgegriffen: „Die Sonne tönt nach alter Weise ...", was als die bestehende kosmische Ordnung angesehen werden kann. Dabei kann die direkte Anrede „dir" in **Vers 9** so zu deuten sein, dass das subjektive Erkennen dieser kosmischen Ordnung angesprochen wird.
Der **2. Vers der 3. Str.** bezieht sich auf die innere Welt: „Hoffen", „Träumen" und „Verlangen" sind angesprochen. Der **3. Vers der 3. Str.** betrifft die umgebende Natur, für die das Bild des Vogels steht, der frei seine Kreise zieht. Der **4. Vers der 3. Str.** schließlich – in direkter Anrede des „Du" – ist durch den Doppelpunkt am Ende des Verses vorher noch hervorgehoben. „Noch" hat der Angesprochene, der sich des Kosmos, der Umwelt, des Ichs bewusst ist, „nicht zu enden angefangen".
Kunert knüpft nach der Überschrift des Gedichtes an Goethe an. Ähnlich wie bei Goethe (z. B. „Grenzen der Menschheit") sieht Kunert den Menschen mit seinen Gefühlen im Zusammenhang mit der Natur und der Weltordnung.

Goethe wirft den Blick auf den Menschen, der sich – der zeitlichen Begrenztheit gewiss – in den Kosmos eingebunden fühlt und voll Vertrauen ist gegenüber der ewigen Gottheit.
Kunert dagegen – das Wort Gott, die Ewigkeit der Weltordnung kommt in keinem Vers vor – geht von der Trauer und der Begrenztheit des Ichs, der Natur und der gesamten Schöpfung aus.

Gabriele Wirsich-Irwin: Gedanken zur Klassik (Seite 239)

Seite 240 Aufgaben 1–2

1. Tafelbild

Kritik	Gegenkritik
• Bedenken gegen die Verwendung des Begriffs *Deutsche Klassik für* eine kurze Zeitspanne • Klassiker flüchten in die Esoterik ihrer Visionen • Klassikkritik im 19. Jahrhundert an der idealistischen Deutung der Antike • Mythisierung der Goethezeit löst diese aus dem europäischen Rahmen des 19. Jahrhunderts	• besser von Weimarer Experiment sprechen • aktuelle Brauchbarkeit überprüfen; Mumifizierung aufbrechen: keine Aussage, kein Werk gilt grundsätzlich und ewig • Modernität der deutschen Klassik in den Vordergrund rücken: jeder Mensch trägt die volle Selbstverantwortung für sein Menschsein; er trägt alle Anlagen zur sittlichen Selbstbestimmung in sich; Grundlage für unser heutiges Weltbild

2. Individuelle Lösungen; aus den Hinweisen von Wirsich-Irwin lassen sich u. a. folgende Empfehlungen für den Umgang mit klassischen Werken entnehmen:

- aktuelle Brauchbarkeit überprüfen; kritische Fragen stellen: Was kann ich heute noch damit anfangen? Was geht mich das an?
- zeitliche Entstehungs- und Wirkungszusammenhänge überprüfen

Martin Walser: Klassik – zeitlos gültig? (Seite 240)

Seite 241 Aufgaben 1 und 2 (links)

Der Schriftsteller Martin Walser (geb. 1927) zweifelt (in dem Ausschnitt aus einem Essay) die zeitlose Gültigkeit der klassischen Theaterstücke an. Sie könnten dem Zuschauer zeigen „wie es früher war" (Z. 15). Goethes klassische Stücke seien „schöne Zeugnisse für seine eigene Entwicklung und seine Zeit" (Z. 40 ff.), aber keine „Paradestücke für Humanität" (Z. 43); (ohne Geschichte oder gar gegen die Geschichte).

Kernthesen und Argumente

These 1: Die alten Stücke sollte man vorspielen, um zu zeigen, wie es früher war. Argumente: Kein schönerer Geschichtsunterricht als diese; Spiele der Vergangenheit; Inhalte liegen hinter uns.
These 2: Wir sind „abgerichtet", die in den Stücken vorgeführten Haltungen als „teilbar" zu empfinden. Argumente: Allgemeingültigkeit und „Ewigkeit" der alten Stücke; „Iphigenie – ein Mensch wie Du und ich"; Regisseure versuchen, aktuelle Assoziationen zu wecken mithilfe eines Textes, der anders gedacht war.
These 3: Goethes klassische Stücke sind schöne Zeugnisse für seine eigene Entwicklung und seine Zeit. Argumente: „Innenausbau" gewaltig; in Goethes klassischen Stücken treten nur Weimaraner auf; das Risiko der radikalen Wahrheit ist nicht so groß, weil auch Thoas, in dessen Hand Iphigenie ihr Schicksal und das ihres Bruders und ihrer Freunde legt, auch „Weimaraner" ist, d. h. eine Figur, die im Sinne der Goethe'schen Humanitätsideale handelt.

2. Individuelle Lösungen; Beispiele für kritische Fragen:
- Ist klassische Literatur nicht doch etwas anderes als Geschichtsunterricht? Hier wird Literatur zu sehr auf den Inhalt beschränkt.
- Spielt der „Kultur-Jargon" von der Allgemeingültigkeit klassischer Stücke heute noch eine entscheidende Rolle? Wird die allgemeine Wirkung – zumindest im Unterricht – nicht immer wieder diskutiert, dabei auch relativiert und infrage gestellt?
- Sind Goethes klassische Stücke nur Zeugnisse für seine eigene Entwicklung und seine Zeit?
- Ist die Klassik nicht viel moderner, als man glaubt (Wirsich-Irwin)? – Die Humanität der Klassiker meint die Selbstverantwortung des Einzelnen, die Anlagen zur sittlichen Selbstbestimmung; eine Bedingung auch für den modernen Menschen, sich aus jahrhundertealten Bindungen zu lösen.
- Warum sollte der Zeitgenosse sich gegen den schönen Schein klassischer Texte wehren? Er muss diesen Texten nicht unbedingt Ehrfurcht entgegenbringen; sie sollten von Lesern, Schülern, Lehrern, Regisseuren beherzt in Gebrauch genommen werden, man kann mit ihnen experimentieren, sie umschreiben; sie sollten vor allem immer wieder auf ihre „aktuelle Brauchbarkeit" (Wirsich-Irwin) überprüft werden.

Georg Büchner: Aus einem Brief an die Familie vom 28. Juli 1835 (Seite 241)

Seite 241 **Aufgaben 1–3 (oben rechts)**

1./2. Büchners Kritik richtet sich vor allem darauf, dass die „Idealdichter" nicht Menschen aus dem realen Leben dargestellt/auf die Bühne gebracht haben (z. B. Goethe: Iphigenie; Schiller: Don Karlos), deren Beispiel die Mitempfindungen (Abscheu, Bewunderung) des Lesers/Zuschauers auslösen. Der Grund dafür, dass Büchner mehr auf Goethe als auf Schiller hält, könnte darin liegen, dass Schillers Figuren oft Kunstfiguren sind, Träger von Ideen, die in oft gehobener und rhythmisierter Sprache agieren, während Goethe und Shakespeare auch Menschen aus dem Alltag mit ihren typischen Problemen auf die Bühne gebracht haben (vgl. z. B. die Figur Gretchens in Goethes Drama „Faust").

3. Individuelle Lösungen; Beispiele:
- die „Schule" der Weimarer Klassiker und Georg Büchner als Schriftsteller in ihrer jeweiligen Zeit
- Georg Büchner, ein junger, „unvollendet" gebliebener Schriftsteller; auch Goethe und Schiller vertraten in ihrer Sturm-und-Drang-Zeit andere Vorstellungen (in inhaltlicher und formaler Hinsicht) als in ihrer klassischen Zeit (Schillers „Räuber" und „Kabale und Liebe" anders als „Don Karlos" und „Maria Stuart", Goethes „Götz von Berlichingen" und „Urfaust" anders als „Iphigenie" und „Faust I" und „Faust II").
- Im 19. Jahrhundert – schon zur Zeit Büchners – setzte deutlich eine Kritik an einer Mythisierung der Goethezeit ein.

Rudolf Walter Leonhardt: Klassik noch aktuell? – Pro und Kontra (S. 241)

Seite 241/242 **Aufgaben 1–3**

1./2. Individuelle Lösungen; zur Diskussion der Standpunkte und zur Ergänzung der jeweiligen Argumente können andere Texte der Sequenz (vor allem der Text von Gabriele Wirsich-Irwin, s. Schülerband, S. 239 f.) herangezogen werden.

Kontextmaterial

Ergänzungen der Pro- und Kontra-Argumente von Leonhardt:

Pro

[...]

4. An einem Nullpunkt anfangen – das ist eine romantische Utopie. Wir alle leben aus Vergangenem. Das ist evident. Pflege klassischen Erbes bedeutet: es bewusst machen. Es gibt kein Geschichtsbewusstsein ohne Anerkennung jener Leistungen, die Maßstäbe gesetzt haben und die wir in der Kunst „klassisch" nennen.

5. Zur Dialektik des Lebens gehört – was die jüngeren Dialektiker zuweilen vergessen – nicht nur das Verändern, sondern auch das Bewahren. Veränderung um der Veränderung willen führt nicht zu Fortschritt, sondern Chaos.
6. Nur wer das Alte kennt, kann etwas Neues machen (Wie wüsste er sonst, dass es neu ist?).
7. Das Moment des Feiertäglichen gehört zur Kunst, nicht zur klassischen. Ans Fließband lässt sich Kunst so wenig bringen wie in die Aufsichtsratssitzung. Der „gesellschaftliche Bezug", der heute gern und mit Recht von der Kunst gefordert wird, kann kein Plädoyer für eine Alltagskunst sein. Im kommunistischen deutschen Staat (man sehe sich Weimar an) wurde das klassische Erbe in geradezu rührender Weise gepflegt – und eingemeindet.

Kontra

[...]

4. Mit der Pflege der Klassik gerät die Kunst aus den Händen der Autoren in die der Experten und Interpreten: des Regisseurs, der ein Shakespeare-Stück wahnsinnig originell inszeniert; des Museumsdirektors, der Rembrandt in einem ganz anderen Licht zeigt; des Dirigenten, der aus Mozarts vier Vierteln acht Achtel oder zwei Halbe macht.
5. Pflege der Klassik ist retrospektiv, Kunst aber will und soll progressiv sein (daher eben jene „progressiven" Interpretationen der Klassik). Sie will nicht zurückführen, sondern weiterführen.
6. Was Dürer, Goethe, Wagner schon gemacht haben, können wir nicht besser machen. Wir können auch von ihrer Vollendung nicht lernen: weil das Produkt des Lernprozesses im besten Falle ein Plagiat, im schlimmsten eine Travestie wird.
7. Klassiker sind wie ein Museum: ganz nett, wenn man sonntags mal gar nichts Besseres zu tun hat – aber ziemlich irrelevant innerhalb jener Welt, die uns wirklich interessiert.

(aus: Rudolf Walter Leonhardt: Argumente pro und contra. © Piper Verlag GmbH, München 1974, S. 221, gekürzt)

3. In ihrer Einleitung (Z. 1–8) nennt die Schülerin zwei Gesichtspunkte, die sie bei der Beurteilung der Klassik für wesentlich hält:

a) Die Bedeutung klassischer Texte muss im Zusammenhang ihrer Zeit gesehen werden,
b) Inhalt und Gehalt von Texten darf man nicht in naiver Weise für „wahr" halten; ihre Wahrheit ist bedingt, sie gilt nicht für alle Zeiten. Dies gilt auch für Texte der Klassik. Diese beiden Gesichtspunkte müssten dann entsprechend im Hauptteil eine entscheidende Rolle spielen. Ab Zeile 9 (Hauptteil) nennt die Autorin entsprechend zunächst die These, dass weder einseitiges Verehren noch dogmatische Ablehnung die richtige Einstellung gegenüber klassischen Texten seien. Sie belegt diese These mit Erfahrungsargumenten. Ab Zeile 35 formuliert sie ihre zweite These.
   Es fällt auf, dass die Autorin auch auf Thesen/Argumente anderer Texte aus diesem Abschnitt eingeht; dies ist legitim und sinnvoll.

Romantik: Sehnsucht nach Entgrenzung und unerreichbarer Ferne

„Poetisierung der Welt" – Natur als „Spiegel der Seele"

Joseph von Eichendorff: Wünschelrute (Seite 246)

Seite 246 **Aufgaben 1–3 (oben rechts)**

- Es gibt außer der rational erklärbaren und mit den Sinnen erfahrbaren Wirklichkeit eine andere „poetische" Wirklichkeit, die durch den Dichter und sein „Zauberwort" lebendig werden kann. Die Dinge haben einen verborgenen poetischen Kern, es „schläft ein Lied" in den Dingen, die gleichsam ihrer Erweckung durch die Kunst des Dichters „entgegenträumen":

„Die arme gebundene Natur träumt von Erlösung.“ (Eichendorff)

- Das Singen und die Musik sind mit der Dichtkunst eng verwandt; nach mittelalterlicher Auffassung ist der Dichter zugleich auch Sänger, trägt seine Liedtexte selbst vor.
- Der große Wert der poetischen Gabe, das **Zauberwort** zu treffen und die Dinge, die ein geheimes Vermögen haben, zum Klingen zu bringen, wird in der Überschrift mit einer Wünschelrute verglichen.
- Das Gedicht handelt von Poesie; Dichtung wird zum Instrument der Erkenntnis, mit der man ins Unbewusste vorstoßen und das Hintergründige, Geheimnisvolle aus der Welt herauslösen kann. Die Worte „Wünschelrute“, „Zauberwort“, „träumen“ kennzeichnen den wunderbaren und magischen Charakter der Poesie.
- Der berühmte Vierzeiler Eichendorffs verdeutlicht die **poetische Programmatik** der Romantik: Neben der sinnlich erfahrbaren Realität gibt es eine andere „poetische“ Form der Wirklichkeit; es ist „das alte, wunderbare Lied, das in allen Dingen schläft“ (Eichendorff).

Novalis (Friedrich von Hardenberg): Wenn nicht mehr Zahlen und Figuren (Seite 246)

Seite 246 **Aufgaben 1–3 (unten)**

1./2. **Hinweise zum Text**

- Ein einziger langer Satz: Reihung von Konditionalsätzen, die erst in den letzten beiden Versen durch das Wort *dann* aufgelöst werden
- Verse 1 und 2: Die analytische Erklärung der Welt („Zahlen und Figuren“) wird abgelehnt.
- Verse 3 und 4: Dichter und Liebende wissen mehr als die „Tiefgelehrten“ (zu beachten ist das Adjektiv tief).
- Verse 5 und 6: Befreiung von Konventionen
- Verse 7 und 8: Vereinigung von Rationalem („Licht“ der Aufklärung) und den Gefühlen, den Träumen, dem Unbewussten
- Verse 9 und 10: Einfachen, unverfälschten Formen der Poesie („Märchen und Gedichten“) kommt ein besonderer Erkenntniswert zu.
- Verse 11/12: Erst wenn diese Bedingungen erfüllt sind, kann ein „geheimes Wort“ eines Dichters die tiefen Bedeutungen der Dinge enthüllen, erlösen, zur Wirkung bringen.

Mögliches **Tafelbild**

„Schlüssel aller Kreaturen“

	bisher	**neu**
1. „wenn“	Figuren, Zahlen (analytisches Denken der „Tiefgelehrten“)	
2. „wenn“		● Wissen der Sänger und Liebenden
3. „wenn“		● Verbindung zwischen Welt und freiem Leben
4. „wenn“		● Vereinigung des Gegensatzes Licht und Schatten zur Klarheit
		● Märchen und Poesie führen zu ewigen Wahrheiten
5. „dann“		● geheimes Wort: Wegfall rationalistischer Weltsicht

3. Während Eichendorff von „Zauberwort" spricht, ist in dem Jahrzehnte jüngeren Gedicht Novalis' von einem „geheimen Wort" des Dichters die Rede, das die Dinge auf geheimnisvolle Weise zum Klingen bringt, die das „ganze verkehrte Wesen" einfach fortfliegen lassen. In ihrer Kernaussage haben die beiden Gedichte sehr viel Ähnlichkeit. Beide können als programmatisch für die romantische Dichtung angesehen werden.

Joseph von Eichendorff: Aus dem Leben eines Taugenichts (Seite 247)

Seite 248 **Aufgaben 1–8**

1./2.

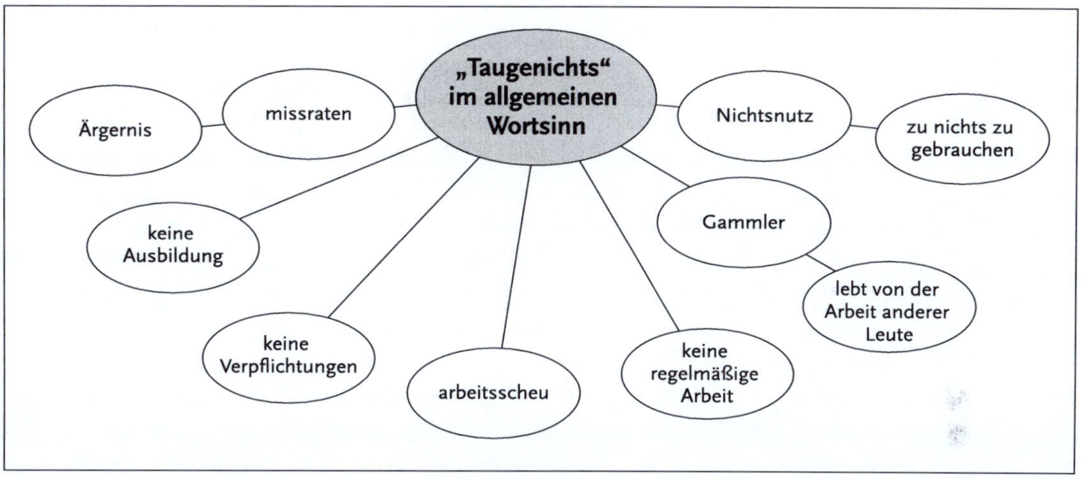

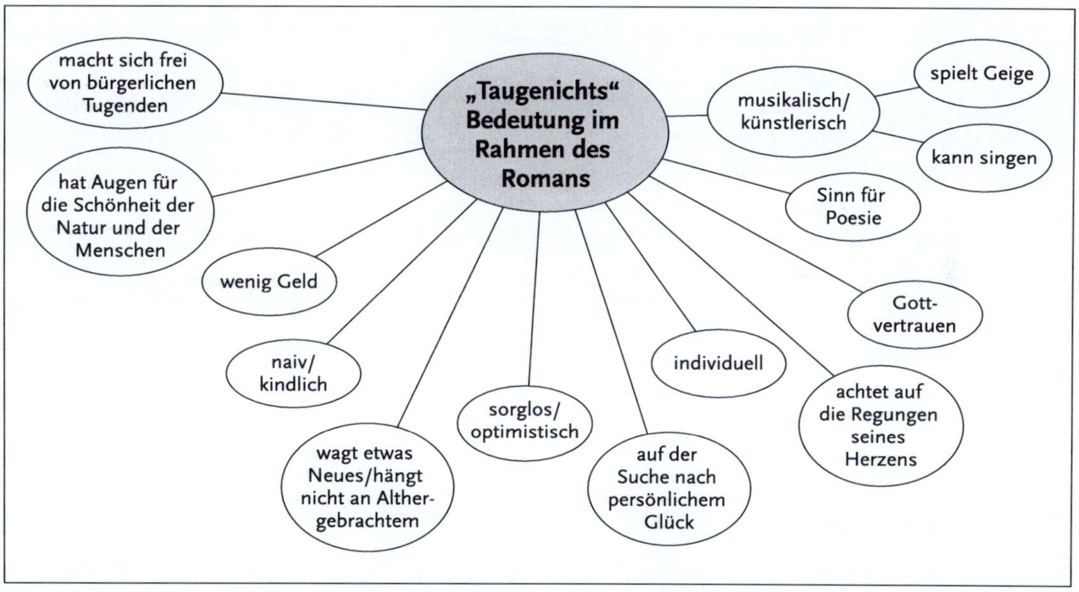

Ein Taugenichts ist jemand, der nicht einer gesellschaftlich akzeptierten Vorstellung von Bürgerlichkeit entspricht und sich vom Leben der Philister/Spießbürger abgrenzt.

3. Das Lied ist regelmäßig aufgebaut: drei Strophen, Wechsel von weiblicher und männlicher Kadenz, Kreuzreim, vierhebiger Jambus. Es ist mehrfach vertont worden und als Volkslied bekannt geworden. Das Lied zeigt die Grundüberzeugung des „Taugenichts":

- Gottvertrauen,
- kindliche Naivität,
- unternehmungslustige, optimistische Einstellung,
- Naturverbundenheit, Naturliebe, verbunden mit religiösen Vorstellungen (Natur als Gottes Schöpfung),
- Musikalität,
- Gegensatz zwischen denen, die sich in der Welt der Arbeit Sorgen machen („Philister"), und demjenigen, dem Gott seine Wunder in der Natur weisen will.

4. Typisch ist bereits für den Anfang der Erzählung, dessen Erzähler-Ich der Müllerssohn ist, Folgendes:
- Kontrast zur realistischen Erzählweise; märchenhafte Motive (Mühle, abruptes Auftreten des Vaters, Kennzeichnung des Sohnes als „Taugenichts", Gegensatz des „Helden" zu realistischen Zusammenhängen; Gesang der Goldammer (Z. 18 ff.),
- Unbestimmtheit des Ortes und der Zeit („Mir war es wie ein ewiger Sonntag im Gemüte", Z. 32 f.),
- Personen tragen keine Namen,
- Sprache absichtlich kunstlos (Der Sonnenschein ist „warm", Z. 6; das Geigenspiel „recht artig", Z. 23),
- Formelhaftigkeit wie im Märchen oder Sprichwort („... so will ich in die Welt gehen und mein Glück machen ...", Z. 14 f.),
- Gottvertrauen als Handlungsprinzip,
- Verbindung der Gattungen (Lied als fester Bestandteil der Erzählung).

5. Aus der Sicht der Alltags- und Arbeitswelt erscheint die Welt des Taugenichts als eine, in der man unnützes Zeug treibt (vgl. die Worte des Vaters). Dem Taugenichts ist es umgekehrt wie „ein ewiger Sonntag" zumute, als er seine Bekannten zur Arbeit hinausziehen sieht. Auch das Lied, das er singt, handelt von diesem Gegensatz zwischen der Welt der Arbeit und dem Leben dessen, den Gott in die weite Welt schickt, um ihn die Wunder der Welt erleben zu lassen. Dem Taugenichts ist die Natur „wie ein Spiegel der Seele"; er versteht die Natur als Schöpfung Gottes; in diesem Sinne ist er religiös.

6. Die Figur des Taugenichts kann als typisch für das romantische Lebensgefühl und Künstlertum angesehen werden:
- keine regelmäßige Tätigkeit/Müßiggang, keine besonderen Kenntnisse und Ausbildung,
- will eigenen Idealen und Vorstellungen nachgehen,
- genießt Ungebundenheit; gilt als Außenseiter, ist aber nicht einsam oder menschenscheu, kümmert sich nicht um die Meinung anderer,
- Unvereinbarkeit von Ideal (Kunst, Muße, Reisen) und Alltagswirklichkeit (Erwerbsleben, feste Arbeitszeiten),
- Lebensmaxime geprägt vom Vagabundieren, aber auch vom Gottvertrauen,
- religiös geprägte Naturauffassung,
- Kritik an den Philistern,
- Begeisterung für Musik (Geige, Gesang),
- märchenhafte Züge (vgl. Erzählanfang): Aufbruch aus einem Armutsmilieu in die „weite Welt",
- Verklärung des Einfachen,
- Naturverbundenheit/Naturbegeisterung, Naturliebe (Natur als Offenbarung Gottes),
- Thema des Wanderns,
- Gottvertrauen,
- Ausleben der Gefühle (Liebe); bedingungslose Hingabe, idealisierende Verklärung, märchenhaftes Happy End.

7. Individuelle Lösungen. Diskutiert werden könnten z. B. die Motivationen von „Aussteigern" in der heutigen Zeit:
- Welche Motivationen könnten Menschen heute haben, als „Außenseiter" ein ganz anderes Leben zu führen als die Allgemeinheit?
- Welche Gründe könnte es heute dafür geben?
- Welche Chancen bietet die heutige Zeit für derartige Lebensentwürfe?

8. **Zur Biografie Eichendorffs**
- Eichendorff verlebt zusammen mit seinem älteren Bruder eine glückliche Kindheit auf dem Lande/Oberschlesien.
- zielgerichtete Ausbildung: Gymnasium, Jura-Studium
- Schlechte wirtschaftliche Verhältnisse zwingen zur Annahme eines „Brotberufs": ungeliebte Tätigkeit als (katholischer) Beamter in preußischen Diensten.
- Abkehr vom Vernunftglauben und Hinwendung zum Religiösen

Zur Novelle „Aus dem Leben eines Taugenichts“

- Seit der Veröffentlichung der Novelle gilt Eichendorff als Autor des „Taugenichts“; kein Werk hat ihn so bekannt gemacht wie dieses; auch das Bild der Romantik wurde von keinem anderen Werk so geprägt wie von dieser Novelle.
- Die Fertigstellung der Novelle erfolgte zu einer Zeit, als Eichendorff selbst geheiratet hatte, sesshaft geworden war und eine feste Anstellung als Regierungsrat gefunden hatte.
- Eichendorff, der, wie auch andere Autoren der Romantik, das Wandern in seinem Werk zum literarischen Thema erhob, hat erstaunlicherweise selbst nicht viele Reisen zu Fuß unternommen.
- Direkte Bezüge zu seinem Leben zeigen sich in diesem Werk nicht; möglicherweise enthält das Werk Sehnsuchtsideale nach einem solchen Leben; jedenfalls hat ihn vor allem dieses Werk als Dichter der Romantik bekannt gemacht (s. o.).

Joseph von Eichendorff: Religion und Poesie (Seite 249)

Seite 249 **Aufgaben 1 und 2**

1. **Tafelbild**

Gefühl vom Ungenügen des irdischen Daseins

↓ daher

tiefes Bedürfnis nach Vermittlung

- zwischen Diesseits und Jenseits,
- zwischen Vergangenheit, Gegenwart, Zukunft

↓

Abspiegelung in allen bedeutenden Erscheinungen des Lebens, besonders in der Poesie, die im Kern selbst religiös ist

↓

Nimmt (wie in der Religion) den ganzen Menschen in Anspruch:
1. Gefühl („Wünschelrute“, Z. 20)
2. Fantasie („Zauberformel“, Z. 23)
3. Verstand (Z. 25; vermittelnd und ordnend)

↓

Harmonisches Zusammenwirken bei allen großen Dichtern

2.
- „Wünschelrute“: Alle „Dinge“ haben einen poetischen Kern, die wie durch eine Wünschelrute durch die Kunst des Dichters, seine Worte, „Zauberformeln“ ähnlich, zum Leben erweckt werden.
- „Taugenichts“: Der Taugenichts grenzt sich vom Leben der „Philister“ (Spießbürger) ab; im Vertrauen auf Gott geht er in die Welt hinaus; seine Naturliebe ist religiöser Art (Natur als Schöpfung Gottes), Gottes Wunder erleben.

Caspar David Friedrich: Mann und Frau den Mond betrachtend (Seite 250)

Seite 250/251 **Aufgaben 1–5**

1.–3. Bevor die Aufgaben beantwortet werden, sollte nach Möglichkeit ein spontaner Zugang versucht werden (Methoden: Brainstorming, Cluster-Technik).

- Darstellung: idealisierte und überhöhte Naturdarstellung; Natur als „Sehnsuchtsraum“
- Betrachter des Bildes nimmt die Sichtweise der beiden den Mond betrachtenden Figuren ein. Diese „Rückenperspektive“ der beiden Figuren ist für C. D. Friedrichs Bilder typisch. Dadurch, dass die Frau dem Mann ihren Arm auf die Schulter legt, werden sie als eng zusammengehörig dargestellt. Gemeinsam sind sie versunken in die meditative Betrachtung des Mondes.

- Die Einheit mit der Natur wird hervorgehoben durch das Mondlicht, das die gesamte Umgebung in ein fast magisch anmutendes Licht taucht.
- Der Standpunkt des Paares ist oben; ihre leicht gesenkten Köpfe deuten den Blick nach innen an.
- Die Darstellung der in die Anschauung der Natur versunkenen Menschen kann als Erfahrung von Gottes Natur, als Erfahrung der „Entgrenzung" (Sehnsucht nach Harmonie) gedeutet werden, als ein andächtiges Miterleben, in dem sich der Mensch als harmonischer Bestandteil der Natur erlebt, aus der Überzeugung heraus, die Natur entspreche der menschlichen Seele.
- Das typisch romantische Motiv *Nacht* ist ein Symbol für Mystisches und Geheimnisvolles.

4. Individuelle Lösungen; ggf. kann bei der Erörterung hier bereits auch der Text auf S. 251 unten hinzugezogen werden („Zweifellos verkörpern seine Gemälde ...").

5. **Tafelbild**

„Der Wanderer über dem Nebelmeer"
- für Friedrich typische Rückenperspektive des Betrachters
- Betrachter versunken im Anblick der Natur
- Mensch nimmt nur einen relativ kleinen Bereich des Landschaftsbildes ein, dem Betrachter öffnet sich eine schier unendliche Weite
- Natur/Landschaft als Sehnsuchtsraum
- Betrachtung der Natur als religiöse Erfahrung und Entgrenzungserlebnis
- Nebelmeer als Symbol für Mystizismus? Emblematische Reaktion gegen Aufklärung/Rationalismus?

Caspar David Friedrich: Mönch am Meer (Seite 251)

Seite 251/252 **Aufgaben 1–4**

1. Individuelle Lösungen; spontane Eindrücke könnten in Form eines Clusters zusammengestellt werden, etwa: Naturerfahrung, Einsamkeit, religiöser Bezug, Warum gerade „Mönch"?, Warum Übersteigerung der Größe des Himmels?, Mensch als Verlorener?, Warum Bevorzugung von Dunkelheit/Nacht?

2.
- Bild stellt die Empfindung der Einsamkeit dar: Kleinheit des Menschen angesichts der unendlichen Weite der Natur, des Himmels, der Wellen, des Strandes; Dunkelheit/Nacht; melancholische Stimmung
- Natur als Sehnsuchtsraum des Menschen?, Unterordnung des Menschen unter die Natur?, Bedrohung des Menschen durch die Größe/Überlegenheit der Natur? („Leidenschaft für das Zweideutige, Unbestimmte, das Obskure" (Z. 7 f.) als typisch für die Romantik)

Der Text von Joseph Leo Koerner kennzeichnet deutlich die romantische Kunstauffassung (ähnliche Prinzipien für Malerei und Dichtung), z. B.:
- religiöse Überhöhung der Kunst,
- Ablehnung eines künstlerischen Schaffens, das sich nur dem Verstand verpflichtet fühlt (Ablehnung von festen Regeln für das künstlerische Schaffen),
- innere Anschauung als Voraussetzung des Künstlers,
- individuelles Verständnis von Kunst.

3. Individuelle Lösungen

4. Zum Beispiel: Traumlandschaft: Berge, Bäume, Wanderwege; Verzauberung, Geheimnisvolles, Romantisierung, Harmonie; Motive *Wandern* und *Fernweh;* der Mensch und die Natur im Einklang (romantischer Glaube an eine ursprüngliche Einheit von Mensch und Natur)

Kontextmaterial

Caspar David Friedrich

Über die Kunst

Vielen wurde wenig, wenigen viel zuteil: Jedem offenbart sich der Geist der Natur anders, darum darf auch keiner dem andern seine Lehren und Regeln als untrügliches Gesetz aufbürden. Keiner ist Maßstab für alle, jeder nur Maßstab für sich und für die mehr oder weniger ihm verwandten Gemüter. So ist der Mensch dem Menschen nicht als unbedingtes Vorbild gesetzt, sondern das Göttliche, Unendliche ist sein Ziel. Die Kunst ist's, nicht der Künstler, wonach er streben soll! Die Kunst ist unendlich, endlich aller Künstler Wissen und Können. Nach dem Höchsten und Herrlichsten musst du ringen, wenn dir das Schöne zuteilwerden soll. Darum, ihr Lehrer der Kunst, die ihr euch dünket so viel mit eurem Wissen und Können, hütet euch sehr, dass ihr nicht einem jeden tyrannisch aufbürdet eure Lehren und Regeln; denn dadurch könnt ihr leichtlich zerknicken die zarten Blumen, zerstören den Tempel der Eigentümlichkeit, ohne den der Mensch nichts Großes vermag.
Die einzig wahre Quelle der Kunst ist unser Herz, die Sprache eines reinen, kindlichen Gemütes. Ein Gebilde, so nicht aus diesem Borne entsprungen, kann nur Künstelei sein. Jedes echte Kunstwerk wird in geweihter Stunde empfangen und in glücklicher geboren, oft dem Künstler unbewusst aus innerem Drange des Herzens. [...] Der Maler soll nicht bloß malen, was er vor sich sieht, sondern auch, was er in sich sieht. Sieht er aber nichts in sich, so unterlasse er auch zu malen, was er vor sich sieht. Sonst werden seine Bilder den spanischen Wänden gleichen, hinter denen man nur Kranke oder gar Tote erwartet.

(zit. nach: W. Schmied: Caspar David Friedrich, Köln 1992, S. 43 f.)

Der „Geist des Volkes" – Märchen, Sage, Volkslied

Adelbert von Chamisso: Die Weiber von Winsperg (Seite 254)

Seite 254 **Aufgaben 1–4**

1. **Zusammenfassung des Inhalts**

- Konrad III., hohenstaufischer Herrscher, belagert im Jahre 1140 die Burg Weinsberg.
- Nach der Kapitulation der Verteidiger gesteht der König den Frauen der Belagerten freien Abzug zu und das Recht, so viel ihrer persönlichen Habe mitzunehmen, wie sie zu tragen vermögen.
- Am nächsten Morgen tragen die Frauen jeweils ihren Ehemann auf dem Rücken aus der Burg heraus.
- Entgegen der Meinung seines Kanzlers hält der König sein Wort und lässt die Frauen ziehen.

2./3.

- volkstümliches Gedicht, das eine alte Sage in eine lyrische Form bringt (Volksliedstrophen, vierzeilig, Paarreim, sechsfüßiger Jambus mit Einschnitt in der Mitte; durchgehend männliche Kadenz; klarer, fester Rhythmus)
- Thema: für Romantik typischer Bezug auf Mittelalter
- Moral: Verlässlichkeit eines Königswortes
- typisch für Romantik: Vorliebe für urtümliche Poesie-Formen des Volkes, die für Ursprünglichkeit, Einfachheit, Harmonie stehen

4. Individuelle Lösungen, als Einleitungssatz kann der folgende genutzt werden:
Als Konrad III. von Hohenstaufen im Jahre 1140 die Burg Weinsberg des Welfenherzogs Welf VI. nach einer Belagerung ausgehungert hatte, mussten sich die Belagerten schließlich ergeben ...

Friedrich Baron de La Motte Fouqué: Undine (Seite 254)

Seite 256 **Aufgaben 1 und 2**

1./2.
- Auszug aus einem Kunstmärchen, das auf verschiedene Quellen zurückgeht; Handlung wird in ein nicht näher gekennzeichnetes Mittelalter verlegt (Sage vom Ritter von Stauffenberg)
- zentrales Motiv ist die Liebesbeziehung zwischen einem Menschen und einem Geistwesen, wobei der Treuebruch zu Trennung und Tod führt: Undines Gatte beschimpft sie; sie muss daraufhin zurück in ihr Element *Wasser;* sie bittet ihn, treu zu bleiben, damit sie ihn vor der Rache der Wassergeister schützen kann
- typische Märchenmotive: Undine als fremdartiges Naturwesen aus einer anderen Welt; Liebesverbindung zwischen einer Nixe/einem Wassergeist und einem Ritter; Störung der Harmonie durch eine Nebenbuhlerin; Figur des Wassergeistes „Kühleborn“, Undines Onkel, märchenhafte Handlungsorte: Spukwald, Fischerhütte
- Begegnung des Menschen mit dem Unfassbaren, Magischen, Dämonischen, Andersartigen, die Welt des Romantischen wird mit der Welt der Wirklichkeit verschmolzen; damit wird Zweifel an der Realität des Existierenden ausgelöst
- Undines Geschichte unter den Menschen wird eine Leidensgeschichte, weil aus dem spontanen Naturgeschöpf eine leidende Frau wird; die Beziehung zerbricht an den Schranken und Vorurteilen der Gesellschaft
- bildhafte Sprache; direktes Ansprechen des Lesers

Heinrich Heine: Aus alten Märchen winkt es (Seite 257)

Seite 257 **Aufgaben 1–5**

Zum Text

Heinrich Heine wird in der Regel zur literarischen Epoche des *Jungen Deutschland* gezählt, einer Bewegung junger und liberal eingestellter Schriftsteller, die in der Zeit der politischen Umbrüche des *Vormärz* (s. Schülerband, S. 274 ff.) ihre Texte publizieren.

Jedoch weisen viele seiner Gedichte auch einen deutlichen Bezug zur Romantik auf, insbesondere sein lyrisches Frühwerk („Buch der Lieder“, 1827). Heine selbst betrachtete sich als letzten romantischen Dichter und als „Überwinder“ der Romantik, zu deren Bilderwelt er eine zunehmende Distanz entwickelte. Charakteristischer Ausdruck seiner Abwehr ist die Ironie, mit der er sich romantischer Stilmittel bedient, um sie zugleich zu entlarven. Dabei klingt oft auch eine gewisse Wehmut an. In ähnlicher Weise zeigt auch das Gedicht „Aus alten Märchen ...“ vorsichtige Distanzierungen:

- romantische Motive und typische Ausdrücke: alte Märchen, Zauberland, große Blumen schmachten, goldnes Abendlicht, Bäume sprechen, laute Quellen, Liebesweisen,
- Distanzierungen/Ironiesignale, z. B. Übertreibungen: „Wo große Blumen schmachten“/„Wo alle Bäume sprechen“; Wiederholungen: „wundersüßes Sehnen“/„wundersüß betört“; „Ach“ am Anfang der Strophen 5 und 6 (Wehmut, Trauer über das Verlorene?); Zweierformeln: „Da singt es und da klingt es“; „frei und selig“,
- während in der zweitletzten Strophe noch der offenbar vergebliche Wunsch ausgesprochen wird, in dieses Zauberland zu kommen – bezeichnend der Konjunktiv „könnt“ und das Wort „ach“ – artikuliert der lyrische Sprecher in der letzten Strophe, dass er dieses „Land der Wonne“ – hier schwingt bereits leichte Ironie mit – (nur noch) im Traum sieht,
- das harte „doch“ lässt die Träume wie „eitel Schaum“ zerfließen, die gesamte idyllische Zusammenstellung wird aufgelöst und zum Einsturz gebracht,
- typisch romantische Form des Gedichts: einfach, volksliedartig gebaute Strophen: Vierzeiler, Regelmäßigkeit der Kreuzreime, Wechsel von männlicher und weiblicher Kadenz mit Ausnahme der Strophe 1, dreifüßiger Jambus, Assonanzen in der 1. Strophe: winkt, singt, klingt.

Kontextmaterial

Heinrich Heine

Wahrhaftig

Wenn der Frühling kommt mit dem Sonnenschein,
Dann knospen und blühen die Blümlein auf;
Wenn der Mond beginnt seinen Strahlenlauf,
Dann schwimmen die Sternlein hintendrein;
wenn der Sänger zwei süße Äuglein sieht,
Dann quellen ihm Lieder aus tiefem Gemüt; –
Doch Lieder und Sterne und Blümelein,
Und Äuglein und Mondglanz und Sonnenschein,
Wie sehr das Zeug auch gefällt,
So macht's doch noch lang keine Welt. (1817–21)

(aus: Heinrich Heine: Sämtliche Schriften in zwölf Bänden, hg. von Klaus Briegleb, Hanser Verlag, München 1976)

Sehnsucht ...: Traum – Geheimnis – Entgrenzung

Joseph von Eichendorff: Sehnsucht (Seite 258)

Seite 258/259 **Aufgaben 1–5**

1.
- Das lyrische Ich befindet sich in einer für Gedichte Eichendorffs (und für die Romantik insgesamt) typischen „Fenstersituation",
- es blickt aus der begrenzten Enge des Hauses (1. und 3. Strophe); Einsamkeit, Stille; Gegensatz zu den zwei Gesellen, die wandern und singen vom Land der Kunst und Musik, von kultivierten Gärten, von Palästen und von der Liebe,
- er hört aus der Ferne ein Posthorn; dies weckt sehnsuchtsvolle Wünsche („Ach, wer da mitreisen könnte", Z. 7).

2.
- Die erste Strophe stellt mit dem Wort *Fenster* und mit dem letzen Vers einen deutlichen Bezug zur dritten Strophe her. Während jedoch das Ich in der ersten Strophe als einsam dargestellt wird, befinden sich sowohl die Gesellen als auch die Mädchen in Gesellschaft; daran möchte das Ich gern teilhaben (Sehnsucht),
- der Doppelpunkt in der zweiten Strophe des Gedichts steht genau in der Mitte: Die Verse 1–12 beschreiben die Situation des lyrischen Ichs, die Verse 13–24 die wandernden Gesellen und ihr Lied, das eine typisch romantische Landschaft entfaltet,
- das Fenster stellt den Ort der Begegnung zwischen Ich und Ferne dar,
- die Nacht verweist auf die magische Entgrenzung, das Ziel der Sehnsucht („Sterne", V. 1; „Sommernacht", V. 8 und V. 24); „im stillen Land", V. 4; „die stille Gegend", V. 12; „Waldesnacht", V. 16; „in dämmernden Lauben", V. 19; „Mondenschein", V. 20; „verschlafen", V. 23),
- das ansonsten konsequent durchgehaltene Metrum daktylischer und jambischer Verse wird in der Zeile 16 gebrochen, um die von den Klüften stürzenden Quellen zu verdeutlichen,
- das Geschehen spielt sich in drei Bereichen ab:
  a) Innenbereich des Hauses,
  b) Außenbereich (mit Fenster als Verbindung nach draußen),
  c) elementare Natur im Lied der Gesellen.
- Die drei Strophen stellen jeweils eine doppelte Volksliedstrophe mit vier Zeilen dar.

3. Als nicht zutreffend kann der vierte Punkt herausgestellt werden (siehe Hinweise zu den Aufgaben 1 und 2). Der Inhalt ist nicht real, sondern Gegenstand der Sehnsucht.

4.
- Die Überschrift *Sehnsucht* verdeutlicht vor allem die Gefühle des am Fenster stehenden lyrischen Ichs, das am liebsten aus seiner Einsamkeit ausbrechen und gern in dieser Sommernacht mitreisen würde; das Fenster stellt die Verbindung zum Außenbereich dar. Das ferne Ziel der Sehnsucht erscheint als Traumland der Musik und Kunst, Bildhauerei, Architektur (Strophe 3).

- Der Gedankenstrich könnte auf den unendlichen Fortgang der romantischen Sehnsucht verweisen. Ursprünglich stammt das Gedicht (dort ohne Titelangabe) aus dem Roman „Dichter und ihre Gesellen"; 1837 fand es unter dem Titel „Sehnsucht" Eingang in eine Gedichtsammlung.

5.
- Erfasst sind die Kernaussage und die typisch romantischen Zusammenhänge des Gedichts. Deutlich dargestellt ist auch die Situation des lyrischen Ichs. Angesprochen werden sprachliche Details wie Konjunktiv und Tempusform.
- Im Sinne der Hinweise zur Interpretation von Gedichten (s. Schülerband, S. 161 f.) könnte deutlicher systematisiert werden:
  - Aufstellen einer ersten Deutungshypothese,
  - detaillierte Beschreibung des Textes: Inhalt, Struktur, typisch romantische Landschaften, Lied der Gesellen,
  - sprachlich-rhetorische und formale Besonderheiten: Volksliedstrophe, Reim, Metrum, Symbolik (Nacht),
  - Deutung mit Bezug auf den vorläufigen Verstehensansatz.

Novalis (Friedrich von Hardenberg): Heinrich von Ofterdingen (Seite 260)

Seite 261 Aufgaben 1–3

1. **Beispiel für individuelle Lösung**

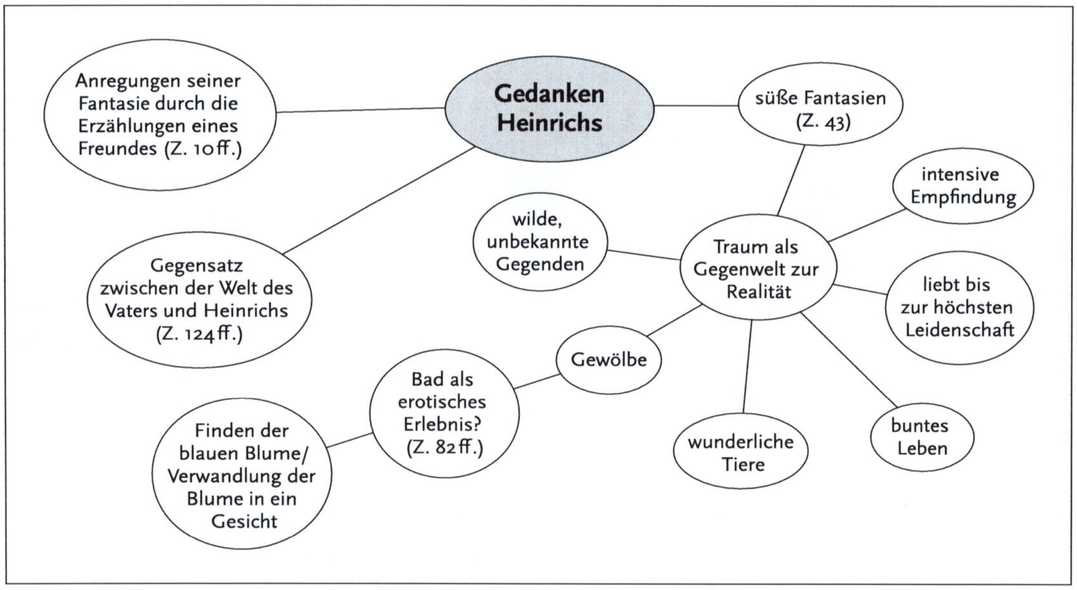

2. Auffallend ist an diesem Romananfang die Darstellung des traumartigen Zustands, in den sich Heinrich durch die Erzählungen des geheimnisvollen Fremden versetzt fühlt. Dieser Traum stellt die (symbolische) Erweckung Heinrichs zum Dichter dar (Z. 17 f.). Der Traum enthält eine Fülle von unbestimmten Vorahnungen; insbesondere die Sehnsucht nach einer blauen Blume, die sich in ein „zartes Gesicht" (Z. 116) verwandelt. In diesem Traum gewinnt er unter anderem die Überzeugung, tiefere Einsichten zu haben, die Sprache der Natur (der Tiere, Bäume, Felsen) besser verstehen zu können. Im Traum erlebt er das Entstehen von unzählbaren Gedanken und „neuen, nie gesehenen Bildern".

3.
- Blaue Blume als Chiffre/Symbol für die unbestimmte Sehnsucht (Z. 16 f., Z. 24, Z. 110) nach einer anderen Welt auf der Suche nach Liebe, Glück, Sinn des Lebens; diese Sphäre des Traums ist eine Gegenwelt zur Realität; sie ist nur erfahrbar durch die Kraft der Fantasie und der magischen Kraft der Poesie (vgl. dazu Eichendorffs Gedicht „Wünschelrute", s. Schülerband, S. 246); diese Sehnsucht hat Einfluss auf das Dichten und Denken.
- Typisch für die Romantik ist vor allem die Bedeutung des Traums: Anregung der Gedanken; das Wunderbare als Gegenwelt zur Einförmigkeit des Alltagslebens (vgl. Schlagen der Wanduhr, Z. 2 f.); Gewahrwerden von Wahrheiten, bedeutungsvolle fantastische Gegenwelt mit ihrem Einfluss auf das

menschliche Leben; Offenbarung Gottes (S. 70ff.: helles Licht, heilige Stille, geistiger Hauch, leuchtender Strom).
- Am Ende des Textauszuges wird der Gegensatz zwischen Heinrich und seinen Eltern deutlich: „Störung", Z. 121, des Traums durch die Mutter; Bezeichnung als „Langschläfer", Z. 124, durch den Vater.

An dieser Stelle bietet sich ein Vergleich mit dem Romananfang von Eichendorffs „Taugenichts" (s. Schülerband, S. 247) und den Gedichten „Wünschelrute" und „Wenn nicht mehr Zahlen und Figuren" (s. Schülerband, S. 246) an.

Clemens Brentano: Sprich aus der Ferne (Seite 262)

Zum Text

Das Gedicht war ursprünglich unter dem Titel „Nachtlied" in einen Roman eingebettet. Es ist eines der schönsten Beispiele romantischer Stimmungslyrik. In vielen romantischen Gedichten wird die Nacht mit ihrer Ruhe im Gegensatz zur Hektik der Alltagswelt dargestellt. Hier fällt die Atmosphäre des Geheimnisvollen und Magischen (Strophe 4), aber auch des Bedrohenden und Schauerlichen (Strophe 6) auf.

Seite 262 Aufgaben 1–7

1./2. Individuelle Lösungen. Das Vervollständigen der Lücken und das Vergleichen der Lösungen verlangt eine genaue Lektüre des Textes; diese intensive Auseinandersetzung mit dem Text kann zu einem ersten Verstehensansatz hinführen, z. B.: Es geht um einen Ausgleich (von oben und unten, von hell und dunkel, von Himmel und Erde), es geht schließlich um eine Vereinigung und Harmonie von Gegensätzlichem (vgl. 8. Strophe/Z. 29ff.).

3. Bei dieser Aufgabe geht es zunächst um genaues Beschreiben von Einzelheiten, um ein Sammeln von Textbefunden:
- insgesamt neun Strophen: Wechsel von refrainartigen, kurzen und längeren Strophen, Rahmen (erste und letzte Strophe gleichlautend)
- in den Kurzstrophen regelmäßig zweihebiges daktylisches Metrum; in den Langstrophen regelmäßig vierhebige Trochäen und Daktylen; feierliche Wirkung; durchgehend Kreuzreim im Wechsel von männlicher und weiblicher Kadenz, in den Kurzstrophen ist inhaltlich die himmlische Ebene angesprochen, in den Langstrophen die irdische
- viele Wörter aus dem Bereich der Sinneswahrnehmung („Sprich", Z. 1; „Abendrot", Z. 5; „Farbe", Z. 6)
- Synästhesien, z. B.: „Farbe spricht", Z. 6; „still Lichter funkeln", Z. 27
- Personifikationen, z. B.: „heimliche Welt", Z. 2; „Abendrot niedergesunken", Z. 5; „Nacht ... flicht", Z. 8
- Satzbau: drei Konditionalsätze (wenn)
- Alliterationen: „**f**reudige **F**arbe", Z. 6; „**t**röstend und **t**raurend", Z. 30

4.
- Gegensatz von himmlischer Sphäre (ferne, geheimnisvolle Welt, Sterne, heiliger Sinn, freundliches Spiel, schimmerndes Ziel) und irdischer Welt (hier werden Naturerscheinungen wie der Mondschein und die Abenddämmerung, das Aufgehen und Funkeln der Sterne, das Licht des Mondes und das Dunkel des Waldes metaphorisch umschrieben)

5./6.
- Die letzte Strophe bildet äußerlich gesehen mit der ersten Strophe einen Rahmen, in besonderer Weise aber deutet sie eine ins Unendliche gerichtete Fortsetzung des Wunsches des lyrischen Ichs an; diese Sehnsucht kommt nie zu einem Ende.
- Wünsche des lyrischen Sprechers: Annäherung zwischen der geheimnisvollen Welt und der Gegenwart des Ichs (vgl. 1. und letzte Strophe). Dies wird besonders deutlich in der 8. Strophe ausgesprochen, die gleichsam das Fazit des Gedichts enthält: „Alles ist freundlich wohlwollend verbunden" (Z. 29). Begründung: Dieser Kern des Gedichts wird vorbereitet durch die kurzen Strophen, z. B.: „Wehet der Sterne/Heiliger Sinn, Z. 9f.; „Glänzender Lieder/Klingender Lauf", Z. 17f.; „Schimmerndes Ziel", Z. 28.

7. Individuelle Lösungen, z. B.: Diese erste (allgemeine) Deutungshypothese des Schülers ist sinnvoll, weist in die richtige Richtung; sie müsste allerdings differenziert, belegt, erweitert werden:

- Annäherung zwischen irdischer Welt und himmlischer Sphäre,
- Einheit und ewige Verwandtschaft zwischen Sinnlichem und Geistigem,
- im christlichen Sinne Vereinigung von Gott und menschlichem Individuum,
- schrittweise Überwindung von Gegensätzen (wenn – *dann;* Redefiguren des Gleichklangs und der Harmonie, s. o.).

Clemens Brentano: Hörst du, wie die Brunnen rauschen (Seite 263)

Zum Text

Zu Beginn des Gedichtes könnte man im ersten Augenblick an eine Naturbeschreibung denken. Ein „Du" wird angesprochen, ihm werden zwei Fragen gestellt, die auch dazu auffordern könnten, den Geräuschen der Natur zu lauschen: „Hörst du wie die Brunnen rauschen/Hörst du wie die Grille zirpt?" (V. 1/2) Ohne auf eine Antwort zu warten, wird sogleich zur Stille, zum Lauschen ermahnt, wobei sich hier das lyrische Ich miteinbezieht („... lass uns lauschen", V. 3).
Ab Vers 4 wird deutlich, dass es sich kaum um ein Naturgedicht handelt, dass es **nicht um eine konkrete Naturerfahrung** geht. Die Aufforderungen, der Natur zu lauschen, sind Anlass und Ausgangspunkt für eine allgemeine Zusage, die einen Gefühlszustand betrifft, Anlass zu einer Art Traumreise.
Vers 4 lautet: „Selig, wer in Träumen stirbt." Die Formulierung erinnert an biblische, göttliche Zusagen: „Selig sind ..."
Die Aussage wird hier möglicherweise einsichtiger, wenn man die Bedeutung berücksichtigt, die **Traum und Unbewusstes** in der Romantik haben. Im Traum, wie in der Poesie, wird vieles erst erkennbar, was auf rationalem Wege nicht erfassbar ist.
Auch die nächsten Verse führen diesen Gedanken durch verschiedene Metaphern fort: „Selig, wen die Wolken wiegen, Wem der Mond ein Schlaflied singt" (V. 5 f.); gemeint ist der, der sich ganz dem Gefühl, dem Traum, dem Ahnen, Märchenhaften hingibt.
Derjenige kann sich in die Lüfte heben, bis an den Himmel stoßen, die Sterne „wie Blumen" (V. 10) pflücken. Im vorletzten Vers folgt auf diese Zusagen, die mit „selig" beginnen, die Aufforderungen an das Du: „Schlafe, träume, flieg"; und dann wird übergangslos und unvorbereitet ein Erwecken durch das lyrische Ich angekündigt, das sich damit als Initiator für diese Fantasie-Traumreise zu erkennen gibt: „... ich wecke/Bald dich auf und bin beglückt."
Wer dieses lyrische Ich ist, das Zusagen machen und aufwecken kann, der Dichter oder eine Gottheit, bleibt offen. Vielleicht könnte es auch eine Person sein, die spricht und angesprochen wird, etwa in dem Sinne, dass ein Mensch zwei Seiten in sich trägt, das Gefühl und den Verstand, der den Menschen aus seinen Träumen aufweckt, ihn immer wieder in die Wirklichkeit zurückholt. Das in diesem Gedicht zum Ausdruck kommende Lebensgefühl hat Brentano für sich selbst in die Worte gefasst: „Ich fühle täglich deutlicher, dass ich nur im Fantastischen, Romantischen leben, Ruhe finden kann." So werden in dem drei Mal wiederholten „Selig ..." vielleicht auch **Wunsch und Sehnsucht des Dichters** deutlich, selbst Ruhe zu finden.

Seite 263 **Aufgaben 1–3 (links)**

1. Deutliche romantische Motive sind z. B.: Schlaflied, Rauschen der Brunnen, Träume, Mond, blaue Himmelsdecke, Sterne, Blumen; diese Schlüsselbegriffe schaffen die träumerische Grundstimmung, die auch typisch für ein Schlaflied ist.

2. Es handelt sich um ein „Schlaflied" (Z. 6),

- Tageszeit: Abend/Nacht („Grille zirpt", „Mond", „blaue Himmelsdecke", „Sterne"),
- angesprochen sein könnte z. B. ein Kind („du"),
- als Glück („selig", Z. 4, 5, 7) wird das Hinübergleiten ins Traumland beschrieben (Wolken wiegen, der Traum schwingt die Flügel, Sterne können wie Blumen gepflückt werden)

3.

- Das Gedicht lebt vor allem von seinem Klang und seiner Musikalität,
- Anaphern (Hörst du ..., Stille ..., Selig ...),
- Alliteration (**W**olken **w**iegen, **fl**iegen – **Fl**ügel, **l**ass uns **l**auschen),

- Assonanzen: Grille zirpt,
- Lautwiederholungen: wiegen – Schlaflied, traum – blauer,
- Kreuzreimschema, vierhebige Trochäen verleihen dem Gedicht eine ruhige Bewegung, sodass am Schluss der Übergang in die Traumwelt abgebildet wird.

Weitere Möglichkeiten

- Vergleich mit Brentanos Gedicht „Sprich aus der Ferne" (s. Schülerband, S. 262)
- Verfassen eines eigenen romantischen Gedichts

Eine sinnvolle Vorbereitung und Hilfe zur Gestaltung eines eigenen Gedichts ist zunächst das Sammeln typischer romantischer Ausdrücke und Motive:
Nomen: Ehrfurcht, Natur, Bäume, Vögel, Quellen, Wolken, Schauer, Herz, Seele, Mitternacht, Mondnacht, Sehnsucht, Fernweh, Aufbruch, Träume, Mond, Sterne, Blumen, Wolke, Grille, Brunnen, Spinnerin, Liebe, Zauber, Geheimnis
Verben: träumen, rauschen, fliegen, schweifen, lauschen, wiegen, singen, schlafen, flüstern, schweigen, wandern
Adjektive: heimlich, sanft, mild, wunderbar, zauberhaft, leise, still, süß, dunkel, selig, beglückt, blau, geheimnisvoll

Beispiel für eine Schülerarbeit:

Mond
sanfter Gefährte der Nacht
milde
blickst du durch die Bäume
weckst
leise Sehnsucht, dunkle Träume
Stille
Schauen
Zaubernacht!

Joseph von Eichendorff: Mondnacht (Seite 263)

Zum Text
Das Gedicht gehört zu den bedeutendsten Werken der romantischen Lyrik und ist ein vollendetes Beispiel für Stimmungslyrik (populär geworden ist die Vertonung von Robert Schumann, 1840). Das Gedicht ist Ausdruck einer Sehnsucht nach Harmonie und enthält zentrale Motive romantischer Dichtung: Mondnacht; Nacht als Verkörperung des Geheimnisvollen, Dunklen (dies bildet den Gegenpol zur Helligkeit der Aufklärung); in diesem Gedicht wird die Bedeutung der Nachtseite durch Mond und Sterne abgemildert.

Seite 263 | Aufgaben 1–7 (rechts)

1. Typisch romantische Motive:
- Mondnacht (siehe Hinweise zum Text)
- Einheit von Himmel und Erde (vgl. das Gedicht von Brentano, „Sprich aus der Ferne")
- Natur (Felder, Ähren, Wälder)

Das Gedicht evoziert eine träumerische Atmosphäre.

2./3./4. **Zum Aufbau**
- 1. Strophe: Vorstellung (Konjunktiv: als hätt): Himmel küsst die Erde (Vereinigung); Reaktion der Erde: traumhafte Sehnsucht nach Vereinigung; Ziel der Sehnsucht richtet sich auf den überirdischen Bereich; Regelmäßigkeit des Metrums (Jambus) unterstreicht den harmonischen Charakter; Himmelskuss als Metapher der „Liebe" (Vereinigung von oben und unten, von Göttlichem und Irdischem)

- 2. Strophe: Indikativ; Schilderung von erlebten Naturvorgängen; vier kurze Hauptsätze, Darstellung behutsamer Bewegung: Luft *ging* durch die Wälder, Ähren wogten *sacht,* Wälder rauschten *leis.*
- 3. Strophe: Reaktion des lyrischen Ichs, das erstmals in Erscheinung tritt; Ausspannen der „Flügel" der Seele als Reaktion auf die Naturerfahrung; Heimkehr ins Jenseits durch Konjunktiv als Wunsch/ Sehnsucht gekennzeichnet; Bezug zur Strophe 1: Lande → Erde; Haus → Himmel; Harmonie mit der Natur als Gleichnis für die von Menschen ersehnte Vereinigung mit Gott; Seelenflug durch die stillen Lande: Transzendenz; Himmel und Erde aus der 1. Strophe korrespondieren mit dem Seelenflug durch die stillen Lande; der Konjunktiv betont das Motiv der Sehnsucht.

Über Eichendorffs religiöse Anschauungen können sich die Schüler in dem Text „Religion und Poesie" (s. Schülerband, S. 249) informieren.

5. Individuelle Lösungen; vgl. dazu auch die Hinweise zum Text oben.

6. Beim Gedicht „Mondnacht" wird die Mondnacht aus der Perspektive des lyrischen Ichs (vgl. 3. Strophe) wahrgenommen; bei dem Bild übernimmt der Betrachter die Sicht der beiden Figuren, deren Rückensicht dargestellt ist (s. Hinweise auf S. 177, Lehrer- und Materialienband).

7. **a) Eduard Mörike: Um Mitternacht (Seite 264)**

- Eduard Mörike gilt zusammen mit Annette von Droste-Hülshoff als wichtigster Repräsentant des Biedermeier; man kann ihn allerdings ebenso gut zur spätromantischen Lyrik zählen; der Titel „Um Mitternacht" ist durchaus typisch für romantische Dichtung (wiewohl hier die Nacht nicht – wie in anderen romantischen Gedichten – als Symbol für die ewige Ruhe, für die Sehnsucht nach „Entgrenzung" steht).
- Typisch für Gedichte der Romantik sind die hohe Musikalität und der Wohlklang des Gedichts.
- Zwei Strophen gliedern sich bereits optisch in zwei Teile.
- Zeilen 1 und 2 (vierhebiger Jambus) verdeutlichen gelassenes „Schreiten" der Nacht; Zeilen 3 und 4 (fünfhebiger Jambus) wirken noch einmal verlangsamend.
- Der 2. Teil jeder Strophe bildet mit seinem unregelmäßigen daktylischen Rhythmus das sprunghafte Gemurmel der Quelle ab; die Wiederholung („vom Tage") bildet einen Kontrast zu dieser Unruhe.
- Gedichttitel bezieht sich auf die 4. Zeile; die Waage ist ein Bild für den Zustand des zeitlichen Gleichklangs: der eine Augenblick der Mitternacht, in dem die Zeit (zwischen Tag und Nacht) stillzustehen scheint (Sehnsucht nach Einhalten der Zeit, nach Aufhalten der Vergänglichkeit?).
- Personifikation der Nacht als Mutter
- Synästhesie: „klingt ... süßer noch", 2. Strophe
- 1. Strophe: Ruhe Harmonie, Gelassenheit; 2. Strophe: Nacht versucht, das ewig gleiche Lied der Quelle zu ignorieren; Nacht als fiktive Person, die der Sehnsucht nachhängt, einmal dem fortwährenden Wechsel zwischen Tag und Nacht zu entrinnen, um für einen kurzen Augenblick das „ewige Leben" ohne die Vergänglichkeit der Zeit zu verspüren; Quellen als Symbol für das Weiterfließen der Zeit: Diesem Lauf der Dinge ist alles irdische Leben unterworfen.

b) Karoline von Günderode: Der Luftschiffer (Seite 264)

- Überschrift: Luftschiff als Metapher für eine grenzüberschreitende Fantasie oder Dichtung
- Zweiteilung des Gedichts:
  1.) Z. 1–12: Verweis auf Transzendenz/romantisches Motiv der „Entgrenzung": Sehnsucht des lyrischen Ichs, wendet sich dem zu, was über der Erde liegt; Schlüsselbegriffe: leuchtende Sterne, himmlische Mächte, ewigen Äther, Schriften der Sterne
  2.) Z. 13–18 Schlüsselbegriffe: Nebel, der Erde Grenzen, Wolken, Gesetz der Schwere
  3.) Z. 19/20: Grenzüberschreitung nur in der Fantasie möglich, zwischen Erde und Himmel/Menschlichem und Göttlichem bestehen deutliche Grenzen.

c) Joseph von Eichendorff: Der Abend (Seite 264)

- überdeutliche romantische Motive (Abend, Traum, Mischung von Wunderbarem und Unerklärlichem)
- Mischung aus umfassendem Reim und Paarreim; Wechsel von weiblicher und männlicher Kadenz, regelmäßiges Metrum, der Trochäus als fallendes Metrum weckt Gefühle sehnsüchtiger Harmonie
- Satzbau: ein einziger Satz umfasst die sieben Verse des Gedichts, Doppelpunkt nach dem ersten Vers: **Wenn** der Menschen laute Lust schweigt, **dann** ...,

- Verschmelzung von Natur und lyrischem Ich; das Wort *wunderbar* weist auf Harmonie, Ruhe, die Ausdrücke *leise Schauer* und *wetterleuchtend* auf Beunruhigungen des lyrischen Ichs hin
- Vers 4 bildet Mittelpunkt und Achse des Gedichts; V. 5: Erinnerung (?): alte Zeiten weckt „linde Trauer"; Vers 6/7: Unerklärbares/Dunkles; Adjektive wirken behutsam: alte, linde, leise

d) Wilhelm Müller: Der Lindenbaum (Seite 264)

- bekannte Volksliedvertonung durch Friedrich Silcher
- formale Kennzeichnung: Gedicht folgt ohne Abweichung der wohlbekannten Form des Lieds (Volksliedstrophe): vierzeilige Strophe, Verszeilen wechselnd männliche bzw. weibliche Kadenz, Metrum durchgehend dreihebig jambisch; bei den Romantikern ist diese Form als singbare, Schlichtheit suggerierende Form sehr beliebt
- romantische Motive: Natur (Lindenbaum), Schatten, Rauschen der Zweige, Traum, Motiv des Wanderns
- Natur als Raum der Sehnsucht
- Nacht/Dunkelheit als Symbol für die „Entgrenzung", für eine ewige Ruhe

Programmatisches

Friedrich Schlegel: Universalpoesie (Seite 265)

Vor der Lektüre des für Schüler nicht ganz einfach zu verstehenden Textes könnten diese spontan formulieren und sammeln (Methoden: *Brainstorming* und *Clustering)*, was Kunst ihrer Meinung nach leisten sollte. Ziel einer solchen Aufgabe ist es, Schüler zu motivieren, einen Bezug zu ihrer augenblicklichen Gegenwart herzustellen, bevor dann die Ergebnisse mit Schlegels Gedanken verglichen werden.

Beispiele für Schüleraussagen (Cluster)

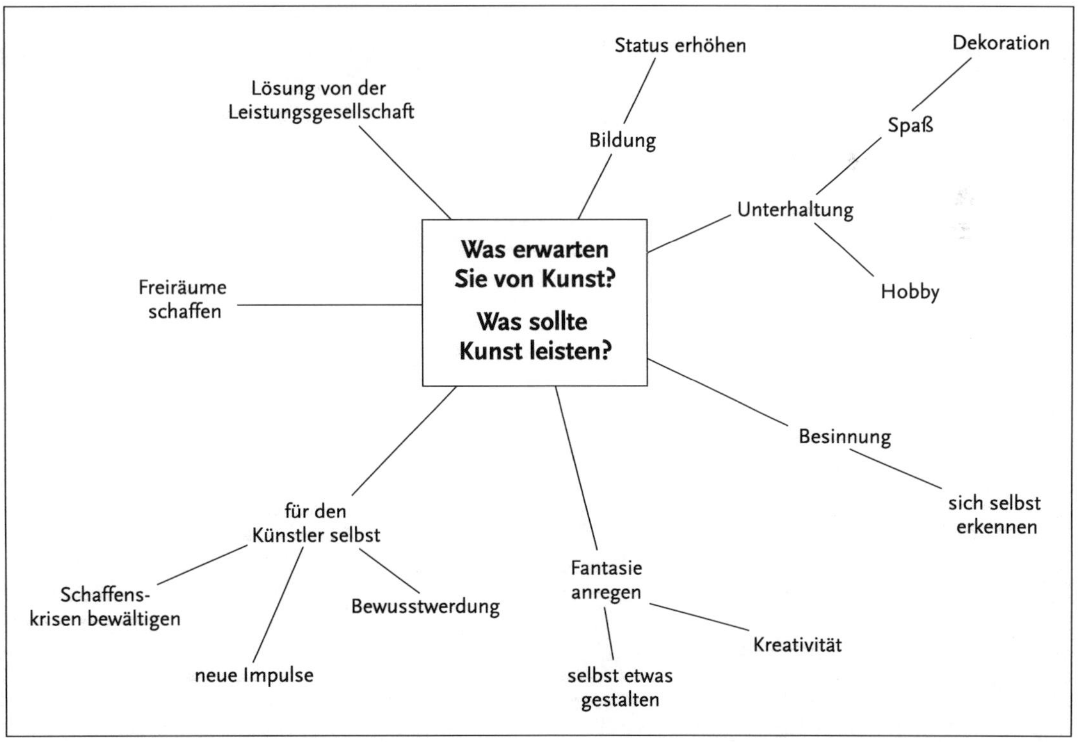

Seite 265 | Aufgaben 1–5

1. Die romantische Poesie wird als Universalpoesie verstanden. Sie umfasst alles, was poetisch ist, und sie soll im Sinne eines Gesamtkunstwerks alle Gattungen der Poesie vereinigen und verschmelzen (Malerei, Musik, Poesie und Prosa, Kunstpoesie und Naturpoesie) und Bezüge zur Philosophie und Rhetorik herstellen. Auch die Verschmelzung von Leben und Kunst soll in diesen Prozess einbezogen werden.

Voraussetzung dafür ist die völlige Autonomie des Künstlers. Symptomatisch ist auch, dass Schlegel für seine Darstellung das Fragment wählt: „Die romantische Dichtart ist noch im Werden, ja das ist ihr eigentliches Wesen, dass sie ewig nur werden, nie vollendet sein kann.“ (Z. 26 ff.)
Möglich ist an dieser Stelle auch ein Vergleich mit der Kunstauffassung in der *Aufklärung* und im *Sturm und Drang* (s. unten).

2.

Romantische Poesie

a) Universalpoesie (siehe Aufgabe 1),
b) romantische Dichtart ist im Werden; sie kann nie vollendet sein,
c) romantische Dichtart ist unendlich und frei, kein Gesetz kann die Freiheit des Dichters eingrenzen,
d) romantische Dichtart ist die Dichtkunst selbst; in diesem Sinne solle alle Poesie romantisch sein.

3./4.

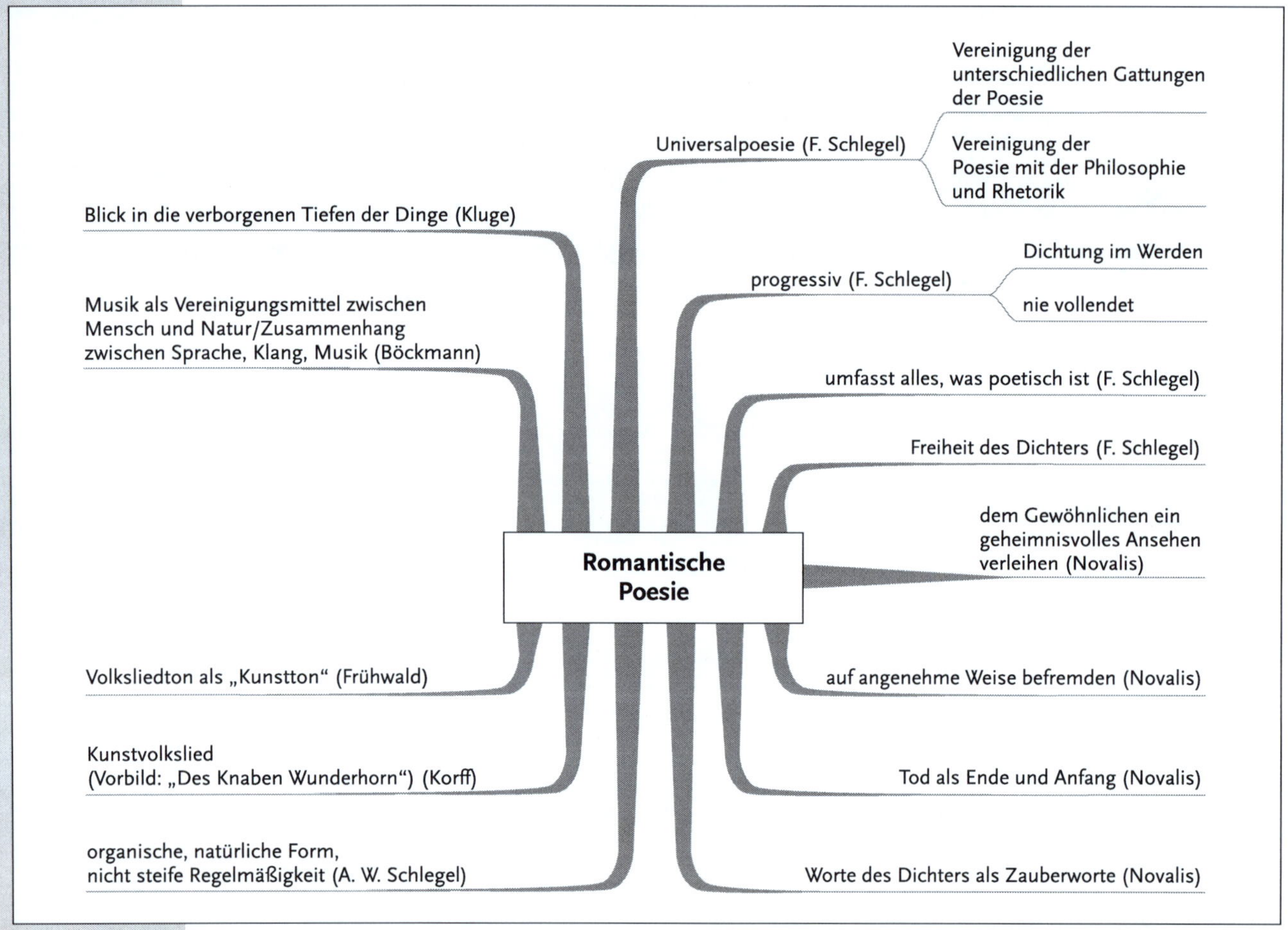

5.

Beispiele für individuelle Lösungen:

- Musikalität vieler lyrischer Gedichte der Romantik; daher häufige Vertonungen durch Musiker
- dichterische Worte als „Zauberworte“ (Joseph von Eichendorff, „Wünschelrute“/Novalis, „Wenn nicht mehr Zahlen und Figuren“, s. Schülerband, S. 246)
- Religiosität, Thema Tod/Ewigkeit als Form der Entgrenzung/Erlösung, als Anfang und Ende in vielen Gedichten der Romantiker
- Kunst, Volkslied, Märchen; häufig Liedform in der romantischen Lyrik; Kunstmärchen, z. B.: „Undine“, s. Schülerband, S. 254 ff.,
- Fragmentcharakter vieler romantischer Werke, z. B. „Heinrich von Ofterdingen“, s. Schülerband, S. 260 f.,
- Vereinigung der Gattungen: Gedichte und Lieder als Teil von Romanen, z. B. Joseph von Eichendorff, „Aus dem Leben eines Taugenichts“, s. Schülerband, S. 247 f.

Weitere Möglichkeiten

Es bietet sich an dieser Stelle auch ein Vergleich mit der Kunstauffassung in der *Aufklärung* und im *Sturm und Drang* an:

Kunst in der *Aufklärung*	Kunst im *Sturm und Drang*
Schlüsselbegriffe • Dichtung ist eine nützliche Macht • Erziehung • Belehrung • Tugend • Toleranz • Humanität	**Schlüsselbegriffe** • zurück zur Natur • Künstler = Genie-Individualität • Liebe • Herz • Schmerz • Leid • Freundschaft
Wirkung • Vorbildcharakter • soll zur richtigen Lebensweise erziehen • aufklärerisch	**Wirkung** • spontan • gefühlsbetont • leidenschaftlich
Anforderungen an die Kunst • soll zum Aufbau einer vernunftorientierten Gesellschaft beitragen • soll der Gesellschaftskritik dienen • Lessing: „Schauspiel soll der sittlichen Besserung des Zuschauers dienen"	**Anforderungen an die Kunst** • soll den Menschen in seiner Individualität bestärken • der Mensch soll unmittelbare Empfindungen zur Natur erleben • das spontan gesprochene Wort steht im Vordergrund (Ausrufe, abgebrochene Sätze, freie Rhythmen) • die Sprache ist durch Gefühlsregungen bestimmt • Befreiung von Bevormundung und Autorität
Ziel das aufgeklärte Zeitalter • im Schauspiel: Wegfall der Ständeklausel • Bürgertum wird bühnenfähig • die Dichtung soll eine größtmögliche Identifikation seitens des Zuschauers ermöglichen	**Ziel** zurück zur Natur • die Suche nach der unverbildeten, bildreichen, dem Volk nahen Sprache

Heinrich von Kleist (1777–1811), eine Ausnahmeerscheinung in seiner Zeit

Thomas Mann: Über den Schriftsteller Heinrich von Kleist (Seite 268)

Seite 269 Aufgaben 1–3

1. Kennzeichnung

- melancholisch, finster, einsilbig (Z. 4 f.)
- Äußerungen von unangenehmer Härte, verlegen, stottert, errötet (vgl. Z. 7 ff.)
- einer der „größten, kühnsten, hochgreifendsten Dichter deutscher Sprache" (Z. 17 f.)
- „Dramatiker sondergleichen" (Z. 17 ff.)
- Ausnahmeerscheinung; fällt aus aller hergebrachter Ordnung (vgl. Z. 20 f.)
- „radikal in der Hingabe an seine exzentrischen Stoffe" (Z. 21 f.)
- sucht das Extreme (vgl. Z. 40)
- Quantität seines Werkes erstaunlich (vgl. Z. 45)
- sucht den Freitod „aus metaphysischer Sehnsucht" (Z. 32); fühlt sich unvollkommen und unverstanden

2. Beispiele für individuelle Lösungen:

- von der eigenen Familie (außer von seiner Schwester) nicht verstanden
- trifft bereits früh Entscheidungen, die aus dem üblichen Rahmen fallen (nimmt Abschied von der Offizierslaufbahn, die für junge preußische Adlige die Regel ist)
- Gegensätzlichkeit und Widersprüchlichkeiten in der Lebensplanung: Verlobung und Entlobung; Lebenskrisen, Leben als „Aussteiger“
- Misserfolg als Schriftsteller, fehlende Anerkennung durch Zeitgenossen; auch von Goethe nicht richtig eingeschätzt

3. Gründe könnten z. B. sein:

- heute als genialer Sprachkünstler anerkannt; zu seiner Zeit wurde er kaum als solcher wahrgenommen
- zu seiner Zeit Außenseiter; hielt sich nicht an hergebrachte (künstlerische) Normen
- weist mit seinen Werken auf spätere Zeiten voraus; er ist in diesem Sinne ein moderner Schriftsteller, der oft mit seinen Figuren die Fragwürdigkeit und die „Gebrochenheit“ des Daseins darstellt

Heinrich von Kleist: Das Erdbeben in Chili (Seite 269)

Seite 270 Aufgaben 1–4

1. Die Erzählung setzt unvermittelt ein; ähnlich wie in der Einleitung der Novelle „Die Marquise von O.“ wird der Leser mit provokanten Tatsachen konfrontiert, die sein Leserinteresse wachrufen:

- Ein Hauslehrer hat eine Liebesbeziehung zu einer Adligen, Tochter einer der reichsten Edelleute der Stadt; diese wird von deren Bruder und Vater hintertrieben. Donna Josephe wird zu ihrem „Schutz“ in einem Karmeliterkloster untergebracht. Der Leser fragt vor allem: Warum genau wird der Hauslehrer ins Gefängnis geworfen? Warum will er sich das Leben nehmen? Wie beeinflusst das Erdbeben das weitere Geschehen?
  Typisch für die Einleitung ist auch das erzählende Präteritum sowie die Genauigkeit der geografischen Angaben und Zeitangaben (1647, St. Jago).
- Nach dieser Einleitung folgt ein Rückblick auf die Geschehnisse. Jeronimo Rugera gelingt es, die Verbindung zu seiner Geliebten wiederaufzunehmen und „in einer verschwiegenen Nacht den Klostergarten zum Schauplatz seines vollen Glückes“ zu machen. Gerade während der feierlichen Fronleichnamsprozession sinkt Josephe auf den Stufen der Kathedrale in Mutterwehen nieder (erneut eine provokante Darstellung des Autors). Josephe wird zum Tode durch Enthauptung verurteilt, Jeronimo inhaftiert (vgl. Inhaltsangabe).

2./3. Die Liebenden finden sich in einem Tal wieder, das ihnen wie das „Tal von Eden“ erscheinen muss. Der Kontrast zu dem Vorherigen (Darstellung des Erdbebens und seiner schrecklichen Folgen) verdeutlicht insgesamt das Strukturprinzip dieser Erzählung: Nach den gesellschaftlichen Normen der Stadt wird die verbotene Liebe des ungleichen Paares mit Tod und Inhaftierung bestraft; die plötzliche Vernichtung der Stadt durch das Erdbeben setzt die Liebenden in Freiheit. Später werden Kirchenbesucher durch einen Prediger aufgehetzt, Jeronimo und Josephe durch einen fanatisierten Mob erschlagen.
Die Darstellung des Tals wirkt glückverheißend und beschaulich. Die beiden Liebenden können sich mit ihrem Kind zum ersten Mal frei zu einer kleinen Familie zusammenfinden (Z. 20 ff.). Der Granatapfel gilt als Symbol der Fruchtbarkeit, aber zugleich auch als Symbol für den Tod. Die Nachtigall gilt auch in der Romantik als ein Symbol für Liebende. Romantische Motive sind auch die personifizierte Nacht (Z. 23 ff.), Traum, Talquelle, Lager von Moos und Laub, Baumschatten, Mond, Morgenröte. Die Formulierung „träumen mag“ (Z. 25) verweist das Dargestellte in den Bereich der idyllischen Vorstellung, des Traumes.
Diese Darstellung steht im Kontrast zur Naturgewalt des Erdbebens und der menschlichen Gewalt der „Masse“ Mensch.
Das Tal wird nach der Vernichtung der städtischen Strukturen als utopischer Gegenentwurf, als Naturzustand dargestellt, in der alle in Liebe und Fürsorge füreinander da sind. Jeronimo und Josephe werden verleitet, dieses Bild einer familiären Gemeinschaft zu verallgemeinern und darauf zu hoffen, in der Zukunft ein glückliches Leben führen zu können. Diese idyllischen Vorstellungen erweisen sich als Illusion: Die Liebenden kommen durch die zerstörerische Gewalt der menschlichen Triebnatur zu Tode.

4. **Zusammenstellung als Tafelbild**

Autor	Inhalt/Beurteilung
P. Heyse, Literaturtheoretiker (1871)	von diesem Dichter sowohl angezogen wie abgestoßen: höchste Gestaltungskraft; Genius von seltener Größe; grausames Lebensschicksal, Poesie und Irrsinn
F. Kafka, Schriftsteller (1913)	sieht Kleist als einen seiner „Blutsverwandten" an, Verständnis für seinen „Ausweg" (Freitod) aus höchster Not
Arnold Zweig, Schriftsteller(1959)	großartige Darstellung der Sinnlosigkeit und Ziellosigkeit des menschlichen Daseins
Hans Mayer, Literaturwissenschaftler (1962)	vergleichslose Sprache, Genie, „Einsamkeit" in Inhalt und Sprache

Während Heyse, ein Literaturtheoretiker des 19. Jahrhunderts, zwar die höchste Gestaltungskraft des Dichters lobt, aber zugleich von „dunkler Fügung", einem „kranken Gefäß" und Irrsinn spricht, ist die Reaktion der Rezensenten aus dem 20. Jahrhundert zustimmend. Besonders deutlich fühlen sich die beiden Schriftsteller dem Werk Heinrich von Kleists verbunden; sie betonen vor allem die Zerrissenheit dieses modernen Schriftstellers: Mitempfinden für die Bedrängnisse durch äußere und innere Not (Kafka), Darstellung der Einsamkeit in Inhalt und Sprache (Mayer), Darstellung von Ziellosigkeit des menschlichen Daseins (Zweig).
Heinrich von Kleist bleibt jedoch (trotz aller Modernität) in seiner Sehnsucht nach letzten geordneten Sinnzusammenhängen der Welt und des eigenen Tuns (was sich auch in der Sinnsuche seiner Figuren niederschlägt) ein Schriftsteller seiner Zeit. Es wird von ihm ein zukünftiger Zustand in Aussicht gestellt, in dem der Mensch seine durch Reflexion gestörte Unschuld wiederfinden soll (vgl. Kleists Abhandlung „Über das Marionettentheater", in der der Widerstreit zwischen der Reflexion und dem Unbewussten im Menschen zum Ausdruck gebracht wird).

Heinrich von Kleist: Die Marquise von O. (Seite 271)

Seite 272/273 **Aufgaben 1–8**

1. Die Neugier des Lesers (sexuelle Neugier, wie es zu der Schwangerschaft kam, sowie kriminalistische Neugier, wer der Täter war) wird durch die Paradoxie der dargestellten Zusammenhänge geweckt, insbesondere durch die Widersprüchlichkeit der Aussage einer verwitweten Dame höheren Standes, sie sei „ohne ihr Wissen in andere Umstände gekommen" und suche nun durch die Zeitungen den Vater ihres Kindes. Als widersprüchlich erscheint dabei vor allem, dass die Marquise nicht etwa versucht, das Geschehen zu vertuschen, um sich, ihrer Familie und ihrem Stand die gesellschaftliche Bloßstellung zu ersparen, sondern gleichsam ihre „Schande" öffentlich macht. Sie sei aus Familienrücksichten entschlossen, den Vater ihres Kindes zu heiraten. (Zu dieser Zeit wurden uneheliche Schwangerschaften mit erheblichen kirchlichen, staatlichen und sozialen Sanktionen belegt; durch eine nachträgliche Eheschließung konnte allerdings eine uneheliche Schwangerschaft wieder legitimiert werden.)
Diese Widersprüchlichkeiten und für den Leser (noch) rätselhaften Ereignisse lassen den Leser gespannt sein auf die Mitteilung der näheren Umstände und der Folgen dieser Bekanntmachung. So wird im weiteren Gang der Erzählung in Form einer Retrospektive das Geschehen nachgeholt und somit dargestellt, wie es zu dieser Annonce kommen konnte.

2. Dass die in einer Novelle dargestellten Zusammenhänge für die damalige Zeit völlig ungewöhnlich waren, viele Leser, vor allem aber Leserinnen provozieren mussten, versteht sich von selbst (vgl. dazu auch die Hinweise von Thomas Mann, Schülerband, S. 268 und 273). Die in der Zeitschrift „Phöbus" abgedruckte Erzählung wurde von einer für damalige Verhältnisse breiten gebildeten Leserschaft rezipiert.

3. Geht man von Goethes Definition einer Novelle aus, so handelt es sich aus folgendem Grund um eine Novelle:

- „Unerhört" (auch im Sinne von *noch nicht gehört, unerwartet, unbegreiflich)*, geradezu provokant, sind vor allem die Tatsachen, dass eine adlige Dame per Zeitungsannonce den Vater ihres Kindes sucht und dass sich ein adliger Offizier als Vergewaltiger „outet".

Die temporeiche, herausfordernde, komprimierte und strenge Art der Darstellung wendet sich ab von der Darstellungsweise der Klassik und weist voraus auf moderne Texte des 20. Jahrhunderts, erinnert z. B. an Franz Kafka. Thematik und psychologischer Tiefgang der Darstellung weisen voraus auf Sigmund Freud.

Kontextmaterial

Der Publizist Sebastian Haffner schrieb 1980:

Ich weiß, wenn ich mich mit Kleist einlasse, dann flirte ich mit der Hölle. Ich tue es nicht gern. Wenn ich es aber tue, dann kommen mir eher als bei dem edlen Schiller und dem weisen Goethe und dem prächtigen Lessing leider die Begeisterungstränen.

(aus: Peter Staengle: Heinrich von Kleist, München 1998, S. 151)

4. a) Die Marquise:
Tochter des Obristen von G., Mutter zweier Töchter; bis zu dem Geschehen als angepasste Frau dargestellt, die in großer Zurückgezogenheit bei ihren Eltern wohnt und die ihre Zeit der Erziehung ihrer Kinder, der Pflege ihrer Eltern und der Kunst und Lektüre widmet (Z. 10 ff., Z. 15 ff.). Den Schritt, per Annonce nach dem Vater ihres ungeborenen Kindes zu suchen, tut sie „mit ... Sicherheit" (Z. 10) , weil ein solcher sonderbar erscheinender Schritt „den Spott der Welt"(Z. 9) hervorrufen und dem Ruf der Familie schaden würde.

b)/c) Aus der Sicht der Marquise stellt sich die Soldatenrotte, von der sie bedrängt wird, als „viehisch" (Z. 70), „lüstern" (Z. 68) dar, der rettende Offizier dagegen als ein „Engel des Himmels" (Z. 69). Was die Marquise im weiteren Verlauf der Novelle (vgl. Inhaltsangabe) an dem Fehltritt des Grafen so verletzt und verunsichert, ist die Tatsache, dass dieser ihr nicht mehr, wie ursprünglich, als engelhaft erscheint, sondern als teuflisch, triebhaft, animalisch, aus ihrer Sicht unmenschlich.
Die allmähliche Enträtselung des Vorgangs bleibt dem Leser vorbehalten: Der heldenhafte „Retter", der adelige Militärkommandant Graf F. erscheint als ein Vergewaltiger, ein Verbrecher (vielleicht auch teuflischer Verführer?). Nach dem Militärreglement stand damals auf eine solche Tat die Todesstrafe. Nach der Tat versucht der Graf alles, um sein Vergehen „wiedergutzumachen".

5. Den Vorgang der Vergewaltigung der Marquise durch den Grafen F., der genau das tut, was die Soldatenrotte vorhatte, bringt Kleist auf die denkbar einfachste Form des Gedankenstriches; er erzählt also das Geschehen, verschweigt und verrätselt den Hergang aber zugleich.

6. a) Sicher ist Kleist im literaturgeschichtlichen Sinne kein typischer Romantiker, sondern er gilt eher als eine Ausnahmeerscheinung. Auch für die Romantik typisch ist allerdings die Darstellung des Hintersinnigen, Absurden, Geheimnisvollen; typisch romantisch ist sicher auch die Ganzheit und Sicherheit des Gefühls, dem die Marquise folgt. Dargestellt sind hier die Abgründe des menschlichen Lebens, die Ambivalenz der menschlichen Natur. Kleist „experimentiert" in dieser Novelle, wie auch in der Novelle „Das Erdbeben in Chili" (Schülerband, S. 269 f.) mit den Tiefenschichten der menschlichen Seele, mit Verirrungen einerseits, mit den hochfliegendsten Möglichkeiten andererseits. Kleists persönliche Krisen spiegeln auch die Krise der bürgerlichen Weltanschauung wider. Insofern war Kleist auch ein Seismograf für die Widersprüche seiner Zeit.

b) Die „Gebrechlichkeit der Welt" (wie es am Schluss der Novelle heißt), d. h. die Darstellung der Zerrissenheit der Figuren, ihr widersprüchliches Verhalten, die dämonische Schicht der menschlichen Seele, die animalisch-triebhafte Seite des Menschen, die Bedeutung von Sinnlichkeit und Sexualität, weisen auf die Moderne voraus (S. Freud).
Kafkas Gefühle der Fremdheit in einer unbegreiflich gewordenen Welt deuten sich bereits bei Kleist an. Kleist stellt die Wirklichkeit als irritierend, paradox, doppelbödig dar; seine Figuren sind zumeist keine Beispiele für sittlich einwandfreies Verhalten, sie beunruhigen eher den Leser, auch heute noch.

7. **Franz Kafka** sieht in Kleist einen Geistesverwandten (siehe auch Hinweise zu Aufgabe 4). In ähnlicher Weise wie Kleist muss auch Kafka immer wieder um Anerkennung ringen (vgl. das problematische Verhältnis zu seinem Vater, das durch Fremdheit und Distanz gekennzeichnet war). Ähnlich wie bei Kleist, findet sich auch bei Kafka eine enge Verknüpfung zwischen der Biografie des Autors und seinem Werk. In Kafkas Werken finden sich die Themen *Lebens- und Existenzangst* und *Selbstentfremdung*. Kleists Freitod war für Kafka verständlich.

Das Verhältnis zwischen Kleist und Goethe war problematisch, besonders nachdem Kleists Einakter „Der zerbrochene Krug" am Weimarer Theater – nicht ganz ohne Goethes Zutun – durchgefallen war. Kleist, der seine Figuren oft Extremsituationen aussetzt, dessen anfängliche Verehrung Goethes schließlich in Hass und Verachtung umschlägt, wird von dem Klassiker und Idealisten Goethe, der nach Maß und Harmonie strebte, kaum verstanden. Man könnte vielleicht die Frage stellen: Was wäre gewesen, wenn der Stürmer und Dränger Goethe dem Dichter Heinrich von Kleist begegnet wäre?

8. Individuelle Lösungen; als ein Schlüsselsatz ist die Aussage zu betrachten, dass es dem Dichter darauf ankam, „ein Scandalum durch Anspielungen auf ein Mysterium zu verklären" (Z. 23 f.). Mögliche Frage- und Problemstellungen:

- Handelt es sich bei dem Versuch der Marquise, ihren Zustand als „unberührte Empfängnis" zu erklären, um den tiefenpsychologischen Vorgang einer „Verdrängung", möglicherweise auch um eine „Projektion" auf einen bösen Unbekannten?
- Die Hebamme erklärt das Geschehen auf völlig „pragmatische" Weise; sie lässt sich nichts „vormachen".

Kontextmaterial

Das Material enthält zwei unterschiedliche Deutungen zu dem Verhalten der Marquise.

a)

„In Ohnmacht! Schamlose Posse! Sie hielt, weiß ich, die Augen bloß zu", schreibt Kleist 1808 im April/Mai-Heft des *Phöbus* in einem kurzen Epigramm über die Marquise von O... Das heißt offensichtlich, dass sie nicht nur willenloses Opfer einer Vergewaltigung war, sondern zumindest ahnungsweise mitbekommen hat, was mit ihr geschehen ist und dass sie sich nicht dagegen gewehrt hat. Dieser Gedanke ist ihr so unerträglich, dass sie ihn nicht zulassen kann, ihn mit allen ihr zukommenden Kräften vor sich selbst verdrängen muss. Sie braucht nach der offiziellen Hochzeit noch ein ganzes Jahr, bis sie das Geschehen und ihren Anteil daran in seiner ganzen Dimension in ihr Leben einordnen kann. Die Zeit heilt bekanntlich manche Wunden, so auch diese, könnte man sagen. Doch solch traumatische, schambesetzte Erlebnisse brauchen besonders lange, bis sie verarbeitet sind, was aus der Psychotherapie eingehend bekannt ist. Insbesondere einer „Dame von vortrefflichem Ruf" muss dies schwerfallen. Es dauert seine Zeit, bis ein solcher Verdrängungsprozess wieder aufgelöst ist.
Die Marquise muss also nicht nur mit dem Grafen, ihrem Vergewaltiger, ins Reine kommen, sie muss vor allem und sehr schmerzlich auch mit sich selbst ins Reine kommen.
Es wäre also zu kurz gegriffen, wenn man den Umschwung der Marquise allein auf die Schenkung und das Testament zurückführen würde. Nein, auch sie muss – viel weiter greifend – ihr Verhältnis zur „gebrechlichen Einrichtung der Welt", zu der eben auch sie selbst gehört, neu ordnen, was immer auch heißt, sie muss lernen, die Zweideutigkeiten und Widersprüchlichkeiten des Lebens auszuhalten. Die Welt ist unvollkommen, mangel- und fehlerhaft, verwirrend und abgründig und gibt zu vielen Befürchtungen Anlass, doch sie führt nicht unbedingt in die Katastrophe, – vor allem dann nicht, wenn man ihre Gebrechlichkeit erkannt und in sein Denken und Leben mit einbezogen hat.

(aus: Bernd Ogau: Heinrich von Kleist. Die Marquise von O., (Reihe Lektüreschlüssel) Reclam Verlag, Stuttgart 2006, S. 45 f.,)

b)

Die ältere Forschung hat die Unkenntnis der Marquise hinsichtlich der Empfängnis ihres Kindes nicht angezweifelt, erst in jüngerer Zeit hat man erwogen, dass der Marquise die Wahrheit bekannt sein könne, sie dieses Wissen aber ebenso wie ihre Sexualität zu verdrängen versuche, was in ihrem Ausruf gegenüber dem Grafen „Ich *will nichts* wissen" offenbar werde. Es ist jedoch fraglich, ob dieser Ausruf tatsächlich als Eingeständnis eines verdrängten Wissens aufzufassen ist; denn Kleist gebraucht dieselbe Formulierung auch an anderer Stelle im Sinne eines entschiedenen „Ich will davon nichts hören". Allerdings hat der Verfasser selbst nach den ablehnenden Reaktionen auf den Erstdruck der Erzählung ironisch auf die Möglichkeit eines Einverständnisses der Marquise mit ihrer Vergewaltigung hingewiesen:

„Die Marquise von O...

Dieser Roman ist nicht für dich, meine Tochter. In Ohnmacht!
Schamlose Posse! Sie hielt, weiß ich, die Augen bloß zu. (1,22)"

Das ist freilich kein ernst gemeinter Selbstkommentar, sondern Kleist verspottet hier die moralische Entrüstung des Lesepublikums über den Inhalt seiner Erzählung; er hat eine Reihe ähnlicher Epigramme im *Phöbus* veröffentlicht.

(aus: Sabine Doering: Heinrich von Kleist, (Reihe Literaturwissen) Reclam Verlag, Stuttgart 1996, S. 68 f., © Philipp Reclam jun. GmbH & Co., Stuttgart)

Realistische Strömungen der Literatur des 19. Jahrhunderts

Junges Deutschland/Vormärz – Die Literatur wird politisch!

Seite 277 **Aufgabe 1 (oben)**

„Gränzverlegenheit" (Seite 274)

Karikatur auf die Unzahl der Zollschranken innerhalb des Deutschen Bundes (1834). Waren von Hamburg nach Bayern mussten z. B. zehn Staaten, mithin 10 Zollschranken passieren. Schaumburg-Lippe heißt eines der selbstständigen Kleinfürstentümer im Deutschen Bund. Zur ursprünglichen Karikatur gehört die Aussage des Wagenführers gegenüber dem Grenzwächter: „Sie sehen, Herr Grenzwächter, das ich nix zu verzollen hab', denn was hinten aufm Wagen ist, hat die lippische Gränz noch nicht überschritten, in der Mitt ist nix, und was vorn drauf is, ist schon wieder über der lippischen Gränze drüben."

Carl Spitzweg: Der Bücherwurm (Seite 275)

Spitzweg ist ein typischer Maler des Biedermeier. Dargestellt ist ein Sonderling wie der Bücherwurm, völlig abgekehrt von der Welt hat sich dieser Bürger in seine Bibliothek zurückgezogen. Es interessiert ihn wenig, was um ihn herum passiert; er ist zufrieden, denn seine Welt ist klein, ruhig, überschaubar.

Kontextmaterial

Ludwig Pfau

Herr Biedermeier [...]

Schau, dort spaziert Herr Biedermeier
Und seine Frau, den Sohn am Arm;
Sein Tritt ist sachte wie auf Eier,
Sein Wahlspruch: Weder kalt noch warm.

Das ist ein Bürger hoch geachtet,
Der geistlich spricht und weltlich trachtet.
Er wohnt in jenem schönen Haus
Und – leiht sein Geld auf Wucher aus.

Gemäßigt stimmt er bei den Wahlen,
Denn er missbilligt allen Streit;
Obwohl kein Freund vom Steuerzahlen,
Verehrt er sehr die Obrigkeit [...]

Am Sonntag in der Kirche fehlen,
Das wäre gegen Christenpflicht;
Da holt er Labung seiner Seelen –
Und schlummert, wenn der Pfarrer spricht.
[...] (1846)

(aus: Jost Hermand (Hg.): Der deutsche Vormärz, Stuttgart (Reclam), 1967, S. 233)

Die Pressfreiheit (Seite 275)

Karikatur auf die Unterdrückung der Presse durch die Karlsbader Beschlüsse (s. Schülerband, S. 276). Der Figur sind Beinschrauben angelegt, die Flügel sind zusammengebunden, die Arme gefesselt; einzig erlaubt ist die Handhabung der Zitronen**presse**.

Der Denkerclub (um 1835) (Seite 275)

Den Mitgliedern sind Maulkörbe angelegt; sie dürfen nicht reden, nichts kritisieren, nicht „beißen". An der Wand ist das „Thema der heutigen Sitzung" formuliert. Auf einer weiteren Tafel hängen die Gesetze des Denkerclubs („Schweigen ist das erste Gesetz dieser gelehrten Gesellschaft ..."). Die Karikatur stellt eine späte Reaktion auf die Karlsbader Beschlüsse dar. Es wird Kritik geübt an der Zensur von Zeitschriften und Büchern; gefordert wird das Recht der freien Meinungsäußerung.

Jakob Siebenpfeiffer: Rede auf dem Hambacher Fest (Seite 277)

Seite 277 Aufgaben 1 und 2 (unten rechts)

1. Zur Redesituation

- Hambacher Fest im Jahre 1832: erste Massendemonstration der deutschen Geschichte; nicht nur Studenten, Professoren als Teilnehmer, sondern auch Kleinbürger, Handwerker, Bauern, Frauen, Ausländer; Eintreten für liberale Verfassungen und nationale Einigung Deutschlands; bleibt politisch wirkungslos
- Redner: Philip Jakob Siebenpfeiffer, liberal und national gesinnter Mann; Jurist und politischer Journalist; Redner auf dem Hambacher Fest wurden verfolgt bzw. verurteilt. Auch Siebenpfeiffer erhielt eine Gefängnisstrafe, konnte aber mithilfe von Freunden in die Schweiz fliehen, wo er Asyl und Anstellung erhielt.
- Zuhörer: vor allem liberal und national gesinnte Menschen aus Deutschland und aus dem Ausland; Redner nimmt deutlich Bezug auf andere Länder, in denen bereits ähnliche Auseinandersetzungen stattgefunden haben und nationale und liberale Bewegungen zum Erfolg geführt haben, z. B. in Griechenland, Frankreich, Nordamerika.
- Historischer Zusammenhang: Nach dem Wiener Kongress (1815) geht es in der Ära Metternich vor allem um Durchsetzung der Grundsätze der Restauration und Legitimität, d. h. um Wiederherstellung der Verhältnisse der Zeit vor der Französischen Revolution, um Sicherung der Macht der „legitimen" Fürsten; liberale und nationale Bewegungen werden daher unterdrückt, Zeitschriften zensiert; diese Politik wird vor allem von den europäischen Großmächten Österreich und Preußen betrieben. Eine wichtige Frage auf dem Wiener Kongress war die Neugestaltung der deutschen Länder. Das Heilige Römische Reich deutscher Nation war 1806 untergegangen. Ein einheitlicher deutscher Staat

war aufgrund des Prinzips vom Gleichgewicht der Kräfte ausgeschlossen. Man einigte sich daher auf ein lockeres Staatengebilde (Deutscher Bund), der aus insgesamt 35 souveränen Fürstentümern und vier freien Städten bestand. Zum deutschen Bund gehörten auch ausländische Herrscher (z. B. der König von England für Hannover). Eine gesamtdeutsche Regierung gab es nicht.

- Zum Inhalt der Rede:
  Hinweise auf die für ein Volk wichtigen nationalen Regungen und die Berechtigung bzw. Notwendigkeit liberaler Bewegungen; in emphatisch-feierlicher Weise weist der Redner auf den kommenden Tag der Einheit der Deutschen hin, auf das Verschwinden der Schlagbäume und das Ende des Feudalismus, Garantierung von Freiheit, Recht und Aufklärung (vgl. Z. 19 ff.); zum Schluss bringt der Redner ein Hoch aus auf das „freie einige Deutschland“ sowie auf die Polen und Franzosen und jedes Volk, „das seine Ketten bricht“ (Z. 60). Die drei Begriffe „Vaterland, Volkshoheit, Völkerbund“ stellen die ersehnten Ziele der Bewegung dar.

2.

- Im Anfangsteil (Z. 1–18) macht sich der Redner zum Sprecher aller; allein zehn Mal benutzt er das Wort *wir*.
- In zwei antithetisch gebauten Sätzen (*Wir ..., aber ...*) hebt er einmal die Nation (Z. 5 ff.), andererseits die liberalen Ideen (Z. 11–18) hervor.
- Im nächsten Teil der Rede (ab Z. 19) taucht das Hochwertwort *frei/Freiheit* in zehn unterschiedlichen Formulierungen auf.
- Die Rede lässt sich im Sinne des Modells von Karl Bühler (Schülerband, S. 21) vor allem als appellative Rede kennzeichnen (wenn auch darstellende und expressive Elemente auszumachen sind): In erster Linie sollen Zuhörer, die, wie der Redner national und liberal denken, angesprochen bzw. begeistert werden.
- Rede ist weniger eine Feierrede (wenn auch viele Formulierungen feierlich klingen), sondern vielmehr eine politische Rede: In einzelnen Formulierungen wird die eigene Position aufgewertet („Tag des edelsten Siegstolzes“, Z. 19 f.; „deutscher Nationalwürde“, Z. 30; „zu politischer Einheit und Kraft“, Z. 39); in anderen Formulierungen wird die Position des politischen Gegners abgewertet („Despotismus der Könige“, Z. 11; „Joch der eigenen Dränger“, Z. 18; „Hermeline feudalistischer Gottstatthalterschaft“, Z. 28 f.).

Weitere Stil- und Wirkungsmittel, die vor allem der Veranschaulichung und Verdeutlichung des Gesagten dienen, sind z. B.:

- Wiederholungen (wir, frei, s. oben),
- bildhafte Formulierungen, z. B.: „Joch der eigenen Dränger“, Z. 18; „Bruder im Bruder“, Z. 21 f.; „Fackel der Aufklärung“, Z. 49 f.,
- Inversion: „und es wird kommen der Tag“, Z. 19 ff. sowie Z. 44 ff.,
- Aufzählungen, Reihungen: Z. 1 ff., Z. 9 ff., Z. 19 ff., Z. 44 ff.,
- Alliteration: Z. 62,
- Zweierformeln, z. B.: „Leben der Wissenschaft und der Kunst“, „Mond und Sonne“, „Gott und Mensch“, Z. 1 ff.,
- anaphorische Satzanfänge, z. B.: „Wir widmen ...“, „wir helfen ...“, „wir trinken ...“, Z. 1 ff.; „Hoch leben ...“, Z. 57 ff.

Georg Büchner (1813–1837): Der Hessische Landbote – „Friede den Hütten, Krieg den Palästen“

Seite 281 **Aufgaben 1–6**

Zum Text

Während seines **Studiums** in **Straßburg** lernte Georg Büchner **radikale Gruppierungen** kennen, die sich zu geheimen Gesellschaften, Verschwörergruppen und Geheimbünden zusammengeschlossen hatten und die eine neue Revolution vorbereiten wollten. Der radikalste dieser **Geheimbünde** war „La Société des Droits de l'Homme“. Die Kenntnis der Ziele und Vorgehensweise derartiger geheimer Gruppierungen hat Büchner bei seinen späteren politischen Aktionen in Hessen geholfen. Vier Semester studierte Büchner im Ausland an der Universität Straßburg. In dieser französischen Grenzstadt mit vorwiegend deutscher Bevölkerung konzentrierten sich damals revolutionäre Bestrebungen aus beiden Ländern. Politische Flüchtlinge aus den deutschen Ländern lebten dort im Exil. Seine Erfahrungen aus der Studienzeit in Straßburg fasst er in einem **Brief vom 03.04.1833** in folgender Weise zusammen:

Meine Meinung ist die: Wenn in unserer Zeit etwas helfen soll, so ist es die Gewalt. Wir wissen, was wir von unseren Fürsten zu erwarten haben. Alles, was sie bewilligten, wurde ihnen durch die Notwendigkeit aufgezwungen. Und selbst das Bewilligte wurde uns hingeworfen wie eine erbettelte Gnade und ein elendes Kinderspielzeug, um dem ewigen Maulaffen Volk seine zu eng geschnürte Wickelschnur vergessen zu machen.

Nach hessischem Landesgesetz durften Landeskinder nicht mehr als vier Semester an fremden Universitäten studieren. Deshalb schrieb sich Büchner im Wintersemester 1833 an der Universität in Gießen ein. Da ihn die politische Situation im Lande Hessen zutiefst empörte, gründete er (offenbar nach Vorbildern, die er in Frankreich kennengelernt hatte) mit Freunden, Studenten und Handwerkern eine geheime Gruppe.

Sein leidenschaftlicher Charakter, sein Mitgefühl für die Notleidenden und Unterdrückten, seine Entrüstung über die Willkür des hessischen Potentaten, drängten ihn zur Tat. Allgemein war in Deutschland der Terror der Regierungen verschärft worden. In Hessen wurde ein Bauernaufstand niedergeschlagen, und ein unter Druck gewählter Landtag hatte eine Regierungsmehrheit ergeben, sodass der Verfolgung aller revolutionären, ja, liberalen Tendenzen nichts mehr im Weg stand. „Die politischen Verhältnisse könnten mich rasend machen. Das arme Volk schleppt geduldig den Karren, worauf die Fürsten und Liberalen ihre Affenkomödie spielen. Ich bete jeden Abend zum Hanf und zu den Laternen“ (Anspielung auf die an die Laternen gehängten Aristokraten der Französischen Revolution), schrieb er nach Straßburg an seinen Freund Stöber. So gründete er mit einigen Gesinnungsfreunden zu Beginn des Jahres **1834** einen **Geheimbund**, der auf seinen Vorschlag hin nach französischem Vorbild **„Gesellschaft für Menschenrechte“** genannt wurde. Ihr gehörten Studenten mit republikanischen Idealen an, die aus der Burschenschaft hervorgegangen waren, dann vor allem **Ludwig Weidig**, Rektor in Butzbach, die bedeutendste Persönlichkeit dieses Kreises, aber auch einige Handwerker. Dieser Verschwörerbund hatte sich das klare Ziel gesetzt, einen gewaltsamen Umsturz vorzubereiten, durch politische Schulung, Gründung von gleichartigen Gruppen, Waffenübungen, Verbreitung von Flugschriften im ganzen Volk. **Georg Büchner war der geistige Mittelpunkt**, die Seele dieser Vereinigung. Das Programm der Gesellschaft bestand in der „Déclaration des Droits de l'Homme“. [...]

Georg Büchner verfasste im Juli 1834 die Flugschrift dieses Bundes unter dem Kampfruf **„Friede den Hütten, Krieg den Palästen!“**, die unter allen ähnlichen Schriften dieser Zeit bei Weitem die eindrucksvollste geblieben ist. Dieser flammende Aufruf mit seinen anschaulichen Bildern, seinen lapidaren Formeln, seiner schneidenden Polemik muss als der wichtigste Vorläufer des „kommunistischen Manifests“ gelten. Der Stil dieser Schrift wird in manchem rhetorischen Passus von „Dantons Tod“ wieder aufgenommen. Diese politische Streitschrift erweist sich als eins der **Meisterwerke polemischer Prosa**, an denen das deutsche Schrifttum nicht eben reich ist.

„Der Hessische Landbote“ wurde von Weidig, der zunächst erschrocken war über den radikalen, aufsässigen Ton, die Ausfälle gegen die matten Liberalen, den Hinweis auf die Gleichheit der Menschen, überarbeitet. Er milderte sie und fügte als Theologe Bibelzitate hinzu. Trotzdem blieb das Büchner'sche Manifest bei Weitem das schärfste während dieser Zeit der Reaktion. Der gefährliche und zukunftsweisende Grundgedanke lag vor allem darin, dass Büchner die materiellen Interessen des Volkes mit denen der Revolution für die Freiheit verbinden wollte.

(Texte aus: Georg Büchner: Sämtliche Werke. Hrsg. von Hans Jürgen Meinerts, Einleitung von Werner Bökenkamp, Mohn Verlag, Gütersloh o.J., S. 12 f.)

Der Auszug aus der Flugschrift „Der Hessische Landbote“ muss im engen Zusammenhang mit den historischen Geschehnissen behandelt werden (vgl. oben). Dazu bietet der Schülerband eine kurze Einführung (S. 278). Zusätzlich können die einführenden Hinweise zur Epoche (s. Schülerband, S. 274) sowie die Hinweise zu Georg Büchners Biografie (s. Schülerband, S. 140) genutzt werden. Zur Herausarbeitung der sprachlich-rhetorischen Form des Textes kann auch auf die Einheit „Rhetorik – die Kunst der Rede“ zurückgegriffen werden, insbesondere auf die dort aufgelisteten rhetorischen Mittel (s. Schülerband, S. 56 f.).

Es ist methodisch sinnvoll, die entsprechenden Informationen der Lerngruppe durch Kurzvorträge einzelner Schüler oder kleiner Schülergruppen zu übermitteln, um eine selbstständige Erarbeitung und eine selbstständige Anwendung von Techniken und Methoden durch die Schüler zu ermöglichen.

Seite 281 Aufgaben 1–6

1.–4. Der **Titel** kennzeichnet die Adressaten der Flugschrift: die hessische Landbevölkerung. Der Ausdruck „Bote" knüpft in traditioneller Weise an eine Figur aus dem 16. Jahrhundert an, die eine aufklärerisch-kritische Intention verkörperte.

Der **Begriff „Erste Botschaft"** weckt Assoziationen an die Frohe Botschaft des Neuen Testaments. Die Formulierung „Darmstadt im Juli 1834" ist eine fingierte Ortsangabe; offenbar diente dies dem Ziel, dem Text mehr Autorität und Glaubwürdigkeit zu verleihen. Der **Vorbericht** enthält den „übervorsichtigen Hinweis", dass der Text für Verbreiter wie Leser einen hochverräterischen Charakter hat. Dieser Vorbericht, der sich möglicherweise als „Eigentor" erwies, wurde in der zweiten Novemberauflage des Flugblatts ersatzlos gestrichen. Die **Überschrift „Friede den Hütten! Krieg den Palästen!"** ist eine Übersetzung des in der Französischen Revolution häufig gebrauchten Slogans „Guerre aux Châteaux! Paix aux Chaumières!".

Zum Begriff der „Vornehmen": In der im Schülerband abgedruckten Julifassung des Flugblattes hat Ludwig Weidig den von Büchner vorgeschlagenen Begriff der *Reichen* durch die *Vornehmen* ersetzt.

Büchner habe sich mit dem Begriff „Reichen" gegen „feudalen *und* bürgerlichen Reichtum" gewandt, während mit dem von Weidig benutzten Begriff der „Vornehmen", der „mehr oder weniger eng dem Bereich der Aristokratie zugeordnet" war, der Angriff nur gegen den feudal-aristokratischen Reichtum formuliert sei.

(aus: Georg Büchner/Friedrich Ludwig Weidig: Der Hessische Landbote, Reclam Verlag (RUB 9486), Stuttgart 1996, S. 48 f.)

Anforderungsbereich und Erwartungshorizont

- **Die persönlichen und historischen Zusammenhänge erläutern, die Einfluss auf das Entstehen und das Scheitern der Schrift haben könnten**
  (politische Situation in Deutschland; spezielle Situation Büchners, seine Erfahrungen in Frankreich: wird bekannt mit Gedanken der Französischen Revolution, zum Beispiel *Menschenrechte, Freiheit, Gleichheit, Volkssouveränität,* möglicherweise falsche Einschätzung des revolutionären Potenzials, ...)

- **Die Art des Textes beschreiben**
  (Flugblatt, politische Streitschrift; radikal, polemisch und agitatorisch; appellativer Charakter: zum Aufruhr und zum radikalen Widerstand aufrufend; direktes Ansprechen der Adressaten; Aufforderungen, Imperative, aufrüttelnde Formulierungen (Z. 67 ff.; Z. 160 ff.; Z. 194); revolutionärer Charakter durch Betonung der sozialen Frage; anschauliche Bilder und eingängige Formeln; sprachlich auffallend: Bibelsprache und Bibelzitate)

- **Die Ziele der Flugschrift kennzeichnen und an Beispielen aus dem Text erläutern**
  (Aufruf zur Revolution gegenüber der Obrigkeit; polemisch-agitatorischer Angriff gegen Feudalismus und seine Vertreter; Proklamierung liberaler Ideen (Z. 44 ff.; Z. 184 ff.) und nationaler Ideen (Z. 164 ff.); aufmerksam machen auf soziale Ungerechtigkeiten – dies war zur damaligen Zeit etwas völlig Neues!; politische Intentionen Büchners: offenbar bürgerlich-demokratische Republik anstelle eines feudalistisch organisierten Staats)

  Die Flugschrift wird oft als wichtiger Vorläufer des Kommunistischen Manifests bezeichnet; allerdings ist es problematisch, Büchner als Vorläufer einer proletarischen Bewegung anzusehen; die Utopie des Marxismus, im Laufe der Entwicklung zu einem positiven Endzustand zu kommen, war bei Büchner kaum ausgeprägt; nach dem Scheitern seiner revolutionären Vorstellungen war bei ihm eher eine fatalistische und pessimistische Vorstellung vorherrschend (vgl. unten).

- **Sprachlich-rhetorische Mittel und deren Funktion zur Erreichung der Ziele und zum Ansprechen der Adressaten erläutern**
  (Orientierung an religiösen Motiven und an der Sprache der Bibel; dies geht aller Wahrscheinlichkeit nach auf die Bearbeitung des Theologen Friedrich Ludwig Weidig zurück; Beispiele: „aber ich sage euch ...", Z. 201 ff.; mit Verweis auf die Bibel werden die schlechten Verhältnisse naturrechtlich kritisiert: Z. 18 ff.; der Status „Herrscher von Gottes Gnaden" wird infrage gestellt (Z. 112 ff.); Appell an religiöse Gefühle (Z. 160 ff.); polemische Gegenüberstellungen von Unterdrückern und Unterdrückten, zum Beispiel: Z. 18 ff.; polemisierendes Lächerlichmachen und Beschimpfen der Herrschenden, Z. 52 ff.; Z. 72 ff.; Parallelismus/Anaphorik, Beispiele: Z. 115 ff.; Z. 210 ff.; rhetorische Frage, Beispiel: Z. 52 f.; metaphorische Ausdrücke und anschauliche Vergleiche in großer Zahl)

- **Die damalige politische Wirkung der Flugschrift erläutern und die Folgen des Misserfolgs für Büchner kennzeichnen**
  Das Flugblatt stieß bei den angesprochenen Adressaten kaum auf Resonanz. Viele der Bauern, die dieses Flugblatt vor allem anging, lieferten es bei der Polizei ab; die Verschwörung wurde durch Verrat aufgedeckt, einige der Hauptmitglieder wurden verhaftet, Büchner selbst steckbrieflich verfolgt. Er war enttäuscht von dem kläglichen Scheitern dieser politischen Aktion, fühlte sich bedroht und gehetzt und schrieb in dieser Zeit – innerhalb von fünf Wochen – das Revolutionsdrama „Dantons Tod“; dieses zeigt seine tief-pessimistische und fatalistische Auffassung von der Geschichte. Es kann davon ausgegangen werden, dass das Scheitern der revolutionären Unternehmungen Büchners Einstellungen mitbeeinflusst hat. Gegenüber dem aus der Aufklärung stammenden geschichtlichen Fortschrittsglauben hat sich in Büchners Einstellung ein entscheidender Wandel vollzogen.
  Die Wirkung des „Hessischen Landboten“ auf die Untersuchungsbehörde verdeutlicht folgender Text:

Von der agitatorischen Sprengkraft des HL war insbesondere die Bundes-Zentralbehörde in Frankfurt überzeugt, die dem (Mit-)Verfasser der Flugschrift im April 1835 – unfreiwillig – ein großes Lob zollte, worüber sich Büchner gewiss spitzbübisch gefreut hätte: „Der Hessische Landbote ist nicht das Werk eines Studenten, sondern unverkennbar eines erfahrenen, gewandten und geübten demagogischen Schriftstellers, der die Studenten nur zur Verbreitung der Flugschrift benutzt haben wird.“
Die Betroffenheit, Heftigkeit, ja kaum verhüllte Empörung, mit der die Untersuchungsbehörden auf den Inhalt und Ton des HL reagierten, lässt den Schluss zu, dass die Wirkung bzw. die Wirkungsmöglichkeit der Flugschrift auf die angesprochenen Adressaten von den staatlichen Stellen nicht gering eingeschätzt wurde. Als besonders infam und verwerflich am HL wurde die Textstrategie der revolutionären Verwendung der Bibel empfunden. So moniert der hessische Hofgerichtsrat Friedrich Noellner, dass im HL „sogar die *Religion* des *Friedens* mit der Brandfackel des revolutionären *Umsturzes* vermengt und in deutlichen Zügen ausgeprägt“ werde (Noellner, S. 108), und der Referent der Bundes-Zentralbehörde, der preußische Kammergerichtsrat Mathis, konstatiert mit vorwurfsvollem Unterton, dass im HL „unter Missbrauch biblischer Sprache“ der „Unterschied zwischen Begüterten und Nichtbegüterten als Unrecht dargestellt, zum Kampfe gegen die Ersteren aufgerufen und Aufruhr in einer Weise gepredigt“ werde, „als ob er ein heiliges Werk sei“ (Mathis, S. 63). Die staatstragenden Justizbehörden scheinen nicht ganz zu Unrecht befürchtet zu haben, ihrer Monopolstellung hinsichtlich der ideologischen Bibelverwendung verlustig zu gehen, d. h. die Bibel und die Religion als ein wichtiges Instrument der ideologischen Rechtfertigung und Fortschreibung der bestehenden Verhältnisse zu verlieren.

(aus: Georg Büchner, Friedrich Ludwig Weidig: Der Hessische Landbote, Reclam Verlag (RUB 9486), Stuttgart 1996, S. 210 f.)

5./6. Individuelle Lösungen; es könnten in Kleingruppenarbeit zunächst aktuelle Zusammenhänge gesammelt werden, die gestaltet werden können:

- Bei welcher Gelegenheit, in welcher Situation, gesellschaftlichen Konstellation hätte der Schriftsteller Georg Büchner, der stets ein ausgeprägtes Mitgefühl für Notleidende und Unterdrückte hatte, seine kritische Stimme erheben können?

Weitere methodische Möglichkeiten

Die politische Flugschrift bietet weitere **Möglichkeiten zur Aktualisierung:**
Schüler können zum Beispiel aufgefordert werden, mit Bezug auf den *Hessischen Landboten* eine kurze, Georg Büchner würdigende Rede zu halten und dabei die Frage nach der Aktualität des Textes für die heutige Zeit zu stellen.
Danach können sie mit Auszügen unterschiedlicher Büchner-Preis-Reden konfrontiert werden.

Kontextmaterial

Golo Mann

Aus der Büchner-Preis-Rede von 1968

Büchners Adlerblick richtet sich auf die Sachen selber, direkt und ungelehrt. Er war ein Rebell, setzte das französische „Friede den Hütten! Krieg den Palästen!“ als Motto über sein Pamphlet: Ich kann

ehrlich nicht sagen, dass ich die wenigen Paläste, alten Stils, die uns einstweilen noch übrig geblieben sind, hasse oder sie als Schaden stiftend ansehe. Das mag freilich an den veränderten Zeiten liegen. Büchner meinte die Macht, wenn er „Paläste" sagte, und in unseren alten Schlössern wohnt keine Macht mehr. Jedenfalls ist die Sympathie für die schönen Überreste vergangener Lebensstile keine revolutionäre. Büchner, sagt man uns, war ein Revolutionär.
War er das wirklich? Mit dem ersten Blick, mit dem Blick auf den *Hessischen Landboten,* auf ein paar Briefe und überlieferte Gesprächsfetzen, ja. Mit dem zweiten, längeren, nein. Büchner war zu reich in seiner Seele, zu sensitiv, zu spöttisch, zu wissend, zu pessimistisch, zu neurotisch, auch zu lebensfreudig, natur-, berg- und waldfreudig, zu sehr dem Metaphysischen geneigt, als dass er zum Berufsrevolutionär auf die Dauer getaugt hätte. Ein Revolutionär resigniert nicht so schnell, wie er es tat. Ein Revolutionär von Beruf gibt auch in der Verbannung nicht auf, webt an seinen Plänen und Verschwörungen ungebrochen, jahrzehntelang. Nicht so Büchner. Was er blieb, was er wohl auch geblieben wäre, hätte er lang gelebt, war nur dies: ein Rebell. Damit meine ich einen, der keine Achtung vor der Autorität hat, keine vor den Traditionen, keine vor den Anführern der Weltläufte, den „Paradegäulen und Eckstehern der Geschichte", wie er sie nennt.

(aus: Georg Büchner/Friedrich Ludwig Weidig: Der Hessische Landbote, Reclam Verlag (RUB 9486), Stuttgart 1996)

Georg Büchner: Lenz (Seite 282)

Seite 282 **Aufgaben 1–3**

1.

- Der Dichter soll die Wirklichkeit nicht verklären; er soll die Welt so, wie Gott sie geschaffen hat, „nachschaffen",
- es kommt darauf an, das „Leben, Möglichkeit des Daseins", darzustellen, ohne zu fragen, „ob es schön oder hässlich ist"; dies sei das einzige Kriterium in Kunstsachen: Beispiele: Shakespeare, Volkslieder, manchmal bei Goethe,
- Idealismus zeichne idealistische Gestalten, „Holzpuppen"; dies sei eine Verachtung der menschlichen Natur,
- Gefühle seien bei allen Menschen zu finden, egal welchen Standes und welcher Herkunft,
- Voraussetzung für das Verstehen von Menschen sei es, ein Auge und Ohr für diese Menschen zu haben und die Menschheit zu lieben.

2.

Realistische Literaturauffassung Büchners:

- Man muss die Menschheit lieben, um die Eigenart eines jeden Menschen zu verstehen; Dichter fühlt sich dem Geringsten zugehörig („Mitleids-Poetik"),
- Menschen aus Fleisch und Blut darstellen,
- den literarischen Gestalten müssen reale Erfahrungen zugrunde liegen,
- im Drama wird fürstliche oder bürgerliche Hauptfigur durch Proletarier ersetzt (Beispiel: Woyzeck, s. Schülerband, S. 140 ff.; dieser belegt, dass man sein Schicksal nicht selbst bestimmt, sondern dass man es erleidet).

3.

- Büchners Leben war kurz, aber reich an Missgeschicken. Dem 19. Jahrhundert bleiben seine Dichtungen und Schriften so gut wie unbekannt. Seine Depressionen, die Erkenntnis des Elends, in dem viele einfache Menschen leben müssen, erfüllen ihn mit Lebensüberdruss, machen ihn schließlich zu einem politischen Aufrührer.
- Als Dichter ist er nicht anerkannt, als Verfasser des „Hessischen Landboten" bleibt er erfolglos, landet auf der polizeilichen Fahndungsliste und wird steckbrieflich gesucht.
- In Zürich gilt er als vielversprechender junger Gelehrter, stirbt aber schon kurz darauf.
- So gehört Büchner selbst zu den „Geringsten", die er in seinem Werk darstellt. Wie bei Heinrich von Kleist (s. Schülerband, S. 268 ff.) und Franz Kafka hängen Leben und Werk eng zusammen.

Dass Büchners Drama „Woyzeck" erst von den Naturalisten wiederentdeckt wird, hängt auch mit deren Programm zusammen (s. Schülerband, S. 304 ff.), auf das Büchner, in seiner Zeit ein sehr moderner, aber unverstandener Autor, vorausweist. So sind in seinem Drama „Woyzeck" die Motive der Hauptfigur, eines einfachen Soldaten, von Armut und Einsamkeit geprägt; in einer die Dramengeschichte revolutionierenden Weise schildert Büchner die Tragödie eines sozial Deklassierten, eines Proletariers (s. Schülerband, S. 140 ff.).

Heinrich Heine (1797–1856), *auch* ein „politischer" Dichter

Einführung

Unter politischer Lyrik werden im Allgemeinen (und auch in dieser Unterrichtseinheit) Gedichte verstanden, die auf die Zeitsituation bezogen sind und/oder diese reflektieren. Von politischer Lyrik kann man auch bereits im Zeitalter des Barock sprechen, hier thematisiert politische Lyrik das Elend des Dreißigjährigen Krieges. Die gesellschaftliche Wirklichkeit wird allerdings in dieser Zeit kaum infrage gestellt oder gar attackiert; das Feudalsystem oder das Elend des Krieges werden mehr oder weniger als gottgegeben angesehen.

Diese transzendenten Orientierungen geraten mit der *Aufklärung* und dem *Sturm und Drang* ins Wanken, so werden zum Beispiel Auswüchse des feudalistischen Systems angegriffen und das Gottesgnadentum des Königs infrage gestellt.

Mit dem Ende der „Kunstepoche" (zur Zeit Heines) erhält die politische Lyrik vollends die **Aufgabe, auf gesellschaftliche Wirklichkeit zu reagieren, sie kritisch zu reflektieren** bzw. sie zu verändern.

Im Zusammenhang mit dem Epochenumbruch des 18./19. Jahrhunderts geht es auch bei den literarischen Bewegungen des Jungen Deutschland und des Vormärz um Aufklärung im allgemeinen Wortsinn, um die Ideen der Selbstbestimmung, Autonomie und Freiheit.

Heinrich Heine: Erinnerung aus Krähwinkels Schreckenstagen (Seite 284)

Seite 285 **Aufgaben 1–3**

1./2. Um den Text in seinen politischen Zusammenhängen verstehen zu können, ist es notwendig, textexterne Informationen einzubeziehen. Entsprechend können die Hinweise zur Einführung in die Epoche (s. Schülerband, S. 274 f.) genutzt werden: Die Revolution von 1848 ist gescheitert bzw. niedergeschlagen und es ist „Ruhe eingekehrt".

Anforderungsbereich und Erwartungshorizont

- **Inhalt, Aufbau und Form beschreiben**
  Das Gedicht enthält in satirischer Form einen Aufruf an die Bürgerschaft.
  1. Strophe: Einführung
  2./3. Strophe: Gegner
  4.–7. Strophe: Anweisungen an die „treuen Bürger"
  8. Strophe: Zusammenfassung: „Euch ziemt es, stets das Maul zu halten."
- **Nachweisen, wie die „Abweichler" gekennzeichnet werden**
  (vgl. dazu die 2. und 3. Strophe)
- **Die karikierende Intention des Textes klären**
  Zum Beispiel steht der erfundene Name *Krähwinkel* als Inbegriff von Beschränktheit und Spießbürgerlichkeit; die Form des Textes als „Verordnung" durch Ausrufer verspottet die kleinkarierten Verhältnisse zur Zeit der Restaurationsepoche, wonach liberale Ideen als gefährlich gelten (Rebellion, Gottesleugner, Ausländer, Fremde).
- **Kennzeichnen, wie das Verhältnis von Obrigkeit und Untertanen jeweils dargestellt wird**
  Untertanen: unpolitisches Verhalten, Rückzug in den privaten Bereich: „Es schließe jeder seine Bude ...", „Euch ziemt es, stets das Maul zu halten"
  Obrigkeit: „huldreich hochwohlweises Walten", „Mandat", „Der Obrigkeit gehorchen, ist/Die erste Pflicht ..."
- **Die satirischen Aussagemittel nennen und erläutern**
  Übertreibung; Schwarz-Weiß-Malerei; bewusste Einfachheit der Form: Paarreim, die zwei ersten Verszeilen haben in jeder Strophe jeweils eine männliche Kadenz, die beiden letzten jeweils eine weibliche Kadenz, regelmäßiges Metrum; Aufrufcharakter: Form des Aufrufs in der hier komisch wirkenden Wir-Form („Majestätsplural"); imperativische Redeweise: „Es schließe ...", „Soll ..."; altertümelnde Ausdrücke: „huldreich hochwohlweises Walten"; umgangssprachliche Formulierungen: „Bude", „Maul zu halten"

Methodische Hinweise

Das Gedicht sollte im Unterricht auch durch einen Sprechvortrag gestaltet werden, um
a) den Aufrufcharakter und
b) die satirisch-karikierende Tonart des Gedichts zu verdeutlichen.

Bezogen auf die Anforderungsbereiche können im Unterricht folgende **Tafelbilder** entwickelt werden:

Aufbau des Gedichts

1. Strophe	– Ankündigung
2. Strophe 3. Strophe	– verdächtig: Ausländer, Fremde, Gottesleugner
4. Strophe 5. Strophe 6. Strophe	– gefordertes Verhalten/Strafen: • der Obrigkeit gehorchen • sich in den privaten Bereich zurückziehen • nicht beisammenstehen • nicht bei Dunkelheit auf der Straße aufhalten • Waffen/Munition ausliefern • Räsonieren unterlassen
7. Strophe	– Zusammenfassung: • Vertrauen • „Euch ziemt es, ...“

Obrigkeit und Bürgerschaft

Selbsteinschätzung der Obrigkeit	gewünschtes Verhalten der Bürgerschaft
• stadtväterlichst	• treue Bürgerschaft (Rebellen: Ausländer, Fremde, Sünder, Gottesleugner)
• fromm und liebend	• Obrigkeit gehorchen als erste Pflicht
• huldreich hochwohlweises Walten	• Vertrauen gegenüber dem Wirken der Obrigkeit

Zur **Herausarbeitung der satirischen Intention des Textes** wird im Lehrbuch das handlungs- und **produktionsorientierte Verfahren** eingesetzt.

Ergänzung zum Beispiel:

a)

Fiktive Verordnung

§ 3 (Kirchenzwang)
1. Jeder Krähwinkeler Bürger hat der Kirche anzugehören und dies durch regelmäßige Kirchgänge, die maximal im Abstand von einer Woche zu erfolgen haben, kundzutun.
2. Die Lehre der Kirche darf nicht infrage gestellt werden.

§ 4 (Waffenrecht)

(Schülertext)

b)

Fiktive Rede

Dies verfolgt in besonderer Weise den Zweck, Sie vor den in letzter Zeit um sich greifenden Umtrieben der Rebellion zu warnen und zu schützen, zu schützen insbesondere vor den Umtrieben von Ausländern und Fremden, die sich unser geliebtes Vaterland ausgesucht haben, um den Geist der Abtrünnigkeit, des Räsonierens und des Ungehorsams auszustreuen. Vergesst nicht: Die Obrigkeit ist von Gott, und deshalb ist auch jedes rebellische Aufbegehren eine Sünde ...

(Schülertext)

Heinrich Heine: Zur Beruhigung (Seite 285)

Zum Text

Der Text arbeitet deutlich mit **ironischen Kontrastierungen**: den biedermeierlichen Gewohnheiten des deutschen Spießbürgers (auf der einen Seite Darstellung scheinbar guter deutscher Tugenden: völlige Zufriedenheit mit der politischen Ohnmacht, Pflege von behaglichen Lebensformen, biedermeierlich abgeschirmte Weltfremdheit; auf der anderen Seite scheinbare Verneinung römischer Verhältnisse: das kalte Messer, Tyrannenfresser, die römische Mördergrube). Indirekt enthält der Text damit einen **Appell zu republikanischer Einstellung** und Handlung.

Zur **dialektischen Grundstruktur** des Textes:

Zugespitzt wird dieser Kontrast in Versen wie „Ein jedes Volk hat seine Größe;/in Schwaben kocht man die besten Klöße" (V. 7 f.). Es ist ein typisches Mittel Heine'scher Ironie, eine hohe Erwartung („Größe") zu wecken, die nachfolgend („Klöße") zerstört wird, oder, anders formuliert, auf überraschende und unangemessene Art die politische Ebene mit der physischen zu verbinden. Zum Merkmal des Spießers oder, einen zeittypischen Begriff aufgreifend, eines Philisters gehört der „gesunde Pflanzenschlaf" (V. 10). In diesem metaphorischen Ausdruck deutete sich die Gegenperspektive an: „Pflanzenschlaf" – bezeichnenderweise stammt der Bildspender aus dem Bereich der Vegetation –, er umschreibt die Apathie und Passivität der Deutschen im öffentlichen Raum. Wieder wird die oben erwähnte antithetische Grundstruktur des Gedichtes erkennbar. Beim Erwachen aus dem „Pflanzenschlaf" verlangen die Deutschen nach einem Getränk, allein fixiert auf ihr leibliches Wohl; römisches Erwachen gleicht dem germanischen nicht. Die Römer erwachen auf einer hohen Stufe des Bewusstseins, und so können sie die Unterdrückung erkennen und beseitigen. Zwar werden dem Schlaf der Deutschen zunächst tugendhafte Eigenschaften zugeordnet wie „gemütlich und brav" (V. 9), aber sie erweisen sich als Untertanentugend der Ergebenheit und Unmündigkeit. Die Aussage ist hier wie auch an anderen Stellen nicht eindeutig, und so könnte zunächst auch Stolz auf die deutsche Bravheit herausgehört werden. Aber der Kontext, zum Beispiel die Kontrastierung mit den Römern, engt die Bedeutung so ein, dass nur Spott übrig bleibt.

(aus: Werner Riedel/Lothar Wiese: Klausur- und Abiturtraining Deutsch 4 – Einführung in die Lyrik, Aulis Verlag in der Stark Verlagsgesellschaft mbH & Co. KG, 2000)

Seite 286 Aufgaben 1–3 (links)

1./2. Mögliches Tafelbild (Konspekt)

Sprecherintention:
- vordergründig: beruhigen
- hintergründig: aufrütteln

Das wird vordergründig gesagt:		Das ist (hintergründig) gemeint:
↓	**Deutsche**	↓
„Wir sind Germanen, gemütlich und brav" „So treu wie Eichenholz" „Wir nennen sie Väter"	}	biedermeierlich, angepasst, unterwürfig, naiv, genießerisch, findet im Essen und Trinken seine Erfüllung
	Römer	
„Tyrannenfresser" „römische Mördergrube"	}	republikanisch gesinnt, freiheitsliebend

3. Zuordnung

- Sprach-/Textbezug – In ironisierender Weise ...
- Sprecherbezug – Der lyrische Sprecher ...
- Hörer-/Leserbezug – Das Gedicht enthält ...
- Real- und Sachbezug: Das Gedicht wurde ...

Heinrich Heine: Die schlesischen Weber (Seite 286)

Seite 286 **Aufgaben 1–3**

Zum Text

Das Gedicht bezieht sich auf den **Aufstand der schlesischen Weber im Jahre 1844**. Es ist aber kaum für die Betroffenen selbst geschrieben worden, sondern es geht eher um eine **allgemeine Aussage, die mithilfe symbolischer Mittel gestaltet wird**, zum Beispiel um die geschichtliche Bedeutung einer neuen Klasse. Der politischen Ordnung, die Elend und brutale Gewalt zu verantworten hat, wird das Ende vorausgesagt. Damit wird das Thema des Gedichts von vornherein auf eine höhere politische Ebene gehoben, indem nach den Ursachen gefragt wird (entsprechend Anklage von Gott, König und Vaterland). Die **Anklage** gegen diese Instanzen, die den Webern in den Mund gelegt wird, beinhaltet die Auffassung Heines; den Webern selbst wäre es auch nach der gewaltsamen Niederschlagung des Aufstandes kaum in den Sinn gekommen, sich gegen Gott, König und Vaterland zu empören. In diesem Text fehlt entsprechend das für Heine oft typische ironisierende Sprechen bzw. das Spiel mit der Ironie.

Zur Wirkung des Gedichts:

Heines Weberlied gehört zu den seltenen Gedichten, die Wellen schlugen, Öffentlichkeit mobilisierten, die Gemüter aufbrachten und herausforderten. Als unmittelbare Reaktion auf das die Zeitgenossen aufrüttelnde Ereignis der blutig niedergeschlagenen Weberaufstände (4.–6. Juni 1844) im schlesischen Peterswaldau und Langenbielau wurde es am 10. Juli 1844 in seiner zunächst vierstrophigen Fassung unter dem Titel *Die armen Weber* innerhalb einer Weber-Artikelserie im Pariser *Vorwärts!* veröffentlicht. (Die hier vorliegende, vorn Autor revidierte fünfstrophige Fassung erschien erst 1846 in Püttmanns Lyrikanthologie *Album.)* Das Gedicht wurde als Flugblatt in Deutschland rasch verbreitet, etwa ein Dutzend Mal nachgedruckt und sofort strafverfolgt. Gleichwohl fand es bald Eingang in die sich formierende Arbeiterbewegung, avancierte zum Kampflied der Arbeitervereine.

(aus: Renate Stauf: „Wo jede Blume früh geknickt"; in: Interpretationen. Gedichte von Heinrich Heine, Reclam Verlag (RUB 8815), Stuttgart 1995, S. 144,

Hinweise für den Unterricht

Ein inhaltlicher Bezug zu dem Gedicht kann zu Beginn des Unterrichts (Einstiegsphase) hergestellt werden durch **Käthe Kollwitz' Radierung „Der Weberzug"** (Schülerband, S. 197), mit der diese in starker Realitätsnähe die Perspektive der Betroffenen aufnimmt. Die Gesichter der Menschen sind hohlwangig und ausgezehrt und zeugen von Not und Arbeit; die Darstellung insgesamt vermittelt einerseits den Eindruck von dumpfer Gedrücktheit, andererseits wirken die Menschen entschlossen; die gemeinsame Aktion weckt den Eindruck von Bedrohlichkeit; einzelne Hände wirken kraftvoll und sind zur Faust geballt; eine einzelne Faust überragt den dunklen Horizont. Die Bedrohlichkeit und das Bewusstsein der eigenen Stärke ist ein Gesichtspunkt, der auch in dem Gedicht Heines deutlich zum Ausdruck gebracht wird.

Anforderungsbereiche und Erwartungshorizont

- **den historischen Hintergrund kennzeichnen, auf das Gedicht beziehen und die spezifische Machart Heines erläutern**
  Wesentliche Informationen können aus dem Text im Schülerband, S. 287, entnommen werden: Bedrohung der Heimarbeit durch die Industrialisierung; Erfindung der Dampfmaschine und des mechanischen Webstuhls; Abhängigkeit von Fabrikanten und Kaufleuten; Arbeitslosigkeit; geringe Löhne; existenzielle Not; Aufruhr.
  Heine verzichtet in seinem Gedicht auf die konkrete Darstellung des Weberelends; dieses wird in allgemeiner und symbolischer Weise gestaltet: „Im düstern Auge keine Träne" – Elend und Trauer; „fletschen die Zähne" – Vergleich mit Tieren; „wir weben dein Leichentuch" – Umsturz des alten (falschen) Vaterlands und Hoffnung auf ein neues Deutschland. Es geht hier also eher um einen Gedankenprozess, nicht um eine individualisierende und mitleiderregende Milieuschilderung.
- **die drei Flüche als Hauptteil des Gedichtes benennen und diese im Zusammenhang erklären**
  Zum Verständnis der drei Flüche: Heine bezieht sich damit auf die preußische Parole der Befreiungskriege „Mit Gott für König und Vaterland", die dadurch als Lüge entlarvt wird. Der **erste Fluch** richtet sich gegen Gott, weil er nicht geholfen hat in „Winterskälte und Hungersnöten".
  Der **zweite Fluch** richtet sich gegen den „König den Reichen". Auch hier wird nicht die Monarchie grundsätzlich infrage gestellt, sondern nur die reaktionären Auswüchse; die Negation impliziert also auch hier ein positives Gegenbild: den König, der auch für die Armen da ist, den Volkskönig.

Der **dritte Fluch** schließlich richtet sich gegen das falsche Vaterland, weil es den Armen Not und Elend bringt und den Verfolgten (möglicherweise sind hier die verfolgten Dichter gemeint) „Schmach und Schande". Der erste Fluch gilt nicht einem religiösen Weltverständnis schlechthin. Die Anklage bezieht sich hier auf eine bestimmte Göttlichkeit; die Alternative wäre eine gütige Vaterfigur, die für alle da ist. Mit der Zeile „Er hat uns geäfft und gefoppt und genarrt" wird ja nicht nur „Ohnmacht oder Tatenlosigkeit, sondern sogar die böswillige Absicht einer bewussten und zynischen Irreführung unterstellt" (Renate Stauf: „Wo jede Blume früh geknickt"; in: Interpretationen. Gedichte von Heinrich Heine, Reclam Verlag, Stuttgart 1995, S. 151).

- **Zielrichtung und sprachlich-ästhetische Besonderheiten des Gedichts nennen und erläutern**
  Der Einprägsamkeit, der agitatorischen Eingängigkeit und anschaulichen Kürze dienen vor allem folgende **rhetorische Mittel**, die insgesamt einen **hohen Poetizitätsfaktor** verdeutlichen:
- Wiederholung und Kehrreim: „Deutschland, wir weben ... ", „Altdeutschland, wir weben ...", „Wir weben, wir weben!",
- Steigerungen (in der Not und in der Art der Drohungen),
- parallele Fügungen; Zweier- und Dreierstrukturen: „Schmach und Schande", „Fäulnis und Moder",
- syntaktisch gleiche Formulierungen: „Wo ...",
- kunstvoll wirkende Kontrastbildungen, Alliterationen, Parallelismus,
- metaphorische Wendungen und Vergleiche: „wie Hunde", „wo jede Blume früh geknickt",
- kunstvoller Wechsel von i-, a- und u-Lauten.

Zur Zielrichtung

Der Text verfolgt deutlich eine **agitatorische Absicht** und richtet sich gegen die Herrschenden; er enthält die Hoffnung auf Zustände, in denen die Weber ein menschenwürdiges Dasein führen können. Die Wir-Form zeigt die **Solidarisierung** des lyrischen Sprechers mit den Webern.
Der hohe Poetizitätsgrad und die hintergründige Bedeutung kann den Schülern zum Beispiel durch folgenden **Zusatztext** aus einer wissenschaftlichen Interpretation verdeutlicht werden:

Das in der Forschung als „störend" empfundene Bild von der „früh geknickten Blume" in der vierten Strophe des Weberliedes erhellt sich in diesem Kontext. Diese ist keineswegs nur ein Bild für die geringe Lebenserwartung der Weber. Vielmehr muss die geknickte Blume als Symbol für die geschändete Schönheit und den verhöhnten Genius im „falschen Vaterland" verstanden werden, für jene Welt der Poesie und Kunst wie des sinnlichen Lebensgenusses überhaupt also, die Heine immer wieder in der Metaphorik der „Rosen" oder „Nachtigallen" zum Ausdruck gebracht hat. Früh geknickte Blumen, das sind jene Künstler und Schriftsteller, deren Talent sich nicht entfalten kann, weil sie nicht ausreichend gefördert, von der Zensur bedroht oder sogar verfolgt werden. Das Bild steht aber zugleich für die Entfaltungsmöglichkeiten menschlichen Lebens schlechthin. Da Sinnlichkeit, Lebensgenuss und Freude am Irdischen durch eine christlich-asketische Erziehung und infolge der sich ausbreitenden Philistergesinnung permanent unterdrückt werden, ist jede hoffnungsvolle Entwicklung einer gesunden Menschlichkeit bereits im Ansatz gefährdet.

(aus: Renate Stauf: „Wo jede Blume früh geknickt"; in: Interpretationen. Gedichte von Heinrich Heine. Reclam Verlag (RUB 8815), Stuttgart 1995, S. 158)

Vorschlag für ein Tafelbild

1. Strophe:	Ausgangssituation „Sie sitzen am Webstuhl ..." „*Deutschland*, wir weben ..."
2. Strophe:	Fluch dem Gotte • Gebete nicht erhört • keine Hilfe
3. Strophe:	Fluch dem König • nur für die Reichen • unterdrückt die Armen und beutet sie aus
4. Strophe:	Fluch dem falschen Vaterlande • nur für die Reichen • bringt den Armen Not und Elend • Schmach für die Verfolgten
5. Strophe:	Zusammenfassung „Wir weben emsig ..." „*Altdeutschland* ..."

Heinrich Heine: An einen politischen Dichter (Seite 287)

Seite 287 **Aufgabe 1**

Analyse im Sinne des Modells (Schülerband, S. 284)

a) Das Gedicht handelt vom „politischen Dichter", den Heine als Vertreter einer „Tendenzpoesie" bezeichnet. Bezug genommen wird damit auf die Tatsache, dass Heinrich Heine sich mit politischen Dichtern auseinandersetzte, deren politisches Pathos und direkte politische Aufforderungen er als „Tendenzliteratur" ablehnt.

b) Der Text wendet sich direkt an den politischen Dichter; die direkte Anrede ist in den ersten drei Strophen durchgehalten.

c) Der lyrische Sprecher (hinter dem der Autor des Gedichts Heinrich Heine steht) verspottet den politischen Dichter. Seine Tendenzpoesie versetzt in einen Gefühlsrausch, führt aber nicht zum Erkennen, zum Handeln und zum Nachvollzug.

d) Wirkungsmittel:
- Vergleich (Z. 1)
- Kontrast: Doch .../... zwar (Z. 3, 5)
- Ironie (Z. 2, 11, 15 f.)

Der Beschluss des Bundestages vom 10. Dezember 1835 gegen das *Junge Deutschland* (Seite 287)

Der Brief Heines an den Bundestag in Frankfurt vom 28. Januar 1836 (Seite 288)

Seite 288/289 **Aufgaben 1 und 2**

Beispiele für individuelle Lösungen:

Beschluss des Bundestages

Vorwürfe gegenüber der Bewegung „Junges Deutschland":
- verderbliche Bestrebungen, die die Grundpfeiler der gesetzlichen Ordnung untergraben
- christliche Religion wird angegriffen
- bestehende soziale Verhältnisse werden herabgewürdigt
- alle Zucht und Sittlichkeit wird zerstört

Maßnahmen:
- alle Regierungen wenden Straf- und Polizeigesetze ihres Landes an, um Verbreitung der Schriften zu verhindern
- Buchhändler werden gewarnt

Zum **Brief Heines** kann z. B. folgende Mindmap angefertigt werden:

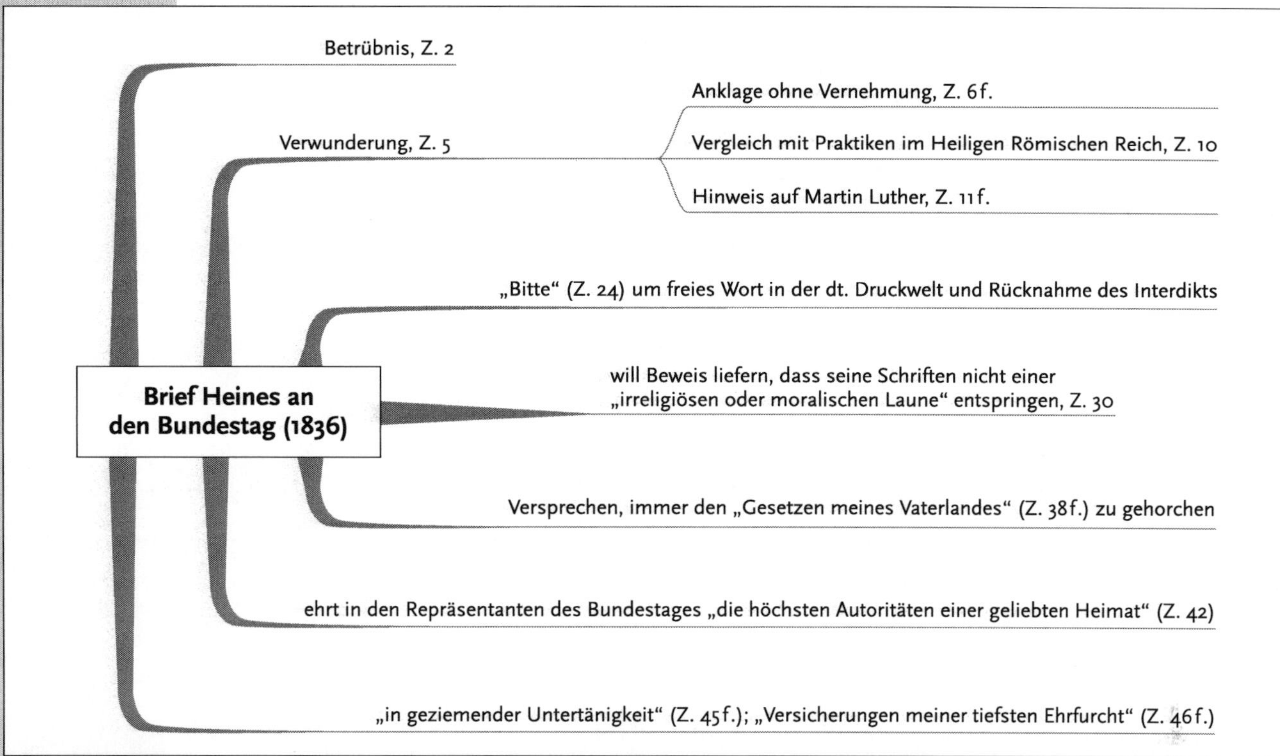

Wilhelm Wolff: Elend und Aufruhr in Schlesien (Seite 289)

Seite 289 Aufgaben 1–3 (rechts)

1. Wilhelm Wolff berichtet über den Aufstand der Weber in Schlesien Anfang Juni des Jahres 1844, insbesondere über das Elend der Baumwollweberei, vor allem in den Dörfern Langenbielau und Peterswaldau. Ein kleinerer Aufstand hat bereits im Februar stattgefunden, bei dem ein eingesperrter Weber von seinen Kameraden befreit wird. Dieser Vorgang bleibt jedoch weitgehend unbekannt. Die Not der Weber wird von den Unternehmern, vor allem von dem Unternehmer Zwanziger in Peterswaldau ausgenutzt, um den Lohn zu drücken und noch mehr Weber einzustellen, wodurch das Vermögen der Gebrüder Zwanziger enorm wächst. Vor dem Haus der Zwanziger wird häufig ein Lied gesungen, das die Not der Weber zum Ausdruck bringt. Am 4. Juni um 2 Uhr bricht der Aufstand los, nachdem ein Weber verprügelt und der Ortspolizei übergeben worden ist. Man stürmt Wohnhaus und Betriebsstätte der Brüder Zwanziger, zerschlägt das Mobiliar und vernichtet die Ware. Die Familie Zwanziger flüchtet in Todesnot. Der Fabrikant Wagenknecht, der sich menschlich gegenüber den Webern verhalten hat, bleibt unbehelligt.

2. Dem Verfasser, dem Sozialisten Wilhelm Wolff, der das Aufstandsgebiet unmittelbar nach der Niederschlagung des Aufstandes durch das preußische Militär aufsucht, geht es darum, nach Befragung von glaubwürdigen Zeugen einen möglichst objektiven Bericht vom Aufstandsverlauf zu geben.
Der realistische Bericht ist deutlich gekennzeichnet durch präzise Angaben, zum Beispiel: Zeitpunkt des Ausbruchs (4. Juni, 2 Uhr), Ursachen für den Aufstand; Dörfer und ihre Einwohnerzahl, Namen der Unternehmer, Namen der Polizisten, Lohn der Weber, Fachbegriffe (Kattun, Barchent, Remisen, Trockenhaus, Packhaus).

3. Der Bericht von Wolff ist eine der Quellen für Hauptmanns Drama „Die Weber" (Zeitablauf, räumliche Dynamik, Verhaftung und Befreiung von Wortführern, Erstürmung der Fabrikantenvilla und des Wagenlagers, Rolle des Weberliedes). Es lassen sich Übernahmen bis ins Einzelne nachweisen. Hauptmann ist – nach den Grundvorstellungen des Naturalismus (s. Schülerband, S. 304f.) – der Überzeugung, dass die künstlerische Wahrheit durch naturgetreue Abbildung erreicht werden kann. Hauptmanns künstlerische Leistung bleibt dabei jedoch unbenommen (s. entsprechende Hinweise im Lehrer- und Materialienband, S. 227ff.).

Georg Herwegh: Aufruf 1841 (Seite 290)

Seite 290 **Aufgabe 1**

Aufbau

- Aufruf zur Tat (vgl. auch Überschrift); in den Strophen 1, 4, 7 werden die ersten drei Zeilen leitmotivisch wiederholt: Die Kreuze, christliche Symbole, sollen in Waffen umgewandelt werden (Religion → Gewalt); diese Wiederholung dient der Einprägung. Die einzelnen Strophen sind formal einfach/ gleichmäßig gestaltet: Mischung aus Paarreim und umfassendem Reim; Wechsel von männlicher und weiblicher Kadenz; durchgehend trochäisches Metrum; Rhythmus wirkt einhämmernd.

  1. Strophe:
  Aufforderungen, allein drei Ausrufezeichen (Anzahl wiederholt sich in der letzten Strophe), 4. Vers: Absage an politische Dichtung, die keine Tat auslöst; 6. Vers: Gotteslästerung?

  2. Strophe:
  Aufgreifen gängiger Bilder der Volkspoesie, die als „Fragezeichen" nach der Freiheit gedeutet werden; ihr „fröhlich" Auferstehen macht eine „Höllenfahrt" notwendig (konkretisiert in den Strophen 5 und 6)

  3. Strophe:
  Düsteres Bild des bevorstehenden Kampfes; Freiheitsfarben werden entsprechend gedeutet: schwarz – Tod; golden – Besitzlosigkeit, rot – Schmerzen

  4. Strophe:
  Wiederholung Vers 1–3 (s. Strophe 1 und 7); Gott wird den Kampf gutheißen

  5. und 6. Strophe:
  Konkretisierung der „Höllenfahrt" (Strophe 2) in Form von Wunschsätzen (sei, seh); persönliche Opfer: Verzicht auf persönliches Glück, bis die Freiheitsfahnen wehen und der Rhein als deutscher Strom gilt

  7. Strophe:
  Wiederholung Vers 1–3 (s. Strophe 1 und 4): Gegner des Freiheitskampfes: Tyrannen und Spießbürger; Kampf wird dem Gottesdienst gleichgestellt

  Der Text ist ein deutliches Beispiel für agitatorische Lyrik; es handelt sich um ein Kampflied; die Leser sollen in einer ganz bestimmten Richtung beeinflusst und bewegt werden

Georg Herwegh: Die neue Literatur (Seite 290)

Seite 291 **Aufgaben 1 und 2 (oben)**

1. Zusammenfassung: Kennzeichnung der neuen Literatur

- Kein Schreiben für bevorzugte Gruppen oder Gelehrte, sondern Schreiben für das deutsche Volk.
- Poesie ist nicht salonfähig, sie ist „größte Gleichmacherin auf Erden".
- Deutsches Volk soll seine augenblicklich lebenden jungen Literaten lieben als „Samenkörner der Zukunft".
- Junge Literatur ist „demokratisch"; sie zieht sich nicht zurück, sondern stürzt sich in das „Gewühle der Welt".
- Tendenz wird oft der Schönheit geopfert, weil neue Literatur „Tochter der Kritik"; die besten Schriftsteller haben als Zeitungsredakteure gearbeitet.

2. Die programmatischen Äußerungen treffen insofern auf das Gedicht „Aufruf 1841" zu, weil dieses deutlich ein agitatorisches Tendenzgedicht ist; die Schönheit der Form wird deutlich dem Inhalt und der politischen Wirkung geopfert.

Georg Weerth: Das Hungerlied (Seite 291)

Seite 291 **Aufgaben 1–5 (unten)**

1.–4. Das Gedicht ist in seinem Inhalt, seinem Aufbau (Darstellung der Situation, Forderung, Drohung/Aufzählung der Wochentage) und seiner Zielrichtung **einfach und leicht durchschaubar**. Auch der **Poetizitätsgrad des Textes ist relativ gering** (volkstümlich wirkende, tradierte Form: Vierzeiler mit Kreuzreim, relativ ein-

fache Ausdrücke); es kommt in diesem Text nicht auf die kunstvolle Form an, sondern er wirkt eher als ein Medium zur Mobilisierung der Menschen. Insofern hat das Gedicht deutlich **agitatorischen Charakter**. Es ist ein Kampflied mit Aufrufcharakter und anklagender Intention, das die Massen bewegen soll.
Georg Weerth ist ein Schriftsteller, der deutlich für den untersten Stand, die Proletarier, Partei ergriffen hat. Auch in diesem Gedicht werden **Gedanken des proletarischen Klassenkampfes** propagiert. Trotz der Anrede „Verehrter Herr und König", die auf den ersten Blick respektvoll und ehrerbietig zu wirken scheint, durch die nachfolgende rhetorische Frage „Weißt du die schlimme Geschicht?" aber schnell als Ironie entlarvt wird, ist der Adressat nicht der König, der als der Hauptverantwortliche für das Elend ausgemacht wird. Angesprochen sind vielmehr die hungernden Massen, die diese Situation erkennen sollen. Die letzte Verszeile stellt eine unverhüllte Drohung gegen den König als obersten Repräsentanten des Systems dar. Die letzte Strophe enthält einen deutlichen Appell („Drum lass ...") und endet mit einem überaus drastischen Bild („packen", „fressen"), das die im Proletariat schlummernden animalischen Kräfte andeutet.
Das **lyrische „Wir" verdeutlicht die Solidarität** und das Mitgefühl mit den Leidenden.

Anforderungsbereiche und Erwartungshorizont

- **Inhalt und Aufbau des Textes beschreiben**
  Not der armen Leute: Steigerung
  Struktur des Textes: nach den Wochentagen
  Inhalt: Situation, Forderung, Drohung
- **Erläutern, aus welcher Perspektive der Verfasser die Situation darstellt**
  Wir: Situation der Hungernden und armen Leute (Solidarisierung, Mitgefühl)
- **Die sprachlichen Mittel beschreiben, durch die die Not verdeutlicht wird**
  Steigerung, Reihung: das anaphorische *und* unterstreicht den Gleichklang der Not, die kein Ende nimmt
- **Die Art des Textes und seine Zielrichtung kennzeichnen**
  Volkstümlichkeit, Eingängigkeit, Einfachheit: Titel, Inhalt, Aufbau; politische Lyrik als Agitation; der Text enthält die Drohung einer gewaltsamen Veränderung der Situation („Sonst werden wir sonntags packen/Und fressen, o König, dich!"); als Alternative wird auch in Form einer ultimativen Forderung die Möglichkeit einer „Reform von oben" angedeutet: „Drum lass am Samstag backen ...".

Mögliches Tafelbild zu „Das Hungerlied"

Aufbau

Erste Zeilen: „Verehrter Herr und König ..." — *Ironie*

am Montag:	aßen wir wenig
am Dienstag:	... nicht
am Mittwoch:	darben
am Donnerstag:	Not
am Freitag:	Hungertod
am Samstag:	ultimative Forderung: „Drum lass ...!"

Letzte Zeilen: „Sonst werden wir sonntags packen/Und fressen, o König, dich!" — *Drohung*

Die Schriftsteller des Vormärz wenden sich von der überkommenen Dichtungsauffassung ab, die sich nach ihrer Meinung von der Wirklichkeit entfernt und in eine ästhetisch-moralische Ideenwelt flüchtet. Das Ende der Kunstepoche bedeutet die Forderung, dass Literatur und Kunst in die gesellschaftlichen Verhältnisse verändernd einzugreifen oder sie zumindest kritisch zu spiegeln haben. Diese oft als Tendenzpoesie bezeichnete Literatur bleibt umstritten; sogar Heine schilt das politische Gedicht, weil häufig Botschaft und Tendenz und ästhetischer Wert nicht übereinstimmen und die ästhetische Eigenwertigkeit negiert wird. (1995)

(aus: Werner Riedel/Lothar Wiese: Klausur- und Abiturtraining Deutsch 4 – Einführung in die Lyrik, Aulis Verlag in der Stark Verlagsgesellschaft mbH & Co. KG, 2000)

Alle drei Gedichte unterscheiden sich durch die Thematik (Gebet, Verborgenheit, Abseits, Wunschvorstellungen) von den vorherigen Texten, die eine eindeutige politische Intention und Wirkung verfolgen; zum Teil mit den Mitteln agitatorischer Tendenzliteratur. Demgegenüber zeigen alle vier Texte typische Merkmale der Biedermeierlyrik (Privatsphäre, Rückzug in die Innerlichkeit, Kontemplation, Wehmut). In formaler Hinsicht (Strophik, Reim, Metrum, Poetizität) setzen die Gedichte klassische bzw. spätromantische Traditionen fort. Das Lebensgefühl des Biedermeier ist nicht das eines Sturm und Drang, das sich durch Kraft und Selbstbestimmung definiert (vgl. Goethes Gedicht „Prometheus", s. Schülerband, S. 204f.).

Eduard Mörike: Gebet (Seite 291)

Lyrischer Sprecher redet mit Gott und bittet um Erhörung.

- 1. Strophe: Geschick wird in die Hände Gottes gegeben (Liebes oder Leides).
- 2. Strophe: Bitte/Wunsch des lyrischen Sprechers (Konjunktiv: wollest),
  Thema aus der ersten Strophe (Freuden und Leiden) wird wiederaufgenommen; hier: Bitte darum, die beiden Dinge gleichmäßig zu verteilen.

Eduard Mörike: Verborgenheit (Seite 291)

- 1. und 4. Strophe als Rahmen; Verstärkung der Aussage: Lyrisches Ich fordert sein Gegenüber, die „Welt", auf, es nicht zu verlocken, es allein zu lassen mit seiner „Wonne" und „Pein".
- 2. Strophe: Das lyrische Ich weiß nicht, worüber es traurig ist; „Tränen" und der „Sonne liebes Licht" als Gegensatz und Variation des Gedankens aus Strophe 1 (Wonne/Pein)
- 3. Strophe: Lyrisches Ich ist sich seiner selbst nicht bewusst; erneute Variation: „Helle Freude" und „Schwere, die mich drücket" (vgl. 1. und 2. Strophe)

Mögliche Aussage: Reduzierung des lyrischen Ichs auf eine Privatsphäre, auf eine kontemplative, eher passive Grundeinstellung; der Titel des Gedichts „Verborgenheit" verweist auf die Stimmung des lyrischen Ichs: Melancholie, Schwermut (fallendes Metrum). Das Gedicht ist insofern typisch für die Lyrik des Biedermeier, weil sich das Ich auf eine kontemplative Grundhaltung zurückzieht; es legt Wert darauf, sowohl Wonne und als auch Pein für sich zu haben, selbst damit fertig zu werden? (Insofern lässt sich die Aussage dieses Gedichts mit Mörikes „Gebet" vergleichen.)

Theodor Storm: Abseits (Seite 292)

- In allen vier Strophen wird eine Idylle des Abseits dargestellt. Nur in den letzten zwei Versen – durch einen Gedankenstrich abgesetzt – wird von der „aufgeregten Zeit" gesprochen, die diesen Winkel des Abseits noch nicht erreicht hat. Die vorher dargestellte Ruhe legt nahe, dass dies als Vorzug angesehen wird.
  1. Strophe: Stille, Mittagssonne, Heideduft, Sommerluft
  2. Strophe: Einsamkeit, Sonne, Kätner, Junge
  3. Strophe: Laufkäfer, Bienen, Vogel, Lerchenlaut
  4. Strophe: Mittagsruh, Schlag der Dorfuhr, Träume, Hinweis auf die aufgeregte Zeit
- Diminutivformen in der dritten Strophe verstärken den Eindruck von Harmonie: Panzerröckchen, Glöckchen.
- Regelmäßigkeit des Reims (Paarreim und Kreuzreim, Wechsel von männlicher und weiblicher Kadenz, durchgehend jambisches Metrum, Wirkung ruhiger Gleichmäßigkeit)

Die Aufgabe des Dichters besteht nach Theodor Storm darin, eine Seelenstimmung derart im Gedicht festzuhalten, dass sie durch dasselbe „dem empfänglichen Leser reproduziert wird" (Regina Fasold: Theodor Storm. Metzler Verlag. Stuttgart/Weimar 1997, S. 70).
In diesem Gedicht ist es die Seelenstimmung der Ruhe, Ausgeglichenheit, Zufriedenheit, der Ausgeglichenheit von Mensch und Natur.

Annette von Droste-Hülshoff: Am Turme (Seite 292)

Das Werk der Dichterin fällt zwar in die Zeit des Vormärz, sie gehörte allerdings nicht zu den politisch engagierten Schriftstellern dieser Zeit; wiewohl es bereits eine erste Frauenbewegung gab, durch die der unterprivilegierte Frauenstatus angeprangert wurde, denn in der Restaurationszeit waren die Freiheiten, die den Frauen im Leben und beim Schreiben zugestanden wurden, sehr gering. Annette von Droste-Hülshoff, die sich an einem realistischen Stilbegriff orientierte und ein scharfes Wahrnehmungsvermögen für die sozialen Realitäten in ihrem Umfeld hatte (vgl. ihre Novelle „Die Judenbuche"), gehört in die Denktradition der Aufklärung. In dem Gedicht „Am Turme" fällt besonders der Kontrast zwischen der Anfangsstrophe (Mänade, Lösen der Haare als Symbol für Sehnsucht nach Liebe und Liebesbereitschaft) und der Schlussstrophe (artiges Kind) auf. Das Verb *möchte* verweist die Worte des lyrischen Ichs (eine Frau als Sprecherin) von vornherein in den Bereich von Wunschvorstellungen.

Mögliches Tafelbild

Traum- und Wunschvorstellungen
- „Ich möchte dich kräftig umschlingen" (Z. 6) (Ringer: gleichrangig, stark, Wunsch nach Liebe?)
- Ich möchte springen (vgl. Z. 13) und jagen (vgl. Z. 15) (Jäger: lebenslustig, frei, wild)
- Ich möchte das Steuerruder ergreifen (vgl. Z. 22) (Steuermann: stark, zielstrebig)

„Wär ich ... ": Jäger, Soldat, Mann

Wirklichkeit
„Nun muss ich sitzen so fein und klar ..." (Z. 29) (kindlich, artig, handlungsgehemmt; Frau, die nur heimlich von ihren Gefühlen träumen darf, nur in ihren Vorstellungen und Gedanken ihre fraulichen Wünsche ausleben darf)

Der folgende Zusatztext bietet die Möglichkeit einer weiteren Auseinandersetzung mit der bedeutenden Autorin des Biedermeier Annette von Droste-Hülshoff.

Z **Annette von Droste-Hülshoff: Der Weiher, siehe Seite 212**

Annette von Droste-Hülshoff

Der Weiher

Er liegt so still im Morgenlicht,
So friedlich, wie ein fromm Gewissen;
Wenn Weste seinen Spiegel küssen,
Des Ufers Blume fühlt es nicht;
Libellen zittern über ihn,
Blaugoldne Stäbchen und Karmin[1],
Und auf des Sonnenbildes Glanz
Die Wasserspinne führt den Tanz;
Schwertlilienkranz am Ufer steht
Und horcht des Schilfes Schlummerliede;
Ein lindes Säuseln kommt und geht,
Als flüstre's: Friede! Friede! Friede! –

Das Schilf

„Stille, er schläft! stille, stille!
Libelle, reg die Schwingen sacht,
Dass nicht das Goldgewebe schrille,
Und, Ufergrün, halt gute Wacht,
Kein Kieselchen lass niederfallen.
Er schläft auf seinem Wolkenflaum
Und über ihn lässt säuselnd wallen
Das Laubgewölb der alte Baum;
Hoch oben, wo die Sonne glüht,
Wieget der Vogel seine Flügel,
Und wie ein schlüpfend Fischlein zieht
Sein Schatten durch des Teiches Spiegel.
Stille, stille! er hat sich geregt,
Ein fallend Reis hat ihn bewegt,
Das grad zum Nest der Hänfling trug;
Su, su! breit', Ast, dein grünes Tuch –
Su, su! nun schläft er fest genug."

Die Linde

„Ich breite über ihn mein Blätterdach,
So weit ich es vom Ufer strecken mag.
Schau her, wie langaus meine Arme reichen,
Ihm mit den Fächern das Gewürm zu scheuchen,
Das hundertfarbig zittert in der Luft.
Ich hauch ihm meines Odems besten Duft,
Und auf sein Lager lass ich niederfallen
Die lieblichste von meinen Blüten allen;
Und eine Bank lehnt sich an meinen Stamm,
Da schaut ein Dichter von dem Uferdamm,
Den hör ich flüstern wunderliche Weise
Von mir und dir und der Libell' so leise,
Dass er den frommen Schläfer nicht geweckt;
Sonst wahrlich hätt die Raupe ihn erschreckt,
Die ich geschleudert aus dem Blätterhag.
Wie grell die Sonne blitzt! schwül wird der Tag.
O könnt ich, könnt ich meine Wurzeln strecken
Recht mitten in das tief kristallne Becken,
Den Fäden gleich, die, grünlicher Asbest,
Schaun so behaglich aus dem Wassernest,
Wie mir zum Hohne, der im Sonnenbrande
Hier einsam niederlechzt vom Uferrande."

Die Wasserfäden

„Neid uns! neid uns! lass die Zweige hangen,
Nicht weil flüssigen Kristall wir trinken,
Neben uns des Himmels Sterne blinken,
Sonne sich in unserm Netz gefangen –
Nein, des Teiches Blutsverwandte, fest
Hält er all uns an die Brust gepresst,
Und wir bohren unsre feinen Ranken
In das Herz ihm, wie ein liebend Weib,
Dringen Adern gleich durch seinen Leib,
Dämmern auf wie seines Traums Gedanken;
Wer uns kennt, der nennt uns lieb und treu,
Und die Schmerle[2] birgt in unsrer Hut
Und die Karpfenmutter ihre Brut;
Welle mag in unserm Schleier kosen;
Uns nur traut die holde Wasserfei,
Sie, die Schöne, lieblicher als Rosen.
Schleuß, Trifolium[3], die Glocken auf,
Kurz dein Tag, doch königlich sein Lauf!"

Kinder am Ufer

„O sieh doch! siehst du nicht die Blumenwolke
Da drüben in dem tiefsten Weiherkolke[4]?
Oh, das ist schön! hätt' ich nur einen Stecken,
Schmalzweiße Kelch' mit dunkelroten Flecken,
Und jede Glocke ist frisiert so fein,
Wie unser wächsern Engelchen im Schrein.
Was meinst du, schneid ich einen Haselstab
Und wat' ein wenig in die Furt hinab?
Pah! Frösch und Hechte können mich nicht schrecken –
Allein, ob nicht vielleicht der Wassermann
Dort in den langen Kräutern hocken kann?

Ich geh, ich gehe schon – ich gehe nicht –
Mich dünkt, ich sah am Grunde ein Gesicht –
Komm, lass uns lieber heim, die Sonne sticht!"

(aus: Annette von Droste-Hülshoff: Sämtliche Werke, hrg. von Clemens Heselhaus, Hanser Verlag, München 1959, S. 89–92)

[1] rot

[2] Karpfenfisch

[3] Dreiblatt

[4] Wasservertiefung

Information

Annette von Droste-Hülshoff (1797–1848) entstammt einer alten westfälischen Adelsfamilie. Stark in ihrem konservativ-katholischen Milieu verwurzelt, bezieht sie eine deutliche Position gegen die liberalen Strömungen der Zeit, was möglicherweise das geringe zeitgenössische Interesse an ihrer Dichtung erklärt. Sie versucht, den neuen Strömungen die traditionelle Geborgenheit und Harmonie in Heimat, Familie und Natur entgegenzustellen. Während von den Romantikern Wälder und Ströme als Ausdruck der Natur dargestellt werden, gestaltet sie zum ersten Mal in der deutschen Literatur die Naturbilder von Heide und Moor (vgl. ihre bekannte Ballade „Der Knabe im Moor"). Die Autorin, die sich selbst die Aufgabe stellt, „im Naturgetreuen, durch Poesie veredelt, etwas zu leisten", setzt sich in ihrem Werk mit den für sie unverständlichen und deshalb bedrohlich-chaotischen Bewegungen ihrer Zeit auseinander.

Poetischer Realismus: Der Mensch in der Auseinandersetzung mit dem realen Leben

Einführung

Realismus als eine Schreib- oder Stilform ist nicht an eine bestimmte Zeit gebunden. Im 19. Jahrhundert jedoch wurde der Realismus prägend für eine ganze literarische Epoche. Von poetischem Realismus wird vor allem dann gesprochen, wenn man den literarischen Aspekt stärker betonen will. Die veränderte **realistische und wirklichkeitsbezogene Geisteshaltung** wird besonders durch den Anspruch des technischen Zeitalters und den Aufschwung der Naturwissenschaften eingeleitet. Nicht wenigen Vertretern des poetischen Realismus ging es darum, die **Wirklichkeit der Welt durch Poesie „zurechtzurücken"**. Die harte soziale Realität, wie das soziale Elend des vierten Standes, bleibt weithin ausgespart, ebenso politische Parteinahme wie bei den Schriftstellern des „Jungen Deutschland".

Viele realistische Schriftsteller versuchten, den Verfall des ehemals geordneten Weltbildes mit ihren traditionellen Werten und Bindungen wieder zusammenzufügen. Diese neue Mitte fanden sie oft in überindividuellen Themenbereichen wie Familie, Heimat, Geschichte, Volkstum.

Die Vertreter des Poetischen Realismus waren daran interessiert, die Wirklichkeit wiederzugeben, bemühten sich aber darum, die künstlerische Ausgestaltung des Themas nicht zu vernachlässigen.

Adolph von Menzel: Das Eisenwalzwerk (Seite 293)

Seite 294 **Aufgabe 1 (oben)**

Das Bild stellt das erste große Industriegemälde der deutschen Kunst dar. Es schildert in einem „malerischen" Realismus das Innere einer Fabrikhalle. Sozialkritische oder heroisierende Aspekte werden dabei nicht betont. Bei flackerndem Lichtschein sind die Arbeiter tätig: Die lockere Pinselführung kennzeichnet diesen Maler als einen Künstler zwischen Realismus und Impressionismus.

Deutlich ist die Fabrikhalle mit Maschinen, Zahnrädern, Stangen, Rohren dargestellt. In den Mittelpunkt des Bildes ist die Walzstraße mit dem glühenden Eisen gerückt, um die sich die Arbeiter gruppieren. Das Bild zeigt viele Details; neben den Arbeitern, die mit großen Zangen hantieren, z. B. rechts im Vordergrund einen Arbeiter, dem in einem Korb das Essen gebracht worden ist und der offenbar Mittagspause macht. Deutlich ist das Bild auf die Wirklichkeit der Arbeitswelt bezogen. Das Bild wirkt dynamisch; die meisten Arbeiter sind in Bewegung; man hat den Eindruck, dass die Arbeiter einen Kampf austragen gegen Feuer und Eisen, dass ein großer Lärm herrscht und die Arbeiter sich nur über bestimmte Kommandos verständigen können.

Die Darstellung zeigt deutlich eine künstlerische Gestaltung; so wird besonders bei der Kennzeichnung der Arbeiter die erhellende Wirkung hervorgehoben, die von dem glühenden Eisen ausgeht.

Jeremias Gotthelf: Die Käserei in der Vehfreude (Seite 294)

Seite 294 **Aufgabe 1 (unten)**

Der kurze Auszug kann als programmatisch für die Epoche des Poetischen Realismus angesehen werden.

Besonders im ersten Teil des Textes wird deutlich die **Abkehr von romantischer Fantasie, Subjektivismus und Übersinnlichkeit** vollzogen. So werden in abgrenzend-verneinender Absicht die üblichen Topoi romantischer Darstellungsweise aufgeführt. „Es flöteten keine Nachtigallen ..." (Zeile 2 f.).

Dem wird die objektive Realität gegenübergestellt. Dies machen einzelne Formulierungen deutlich: handfeste Brise, das abgefallene Laub, ...

Zu dieser **deutlich realistischen Schreibweise** passt insbesondere der letzte Satz (Zeile 15–18).

Die in diesem Auszug gegebene Schilderung der Abendatmosphäre verzichtet allerdings nicht auf Poesie. So werden den ironisch-abgrenzend dargestellten romantischen Topoi realistische Bilder und Vergleiche gegenübergestellt; Adjektive und Sprachbilder geben ein anschauliches Bild der Atmosphäre,

zum Beispiel: „Es ging eine handfeste Brise und trieb das abgefallene Laub herum; grau war der Himmel, die Erde hatte ihr Hochzeitskleid, das Blumengewand abgelegt und machte ein Gesicht wie ein ...".
Das Zitat von Fontane (Schülerband, S. 294) kann an dem kurzen Auszug von Gotthelf gut belegt werden. Es kann einerseits bezogen werden auf den Aufbau der Schilderung (Teil 1 und Teil 2), aber auch auf den Zusammenhang der Darstellung von realistisch dargestellter Wirklichkeit und poetischer Sprache.

Gustave Flaubert: Madame Bovary (Seite 295)

Seite 297 **Aufgaben 1–5**

1. Individuelle Lösungen:

- Frau Bovary hat sich durch den Apothekergehilfen Justin Arsen verschafft, um sich das Leben zu nehmen; in dem vorliegenden Romanausschnitt geht es vor allem um ihr Sterben. Das Erscheinen des berühmten Arztes Larivière erregt in dem Dorf allgemeine Aufmerksamkeit. Durch einen einzigen Blick auf das leichenhafte Gesicht der Sterbenden wird ihm klar, dass sie nicht mehr zu retten ist ...
- Frühstück und Gespräch finden im Haus des Apothekers statt.
- In der Apotheke versammelt sich das halbe Dorf, um den berühmten Arzt zu konsultieren. Dieser fährt kurz darauf wieder weg.
- Der Priester bringt die Sterbesakramente.
- Emma Bovary stirbt.

2. Flauberts Erzählweise ist insofern realistisch, als er vor allem das darstellt, was zu hören und zu sehen ist:

- das Gespräch zwischen dem Arzt Larivière und dem Apotheker über die Vergiftung Emmas und den Grund dafür; in drastischer Weise macht der Arzt darauf aufmerksam, was er hätte tun sollen: „Es wäre besser gewesen, ...", Z. 49 f.
- das Aussehen Emmas: „mit unnatürlich aufgerissenen Augen", Z. 78; „Hände krallten sich ... in das Betttuch", Z. 79 f.; „schwere Tränen" quellen aus ihren Augen, Z. 92 f.; „Brust begann jetzt schnell zu atmen", Z. 95; ihre „rollenden Augen verloren ihre Farbe, wie zwei Lichter, die erlöschen", Z. 96 f.
- der Blinde: „mit krächzender Stimme", Z. 106; mit „seinen immer eiternden leeren Augenhöhlen", Z. 108 f.; dieser ist für Emma ein Symbol des Todes, „als sei ihr der Blinde wie ein höllisches Gespenst aus der Finsternis erschienen", Z. 115 f.

Die poetische Durchdringung der Sprache tritt besonders dann in Erscheinung, wenn bildhafte Formulierungen oder Adjektive zur genauen Kennzeichnung genutzt werden, z. B. „Bleich wie eine Statue stand Charles mit rotglühenden Augen am Fußende des Bettes ..." (Z. 80 ff.).
Flaubert verzichtet auf den Ich-Erzähler, wie er seit der Romantik vorherrschend war. Wichtig ist ihm die Unparteilichkeit des Erzählens; daher verzichtet er auf Erklärungen und Kommentare („Der Autor muss in seinem Werk wie Gott im Weltall sein, überall anwesend, nirgends sichtbar.") Allerdings ist der Erzähler durchaus nicht immer neutral, sondern zeigt Emotionen und Empathie, hat zum Beispiel eine gewisse Sympathie für den unbeholfenen Charles Bovary. Flaubert selbst lehnte es ab, seinen Roman dem Realismus zuzuordnen.

3. Besonders deutlich wird das Prinzip Flauberts in der Darstellung der Sterbeszene. Bis ins Detail wird Emmas Sterben dargestellt: ihr leichenhaftes Gesicht, schwere Tränen, tiefer Seufzer, schnelles Atmen, Zunge tritt aus dem Mund, rollende Augen, die erlöschen, Röcheln. Der Zeichner rebelliert mit seiner Karikatur gegen das Prinzip eines mitleidslos beobachtenden Realismus. Flaubert kennzeichnet in seinem Roman nicht nur die Titelfigur und andere Hauptpersonen genau, sondern er beschreibt auch die gesamte Gesellschaft als provinziell, beschränkt und borniert, gehässig, mitleidslos, kommunikationsunfähig, versponnen in die eigene lächerlich-kleinbürgerliche Sicht. So wird zum Beispiel beim Tod Emmas eine künstliche, feierliche christliche Fassade aufgerichtet („Homais glaubte zwar verpflichtet zu sein, die Priester mit den Raben zu vergleichen, die der Leichengeruch anziehe", Z. 71 f.).

4. Die Gesellschaft des Ortes wird u. a. durch folgende Details gekennzeichnet:
- Als der berühmte Arzt kurz vor Emmas Tod eintrifft, wird dies vom Erzähler mit dem „Erscheinen eines göttlichen Wesens“ (Z. 5) gleichgesetzt.
- Charles Bovary, selbst Landarzt, fleht den berühmten Kollegen an, seine Frau zu retten.
- Der Apotheker buckelt vor dem berühmten Arzt; bewirtet ihn in seinem Hause; nimmt seine Vorhaltungen widerspruchslos hin.
- Das halbe Dorf versammelt sich in der Apotheke, um den berühmten Arzt zu konsultieren: die (nichtigen) Gründe dafür sind: Heißhunger, Seitenstechen, Schwindelanfälle, Rheumatismus, ...
- Der Apotheker vergleicht Priester mit „Raben ..., die der Leichengeruch anziehe“ (vgl. auch die Hinweise zu Aufgabe 3); er will seine beiden Söhne mit in das Sterbezimmer nehmen, um sie an den „feierlichen Anblick des Todes zu gewöhnen“ (Z. 75 f.).

5. Im Vergleich zu der Darstellung des Todeskampfes von Emma Bovary wird der Tod Effis in Fontanes „Effi Briest“ als Befreiung dargestellt; dies wird auf eine eher „dezente“ Weise angedeutet. Nach dem letzten Gespräch mit ihrer Mutter erhebt sich Effi und geht ans offene Fenster: „Die Sterne flimmerten, und im Parke regte sich kein Blatt ... Ein Gefühl der Befreiung überkam sie ‚Ruhe, Ruhe.‘“ (S. 118, Z. 40 ff.) Es bleibt bei diesem romantischen Bild am Fenster. Alles, was der Leser noch wissen soll, verlegt der Erzähler in den Schlussteil, der in symbolischer Weise auf den Anfangsteil bezogen wird: „Es war einen Monat später, und der September ging auf die Neige.“ (Z. 45 f.) Alles kann einerseits auf Effis Tod, andererseits auf die glückliche Zeit der Kindheit und Jugendzeit in ihrem Elternhaus bezogen werden: der Monat September, das fallende Laub, die schlichte Marmorplatte mit ihrem Namen, die nicht mehr vorhandene Sonnenuhr, das Gespräch der Eltern, die sich Gedanken über ihr einziges Kind machen, und schließlich der Hund Rollo, der sich der Situation anpasst. Man kann diese Art der Darstellung so kennzeichnen:
- Wiederspiegelung der Wirklichkeit, aber keine unverhüllte Wiedergabe der Wirklichkeit, sondern Wirklichkeit, die von einem bestimmten Standpunkt aus und in bestimmter Weise betrachtet wird,
- verklärende Form der Darstellung,
- eine Darstellung voller Mitgefühl und Diskretion.

Theodor Storm: Der Schimmelreiter (Seite 297)

Seite 298 **Aufgaben 1 und 2 (links)**

1. Der von Theodor Storm in seiner Rahmenerzählung erfundene Erzähler, der kränkelnde und unscheinbare Schulmeister, rückt in diesem Ausschnitt seinen Helden, den Deichgrafen Hauke Haien, in den Mittelpunkt des Geschehens („... in ihm lag es wie nächtlicher Friede. Ein unwillkürliches Jauchzen brach aus des Reiters Brust“, Z. 2 ff.). Er ist überzeugt davon, dass sein Deich, der Hauke-Haien-Deich, halten wird. Voller Schrecken bemerkt er den Deichbruch, ohnmächtig muss er mit anschauen, wie seine Frau und sein Kind in den Fluten umkommen. Wie Hauke Haiens selbstgewählter Tod zu erklären ist, bleibt in der Schwebe:
- Verzweiflungstat?
- Sühne für die Schuld, sein geniales Deichbauwerk über das persönliche Glück mit seiner Familie gestellt zu haben?
- Sühne für die Schuld, einmal an Gott gezweifelt zu haben?
- Mythisch-heroisches Opfer zum Wohl des Dorfes? („Herr Gott, nimm mich; verschon die anderen!“, Z. 63 f.)

2. Die Kunst realistischer Darstellung besteht unter anderem darin, das Geschehen in eine bestimmte Landschaft, in eine bestimmte Wirklichkeit hineinzustellen, in die der Mensch, hier die Hauptfigur Hauke Haien, eingebunden ist. Als Wirklichkeit und Symbol rangieren die Naturgewalt des Meeres und der Deich, die vom Menschen erbrachte Leistung, die die Naturgewalt bändigt. In diesem Ausschnitt werden das Meer und die Gedanken der Hauptperson auf folgende Weise dargestellt:
- durch anschauliche Adjektive: „wie nächtlicher Friede“, Z. 2 f.; „unwillkürliches Jauchzen“, Z. 3; „ein donnerartiges Rauschen“, Z. 6; „schäumend, zischend“, Z. 15
- durch bildhafte Formulierungen („da flog der letzte Wolkenmantel von dem Mond“, Z. 13 f.; „Strudel, der tosend vor ihm hinabstürzte“, Z. 23; „das kreischende Gebell eines kleinen Hundes, das im Sturm vorüberflog“, Z. 29 f.; „ein Brausen wie vom Weltuntergang“, Z. 45; „wie entseelt“, Z. 58

Die „innere Wirklichkeit" der Hauptperson wird in diesem Ausschnitt deutlich dargestellt:
- durch seine Gedanken (z. B. Z. 4 ff.),
- durch die wörtliche Rede (z. B. Z. 34, Z. 47),
- durch rhetorische Fragen (z. B. Z. 8, Z. 29 f.).

Paul Heyse: Zur Theorie der Novelle (Seite 298)

Seite 298 **Aufgaben 1–4 (rechts)**

1. **Forderungen für die Novelle**
- deutliches Grundmotiv
- etwas Eigenartiges und Spezifisches
- starke Silhouette
- ein Inhalt, der sich in wenigen Zeilen wiedergeben lässt
- einfache Grundzüge/einfache Form
- der „Falke" als das Spezifische, das diese Geschichte von anderen unterscheidet

2. Das Beispiel bezieht sich auf die neunte Novelle der Novellensammlung „Decamerone" des Italieners Giovanni Boccaccio. Der „Falke" ist hier als Symbol dafür gemeint, dass die Novelle ein einheitliches, durchgängiges Grundmotiv und eine einsträngige Bauform hat und nicht, wie der Roman, eine größere Anzahl von Themen und Motiven und unterschiedliche Handlungslinien.

3. Auch der Inhalt von Storms Novelle lässt sich mit wenigen Sätzen wiedergeben (siehe Beispiel im Text von Heyse). Der „Falke" könnte in Storms „Schimmelreiter" der Schimmel sein, dieser steht für das Dämonische und Fremdartige, das der Figur des Deichgrafen aus der Sicht der Dorfbewohner anhaftet, aber auch für den Aberglauben der Dorfbewohner und ihre Ohnmacht gegenüber der dämonischen Genialität des Deichgrafen (und wohl auch seiner Überheblichkeit).

4. In Heinrich von Kleists Novellen (s. Schülerband, S. 269 f. und S. 271 f.) geht es im Gegensatz zu Storms Novelle nicht um den Zusammenhang von Mensch und Natur, sondern um Folgendes:
- In der Novelle „Die Marquise von O." geht es um die Rolle des Menschen und seines Selbstgefühls im Verhältnis zu einer Welt, die keine verlässliche Orientierung zu bieten vermag. (Falke?)
- In der Novelle „Das Erdbeben in Chili" geht es um die Verbindung von Liebenden ungleichen Standes, um die Normen verletzende Geburt eines unehelichen Kindes sowie den Untergang der Liebenden durch einen entfesselten Mob. (Falke?)

In beiden Novellen Kleists geht es um das für diesen Dichter so typische Motiv der „Verwirrung der Gefühle". (Falke?)

Theodor Fontane: Die Brück' am Tay (Seite 299)

Seite 299 **Aufgaben 1–3**

1. Fontane schrieb die Ballade am 6. Januar 1880 unter dem Eindruck der Eisenbahnkatastrophe bei Dundee (Schottland), bei der die Eisenbahnbrücke am Firth of Tay in der Nacht vom 28. zum 29. Dezember bei einem Sturm zusammenbrach. Als Quelle diente ihm der Bericht der „Vossischen Zeitung" vom 30.12.1879 (vgl. Fußnote 1 im Schülerband).
In der Ballade, die wie ein Triptychon aufgebaut ist, wird die Welt der Menschen und der Technik und das real fassbare Geschehen eingerahmt von den beiden „Hexenstrophen"; so wird die Menschenwelt schicksalhaft bestimmt von der Welt der Geister – offenbar repräsentieren diese die unberechenbaren Naturgewalten. Es geht hier also nicht um das genaue Wiedergeben eines Geschehens des alltäglichen Lebens, sondern um eine Deutung der Geschehnisse: Gefährdung der technischen Werke des Menschen.

2. Zur Aussage der Ballade; Beispiel für individuelle Lösungen:

- Menschenwerk bleibt bedroht durch die irrationalen, übermenschlichen Kräfte der Naturgewalten; Mensch vermag nicht, diese Naturkräfte zu bändigen.
  Gegen Ende des 19. Jahrhunderts feierte der technische Fortschritt Triumphe. Die Eisenbahnbrücke über den Firth of Tay galt damals als Wunderwerk der Technik; das Unglück im Jahre 1879 hat die Menschen der damaligen Zeit sehr bewegt.

3. Beispiele für sprachliche Gestaltung:

- Rahmen der Ballade: Hexenstrophen; offener, stark bewegter Dialog: Undurchschaubares, Unheimliches, Grauenvolles, Irrationales; Menschenwelt wird von Geisterwelt eingeschlossen und schicksalhaft bestimmt; der Mensch ist ausgeliefert und vermag nicht, die Elemente zu bändigen
- personifizierte Lokomotive mit dreifach herausgehobenem Ich (Z. 25–27)
- unbekümmerte, von jugendlichem Optimismus geprägte Aussage Johnies, der die Gefährdung nicht wahrnimmt (Z. 38 ff.)
- Bewusstsein, das Element beherrschen zu können, wird auch durch den achtzeiligen Strophenbau des Mittelteils zum Ausdruck gebracht (Regelmäßigkeit, Paarreim; rhetorische Glätte durch formelhafte Wendungen: „ohne Rast und Ruh", Z. 22; „Ein fester Kessel, ein doppelter Dampf", Z. 40)

Theodor Fontane: Mittag (Seite 300)

Seite 300 **Aufgabe 1**

In dem Gedicht wird die in der Überschrift genannte Tageszeit als „Wirklichkeit" der Natur gekennzeichnet: Stille, weiße Wölkchen am Himmel, Sonnenschein, keinerlei Luftbewegung. Diese Darstellung geschieht jedoch „im Elemente der Kunst" (Fontane), mit den Mitteln der Poesie:

- Strophik, Metrum, Reim, Bildlichkeit, Wiederholung
- Wortfeld „still": Stille, stumm, leis
- Alliteration: weiße Wölkchen, Wies und Wegen
- auffällige Abkehr von Verben verstärkt den Eindruck der Ruhe. Scheinbar widersinniges Paradoxon: „Es ist so still, dass ich sie *höre*,/Die tiefe Stille der Natur." (V. 3 f.)
- deutliche Parallelität im schlichten Bau der Strophen
- weitgehende Übereinstimmung von syntaktischer und metrischer Gliederung (Ausgewogenheit und Gleichmaß)
- deutlich ist die Abkehr von romantischen Dichtungsvorstellungen (Geheimnisvolles, Hintergründiges, Unendlichkeit) vollzogen

Jean François Millet: Die Ährenleserinnen (Seite 300)

Seite 300 **Aufgabe 2**

Der Maler eröffnet einen Blick in die Weite der Landschaft; im Hintergrund des flachen Feldes Strohhaufen und ein Pferdefuhrwerk; im Vordergrund drei Ährenleserinnen in gebückter Haltung bei der Arbeit; hervorgehoben wird die enge Verbindung von Natur und Arbeit; dargestellte Einzelheiten sind der Wirklichkeit entnommen; Details, z. B.: Stoppeln, Kopfbedeckung der Frauen; Kleidung, z. B. Schürze, in der die aufgelesenen Ähren gesammelt werden; künstlerische Darstellung: sommerliche Stimmung, Schatten, verschwimmender Hintergrund, Darstellung der weiten flachen Landschaft.

Theodor Storm: Die Stadt (Seite 300)

Seite 301 **Aufgabe 1 (oben)**

Zum Text

Das Gedicht ist inhaltlich deutlich in **zwei Teile** geteilt. Die **Strophen 1 und 2** bilden den ersten, **Strophe 3** bildet den zweiten Teil des Gedichts.

In den **ersten beiden Strophen** wird das **illusionslose Bild einer Stadt** gezeichnet (es ist offensichtlich Husum gemeint, die Heimatstadt des Dichters Theodor Storm).
Das Adjektiv *grau* wird in der ersten Verszeile gleich zwei Mal gebraucht. Andere Adjektive und Substantivverbindungen verweisen in illusionsloser Weise auf eine eher herbe und trostlose Landschaft (schwer, eintönig, Herbstnacht).
In beiden Strophen fallen dunkle Vokale bzw. Doppellaute auf (a und au). In der zweiten Strophe wird durch die deutliche Negierung positiver Bilder der negative Gesamteindruck verstärkt („Es rauscht kein Wald“, V. 6).
Diesen negativen Darstellungen in den ersten beiden Strophen wird die **dritte Strophe** gegenübergestellt. Den inhaltlichen Kontrast macht bereits das Wörtchen *doch* deutlich. Einzelne Ausdrücke sind positiv konnotiert (Herz, der Jugend Zauber, ruht lachend). Das Adjektiv *grau* aus der 1. Strophe wird zwei Mal wieder aufgenommen.
Jetzt kommt der lyrische Sprecher und damit ein subjektives Bild, das sich dieser von seiner Stadt macht, ins Spiel. Die Stadt wird direkt angesprochen, die Wiederholung der Anrede „Du graue Stadt am Meer“ (V. 12, 15) klingt wie eine Liebeserklärung. Zwischen dem positiven Bild der Stadt in der dritten Strophe und der eher negativ dargestellten Stadt in den Strophen 1 und 2 wird so eine Beziehung hergestellt. Das zweimalige „doch“ betont, dass dem objektiven Bild der Stadt (grauer Strand, Nebel, Eintönigkeit) das subjektiv-positive Bild der Stadt gegenübergestellt wird. Dadurch, dass diese subjektive Sicht die objektive Darstellung der Heimat durchdringt, bekundet sich die **Liebe des lyrischen Ichs zu seiner Heimat**.
Dieses Gedicht ist insofern typisch für die Epoche des Poetischen Realismus, als das Real-Objektive, die erfahrbare Wirklichkeit dargestellt wird. Dabei geht es aber nicht (nur) um diese reale Darstellung der Wirklichkeit, sondern (auch, siehe oben) um eine subjektive Sicht.

Zusammenfassung (Tafelbild)

Objektives Bild	**1. Strophe** • Negative Darstellung **2. Strophe** • Negierung freundlicher Bilder	• illusionslose Darstellung einer Stadt • Trostlosigkeit der Landschaft • Ausdrücke mit negativer Bedeutung – Adjektive: schwer, grau, eintönig – Nomen: Strand, Meer, Nebel, Herbstesnacht – Häufung dunkler Vokale: au, a
Subjektives Bild	**3. Strophe** • Subjektiv positives Bild der Stadt	• Gegensatz zu Strophe 1 und 2: zweimaliges „doch“ • Ausdrücke mit positiver Bedeutung – „mein ganzes Herz“ – „der Jugend Zauber“ – „lächelnd“ • lyrisches Ich: Anrede der Stadt, Liebeserklärung

Friedrich Hebbel: Herbstbild (Seite 301)

Seite 301 **Aufgabe 1 (unten links)**

Die Überschrift kündigt ein Herbstbild an. Es wird aber kein Bild der Natur gestaltet, sondern es ist von einem Herbsttag die Rede. Die Ausdrücke *Früchte, von jedem Baum, fern und nah* deuten auf etwas Allgemeines hin. Der als unvergleichlich erlebte Herbsttag wird als „Feier der Natur“ gepriesen. Der in der herbstlichen Natur beobachtete Wechsel vom Leben zum Tod wird als ein sanfter Übergang („vor dem milden Strahl der Sonne“, V. 8) und als ein harmonisches Geschehen („die schönsten Früchte“, V. 4) gekennzeichnet: Tod wird nicht als ein abruptes, grausames Ende gekennzeichnet, sondern als Vollendung eines Reifeprozesses. Im Bild von der „Lese“ (Ernte) sind die Bereiche Leben und Tod zu einer Einheit gebracht (Spiel mit den Worten „lesen“ und „lösen“). Beide Bereiche stellen die Aspekte einer zur Vollendung gekommenen Reife dar.
Wir wissen, wann und wo das Gedicht geschrieben wurde: 1852 in Wien. Der Verfasser war damals 39 Jahre, nicht mehr jung, aber auch noch nicht alt.

Gottfried Keller: Abendlied (Seite 301)

Seite 301 **Aufgabe 1 (oben rechts)**

- Das Gedicht lässt zunächst an ein romantisches Gedicht denken, insbesondere die Gedanken des lyrischen Sprechers (an den Tod, die letzte Ruhe) könnten dies nahelegen.
- Auch die Form des Gedichts erinnert an ein romantisches Gedicht: regelmäßiger Aufbau; Eindruck von Einfachheit; Motive: Abend, Seelenruhe, Wandern, Sterne.
  Adjektive: *liebe* Fensterlein, *holden* Schein, *müden* Lider, *glimmend, goldnen* Überfluss; Diminutivformen: lieben Fensterlein, Fünklein, Sternlein; lyrischer Ton: freundliche Einstellung des lyrischen Sprechers gegenüber seinem Abenderlebnis

Typisch für den Realisten Gottfried Keller ist (jedoch), dass er nicht – wie bei den Romantikern (z. B. Eichendorff, Brentano, Novalis) üblich – das christliche Weiterleben der Seele nach dem Tode in den Mittelpunkt rückt, sondern deutlich das Diesseitige betont:

„Löscht ihr (die Augen) aus, dann hat die Seele Ruh" (Z. 6). Die Seele wird mit dem Körper begraben. Die letzten Funken der Seele vergehen „Wie von eines Falters Flügelwehn" (Z. 12). Besonders die letzte Strophe und darin vor allem die letzten beiden Verszeilen betonen den Bezug auf das Diesseits: Genossen werden soll der goldene „Überfluss der Welt" (Z. 16). Diesseitsorientierung, die Bejahung des Weltlichen sind typisch für den Realisten.
Das Gedicht des Schweizer Dichters zeigt die Liebe zum Schlichten und Einfachen und zu überlieferten Strophen und Versformen (4 Strophen, jeweils vier Paarreime mit männlicher Kadenz, trochäisches Metrum).

Conrad Ferdinand Meyer: Zwei Segel (Seite 301/Seite 159)

Seite 301 **Aufgabe 1 (unten rechts)**

Als Erzähler (vgl. vor allem seine Novellen) wird C.F. Meyer der Epoche des Realismus zugerechnet. Sein Gedicht „Zwei Segel" kann man als ein symbolisches Liebesgedicht bezeichnen. Es ist allerdings weniger typisch für die Zeit des Realismus (vgl. im Einzelnen die Hinweise auf S. 119 des Lehrer- und Materialienbandes).

Programmatisches

Theodor Fontane: Der Realismus unserer Zeit (Seite 302)
Otto Ludwig: Poetischer Realismus (Seite 302)
Adalbert Stifter: Der Ausgleich von Kleinem und Großem (Seite 302)

Seite 303 **Aufgaben 1–4**

1./2.

	Positionen	Gegenposition/Gegenbeispiel
Theodor Fontane	• Realismus verlangt eine ästhetische, künstlerische Gestaltung der Wirklichkeit: Leben als „Marmorsteinbruch" (Z. 13) • Gestaltung durch Künstler notwendig • Bezug auf die Wirklichkeit ist Voraussetzung • Wahrheit	• Phrasen und Überschwänglichkeiten • nacktes Wiedergeben alltäglichen Lebens • die Lüge, das Forcierte, Nebelhafte, Abgestorbene

	Positionen	**Gegenposition/Gegenbeispiel**
Otto Ludwig	• Welt, die von der schaffenden Fantasie vermittelt ist • der Zusammenhang der Welt und ihrer Gestalten wird in dieser Welt sichtbarer als in der wirklichen Welt • Realismus vereinigt Mannigfaltigkeit, Breite der Wirklichkeit, Einheit der Darstellung	• Begriff des Poetischen Realismus fällt nicht mit Naturalismus zusammen • fantastische, zusammenhanglose Welt • Naturalismus und Idealismus für sich sind jeweils einseitig
Adalbert Stifter	• Realist zeigt die Gesetze der Natur oft im Kleinen, z. B. Rieseln des Wassers • was für die Natur gilt, gilt auch für den Menschen • „sanftes Gesetz", Z. 25	• gewaltige Naturerscheinungen wie Gewitter und Blitz sind nicht größer, sondern kleiner als z. B. das Wehen der Luft, da sie die Ergebnisse einseitiger Ursachen sind • mächtige Bewegungen des Gemüts sind nicht größer als ein Leben in Einfachheit

3. Die Unterschiede der Konzepte liegen vor allem in den unterschiedlichen Akzentsetzungen: Theodor **Fontane** verlangt eine ästhetische Bearbeitung der Vorlagen aus dem alltäglichen Leben. Unter dem „Wahren" versteht er vor allem die ästhetische Gestaltung.
Otto **Ludwig** betont die ästhetische Seite des Poetischen Realismus. Diese Gestaltung zeigt die Breite der Wirklichkeit und zielt zugleich auf das Wahre in den Erscheinungen. Damit wird einerseits eine deutliche Nähe zu Fontanes Position herausgestellt, der ebenfalls eine nackte Wiedergabe der Wirklichkeit ablehnt, andererseits eine Nähe zur klassisch-idealistischen Position (das Wahre hinter den äußeren Erscheinungen deutlich machen).
Nach der Vorstellung Adalbert **Stifters** („das sanfte Gesetz") zeigt der realistische Schriftsteller die Gesetzmäßigkeiten der Natur und des menschlichen Lebens in kleinen, überschaubaren Ausschnitten aus der Wirklichkeit. Hinter dieser Vorstellung steht auch das Misstrauen gegenüber dem großen pathetischen Entwurf.

4. Individuelle Lösungen; Beispiele:
- Otto Ludwigs „Sanftes Gesetz": s. Gottfried Kellers Gedicht „Abendlied" (s. Schülerband, S. 301); s. Theodor Fontanes Gedicht „Mittag" (s. Schülerband, S. 300); s. Jeremias Gotthelfs Romanausschnitt „Die Käserei in der Vehfreude" (s. Schülerband, S. 294)
- Theodor Fontanes Konzept vom Leben als „Marmorsteinbruch", der eine künstlerische Gestaltung verlangt: sein Zeit- und Gesellschaftsroman „Effi Briest" (s. Schülerband, S. 110 ff.) sowie seine Ballade „Die Brück' am Tay" (s. Schülerband, S. 299)
- Georg Büchner: Brief an die Familie (s. Schülerband, S. 139/146); B. ist der Meinung, dass der realistische Autor die menschliche Geschichte zu studieren habe, um „Menschen aus Fleisch und Blut" zu zeigen; er dürfe nicht das Hässliche und Niedrige meiden; insofern sieht er sich in einem gewissen Gegensatz zu dem Idealisten Schiller, nach dessen Auffassung die Literatur die Aufgabe sittlicher Bildung habe und deshalb auch immer die Ideale hinter den Erscheinungen der Wirklichkeit deutlich zu machen habe und die Darstellung des Hässlichen meiden solle.

Naturalismus – Der Mensch als Produkt des realen Lebens: „Kunst = Natur – x“

Seite 305 **Aufgabe 1**

Beide Bilder wirken in ihrer Darstellung naturalistisch; deutlich und ohne Idylle vorspielende Intentionen werden Elend und Not von Menschen der unteren Klassen dargestellt.

- **Kollwitz:** Not und Armut der schlesischen Weber (vgl. Schülerband, S. 286, 289, 310); Geste der Ausweglosigkeit, Hoffnungslosigkeit, Verzweiflung; ausgemergelte Gesichter, dunkle Atmosphäre
  Vgl. auch die Darstellung **„Der Weberzug“**; es ist ein weiteres Bild aus diesem Zyklus (s. Schülerband, S. 197):

  Die Darstellung zeigt auf der einen Seite das Elend der Weber, die **gedrückte Atmosphäre**, die gebeugte Körperhaltung einzelner Menschen, die verhärmten Gesichter, es zeigt aber auch die **ohnmächtige Wut** (z. B. die nach oben gereckte Faust, die die dunkle, Hoffnungslosigkeit ausdrückende Horizontlinie überragt) und macht damit auch eine **sozialkritische Intention** deutlich. Käthe Kollwitz nimmt die Perspektive der Betroffenen ein; die Realitätsnähe löst **Betroffenheit** aus. Typisch für die naturalistische Kunstrichtung ist dabei insbesondere das sehr genaue Registrieren der Wirklichkeit, die Wiedergabe des Wahren, auch wenn es unschön ist.
  (Vgl. zum Thema *Weberaufstand* auch das Gedicht von Heinrich Heine, „Die schlesischen Weber“, s. Schülerband, S. 286.)

- **Zille:** Berliner Straßenszene; Darstellung von Menschen des Proletariats

Programmatische Äußerungen zum Naturalismus

Seite 307 **Aufgaben 1–3**

1. **Zuordnungen**
- Die Kunst bricht mit abgenutzten Schablonen. (Conrady)
- Der Künstler muss ... (Holz: Stubenpoesie)
- Die Kunst zeigt ... (Alberti)
- Die Lyrik wird lediglich ... (Holz: Revolution der Lyrik)
- Die Kunst muss modern sein. (Wolff, Holz: Programm)
- Ein echter Dichter ... (Liliencron)
- Alles kann ... (Alberti)
- Kunst ist ein Ringen nach Erkenntnis ... (Alberti)

2. **Beispiele für weitere Thesen zum Naturalismus**
- Die Dichtung soll den Menschen aus Fleisch und Blut mit all seinen Leidenschaften zeigen, dabei aber die Normen des Kunstwerks einhalten. (Wolff)
- Die Kunst hat als Endziel, das Wesen der Welt zu erkennen. (Alberti)
- Jedes Geschöpf, jeder Vorgang der Natur ist der künstlerischen Verkörperung würdig; es gibt keine Stoffe zweiten Ranges. (Alberti)
- Es kommt darauf an, auszudrücken, was man empfindet. (Holz, Revolution der Lyrik)
- Die Literatur ist für alle Menschen aus unterschiedlichen Schichten bestimmt. (Conrady)

3. Individuelle Lösungen: Die Arbeitsergebnisse zu den Aufgaben 1 und 2 bieten Hinweise.
Beispiel: Anfang für ein Zehnpunkteprogramm:
Unser Manifest
Wir Naturalisten schauen nicht zurück. Unser Kunstideal ist daher die Moderne. Wir stellen daher fest:
1. Unsere Kunst bricht mit den inhaltlichen und formalen Schablonen der Vergangenheit.
2. Wir zeigen die Wirklichkeit mit all ihren Schattierungen.

3. Wir vergessen jedoch nicht, die Regeln eines Kunstwerks einzuhalten.
4. ...

Ernst Haeckel: Lebenszweck und Lebenswert des Menschen (Seite 307)
Ludwig Feuerbach: Vorlesungen über das Wesen der Religion (Seite 308)

Seite 309 Aufgaben 1–3 (oben links)

1. **Kernthesen**

a) Ernst Haeckel
- Der Mensch ist das höchstentwickelte Naturwesen; er ist nur ein winziges Teilchen des universalen Ganzen.
- Für jede Art und Spezies gilt, das jedes einzelne Lebewesen für sich selbst da ist und in erster Linie seine Selbsterhaltung anstrebt.
- Die fortschreitende Entwicklung der Klassen führt zur Bildung neuer Arten.
- Jede besondere Lebensform ist nur eine biologische Episode.

b) Ludwig Feuerbach
- Das Christentum hat sich die Erfüllung der unerfüllbaren Wünsche zum Ziel gesetzt.
- Es hat dem Menschen gegeben, was dieser sich in seiner Einbildung wünscht, aber ihm nicht gegeben, was er in Wirklichkeit wünscht, nämlich ein irdisches, mäßiges Glück.
- Christen erklären es für frevelhaft, das Jenseits zu leugnen, weil dadurch den „Elenden dieser Erde“ die Hoffnung auf ein besseres Jenseits geraubt wird.
- Der Theismus ist „negativ und destruktiv“, weil er das wirkliche Leben und Wesen des Menschen einem Fantasiewesen opfert.
- Der Atheismus ist positiv und bejahend, weil er Fantasievorstellungen durch das wirkliche Wesen und Leben ersetzt.

Vergleich mit Goethes Gedicht „Das Göttliche“: **Goethe** schreibt dem Menschen eine besondere Geltung zu: „Nur allein der Mensch vermag das Unmögliche“ (Z. 37 f.); er spricht von „ewigen, ehrnen/ Großen Gesetzen“ (Z. 32 f.) und von einem unbekannten „Höhern Wesen“ (Z. 8); das Beispiel des Menschen und dessen Wirken lasse den Glauben an das Göttliche zu.

Feuerbach: bezeichnet den Glauben an einen Schöpfergott als destruktiv und die Leugnung Gottes als positiv; will nicht die Existenz Gottes widerlegen, sondern ein bestimmtes Bild von Gott kritisieren (siehe Thesen oben). Der religiöse Glaube habe sich überlebt und sei des denkenden Menschen unwürdig; es bestehe ein Gegensatz zwischen dem Christentum und dem denkenden Geist. (In seiner Studienzeit hatte sich Feuerbach dem angestammten protestantischen Glauben entfremdet; er lehnte den Glauben an einen persönlichen Gott ab; dieser Glaube sei selbstsüchtig; er selbst bekannte sich zum Pantheismus. Die gesellschaftliche Stoßrichtung seiner Gedanken richtete sich gegen restaurativ-religiöse Tendenzen seiner Zeit und gegen traditionelle und kirchliche Gläubigkeit.)

Haeckel: einseitige Position: lässt nur die Gesetze der Natur gelten; Lösung aller Welträtsel ist damit nicht vorstellbar; so sind z. B. Sprache, Moral, Selbstbewusstsein allein mit den Gesetzen der Natur nicht erklärbar.
Für die Vertreter der Weimarer Klassik ist der Mensch die Krone der Schöpfung; er ist einer höheren Macht und den sittlichen Prinzipien humanen Verhaltens in der Gemeinschaft der Menschen verpflichtet; es geht um Ausgleich, Harmonie, sittliche Vervollkommnung; nach der Philosophie des Deutschen Idealismus kommt eigentliche Wahrheit nur dem Idealen, dem Geistigen zu. Gott wird verstanden als „die absolute Einheit der Bedingung aller Gegenstände des Denkens überhaupt“.
(Vgl. auch das Kapitel „Weimarer Klassik“: Veredelung des Menschen durch die schöne Kunst“, S. 206 ff.)

Weitere Hinweise für den Unterricht
Die Schüler informieren sich über die Religionskritik bei:
- Karl Marx (Religion als „Opium des Volkes“)
- Friedrich Nietzsche („Gott ist tot“)
- Sigmund Freud (Religion als „Illusion“ und „infantile Sehnsucht nach einem allmächtigen Vater“)
- Bertrand Russell („Religion stützt sich auf Angst“)

Kontextmaterial

a)
Ludwig Feuerbach

Gott ist eine Projektion[1]

Die **Religion**, wenigstens die christliche, **ist das Verhalten des Menschen zu sich selbst**, oder richtiger: zu seinem Wesen, aber das Verhalten zu seinem Wesen als zu einem anderen Wesen. Das göttliche Wesen ist nichts anderes als das menschliche Wesen, oder besser: das Wesen des Menschen, abgesondert von den Schranken des individuellen, d. h. wirklichen, leiblichen Menschen, vergegenständlicht, d. h. angeschaut und verehrt als ein anderes, von ihm unterschiedenes eigenes Wesen – alle Bestimmungen des göttlichen Wesens sind darum Bestimmungen des menschlichen Wesens. In Beziehung auf die Prädikate, d. h. die Eigenschaften oder Bestimmungen Gottes, wird dies denn auch ohne Anstand zugegeben, aber keineswegs in Beziehung auf das Subjekt, d. h. das Grundwesen dieser Prädikate. Die Verneinung des Subjekts gilt für Irreligiosität, für Atheismus, nicht aber die Verneinung der Prädikate. Aber was keine Bestimmungen hat, das hat auch keine Wirkungen auf mich; was keine Wirkungen, auch kein Dasein für mich. Alle Bestimmungen aufheben ist so viel als das Wesen selbst aufheben. Ein bestimmungsloses Wesen ist ein ungegenständliches, ein nichtiges Wesen. Wo daher der Mensch alle Bestimmungen von Gott entfernt, da ist ihm Gott nur noch ein negatives, d. h. nichtiges Wesen. [...]

Die Religion ist die **Entzweiung des Menschen mit sich selbst**: Er setzt sich Gott als ein ihm entgegengesetztes Wesen gegenüber. Gott ist nicht, was der Mensch ist – der Mensch nicht, was Gott ist. Gott ist das unendliche, der Mensch das endliche Wesen; Gott vollkommen, der Mensch unvollkommen; Gott ewig, der Mensch zeitlich; Gott allmächtig, der Mensch ohnmächtig; Gott heilig, der Mensch sündhaft. Gott und Mensch sind Extreme: Gott das schlechthin Positive, der Inbegriff aller Realitäten, der Mensch das schlechtweg Negative, der Inbegriff aller Nichtigkeiten. Aber der Mensch vergegenständlicht in der Religion sein eigenes geheimes Wesen. Es muss also nachgewiesen werden, dass dieser Gegensatz, dieser Zwiespalt von Gott und Mensch, womit die Religion anhebt, ein Zwiespalt des Menschen mit seinem eigenen Wesen ist. [...]

Der Mensch kann keinen anderen Geist – denn der Begriff des Geistes ist lediglich der Begriff des Denkens, der Erkenntnis, des Verstandes, jeder andere Geist ein Gespenst der Fantasie –, keine andere Intelligenz glauben, ahnen, vorstellen, denken als die Intelligenz, die ihn erleuchtet, die sich in ihm bestätigt. Er kann nichts weiter als die Intelligenz absondern von den Schranken seiner Individualität. Der „unendliche Geist" im Unterschied vom endlichen ist daher nichts anderes als die von den Schranken der Individualität und Leiblichkeit – denn Individualität und Leiblichkeit sind untrennbar – abgesonderte Intelligenz, die Intelligenz für sich selbst gesetzt oder gedacht. [...]

Wir haben bewiesen, dass der Inhalt und Gegenstand der Religion ein durchaus menschlicher ist, bewiesen, dass das Geheimnis der Theologie die Anthropologie, des göttlichen Wesens das menschliche Wesen ist. Aber die Religion hat nicht das Bewusstsein von der Menschlichkeit ihres Inhalts; sie setzt sich vielmehr dem Menschlichen entgegen, oder wenigstens sie gesteht nicht ein, dass ihr Inhalt ein menschlicher ist. Der notwendige Wendepunkt der Geschichte ist daher dieses offene Bekenntnis und Eingeständnis, dass das Bewusstsein Gottes nichts anderes ist als das Bewusstsein der Gattung, dass der Mensch sich nur über die Schranken seiner Individualität oder Persönlichkeit erheben kann und soll, aber nicht über die Gesetze, die Wesensbestimmungen seiner Gattung, dass der Mensch kein anderes Wesen als absolutes, als göttliches Wesen denken, ahnen, vorstellen, fühlen, glauben, wollen, lieben und verehren kann als das menschliche Wesen. [...]

Die Religion ist **das erste Selbstbewusstsein des Menschen**. Heilig sind die Religionen, eben weil sie die Überlieferungen des ersten Bewusstseins sind. Aber was der Religion das Erste ist, Gott, das ist, wie bewiesen, an sich, der Wahrheit nach das Zweite, denn er ist nur das sich gegenständliche Wesen des Menschen, und was ihr das Zweite ist, der Mensch, das muss daher als das Erste gesetzt und ausgesprochen werden. Die Liebe zum Menschen darf keine abgeleitete sein; sie muss zur ursprünglichen werden. Dann allein wird die Liebe eine wahre, heilige, zuverlässige Macht. Ist das Wesen des Menschen das höchste Wesen des Menschen, so muss auch praktisch das höchste und erste Gesetz die Liebe des Menschen zum Menschen sein. Homo homini Deus est[2] – dies ist der oberste praktische Grundsatz, dies der Wendepunkt der Weltgeschichte.

(aus: Ludwig Feuerbach: Das Wesen des Christentums, Reclam Verlag, Stuttgart 1974, S. 400 ff.)

---

[1] Projektion: Übertragung [2] Homo homini Deus est: Der Mensch ist dem Menschen Gott

b)
„Gottesbeweise"

Im Laufe der Geschichte hat man versucht, die Existenz Gottes mithilfe der Vernunft und logischer Verfahren und Schlussfolgerungen zu beweisen. Im Anschluss an Aristoteles entwickelte die Scholastik (theologische „Schulwissenschaft" im Hochmittelalter) verschiedene Arten der Beweisführung, die später neue Ausprägungen (und Kritik) erfuhren.
Der *kosmologische Gottesbeweis* will zeigen, dass jede Ursache eine erste Ursache hat und weiterhin allem scheinbar Zufälligen und Willkürlichen ein absolut Notwendiges, Vollkommenes und Wohlgeordnetes zugrunde liegt. Der *teleologische Gottesbeweis* führt alles Sinnhafte und Zielstrebige auf einen denkenden und schöpferischen Geist zurück. Der *ontologische Gottesbeweis* (nach Anselm von Canterbury, 1033 – 1109) leitet aus der Tatsache, dass der Mensch einen Begriff des höchsten Wesens hat, ab, dass dieses höchste Wesen notwendigerweise existieren muss. Denn da der Mensch selbst unvollkommen ist, kann er den Begriff eines vollkommenen Wesens nicht von sich selbst aus entwickeln. Dieser Begriff muss daher von dem vollkommenen Wesen (Gott) selbst stammen, womit seine Existenz bewiesen ist.
Immanuel Kant verwarf die Gottesbeweise u. a. mit dem Argument, dass das menschliche Erkenntnisvermögen nicht in der Lage sei, zu einer Einsicht über das Wesen und die Existenz des „Unbedingten" zu kommen, welches er aber als Idealvorstellung der Vernunft anerkennt.
Die Gottesbeweise sind nach katholischer Lehre eine mögliche Erkenntnisquelle für Gott; in der evangelischen Theologie, soweit sie sich Kants Einwand angeschlossen hat, spielen die Gottesbeweise nur noch eine historische Rolle.

(aus: Hermann Nink (Hg.): Standpunkte der Ethik, Schöningh Verlag, Paderborn 2005, S. 229)

2. Der Sozialdarwinismus, der im Gefolge der Lehren Darwins entstand, bedeutet eine neue Sichtweise des Menschen. Vor allem die Biologie, die durch die Lehren Darwins in kürzester Zeit revolutioniert wird, begründet und ermöglicht mit ihren neuartigen Erkenntnissen über die Entstehung des Lebendigen eine neue veränderte Blickrichtung auf den Menschen. Der Prozess, religiöse Erklärungen des Naturgeschehens durch präzise Beschreibungen (in den Bereichen der Astronomie, Physik und Chemie) zu ersetzen, beginnt bereits im 14. Jahrhundert und kommt im 19. Jahrhundert zu einem vorläufigen Abschluss.
Die neue Sichtweise des Menschen ist die einschneidendste Konsequenz des Darwinismus. Es besteht kein Anlass mehr, den Menschen als „Krone der Schöpfung" zu betrachten und ihn (im biologischen Sinne) aus dem Tierreich herauszuheben; vielmehr stellt sich die neue Frage nach der biologischen Spezies Mensch im Vergleich zu anderen Arten. Damit wird der Darwinismus zu einem Auslöser der modernen Anthropologie.

3. Ein gemeinsamer Ansatz der Naturalisten war sicher, dass man sich den Herausforderungen der naturwissenschaftlichen Erkenntnisse stellen sollte, vor allem Darwins Evolutionstheorie, dem Positivismus von A. Comte, den Lehren, dass der Mensch durch Abstammung und soziales Milieu geprägt ist. (Der französische Schriftsteller Émile Zola hat die Milieutheorie für seine Romane genutzt.) Die Naturalisten wollen eine wahre Literatur, die der Wirklichkeit möglichst nahekommt, wobei allerdings eine vollständige Identität von Literatur und Wirklichkeit nicht im Sinne der Programmatik ist (vgl. die Formel *Kunst = Natur – x*). Exemplarisch ist hier ein Zitat von Wilhelm Bolsche, der sich entschieden darum bemühte, naturwissenschaftliche Ideen zu popularisieren:

Für den Dichter aber scheint mir in der Tatsache der Willensunfreiheit der höchste Gewinn zu liegen. Ich wage es auszusprechen: Wenn sie nicht bestünde, wäre eine realistische Dichtung überhaupt unmöglich. Erst indem wir uns dazu aufschwingen, im menschlichen Denken Gesetze zu ergründen, erst indem wir einsehen, dass eine menschliche Handlung, wie immer sie beschaffen sei, das restlose Ergebnis gewisser Faktoren, einer äußern Veranlassung und einer innern Disposition, sein müsse [...], erst so können wir hoffen, jemals zu einer wahren mathematischen Durchdringung der ganzen Handlungsweise eines Menschen zu gelangen und Gestalten vor unserm Auge aufwachsen zu lassen, die logisch sind wie die Natur.

(aus: Wilhelm Bolsche: Die naturwissenschaftlichen Grundlagen der Poesie, Leipzig 1887; zitiert nach: Theorie des Naturalismus, Reclam Verlag, Stuttgart 1973, S. 131)

Kaiser Wilhelm II.: Die wahre Kunst (Ausschnitt aus einer Rede am 18. Dezember 1901) (Seite 309)

Seite 309 **Aufgaben 1 und 2 (unten rechts)**

Als Wilhelm II. mit 29 Jahren im Jahre 1888 („Dreikaiserjahr") deutscher Kaiser wurde, setzte man auch unter den Naturalisten große Hoffnungen auf den Monarchen, weil man wusste, dass er für vieles Neue, vor allem Fragen der neuen technischen Entwicklungen, aufgeschlossen war. Diese Hoffnungen erfüllten sich nicht. Die Kunst wurde vor allem wegen ihres Repräsentationswertes geschätzt. Der Kaiser griff in das künstlerische, so auch das literarische Leben ein; in der Spielzeit 1894/1895 ließ er seine Loge im Deutschen Theater in Berlin kündigen, um damit gegen eine Aufführung des Schauspiels „Die Weber" zu protestieren. Der Kaiser und diejenigen, deren gesellschaftspolitischen und ästhetischen Urteilen er folgte, lehnten Folgendes ab:

- die krasse realistische Darstellung von Alltagswirklichkeit,
- die Demonstration von sittlichem Verfall und Elend auf der Bühne,
- die Thematisierung von Alkoholismus und Erbkrankheiten,
- die Darstellung der Lebenswirklichkeit von Menschen in ihrer Abhängigkeit von wirtschaftlichen und gesellschaftlichen Gegebenheiten.

Die Erstaufführung des Dramas „Die Weber" im Jahre 1893 kann wegen der Zensurbehörde nur in geschlossener Vorstellung erfolgen. Der Kaiser selbst kannte das Stück nur aus zweiter Hand.

1. Argumente des Kaisers, die seine Auffassung von Kunst verdeutlichen:

- Kunst schöpft ihre Vorbilder aus der Natur, die sich nach ewigen Gesetzen bewegt (Z. 1 ff.),
- diese Gesetze dürfen nicht überschritten oder durchbrochen werden (Z. 5. ff.),
- ähnlich wie in der Natur ist es in der Kunst, deren Gesetze aus der klassischen Zeit überkommen sind (Analogieargument); diese Gesetze sind: Schönheit, Harmonie, Ästhetik (Z. 8 ff.),
- die Kunst, die sich über diese Gesetze hinwegsetzt, ist Fabrikarbeit, keine Kunst, ein Nichteinhalten der Gesetze bedeutet „Grenzenlosigkeit, Schrankenlosigkeit, Selbstüberhebung" (Z. 23 f.) und eine Versündigung an den „Urquellen der Kunst" (Z. 30),
- Aufgabe der Kunst ist es, erzieherisch auf das Volk einzuwirken (Z. 31 f.); auch die arbeitenden Klassen sollen sich an den Idealen aufrichten und sich an dem Schönen erheben (vgl. Z. 32 ff.),
- das deutsche Volk ist dazu berufen, diese großen Ideen zu hüten und zu pflegen (Z. 37 ff.),
- eine Kunst, die das Elend noch scheußlicher darstellt, versündigt sich am deutschen Volke, sie steigt in den „Rinnstein" (Z. 54) nieder.

Zur Beurteilung; Beispiele für individuelle Lösungen:

- Die Rede ist, wie sämtliche öffentlichen Aussagen Wilhelms II., frei von jeglichen selbstkritischen Tönen: an Wilhelms Hof blühte der Byzantinismus; alle vorgebrachten „Argumente" entbehren einer sachlich argumentativen Grundlage; sind eher als subjektive und normative Vorstellungen zu kennzeichnen: Der Kaiser beruft sich zwar auf allgemeine Gesetze der Schönheit und Harmonie, jedoch wird die Freiheit der Kunst geleugnet bzw. Abweichungen als Missbrauch gekennzeichnet.
- Die Kunst wird verzweckt, indem ihr die Aufgabe zugewiesen wird, das Volk zu erziehen; als nationalistisch und chauvinistisch ist die Ansicht zu bezeichnen, „nur" das deutsche Volk sei berufen, die „großen Ideen zu hüten, zu pflegen, fortzusetzen" (38 ff.).
- Die Kunst der Naturalisten wird als „Rinnsteinkunst" (Z. 54) herabgesetzt.

Weitere Gegenargumente

- Es gibt wohl kaum Kunstgesetze, die (situations- und zeitenthoben) für alle Ewigkeit gültig sind; dies gilt auch für die Kunstgesetze der Antike und der deutschen Klassik. Kunst ist daher immer Kunst in ihrer Zeit.
- Kunst darf nicht für politische Zwecke benutzt werden, zum Beispiel um erzieherische oder nationalistische Ziele zu verfolgen; eines der wichtigsten Merkmale der Kunst ist ihre Freiheit.
- Es gibt keine wie auch immer gekennzeichnete „entartete Kunst".

2. Individuelle Lösungen; Argumente können den Hinweisen (s. Lehrer- und Materialienband, S. 222) zu den Bildern von Käthe Kollwitz (s. Schülerband, S. 197 und S. 305) und den Hinweisen zu Gerhart Hauptmanns Drama „Die Weber" (s. unten) entnommen werden.

Gerhart Hauptmann: Die Weber (Seite 310)

Seite 312 **Aufgaben 1 – 6**

1. Die Einzelheiten der Regieanweisungen verweisen auf die Situation der Weber:
- Kennzeichnung der ärmlichen Behausung: enger niedriger Raum mit verräucherter Balkendecke; niedrige Tür ohne Schloss; Fensterlöcher, die mit Papier verklebt und mit Stroh verstopft sind; Lumpen auf der Ofenstange; hinter dem Ofen wertloses Gerümpel, alte Töpfe; Kartoffelschalen; armselige Stube, zugleich Wohn- und Arbeitsraum
- Kennzeichnung der Personen zeigt das existenzielle Elend der Weberfamilie; Mädchen: magere Schultern, dünner, wächserner Nacken; Mutter Baumert: verkrümmte Alte, Gesicht abgemagert zum Skelett
- symbolische Hinweise: schwarz verräucherte Balkendecke, grell getuschte Heiligenbilder, Geräusch der Spulräder gleicht dem Summen großer Hummeln

Gründe für die überlangen Regieanweisungen zu Beginn des Aktes mögen sein:
- Situation der Weber, ihr Elend in aller Deutlichkeit veranschaulichen
- für eine Inszenierung/Theateraufführung detaillierte Hilfen bieten

Anders als Georg Büchner, der sein soziales Drama „Woyzeck“ in viele kleine Szenen aufteilt, wählt Hauptmann für *sein* Konzept des offenen Dramas fünf Akte; für jeden dieser Akte gibt er am Anfang ausführliche Regieanweisungen.

2. Der 2. Akt (s. Auszug im Schülerband) spielt in einer der armseligen Weberhütten in einem Dorf oberhalb von Peterswaldau. Die Angehörigen des Webers Baumert warten in ihrer ärmlichen Stube (eines Hauses, das dem Weber Ansorge gehört) auf die Rückkehr des Familienvaters. Die Anordnung der Akte ist symmetrisch:
- 1. und 4. Akt: Unternehmer Dreißiger (1. Akt: Warenannahmebüro des Fabrikanten Dreißiger; 4. Akt: Vorzimmer zum Salon in der Villa Dreißiger)
- 2. und 5. Akt: Weber (2. Akt: Weberstube des Webers Baumert; 5. Akt: Weberstube der Familie Hilse in Langebielau)
- 3. Akt: Wirtshaus als halb offizieller Raum

Der Szenenausschnitt macht deutlich:
- Not der Weberfamilie, menschenunwürdige Existenz, Krankheit, tägliche Schufterei am Webstuhl
- Hunger des kleinen Jungen
- Kartoffelschalen (Viehfutter) werden beim Bauern gegen Buttermilch getauscht
- Angst und Sorgen um den Mann bzw. Großvater
- kein Salz mehr im Haus, kein Brot, keine Feuerung
- Personen sprechen die „einfache Sprache“ des Hungers, der Not, der Verzweiflung
- Personen reden im Dialekt (einer dem Hochdeutschen angenäherten Form)
- ökonomische und soziale Bedingungen des Milieus werden verdeutlicht

3. Typisch für die Programmatik naturalistischer Dichtung, zum Beispiel:
- soziale Thematik als Ausweis engagierter Literatur
- realistische Darstellung der Lebenswirklichkeit, u. a. auch verdeutlicht durch detaillierte Bühnenanweisungen
- Elend und Not von Menschen aus unteren sozialen Schichten wird auf die Bühne gebracht
- Schriftsteller bricht mit Hergebrachtem; auch die Sprache der einfachen Menschen wird bühnenfähig
- alles kann zum Gegenstand der Kunst werden, auch das Hässliche, Unschöne
- ein Kollektiv, eine Menschengruppe aus der unteren sozialen Schicht, wird zum „Helden“ eines Dramas

4. Da die Weber sowohl von naturalistischen Befürwortern als auch von konservativen Kreisen (vgl. die Hinweise zur Rede des Kaisers, Lehrer- und Materialienband, S. 226) als ein Beitrag zur sozialpolitischen Auseinandersetzung verstanden wurden, gab es erregte Auseinandersetzungen; Hauptmanns Drama wurde u. a. als politisches Kampfstück rezipiert. Die Freigabe von Aufführungen musste immer wieder gerichtlich erstritten werden. Während des Verbotsprozesses ließ Hauptmann erklären, dass es ihm nicht darum gegangen sei, mit den Webern eine Parteischrift zu verfassen – dies sei für ihn eine Herabwürdigung der Kunst –, sondern er habe dieses Stück historisch und „humanistisch" gemeint („Mitleidsdrama"). Im historischen Sinne haben nicht revolutionäre und antikapitalistische Strömungen und sozialistische Agitationen des Proletariats den Aufstand der Weber im Eulengebirge erzeugt, sondern allein der Hunger und die soziale Not der Armen sowie die Härte der Reichen. Dies zeigt auch das einfache Weberlied (Lehrer- und Materialienband, S. 232 f.). So hat es ganz offenbar auch Gerhart Hauptmann gesehen, denn die Menschen seines Dramas sprechen die „einfache" Sprache des Hungers und der Verzweiflung. Hauptmann selbst ist geborener Schlesier und der Nachkomme einer Weberfamilie; noch sein Großvater webte täglich 12 Stunden; Hauptmann hat diesen Ursprung nicht vergessen.

5. Die herrschenden Mächte und konservativen Kreise reagierten vor allem deshalb mit Ablehnung des Dramas „Die Weber", weil sie darin eine Infragestellung der gesellschaftlichen und politischen Ordnung und eine sozialrevolutionäre Kampfschrift sahen (siehe oben).
Das Gedicht „Die schlesischen Weber" von Heinrich Heine (s. Schülerband, S. 286) mit dem dreifachen Fluch gegen Gott, König und Vaterland ist deutlich – im Zusammenhang der Zeit vor der Revolution von 1848 – wie ein Dolchstoß gegen die herrschenden Mächte gerichtet. Dies war aber nicht die Intention der hungernden Weber. Das Hauptmotiv des Aufruhrs der schlesischen Weber – Hunger und Not – wird in Heines Gedicht nicht erwähnt.

Kontextmaterial

[...] wenn dieses Heine'sche Weberlied statt des unbeholfenen, aber aus der Volksseele geborenen echten Weberliedes im Juni 1844 in den Dörfern des Eulengebirges verbreitet worden wäre, dann wäre kein Stein nach Zwanzigers Hause, eher noch einer nach dem Haupte des Dichters geflogen. Was die hungernden Weber zur Verzweiflung trieb, das Hauptmotiv des Aufruhrs, die Härte und der Übermut der Fabrikanten angesichts der Not der Weber, erwähnt Heine überhaupt nicht, und was ihm die Hauptsache ist, der dreifache Fluch gegen Gott, König und Vaterland, das hätten ihm unter 100 Webern noch nicht 10 nachgesprochen, selbst nicht nach dem Zusammenstoß mit den Soldaten. Vor allem nicht die Gotteslästerung, denn die Weber waren fromme Leute und sind es heute noch. [...] Ebenso wenig haben die Weber jemals ihrem König geflucht, wozu sie auch keine Veranlassung hatten, da alle preußischen Könige mit ihren Sympathien aufseiten der Weber standen, und der Gedanke, dass schlesische Weber ihrem Vaterlande fluchen könnten, ist das seltsamste, was die ideale Dichtkunst jemals hervorgebracht hat. Kein Mensch hängt so an der Heimat, wie der schlesische Weber.

(aus: Paul Marx: Der schlesische Weberaufstand in Dichtung und Wirklichkeit; in: Das Magazin für Litteratur, Berlin, 13. Febr. 1892; zit. nach: Hans Schwab-Felisch/Wolf Jobst Siedler (Hg.): Gerhart Hauptmann: Die Weber. Dichtung und Wirklichkeit, Ullstein, Frankfurt/M. 1959, S. 183 f.)

6. Sowohl Georg Büchners „Woyzeck" (s. Schülerband, S. 140 ff.) als auch Gerhart Hauptmanns „Die Weber" sind soziale Dramen. Der Naturalist Hauptmann hat den Dichter Georg Büchner sehr geschätzt. Die Aussage der Szene „Straße", in der die Großmutter ein Märchen erzählt (s. Schülerband, S. 146), könnte auch auf die Not der Weber bezogen werden, denn auch deren Situation ist aussichtslos. Es ist keineswegs Zufall, dass Georg Büchner gerade von den Naturalisten wiederentdeckt wird; denn er war der erste Dramatiker, der mit Woyzeck als Titelfigur einen Angehörigen des Proletariats auf die Bühne brachte und damit überdeutlich auf die gesellschaftliche Wirklichkeit seiner Zeit Bezug nahm. Für die Naturalisten wurde dies zum Programm erhoben (vgl. auch Gerhart Hauptmanns Dramen „Fuhrmann Henschel", „Rose Bernd", „Die Ratten").

Der folgende Text kann als Zusatztext genutzt werden:

Z **Das Weberlied, „Das Blutgericht", siehe Seite 232 f.**

Das einfache Lied hält wie eine Klammer oder ein Leitmotiv das gesamte Drama „Die Weber" zusammen:

- Im 1. Akt wird es erwähnt,
- im 2. Akt werden einige Strophen vorgelesen,

- im 3. Akt wird es im Wirtshaus gesungen, die Obrigkeit versucht, es zu verbieten,
- im 4. Akt klingt es beim Sturm auf Dreißigers Villa aus dem Fabrikhof herauf,
- im 5. Akt schließlich hört man es „vielhundertstimmig".

Wilhelm Wolff: Elend und Aufruhr in Schlesien (S. 313/289)

Seite 313 **Aufgabe 1**

Vgl. dazu die Hinweise auf S. 207 des Lehrer- und Materialienbandes.

Gerhart Hauptmann: Bahnwärter Thiel (Seite 313)

Seite 314 **Aufgaben 1 und 2**

In diesem Textauszug wird mit der Genauigkeit des **Sekundenstils** das Näherkommen der Eisenbahn beschrieben.

Der Sekundenstil ist eine literarische Technik, die im Naturalismus zum ersten Mal realisiert wird und die eine vollkommene **Deckungsgleichheit von Erzählzeit und erzählter Zeit** anstrebt. Äußere und innere Wirklichkeit werden dabei als gleichgewichtig angesehen, vergleichbar mit der filmischen Darstellung ohne irgendeine zeitliche Raffung oder Dehnung. In sinnlich-anschaulicher Weise wird in diesem Auszug (Z. 31–74) das Herannahen, das Vorbeidonnern und das Verschwinden dargestellt, vom leisen Vibrieren und Summen über das rasende Toben und Tosen bis zum Verschwinden des Zuges, sodass das „alte heilge Schweigen" wieder eintritt.

Im Sekundenstil dargestellt werden auch die einzelnen Tätigkeiten des Bahnwärters, zusammen mit detaillierten Beschreibungen der einzelnen Gegenstände (schmaler, braun gestrichener Tisch, schlitzartige Seitenfenster, kleines rostiges Öfchen, Laterne mit frischem Petroleum, vgl. Z. 5–14).

Der Zug wird als ein Bestandteil der Wirklichkeit dargestellt. Die Beschreibung ist jedoch **nicht nur Beschreibung der Wirklichkeit**, sie verzichtet nicht auf Poesie: auf die Symbolik, auf die Sprache der Bilder (vgl. auch mit der von Arno Holz aufgestellten Formel Kunst = Natur – x). Der Zug wird metaphorisch wie ein dämonisches Lebewesen dargestellt, wie ein Untier oder Ungetüm (er keucht, rast, schnaubt; es ist die Rede von „Schlangen" (Z. 49) und „Hufschlägen" (Z. 63)).

In bildhafter Sprache und in fast schon impressionistischer, symbolistischer Weise werden auch die Natur und die Eisenbahngeleise beschrieben: Sie glichen „einer [...] eisernen Netzmaschine" (Z. 33), „der Wind [...] trieb leise Wellen den Waldrand hinunter" (Z. 35 f.); aus den Telegrafenstangen „tönten summende Akkorde" (Z. 38).

In seiner frühen Novelle „Bahnwärter Thiel" (der knapp 25-jährige Schriftsteller schrieb sie im Jahre 1887) verwendet Hauptmann zahlreiche traditionelle Kunstmittel. So wird insbesondere die Eisenbahnstrecke als zentrales Dingsymbol dargestellt. Stellt man heraus, dass es vielen Naturalisten um eine sozialkritische Intention geht, gibt es in dieser Novelle – atypisch für den Naturalismus – eine wirkliche „Sozialanklage" kaum.

Dennoch enthält das Werk wichtige **naturalistische Aspekte**:

- Im Mittelpunkt der Novelle stehen Personen aus der unteren sozialen Schicht (ein Bahnwärter, eine Kuhmagd),
- Thiel, ein Vertreter der kleinen Leute, wird zu einem gänzlich einsamen Menschen; seine stammelnd oder gestikulierend hervorgebrachten halb bewussten Grübeleien sind Zeichen einer ausweglosen äußeren und inneren Verlassenheit; seine Sehnsucht bleibt unerfüllt, ohne Antwort und Zuflucht. Er wirkt hilflos und ausgeliefert an sein Schicksal und seine Wahnsinnstat. In dem Milieu, in dem Thiel lebt, wird er zugrunde gerichtet; er wird beherrscht von seinem Geschlechtstrieb; dadurch ist er den Reizen seiner vitalen und rohen Frau gänzlich verfallen. (Kritisch ist anzumerken, dass die beiden Frauen Minna und Lene sehr typisierend dargestellt sind.) Der geistige Verfall des Bahnwärters wird von Gerhart Hauptmann klinisch exakt beschrieben. Naturalistisch genau wird die Brutalität Lenes dargestellt, überaus deutlich ist das Blutbad beschrieben, das der wahnsinnig gewordene Bahnwärter angerichtet hat.

Émile Zola: Germinal (Seite 314)

Seite 315

Aufgaben 1–3

Modell für den Hungermarsch, der in dem Romanausschnitt beschrieben wird, ist der Marsch der Pariser Marktfrauen nach Versailles am 5./6. Oktober 1789. Der Bezug auf die Französische Revolution ist auch sonst offensichtlich (Absingen der Marseillaise; Beil wird mit der Guillotine verglichen).

1.

a) Beschreibung der Hungernden:
- Weiber „mit wirren Haaren, gehüllt in erbärmliche Lumpen, aus denen erschlaffte Brüste hervorquollen“ (Z. 15 ff.)
- jüngere „mit pralleren Brüsten und kriegerischen Gesten, schwangen Knüppel“ (Z. 19 f.)
- „hexenhafte Alte ... heulten, dass die Sehnen ihrer fleischlosen Hälse fast zu reißen drohten“ (Z. 20 ff.)
- Männer, „Rasende“ (Z. 23), sangen die Marseillaise

b) Beurteilung der Menschen durch die Beobachterinnen/die Beobachter:
- Spott über den Pöbel; Ekel (vgl. Z. 9 ff.)
- Entsetzen über „abscheuliche Gesichter“ (Z. 34)
- „Banditen“ (Z. 38)
- durch eindrucksvolles „Bild des Grauens angeregt“ (Z. 45 f.)
- Einschüchterung (Z. 47)
- Erstarrung, Furcht (Z. 51 ff.)
- „Angstzustände“ (Z. 54)
- „rotes Gespenst der Revolution“ (Z. 58)
- Horde, fanatisches Getümmel, Barbarenflut (Z. 68 ff.)

2.

Als kennzeichnend für den Naturalismus gelten vor allem folgende Zusammenhänge:
- detaillierte Darstellung der hungernden Grubenarbeiter; Milieuschilderung,
- Klassenkampfthematik: Der Zug der Arbeiter und Frauen wird heimlich beobachtet und bewertet von Mitgliedern der bürgerlichen besitzenden Klasse; Untergangsvisionen von einer kommenden Revolution (Z. 58–79), bei der die bürgerliche Klasse in grauenerregender Weise hinweggefegt wird: „Nichts würde mehr da sein ... kein Titelchen mehr von all den in Jahrhunderten erworbenen Rechten und Gütern!“ (Z. 77 ff.); damit wird die Angst des bürgerlichen Lesepublikums vor der Revolution geschürt,
- anschauliche, zum Teil naturalistisch-drastische Darstellung von Details, z. B.: „... tausend Weiber, mit wirren Haaren, gehüllt in erbärmliche Lumpen, aus denen erschlaffte Brüste hervorquollen ...“, „während hexenhafte Alte so laut heulten, dass die Sehnen ihrer fleischlosen Hälse fast zu reißen drohten.“ (Z. 15 ff.),
- künstlerische Gestaltung des Textes durch bildhafte Ausdrücke, z. B.: die „Augen glühten“ (Z. 25 f.); „die Mäuler waren schwarze Löcher“ (Z. 26); „Jetzt schien die Landstraße einen Blutstrom dahinzuwälzen“ (Z. 41); das „rote Gespenst der Revolution“ (Z. 58).

3.

- Hauptmanns soziales Drama „Die Weber“, in dem die ökonomische und soziale Situation der Weber dargestellt wird und in dem die dramatische Handlung aus der Darstellung des sozialen Konflikts zwischen den Webern und den bürgerlichen Unternehmern, der Polizei u. a. entfaltet wird, findet ein Vorbild in Zolas sozialem Roman „Germinal“. Hier wird ein umfassendes Bild vom Elend der Bergarbeiter geboten sowie die Schilderung eines Arbeitskampfes mit blutigen Revolten, Zusammenstößen mit der Polizei und terroristischen Aktionen von Einzeltätern.
- Ein aktuelles Ereignis, ein blutig niedergeschlagener Bergarbeiterstreik, diente Zola als Anregung für den Roman, in dem er die unmenschlichen Verhältnisse in französischen Bergwerken des 19. Jahrhunderts beschreibt.
- Der Zusammenhang zwischen Hauptmanns sozialem Drama „Die Weber“ und Zolas sozialkritischem Roman „Germinal“ ist offensichtlich; er wurde in Frankreich besonders deutlich gesehen und betont. Die Bezüge sind deutlich (siehe oben), allerdings liegt auch der Hauptunterschied nahe: Während Zola mit seinem Roman unmittelbar auf ein Ereignis seiner Zeit reagiert, wendet sich Hauptmann mit seinem Drama einem Ereignis zu, das 40 Jahre zurückliegt. Er knüpft somit an die Tradition des *Deutschen Vormärz* an (vgl. Heinrich Heines Gedicht „Die schlesischen Weber“, s. Schülerband, S. 286).

Oskar Jerschke: An die oberen Zehntausend (Seite 315)

Seite 316 Aufgaben 1–3 (oben links)

Angesprochen sind, wie in der Überschrift bereits deutlich wird, die Menschen der oberen Schicht der Gesellschaft. In der ersten und zweiten Strophe wird der Gegensatz zwischen „unten“ und „oben“ verdeutlicht.

Palästen	Dunkel enger Gassen
Festen	viertes Stockwerk
mit Schmuck behangen	Kellerwohnung

Deutlich werden Menschen der unteren sozialen Schichten benannt: blutarme Näherinnen, Schuster, sein armes Weib.
In der dritten Strophe wird eine soziale Anklage ausgesprochen („Es würd Euch grausen ...“), die nach einem nochmaligen Vergleich der unterschiedlichen sozialen Welten verstärkt wird zu einer Warnung („Ihr müsstet zittern ...“).

Ludwig Thoma: Magdalena (Seite 316)

Seite 316 Aufgaben 1–3 (unten rechts)

Der Vorspann zu dem kurzen Auszug sowie der Info-Kasten bieten den Schülern Hinweise zur Beantwortung der Aufgaben.

Typisch für das naturalistische Drama
- Titelfigur des Dramas, ein einfaches Mädchen aus dem dörflichen Milieu,
- Dialekt und Umgangssprache,
- sozialkritische Intention: Darstellung der verlogenen, scheinmoralischen Hetzjagd durch die Dorfbewohner, die Leni und ihren Vater aus der dörflichen Gemeinschaft ausgrenzen wollen (zwar wird außereheliche Liebe toleriert, aber für die Liebe darf kein Geld genommen werden); hinter dem Versuch des Bürgermeisters, Leni aus dem Dorf zu verbannen, verstecken sich zudem eigensüchtige Interessen.

Mögliche Motive des Vaters
- einer möglichen Selbstjustiz des Dorfmobs zuvorzukommen
- seine Tochter vor weiterer „Schande“ in der Stadt zu bewahren (vgl. Versprechen gegenüber seiner Frau)
- sieht keinen anderen Ausweg als ihren Tod

Aktualität der Problematik; Beispiele für individuelle Lösungen
- Leni erhält für einen eigenständigen Weg wenig Hilfen; sie wird zum Opfer. In einer Mediengesellschaft wie der unsrigen wird die Wichtigkeit/Notwendigkeit, eigenständig und selbstverantwortlich zu handeln, immer wichtiger, aber auch zunehmend schwieriger.
- Bedeutung/Problematik/Folgen von „Jugendsünden“
- „schwache“ Mitglieder in einer Leistungsgesellschaft
- Schwierigkeiten mancher Mädchen mit Migrationshintergrund, einen eigenen Weg zu suchen, zu finden und durchzusetzen

Anonymer Verfasser

Das Blutgericht

Lied der Weber in Peterswaldau
und Langenbielau

Hier im Ort ist das Gericht,
Viel schlimmer als die Femen,
Wo man nicht mehr ein Urteil spricht,
Das Leben schnell zu nehmen.

Hier wird der Mensch langsam gequält,
Hier ist die Folterkammer,
Hier werden Seufzer viel gezählt
Als Zeugen von dem Jammer.

Die Herrn Zwanziger die Henker sind,
Die Diener ihre Schergen,
Davon ein jeder tapfer schind't,
Anstatt was zu verbergen.

Ihr Schurken all, ihr Satansbrut!
Ihr höllischen Kujone[1]!
Ihr fresst der Armen Hab und Gut,
Und Fluch wird euch zum Lohne!

Ihr seid die Quelle aller Not,
Die hier den Armen drücket,
Ihr seid's, die ihr das trockne Brot
Noch von dem Munde rücket.

Was kümmert's euch, ob arme Leut'
Kartoffeln kauen müssen,
Wenn ihr nur könnt zu jeder Zeit
Den besten Braten essen?

Kommt nun ein armer Webersmann,
Die Arbeit zu besehen,
Find't sich der kleinste Fehler dran,
Wird's ihm gar schlecht ergehen.

Erhält er dann den kargen Lohn,
Wird ihm noch abgezogen,
Zeigt ihm die Tür mit Spott, und Hohn
Kommt ihm noch nachgeflogen.

Hier hilft kein Bitten, hilft kein Flehn,
Umsonst sind alle Klagen;
Gefällt's euch nicht, so könnt ihr gehn,
Am Hungertuche nagen.

Nun denke man sich diese Not
Und Elend dieser Armen;
Zu Hause keinen Bissen Brot,
Ist das nicht zum Erbarmen?

Erbarmen? Ha! ein schön Gefühl,
Euch Kannibalen! fremde;
Ein jeder kennt schon euer Ziel:
Es ist der Armen Haut und Hemde!

Oh! Euer Geld und euer Gut,
Das wird dereinst zergehen
Wie Butter an der Sonne Glut,
Wie wird's um euch dann stehen?

Wenn ihr dereinst nach dieser Zeit,
Nach diesem Freudenleben,
Dort, dort in jener Ewigkeit
Sollt Rechenschaft abgeben?

Doch ha! sie glauben an keinen Gott,
Noch weder an Höll' und Himmel,
Religion ist nur ihr Spott,
Hält sich ans Weltgetümmel.

Ihr fangt stets an zu jeder Zeit,
Den Lohn herabzubringen,
Und andre Schurken sind bereit,
Eurem Beispiel nachzuringen.

Der Reihe nach folgt Fellmann' nach
Ganz frech ohn' alle Bande,
Bei ihm ist auch herabgesetzt
Der Lohn, zur wahren Schande.

Die Gebrüder Hofrichter sind,
Was soll ich ihnen sagen?
Nach Willkür wird auch hier geschind't,
Dem Reichtum nachzujagen.

Und hat auch einer noch den Mut,
Die Wahrheit nachzusagen,
Dann kommt's so weit, es kostet Blut,
Und dann will man verklagen.

Herr Cammlot, Langer genannt,
Der wird dabei nicht fehlen.
Einem jeden ist es wohlbekannt,
Viel Lohn mag er nicht geben.

Wenn euch, wie für ein Lumpengeld,
Die Ware hingeschmissen,
Was euch dann zum Gewinne fehlt,
Wird Armen abgerissen.

Sind ja noch welche, die der Schmerz
Der armen Leut' beweget,
In deren Busen noch ein Herz
Voll Mitgefühle schläget,

Die müssen, von der Zeit gedrängt,
Auch in das Gleis einlenken,
Der andern Beispiel eingedenk
Sich in dem Lohn einschränken.

Ich sage, wem ist's wohl bekannt,
Wer sah vor 20 Jahren
Den übermüt'gen Fabrikant
In Staatskarossen fahren?

---

[1] Kujone: Schufte

Sah man dort wohl zu jeder Zeit
Paläste hoch erbauen?
Mit Türen, Fenstern, prächtig weit,
Ist's festlich anzuschauen!

Wer traf wohl dort Hauslehrer an
Bei einem Fabrikanten?
In Livreen Kutscher angetan,
Staats-Domestiken, Gouvernanten!

(1844)

(aus: Die deutsche Literatur in Text und Darstellung. Vormärz. Band 10, Reclam Verlag, Stuttgart 1975)

Aufgabe

Vergleichen Sie den Text mit Heinrich Heines Gedicht „Die schlesischen Weber" (s. Schülerband, S. 286). Achten Sie besonders auf Zielrichtung/Wirkung und auf die Funktion der sprachlichen Machart.

Basiswissen Deutsch: Zum Nachlesen und Wiederholen

Erweiterter Lernbegriff

Unter Lern- und Arbeitsmethoden sind Techniken, Einstellungen und Gewohnheiten zu verstehen, die der Auswahl, dem Erwerb, der Verarbeitung und dem Weitergeben von Wissensstoff dienen, dem selbstständigen und rationellen Arbeiten, der Zusammenarbeit und der sinnvollen Planung und Gestaltung der eigenen Zeit und der eigenen Ressourcen.

(aus: Regula Schräder-Naef: Schüler lernen Lernen, © 6. Auflage 1996, BELTZ Pädagogik in der Verlagsgruppe Beltz, Weinheim & Basel)

Es geht weniger darum, diese Techniken als weiteren „Lernstoff" im Unterricht zu behandeln – verfehlt wäre ein kontextloses „Abspulen" der einzelnen Arbeitsmethoden –, sondern sie im Zusammenhang mit relevanten Inhalten anzuwenden, ggf. zu wiederholen, das heißt, die in diesem Kapitel aufgeführten **Arbeitstechniken sollten in integrierter Weise im Zusammenhang mit den anderen Kapiteln bearbeitet werden**.

Beispiele

a) Die Beherrschung einer **Inhaltsangabe** durch die Schülerinnen und Schüler ist bei der Bearbeitung von Literatur immer wieder notwendig, um die inhaltlichen Schwerpunkte eines Textes in knapper Form zu benennen und damit auch das inhaltliche Verständnis des Textes zu belegen. Inhaltsangaben zu Romanen oder Dramen sind im Schülerband an unterschiedlichen Stellen zu finden (vgl. Textartenverzeichnis). Auch an diesen Texten können die hier angegebenen Kriterien jeweils überprüft werden.

b) Die Kriterien zur **Filmanalyse** sollten bei der Bearbeitung unterschiedlicher Filme genutzt werden. Im Schülerband wird an etlichen Stellen auf **Literaturverfilmungen** hingewiesen (vgl. Stichwortverzeichnis). Die Kriterien lassen sich auch auf andere Formen von Filmen, zum Beispiel **Werbefilme**, übertragen.

c) Die Fähigkeit, eine **literarische Charakteristik** zu erstellen, benötigt der Schüler immer wieder, um Personen und Personenkonstellationen in literarischen Werken zu kennzeichnen, sowohl in ihrem äußeren Erscheinungsbild als auch in ihrem Charakter und ihrer besonderen Eigenart, ihrer Beziehung zu anderen Menschen, ihrer Entwicklung.

Wichtig ist es, die hier vorgestellten Arbeitstechniken **nicht als Rezepte** zu verstehen (s. o.). Es geht vor allem darum, Schülern unter dem Stichwort **„das Lernen lernen"** zu größerer **Selbstständigkeit** und **Mündigkeit** zu verhelfen. Die Kenntnis der Methoden könnte ihnen dabei helfen, möglichst **eigenständig und aktiv zu lernen**, das heißt die Fähigkeit zu entwickeln, die Lernprozesse, die zur Bewältigung neuer, unvorhergesehener Situationen notwendig sind, selbst auf kompetente Weise zu organisieren.

Wesentlich für diesen Zusammenhang ist die Notwendigkeit, dass **Stoff- und Inhaltsvermittlung einerseits und die Vermittlung von Methoden andererseits wechselseitig aufeinander bezogen werden**. Eine nur methodenorientierte Arbeit (ohne Inhaltsbezug) würde zu Formalismus und Selbstzweck erstarren, eine nur inhaltlich akzentuierte Arbeit ohne Methodenorientierung zur „Stoffhuberei" verkommen.

Die hier aus Gründen der Übersichtlichkeit exemplarisch vorgestellten Arbeitsformen und Methoden sind also deutlich im Zusammenhang zu sehen mit den übrigen Teilen des Buches. In Bezug auf die dort dargestellten Inhalte bietet Methodenbeherrschung und **Methodenreflexion** der Schüler die Gewähr dafür,

- dass inhaltlich-fachliches Lernen wirksam werden kann,
- dass es effektiver (und das heißt auch ganzheitlich in der Vernetzung von Kopf, Herz und Hand, von Person, Sache und Beziehung) vonstattengehen kann,
- dass längerfristiges Behalten ermöglicht wird.

Diese Formen des Lernens dienen nicht zuletzt dem **Verständnis der heutigen Welt**, in der Inhalte und Wissen ungeheuer schnell zunehmen und ebenso schnell auch wieder veralten.

Sie dienen auch dazu, **Rezeptionsfähigkeit und Bereitschaft der Schüler**, sich selbstständig auf die Inhalte des Unterrichts einzulassen, zu fördern; längerfristig könnten sie auch dazu dienen, den einzelnen Lehrer zu entlasten bzw. seine Berufszufriedenheit zu fördern.

Auf die **enge Verbindung von inhaltlichem, methodischem, sozialem und affektivem Lernen** macht Heinz Klippert mit folgender Zusammenstellung aufmerksam:

Erweiterter Lernbegriff			
Inhaltlich-fachliches Lernen	**Methodisch-strategisches Lernen**	**Sozial-kommunikatives Lernen**	**Affektives Lernen**
• Wissen (Fakten, Regeln, Begriffe, Definitionen ...) • Verstehen (Phänomene, Argumente, Erklärungen ...) • Erkennen (Zusammenhänge erkennen ...) • Urteilen (Thesen, Themen, Maßnahmen ... beurteilen) etc.	• Exzerpieren • Nachschlagen • Strukturieren • Organisieren • Planen • Entscheiden • Gestalten • Ordnung halten • Visualisieren etc.	• Zuhören • Begründen • Argumentieren • Fragen • Diskutieren • Kooperieren • Integrieren • Gespräche leiten • Präsentieren etc.	• Selbstvertrauen entwickeln • Spaß an einem Thema/an einer Methode haben • Identifikation und Engagement entwickeln • Werthaltungen aufbauen etc.

(aus: Heinz Klippert: Methodentraining, © 18. Auflage 2009 BELTZ Pädagogik in der Verlagsgruppe Beltz, Weinheim & Basel)

Im Sinne dieses neuen Lernbegriffs ist zu betonen, dass **Lernen ein aktiver und höchst individueller Vorgang** ist; **Vermittlung von Lernstoff ist noch kein Lernen.**

Stoffvermittlung ist lediglich „Aussenden", aber noch lange nicht „Ankommen". Lehrer/Lehrerinnen müssen sich stärker als bisher Gedanken darüber machen, was bei den Lernenden geschieht, denn Lernen ist individuelles, selektives „Aufnehmen, Verarbeiten, Speichern und Abrufen" personenbezogener (= eigener Verhaltensweisen), kognitiver (= Wissen), emotionaler (= Gefühle) und sozialer (= zwischenmenschlicher Verhaltensweisen) „Inhalte".

(aus: Reinhild Miller: Stoffvermittlung ist nicht lernen! Oder: Worüber ich nicht mehr schweigen mag; in: Pädagogik 3/98, S. 29, Beltz Verlag, Weinheim und Basel)

Der Deutschlehrer/die Deutschlehrerin, Fachmann/Fachfrau **für Literatur und Sprache und als Lernhelfer und Lernberater auch Experte für das Lernen**, muss im Sinne des erweiterten Lernbegriffs wissen, wo seine Schüler in kognitiver, emotionaler und sozialer Hinsicht „stehen", ihre Stärken, aber auch ihre Schwierigkeiten kennen.
Mit einem entsprechenden **Fragebogen** (s. S. 236) könnte dies herausgefunden, könnten die Schüler zugleich auch zur Reflexion ihres eigenen Lernens motiviert werden.
Aus der Lernpsychologie ist uns bekannt, dass

- durch Lesen etwa 10 % des Lernstoffs behalten wird,
- durch Hören etwa 20 %,
- durch Sehen etwa 30–40 %,
- durch Hören und Sehen ca. 50 %,
- durch Handeln (darüber sprechen, schreiben, zeichnen, selbst ausprobieren ...) etwa 80–90 %.

Ein mehrkanaliges Lernen mithilfe der unterschiedlichen Sinne bietet daher die beste Gewähr für ein sinnvolles, effektives Lernen im oben beschriebenen Sinne. Wir sollten nicht vergessen, dass wir bei allem, was wir lernen, als ganze Person reagieren.
In Hinblick auf die **handlungsorientierten Methoden der Textarbeit** (vgl. oben) bietet der Schülerband immer wieder Arbeitsmöglichkeiten an.

Fragebogen für Schülerinnen und Schüler der Oberstufe

Damit habe ich	große	beträchtliche	mittlere Probleme	einige	keine
1. Schnell zu lesen und trotzdem zu wissen, was im Text steht					
2. Kritisch zu lesen, Texte zu hinterfragen und einzuordnen					
3. Das Wesentliche eines Artikels oder eines Fachbuches zu erfassen					
4. Von Artikeln und Texten Notizen zu machen, die wichtigsten Punkte knapp zusammenzufassen					
5. Zu behalten, was ich gelesen habe					
6. Eigene Notizen im Unterricht anzufertigen, die übersichtlich sind und die wichtigsten Informationen enthalten					
7. Protokoll von Besprechungen und Diskussionen anzufertigen					
8. Den Überblick über meine Unterlagen zu behalten (Bücher, Hefte, Texte) und schnell zu finden, was ich gerade suche					
9. Gelerntes längere Zeit zu behalten					
10. Mit Aufgaben dann anzufangen, wenn ich es mir vorgenommen habe					
11. Meine Zeit so einzuteilen, dass ich gegebene Termine einhalten kann					
12. Langfristig zu planen					
13. Informationen in Büchern und Bibliotheken zu finden					
14. Informationen aus verschiedenen Quellen zu einem Bericht zusammenzufassen					
15. Selbstständig eine größere Arbeit zu planen und durchzuführen					
16. Eine Diskussion zu leiten oder daran teilzunehmen					
17. Sachliche Kritik zu üben					
18. Kritik von anderen zu ertragen					
19. Mit Computern und Datenbanken umzugehen					
20. Mit andern zusammenzuarbeiten					
21. Einen Vortrag zu halten					
22. Frei zu sprechen					
23. Eine größere Arbeit sinnvoll zu gliedern					
24. Beim Materialsuchen so gezielt vorzugehen, dass nicht eine Fülle von irrelevanten Informationen zusammengetragen wird					
25. Selbst festzustellen, wo ich Lücken habe und was ich nicht verstanden habe					
26. Zu fragen, wenn ich etwas nicht verstanden habe					
27. Eigene Schwerpunkte beim Lernen zu setzen					
28. Sinnvoll zwischen Einzel- und Zusammenarbeit einzuteilen					
29. In Lerngruppen rationell zu arbeiten					
30. Mich bei der Arbeit zu konzentrieren					
31. Mich für die Schule oder für bestimmte Fächer zu interessieren					
32. Mich richtig auf eine Prüfung vorzubereiten					
33. Vor oder während einer Prüfung nicht nervös zu werden					
34. Mich während einer Prüfung auf die gestellten Fragen zu konzentrieren					
35. Während einer Prüfung die Zeit richtig einzuteilen					
36. Flüchtigkeitsfehler zu vermeiden					
37. Den Überblick über große Stoffgebiete zu behalten					
38. Einzelfakten (Vokabeln, Formeln, Daten) auswendig zu lernen					
39. Einen Sinn im Lernen zu sehen					
40. Bei größeren Arbeiten eine sinnvolle Terminplanung vorzunehmen					
41. Mich von Misserfolgen und schlechten Noten nicht entmutigen zu lassen					
42. Regelmäßig zu lernen und nicht nur gelegentlich große Anläufe zu nehmen					

(aus: Regula Schräder-Naef: Lernprobleme an der Oberstufe; in: Pädagogik 3/98, S. 18)

Zur Rechtschreibung und Kommasetzung

Die folgenden Übungstexte und Arbeitsblätter sollen selbstständiges Üben und Vertiefen ermöglichen. Es kann *auch* in der Sek II nicht das Ziel sein, Schülerinnen und Schüler zur Beherrschung *aller* Regelungen zu führen. Es geht vielmehr um die **Ausbildung orthografischer Bewusstheit** und **Selbstständigkeit in der Anwendung** und Begründung, unter anderem auch um die Selbstverständlichkeit, in allen Fächern die Wörterbuchbenutzung zur Gewohnheit werden zu lassen.

Arbeitsblätter zur Rechtschreibung und Kommasetzung

A

Übungen zur Rechtschreibung, siehe Seite 239
Übungen zum Korrekturlesen, siehe Seite 240
Übung zur Anwendung des logischen Lösungsweges, siehe Seite 242
Übungen zur Groß- und Kleinschreibung, siehe Seite 243
Übungen zur Getrennt- und Zusammenschreibung, siehe Seite 247
Übung zum s-Laut, siehe Seite 248
Übungen zur Kommasetzung, siehe Seite 249

Lösungen zu den Arbeitsblättern, Seiten 239–252

Die entsprechenden Lösungen zu den Rechtschreibübungen können jeweils aus den „Grundregeln zur Rechtschreibung" (Schülerband, S. 338 ff.) erschlossen werden.

Lösung zum Arbeitsblatt, Seite 249

In früheren Zeiten

Die ersten Menschen lebten von der Jagd und dem Sammeln von Früchten, Beeren, Wurzeln und Blättern.

Einige der Eingeborenenstämme Australiens, die Aborigines, leben heute noch auf diese Weise. Man spricht von Jägern und Sammlern oder Wildbeutertum. Vor ungefähr 10 000 Jahren fingen die Menschen dann an (,) Getreide anzubauen. Sie rodeten ein Stück Wald, bestellten das so entstandene Ackerland für ein oder zwei Jahre (,) und sie hielten Nutztiere. Wenn dann der Mutterboden ausgelaugt war, zogen die Menschen weiter. Es wurde ein neues Gebiet gesucht, gerodet und bestellt, während der Boden des alten Feldes sich erholen konnte. Man nennt das Waldbauerkultur.

Einige Indianer im Amazonasgebiet leben heute noch so, doch die tropischen Regenwälder sind bedroht, weil sie wirtschaftlich genutzt, abgeholzt und ausgebeutet werden.

Wiederum andere Volksstämme hatten die Lebensgewohnheit, mit den wechselnden Jahreszeiten ihren Tierherden zu folgen, und zwar auf der Suche nach frischem Weideland. Die Lappen in Nordskandinavien und die Bachtiaren im Zagrosgebirge im Iran haben eine solche nomadische Tradition.

Vor mehreren Tausend Jahren züchteten die Menschen bessere Getreidesorten, besonders Weizen. Sie zogen nicht mehr durchs Land, sondern wurden als Bauern sesshaft. Weizen ist sehr nahrhaft (,) und so konnten mehr Menschen als bisher an einem Ort leben und dort ernährt werden. Es entwickelten sich Zivilisationen. Die Bauern lernten ihre Ernteerträge zu vergrößern, um immer mehr Menschen versorgen zu können. So wuchs die Menschheit, doch es gab auch immer wieder Rückschläge: Das saftige Ackerland der Römer in Nordafrika wurde zur Wüste. „Der Schwarze Tod", wie man die Pest nannte, tötete vor 650 Jahren 25 Millionen Menschen in Europa. Mit ihrer Landung in Amerika brachten die Europäer Krankheiten mit, die dort Millionen von Ureinwohnern töteten.

Insgesamt stieg die Weltbevölkerung langsam an – bis ins 18. Jahrhundert. Von diesem Zeitpunkt an begann eine Bevölkerungsexplosion, die noch lange nicht abgeschlossen ist.

(nach: Dennis und Jeremy Leggert: Unternehmen Umwelt: Überleben, Carlsen Verlag, Hamburg 1991 © The Templar Company PLC, Dorking)

Raumfahrt nach dem Jahre 2050?

Die Weltraumingenieure sehen für die zweite Hälfte des 21. Jahrhunderts Aufgaben voraus, die weit über erste Raumstationen hinausgehen. Eine Verlagerung von Industrie auf den Mond und orbitale Raumstationen wäre deshalb praktisch, weil man die irdische Umwelt vor weiterer Zerstörung bewahren könnte.
Die Erde könnte so die Wohnstätte der Menschheit bleiben, für die sie in erster Linie bestimmt ist. Da andererseits der Aufenthalt im Weltraum im zweiten Jahrtausend längst alltäglich wäre, würden bestimmt viele Menschen gerne für längere Zeit im Weltraum leben.
Damit würde das Projekt einer Astropolis, mit dem sich manche Weltraumforscher beschäftigen, aktuell. Die Himmelsstadt, die von ca. 2000 Menschen bewohnt wäre, hätte in jeder Richtung eine Ausdehnung von zwei Kilometern. Während sie um die Erde kreiste, würde sie sich gleichzeitig um ihre Hauptachse drehen.
Menschen könnten, da sie ihr Gewicht nicht zu tragen brauchten, in künstlich erzeugten Luftströmungen wie Vögel fliegen. Sie benötigten nur kleine Flügel, die sie sich an die Arme binden würden.

Lösung zum Arbeitsblatt, Seite 250

Bedrohter Lebensraum

Wenn unsere Gesellschaft unter der Überlast der von ihr selbst erzeugten Umweltprobleme zusammenbricht (und die Jüngeren von uns haben allerbeste Aussichten, den Kollaps noch mitzuerleben), dann werden nicht nur Furcht und Zittern herrschen. Größer als alle Schrecken werden die Überraschung und das ungläubige Staunen darüber sein, dass eine Katastrophe Wirklichkeit wurde, die so lange bloße Möglichkeit geblieben war. Wie sehr Gewöhnung die ohnehin mangelhaft entwickelte Fantasie des Menschen zu narkotisieren vermag, ist unglaublich. Wenn man uns Älteren vor 30 Jahren gesagt hätte, dass eine Zukunft vor uns liegt, in der die Atmosphäre so viele schädliche Substanzen enthält, dass schon das bloße Luftholen Gefahr bedeutet, eine Zeit bevorsteht, in der sich in den Ackerböden Gifte angesammelt haben, deren Ausschwemmung das Trinkwasser ungenießbar macht, und in der weltweite Waldzerstörung, zunehmende Erosion und eine unaufhaltsame Ausdehnung der Wüsten das Klimagleichgewicht auf der Erde aus den Fugen bringt – wenn einer uns das erzählt hätte, wir hätten es ihm nicht geglaubt. Und wenn wir ihm geglaubt hätten, dann hätten wir ihm voller Entsetzen versichert, dass wir in einer solchen Zeit und auf einer solchen Erde nicht würden leben wollen. (13)

Heute leben wir alle in einer solchen Zeit und auf einer derart zugerichteten Erde. Und die meisten finden dieses Leben eigentlich noch immer recht gemütlich. Noch immer ist vom ökologischen Kollaps die Rede, als handle es sich um eine erst noch bevorstehende Gefahr. Als ob die alltäglichen Alarmmeldungen nicht deutlich genug signalisierten, dass der Kollaps längst eingesetzt hat. Doch uns präsentiert sich die Katastrophe als Zeitlupengeschehen – und das scheint uns im Übermaß Zeit zu geben für die Gewöhnung an den Untergang. Angst machen uns daher nicht etwa die Schrecken, die da so unaufhaltsam näher kommen. Nein, es sind jene, die uns mit ihren Warnungen aus unserer Lethargie aufzuscheuchen versuchen. Jene Ruhestörer, die uns mit der Forderung auf die Nerven gehen, wir sollten die altgewohnten Wege verlassen. Die verlangen, dass die Strukturen und Wertmaßstäbe der bestehenden Gesellschaft von Grund auf verändert werden, weil wir andernfalls keine Überlebenschance hätten. (9)

(nach: Hoimar von Ditfurth, 50 Jahre das Beste vom Stern, Gruner und Jahr, Hamburg 1998)

Lösungshinweise zum Arbeitsblatt, Seite 251 f.

Aufgabe 1
Beispiele:
- Lars erfuhr gestern, dass er heute Morgen ein Referat über Gutenberg halten soll.
- Viele Menschen wollten damals am Wissen der Zeit teilhaben, obwohl es nur schwer verbreitet werden konnte.

Aufgabe 2
Beispiel: Als einmal zwei Frösche in eine Molkerei verschlagen wurden, hüpften sie dort herum, wobei einer schließlich in eine Milchkanne fiel ...

Übungen zur Rechtschreibung

Alte Vorschläge und neue Schreibweise

Einheitlichkeit in der deutschen Rechtschreibung gibt es erst seit der Rechtschreibkonferenz von 1901 bzw. seit den sich anschließenden Regelungen der Schreibung im Jahre 1902 durch die Regierungen Deutschlands, Österreichs und der Schweiz. Auf Kosten systematischer und einfacher Lösungen kam dabei ein Kompromiss zustande. Konrad Duden, unter dessen starker Mithilfe die-se Arbeit zum Erfolg einer einheitlichen Schreibung in den deutschsprachigen Ländern führte, war klar, dass das damalige Regelwerk große Mängel enthielt. Er hoffte, die Rechtschreibung würde eines Tages vereinfacht. Er zitierte deshalb in einem Artikel Prof. Dr. Brenner, der das gleiche Ziel verfolgte:

Di bisherige deutsche rechtschreibung schädigt durch nutzlose gedächtnisbelastung und die dadurch bewirkte überbürdung di geistige und leibliche gesundheit unserer jugend. Indem si der schule di kostbarste zeit, dem kinde lust und freude am lernen raubt, ist si der schlimste hemschu unserer folksbildung. Si wirkt ferdummend, imdem sie unter groser kraftfergeudung ferstand und gedächtnis zu gegenseitigem kampf zwingt. Trotz aller aufgewanten müe – sie heist mit recht „das schulmeisterkreuz" – gelingt es der schule doch nicht, si dem gröseren teil unsrer jugend fürs spätere leben einzuprägen. Über neun zentel unseres folkes haben sie entweder ni sicher erlernt oder doch bald nach der schule wider vergessen. Dadurch wirt die soziale kluft zwischen den so genannten gebildeten und ungebildeten künstlich fertift. Si erschwert die ausbreitung der deutschen sprache, indem si deren natürliche schwirigkeiten noch durch eine anzahl künstlicher, willkürlich ersonnener fermert.

(aus: T. W. Rein (Hg.): Enzyklopädisches Handbuch der Pädagogik, Bd. 7, Verlag Hermann Beyer und Söhne, Langensalza [2]1908)

Aufgaben

1. Weisen Sie die Vereinfachung, die Dr. Brenner vorschlägt, nach und unterstreichen Sie jeweils zwei Beispiele. Notieren Sie die Beispiele in der heute gültigen Schreibweise.

- zur Kleinschreibung der Nomen deutsche Rechtschreibung (Z. 1)
- zur Schreibung des i-Lautes ______
- zur Schreibung des s-Lautes ______
- zur Schreibung des f-Lautes ______

2. Schreiben Sie danach den Text in der heute gültigen Rechtschreibung auf.

Übungen zum Korrekturlesen

Aufgaben

1. Korrigieren Sie jeweils die Rechtschreibfehler in folgenden Artikeln. (Die Fehlerstellen sind durch einen Strich am Rand gekennzeichnet.)

2. Führen Sie eine Fehlerdiagnose durch, indem Sie die einzelnen Fehler folgenden Fehlertypen zuordnen:

- visueller Fehler (schwierige Merkwörter, für die es keine Ihnen bekannte Regel gibt und die man daher durch Einprägen lernt, sind falsch geschrieben),
- logischer Fehler (hier wird nicht abgeleitet im Sinne des Stammprinzips/hier ist eine wichtige Regel nicht beachtet worden),
- akustischer Fehler (hier wird gegen die standardsprachliche Aussprache verstoßen/der Fehler hätte herausgehört werden müssen),
- Flüchtigkeitsfehler (zum Beispiel wird aus nicht einsehbaren Gründen ein Buchstabe ausgelassen).

Sozialverhalten bei Orang-Utans

|| Das tüpische Sozialverhalten bei Orang-Utans beschränkt sich auf gemeinsames umherziehen
| oder Ausruhen und gegenseitiges Toleriren beim Fressen. Nur ab und zu teilen sie ihr Futter
| oder pflegen sich gegenseitig das Fell – ganz anders als die gemütliche Großfamilien der Goril-
| las oder die lärmenden, streitenden und spielenden Horden der Schimmpansen.
| Trotz ihres Eigenbrötlertums leben Orang-Utans in einem komplitzierten Beziehungsgeflecht.
Sie erkennen einander individuell, als Persönlichkeiten. Je nachdem, mit wem sie es zu tun ha-
|| ben, reagieren sie zutraulig, gleichgültich, ängstlich oder aggressiv. Eine Beziehung zwischen
| zwei Tieren kann ein Leben lang bestehen, auch wenn sie sich selte sehen. Galdikas beobachtete
| einmal die Begegnung einer Orang-Mutter mit ihrer Tochter, die nachweißlich seit über zehn
Jahren voneinander getrennt gelebt hatten: Die beiden Weibchen turnten aufeinander zu, um-
armten sich und zogen vier Tage gemeinsam durch den Dschungel. [...]
Nach neun Monaten bringt das Orang-Weibchen ein Junges im Schlafnest, hoch oben in den
||| Baumwipfeln, zur Welt. Das mit rotem Flauhm beharte neugeborene wiegt etwa eineinhalb Ki-
logramm, Zwillingsgeburten sind selten. Das Junge ist vollkommen auf seine Mutter angewie-
sen. Bis ins zweite Lebensjahr hinein klammert es Tag und Nacht an ihrem Fell. Dann beginnt
| es zögernd, die nehere Umgebung zu erkunden, bleibt aber immer in Reichweite der Mutter.
[...]
Es dauert mehrere Jahre, bis das Jungtier sein eigenes Schlafnest baut – und das nie weit vom
|| mütterlichen Nest. Die vollständige Apnabelung vollzieht sich im Alter von aht bis zehn Jahren.
Erst jetzt sucht sich die Menschenäffin einen neuen „Lebensabschnittsgefährten" und trägt ih-
ren nächsten Sprössling aus. Ein Orang-Weibchen bringt deshalb im ganzen Leben selten mehr
als drei Junge zur Welt.

(Dieser Text enthält absichtlich eingefügte Rechtschreibfehler. Die Originalfassung stammt von Monika Rössiger: Kauzige Verwandte; in: Bild der Wissenschaft, 6/1998, S. 16 f.)

Keine Menschen-, sondern Gorillarechte

So wie sich die Gegner des Rassismus auf Menschenrechte berufen, so leitet sich die Ethik der
| Tierbefreiung von Tierrechten ab. Allerdinks: Eine totale Gleichberechtigung aller Arten würde
|| uns in letzter Konsequenz zu Vegatariern machen. Denn das schlachten von Tieren, das Jagen
und Fischen wären nicht mehr zulässig.
Peter Singer, einer der Wortführer moderner Tierbefreier, fordert nun auch Menschenrechte für
Menschenaffen, also für Gorillas, Schimpansen, Bonobos und Orang-Utans. Seine Forderung
| leitet er u. a. von der Erkenntnis ab, daß Menschenaffen mit Menschen näher verwandt sind als
z. B. mit Elefanten, Delfinen oder Regenwürmern.

Die Grenze zwischen Mensch und Tir läge demnach also zwischen Orang-Utan und Gibbon – aus zoologischer Sicht ist dies nicht nachvollziehba. Doch auch aus Ethischer Sicht erheben sich Einwände: Es muß einleuchten, dass Gerechtigkeit, die einer Ursehnsucht des Menschen entspricht, nicht nur nach Gleichbehandlung, sondern oft auch nach andersbehandlung verlangt. Wir sollten bei allen Gemeinsamkeiten von Menschen und Menschenaffen nicht nur diesen, sondern allen Tierarten das Recht auf Entfaltung ihrer spezifischen Lebensart zugestehen. Gorillas etwa gleichen sowenig Schimpansen wie Menschen. Sie sind z. B. reine Vegetarier, wärend Schimpansen und Menschen fleischliche Kost nicht ablehnen. Sie sind polygam, was zumindest nicht unserer abendlendischen Tradition entspricht. Sie haben keinen festen Wohnsitz, sind also im menschlichen Sinne Landstreicher. Will Singer das ändern?

Gorillas sind – wie viele andere Tierarten – durch die ungebremste Zerstörung der trohpischen Regenwälder in ihrer Existenz bedroht. Erklärte man sie zu Menschen, würde ihre Überlebenschancen nicht wachsen. Wachsen würde allenfalls die Zahl der Ausrottungs-Opfer. Tierbefreier bewegt aber nicht das Schicksal der Gorillas in der Natur, sondern solcher, die sich in zoologischen Gärten befinden. Sie glauben, dass die Zoos nicht in der Lage sind, Tieren die artgemeßen Lebensbedingungen zu bieten, die wir ihnen als unseren Mitgeschöpfen schulden.

Aufbauend auf den Erkenntnissen der Freilandforschung, ist die moderne Tiergartenbiologie aber längst so weit fortgeschritten, dass es Zootieren meist besser geht als den Artgenossen in ihren geschundenen Lebensräumen. Die Zeiten, in denen Gorillas eintzeln oder zu zweit in trostlosen Käfigen vor sich hindämmern, sind vorbei. Heute gibt es in vielen Zoos sozial intackte Familiengruppen, die ihren Ersatzlebensraum Zoo freiwillig wohl kaum verlassen würden.

Für immer mehr Arten wird der Zoo zur letzten Zufluchtsstätte. Die Bestende vieler Arten, vom Balistar über das Löwenäffchen bis zum Sibirischen Tiger, sind inzwischen in den Zoos größer als in der Natur. Und schon gibt es Tierarten, die es nur noch in zoologischen Gärten gibt.

(Dieser Text enthält absichtlich eingefügte Rechtschreibfehler. Die Originalfassung stammt von Prof. Gunther Nogge: Gorillas brauchen keine Menschen-, sondern Gorillarechte; in: GEO Ausgabe 6/1995 Troia, ein Mythos in neuem Licht, Seite 12)

Übung zur Anwendung des logischen Lösungsweges (Erklären durch Ableitungen oder Regeln)

Aufgabe

Setzen Sie den bzw. die richtigen Buchstaben ein; begründen Sie die Schreibung jeweils durch eine Ableitung (Wortfamilie, Wortstamm) oder mithilfe einer Ihnen bekannten Regel.

Zur Wirkung der Medien

(Wirkungen) ______

- Die prägende, stilbildende Wirkun__ der Medien ist nicht zu untersch__tzen. Sie stei__t dort an, wo andere gesellschaftliche Kommunikationsfelder, insbesondere Familie und Schule, ihre stilbildende Kraft verlieren, und wo Eltern und Lehrer als soziale Modelle für alltä__liche, kulturelle und politische Verhaltensmuster ausfallen. Deswegen sind es diejenigen Kinder und Jugendlichen, die aus nicht intakten Familien kommen, bei denen die Medienbo__schaft eine besonders intensive stilbildende Wirkung hat. Denn diese Kinder sind auf die Medien st__rker als andere angewiesen, wenn sie ihr politisches und soziales Weltbil__ entwickeln, und sie wenden sich den Medien auch intuitiv stärker zu. [...]
  (nach: Neil Postman: Allein zu Haus: Kultureller Niedergang durch Fernsehen, in: Bertelsmann Briefe, Juni 1995, S. 4 ff.)

- Meiner Ansicht nach gi__t es – neben der Verbesserun__ der Medienerziehun__ in Kindergarten, Schule und breiter Öffentlichkeit – nur eine Mö__lichkeit der Gegenstrategie: Qualitätskontrol__e. Nur durch ein Medienangebo__, das demokratisch ausgehandelte Mindeststandards erfüllt, kann die weitere Verw__rlosung der Benachteili__ten vermieden werden. Neben dem Ausbau der freiwilligen Sel__stkontrolle finde ich die Idee nicht schlecht, beim Bundespräsidenten einen Sachverst__ndigenrat mit Kontrollfunktion einzusetzen. Ein solches unabh__ngiges Gremium könnte auch als A__ellationsinstanz dienen, an das sich Kinder, Jugendliche, Eltern, Lehrer und Verb__nde wenden können, wenn sie Missst__nde und Verletzungen von Mindeststandar__s beobachtet haben. Auf diese Weise würde eine ständige öffentliche Diskussion über Qualit__tsmerkmale von Sendungen in Massenmedien sta__finden, die mit Sicherheit ihre Spuren hinterließe und den verantwortungslosen Medienanbietern hoffentlich kr__ftig einheizen würde.
  (nach: Klaus Hurrelmann: Qualitätskontrolle! Eine Entgegnung auf Neil Postman; in: a.a.O., S. 8 ff.)

Übungen zur Groß- und Kleinschreibung

Aufgabe

Nomen/Substantive werden großgeschrieben; alle anderen Wortarten werden normalerweise kleingeschrieben. Diese Wortarten können aber unter bestimmten Bedingungen ebenfalls zu Nomen werden und sind dann großzuschreiben.

Schreiben Sie jeweils auf (wie im Beispiel), welche Wortart substantiviert ist (mittlere Spalte) und woran man dies erkennen kann (rechte Spalte).

Großschreibung	Welche Wortart ist substantiviert?	Welche Regel liegt zugrunde?
ein Drittel	Numerale	Artikel *ein*
viel Neues		
das Auf und Ab		
im Großen und Ganzen		
nichts Gutes		
im Nachhinein		
beim Singen		
das Hier und Heute		
ein gewisses Lächeln		
beim Näherkommen		
etwas Wunderbares		
die Schönen		
viel Gutes		
aufs Neue		
im Besonderen		
ohne Wenn und Aber		
jeder Dritte		
eine Fünf		
im Schreiben		
allerlei Wissenswertes		
das Lesen		
das Mein und Dein		
zum Leben		
ein Ach und Weh		
ein großes Klagen		

Übungen zur Groß- und Kleinschreibung

Aufgabe

Mit den folgenden Übungen können Sie beweisen, ob Sie sicher im Erkennen von Nomen/Substantiven und substantivierten Wörtern sind.

- Unterstreichen Sie die Wörter, die großzuschreiben sind.

Wolf Schneider

was wollen leser und hörer?

wenn wir lesen oder zuhören, erwarten wir von der sprache im grunde immer vielerlei: dass sie korrekt, verständlich, angenehm und anregend ist.
wir wollen, dass der schreiber uns nicht mit selbst erfundenen regeln der grammatik oder der orthografie verwirrt: das erschwert und vergällt uns die lektüre, und wer da meint, für unser wichtigstes gesellschaftsspiel, die kommunikation, dürfe jeder sich die regeln selbst ausdenken, der verhält sich wie ein tennispartner, der bei spielbeginn erklärt, er wünsche hier die abseitsregel einzuführen, und zwar sofort.
wir wollen *verstehen*, was der schreiber oder sprecher sagt, und zwar mit wenig mühe: weder mit jenem elitären jargon soll er uns traktieren, von dem im vorigen kapitel die rede war, noch soll er wörter in jene satzschachteln packen, die uns aus vielen deutschen büchern und zeitungen entgegenpurzeln.
verständliches und korrektes deutsch – das sind nur die minimalforderungen, doch schon dass sie erfüllt werden, ist eher die ausnahme. nur ein text, der zugleich korrekt und verständlich ist, kann die höheren weihen erlangen: angenehm soll uns die sprache sein, die wir hören oder lesen – nicht geschwätzig, gespreizt und aufgeblasen, nicht manieriert, abstrakt und floskelhaft.
und schließlich soll es interessant, im idealfall fesselnd sein, was wir zu lesen oder zu hören bekommen. über das, *was* einer sagt, kann eine stillehre nicht befinden. nur davon, *wie* er es sagt, kann sie handeln, auch das wie wünschen wir uns interessant; und dafür gibt es, wenn schon keine regeln, so doch etliche praktikable tipps.

(nach: Wolf Schneider: Deutsch für Kenner. Die neue Stilkunde, Verlag Gruner & Jahr, Hamburg 1987)

- Unterstreichen Sie – außer am Satzanfang – alle großzuschreibenden Wörter; achten Sie insbesondere auch auf Eigennamen.

WOLF SCHNEIDER

DER JARGON HEBT DIE POSITION

SO SCHEINT DIE LAGE SIMPEL: DIE EXPERTEN MÜSSTEN DURCH SOZIALEN DRUCK ZU DER UNBEQUEMLICHKEIT GEZWUNGEN WERDEN, UM DEN EINFACHEN AUSDRUCK ZU RINGEN. DOCH, LEIDER: ES IST NICHT NUR DIE BEQUEMLICHKEIT, DIE DEM ENTGEGENSTEHT; WER MIT EXOTISCHEN BEGRIFFEN KLIRRT ODER POMPÖSE SILBEN ZU EINEM KULLERPFIRSICH RUNDET, HAT DEUTLICH VORTEILE DAVON. *NACH INNEN*, GEGENÜBER DEN KOLLEGEN UND DEN ALTEN HASEN, WEIST DER BENUTZER DES ZUNFTJARGONS SICH AUS ALS EINER DER IHREN: ER DEMONSTRIERT, DASS ER MITHALTEN KANN, ER HAT SICH FÜR EINE KASTE QUALIFIZIERT. [...]

NACH AUSSEN, GEGENÜBER DEM LAIEN, BRINGT DIE BEHERRSCHUNG EINES ZUNFTJARGONS EBENFALLS GEWINN. MAN GRENZT SICH AB VON JENEN DA, DIE SICH NUR IN SCHLICHTEM DEUTSCH AUSDRÜCKEN KÖNNEN; MAN SPÜRT EINEN ABGLANZ DER DIEBISCHEN FREUDE JENER SCHÜLERCLIQUE, DIE EINE GEHEIMSCHRIFT ERFUNDEN HAT, SODASS SIE IM STANDE IST, DAS GROS DER KLASSE VON DER KOMMUNIKATION AUSZUSCHLIESSEN. MIT BOMBASTISCHEN WÖRTERN KANN MAN LAIEN EINSCHÜCHTERN, MIT HOCHTRABENDEM GEREDE „WISSENSCHAFTLICHE IMPOTENZ KOMPENSIEREN" (RALF DAHRENDORF). 30 000 PROFESSOREN IN DER BUNDESREPUBLIK, ZEHNMAL SO VIEL WIE 1958 – WEN WÜRDE ES WUNDERN, WENN DAS WORT-AUFKOMMEN STÄRKER GESTIEGEN WÄRE ALS DIE KOMPETENZ?

(nach: Wolf Schneider: Deutsch für Kenner, a. a. O.)

WOLF SCHNEIDER

UND DIE JOURNALISTEN VERSAGEN

AUCH ALLZU VIELE JOURNALISTEN STELLEN SICH DER AUFGABE NICHT, SICH VOM SNOBISMUS DER EXPERTEN ZU LÖSEN UND NUN IHRERSEITS DIE VERSTÄNDIGUNG MIT IHREN MITBÜRGERN HERBEIZUFÜHREN. MÜSSTE NICHT EBEN DIES IHR OBERSTES ZIEL SEIN, DA DOCH PROFESSOREN, STUDENTEN UND SONNTAGSJÄGER HAND IN HAND VERSUCHEN, SICH VOM GEMEINSAMEN BESTAND DER DEUTSCHEN SPRACHE ABZUKOPPELN, DA ALSO EIN GROSSER UND IMMER NOCH WACHSENDER TEIL DES VOLKES IN EINEN FACHJARGON VERWOBEN IST MIT DEM MEHR ODER WENIGER BEWUSSTEN WUNSCH, *NICHT* VON JEDEM VERSTANDEN ZU WERDEN? JOURNALISTEN SOLLTEN „FACHSPRACHLICH EHER ETWAS NIEDRIGER ZIELEN", ALS ES IHRER VERMUTUNG ÜBER DEN KENNTNISSTAND IHRER LESER ENTSPRICHT, RÄT WEINRICH – UM DADURCH ZU VERMEIDEN, „DASS SIE DIE OHNEHIN DROHENDE EXPERTOKRATIE UNSERER GESELLSCHAFT NOCH VERSTÄRKEN".

TUN SIE DAS? ACH NEIN: DIE SACHKENNTNIS, DIE SPEZIELL IM UMGANG MIT DEN NATURWISSENSCHAFTEN DAZUGEHÖREN WÜRDE, BESITZEN JOURNALISTEN SELTEN, UND SELBST DAS REDLICHE MÜHEN IST VIELEN FREMD: SIE PUTZEN SICH IHRERSEITS MIT DEM FRISCH ERWORBENEN JARGON. ZUM LEBENSGEFÜHL VIELER WIRTSCHAFTSJOURNALISTEN SCHEINT ES ZU GEHÖREN, DASS SIE „VERSCHLÜSSELTE INFORMATIONEN FÜR DIE SCHMALE SCHICHT DER WISSENDEN" BIETEN.

(nach: Wolf Schneider: Deutsch für Kenner, a. a. O.)

- Bestimmen Sie in dem folgenden Text alle Verben.

MEDIENERZIEHUNG

DIE EXPLOSIONSARTIGE VERMEHRUNG DES MEDIENANGEBOTS BEWIRKT BEI VIELEN MEDIENNUTZERN EHER ORIENTIERUNGSLOSIGKEIT. DIE MENSCHEN STEHEN VOR EINER RIESIGEN FLUT VON INFORMATIONEN UND SIND NICHT SELTEN ÜBERFORDERT. DIE MEISTEN BETROFFENEN DURCHSCHAUEN DIESE ZUSAMMENHÄNGE WAHRSCHEINLICH NICHT GANZ. DAS BETRIFFT VOR ALLEM KINDER. DAHER DENKT MAN VIELERORTS DARÜBER NACH, WIE MAN KINDERN DEN SINNVOLLEN UMGANG MIT MEDIEN BEIBRINGEN KANN.

- Bestimmen Sie in dem folgenden Text alle Nomen/Substantive.

sinnvollen umgang mit medien kann man lernen

bei kindern mit der medienerziehung anzusetzen, scheint deshalb sinnvoll, weil viele von ihnen zu oft und zu lange fernsehen und weil kinder den einflüssen der bilder und damit auch den wirkungen der werbung besonders hilflos gegenüberstehen. weil heute bei heranwachsenden die welterfahrung, ebenso vorbilder und lebensorientierung, zunehmend über die medien, allen voran über das fernsehen, erworben werden, ist medienerziehung besonders wichtig. es geht vor allem darum, die stärken und schwächen der unterschiedlichen medien erkennen zu lassen. jugendliche sollten am ende des lernprozesses in der lage sein, die vielfalt der medien kreativ zu nutzen.

- Schreiben Sie den vom Autor in dieser Form verfassten Text nach den Regeln der heute gültigen Rechtschreibung auf.

H. C. Artmann

abenteuer eines weichenstellers

1. Die verantwortung eines weichenstellers der Union Pacific Ges. ist eine große; ihm obliegt die sorge um mensch und vieh, aber auch sachschaden hat er tunlichst zu vermeiden.
2. Der weichensteller besitzt ein buch, in dem er immer liest. 10 Jahre besitzt er dieses buch, aber er beginnt nach seite 77 jedes mal wieder von vorne, weiter würde er es nie lesen, er hat da so eine vorahnung. Blödsinn, murmelt er, und beginnt trotzdem wieder bei seite 1.
3. Die meiste zeit aber raucht er seine geliebte pfeife, er hat keine frau, er sieht den ersten stern am abendhimmel aufglänzen, er geht in das intime grün der brennnesseln hinter dem Haus austreten, er ist sonst ein frühaufsteher und trinkt nach dem essen ein bier.
4. Der letzte zug kommt stets um 21 uhr 35 durch, er sieht den letzten waggon in der ferne verschwinden, der bremser hat ihm zugewinkt, er ist seit jahren sein freund, obgleich er noch nie mit ihm gesprochen hat.
5. Das buch des weichenstellers ist ein alter pennyshocker mit dem titel „Der Mann vom Union Pacific Express“. Heute beschließt er, den roman bis ans ende zu lesen, doch es schwant ihm nichts gutes.
6. Einmal stand ein fremder bremser auf der hinteren plattform des letzten waggons; ob er ein aushelfer war?
7. Gegen 23 uhr wird der weichensteller durch einen ungewöhnlichen lichtschein aufmerksam, er geht vor das Haus und sieht einen zug anrollen, der in keinem fahrplan verzeichnet steht, er rollt vollkommen lautlos an ihm vorbei, auf der plattform des letzten waggons steht der fremde und bläst mundharmonika.
8. Der weichensteller reibt sich die augen, ihm kommt das alles eigenartig vor, er ist ja ganz allein, er geht ins haus zurück, er trinkt ein extrabier und verklebt die seiten 78 bis 126 mit kleister. So, meinte er, wäre es das beste.

(Der Text enthält absichtlich eingefügte Rechtschreibfehler; Originalfassung aus: The Best of H. C. Artmann. Hrsg. Klaus Reichert. H. C. Artmann: Abenteuer eines Weichenstellers, © Suhrkamp Verlag, Frankfurt am Main 1975)

Übungen zur Getrennt- und Zusammenschreibung

Aufgabe

Streichen Sie die nicht zutreffenden Schreibweisen durch. Achtung: In einigen Fällen sind auch beide Möglichkeiten erlaubt.

Bildungskonzepte der Zukunft

Alle reden von Bildung, dem „Megathema“, zu dem es der Bundespräsident erhoben hat. Doch über die konkreten Handlungsschritte zur Umsetzung dieser populären Forderung gehen die Meinungen weit auseinander/weitauseinander.

Letztlich ahnen alle, dass wir neue Bildungskonzepte brauchen, um den Wandel von der Industriegesellschaft/Industrie Gesellschaft alten Typs zur globalisierten Wirtschaft neuen Typs zu meistern. Wie aber soll das gelingen, wenn selbst die vergleichsweise/Vergleichsweise reiche Bundesrepublik meint, am Bildungsetat sparen zu müssen? Trotz der Aufforderung des Bundespräsidenten ist auf Seiten/aufseiten der Politik keinerlei Bereitschaft zu erkennen, die notwendigen Konsequenzen zu ziehen. Wo beim Aufbruch in ein neues Jahrhundert völlig neue Visionen, ein radikales Neudenken/neu denken gefordert wären, fallen den verschiedenen Protagonisten nur alte Rezepte ein, deren Untauglichkeit längst erwiesen ist: So träumt nicht nur der Präsident von einer Rückkehr zu alten Sekundärtugenden, zu verschärfter Auslese und einer Wiederbelebung/wieder Belebung eines an abprüfbaren Einzelleistungen orientierten Leistungsbegriffs. Auch die Interessenverbände der „Wissensarbeiter“, etwa Bildungsgewerkschaften und Hochschulverbände/Hochschul Verbände, unterliegen einem Denkfehler, wenn sie das Heil in erhöhten Zuwendungen sehen. Und was soll die Forderung der Wirtschaft nach einer beschleunigten berufsbezogenen/Berufs bezogenen Ausbildung bringen, wenn sie selbst doch immer weniger bereit ist, Arbeitsplätze bereitzustellen/ bereit zu stellen? Der Glaube, mit einer Rückkehr zu tradierten Bildungskonzepten grundlegende/Grund legende Verbesserungen zu erreichen, ist zu Recht/zurecht erschüttert. Das mag die Zögerlichkeit der Politik erklären, mehr Geld in das Bildungssystem zu stecken. Fast alle ahnen, dass an der Schwelle zur Wissenschaft ein qualitativer Wandel notwendig ist. Was ist der Inhalt dieses Wandels?

Genaugenommen/Genau genommen stehen wir zurzeit mitten in einem Wandel von der industriellen „Schornsteinwirtschaft“ zur „Wissensgesellschaft“. Während in der „Schornsteinwirtschaft“ gesellschaftlicher Reichtum vor allem aus der menschen- und materialaufwendigen vergleichsweise/Vergleichs weise unintelligenten Massenproduktion/Massen Produktion geschöpft wurde, zeichnet sich nun ein neuer Typ des Produzierens und Wirtschaftens ab, der immer mehr in der Lage ist, menschliche Arbeit und energieaufwendig/Energie aufwendig zu bearbeitende Materialströme durch die intelligente Vernetzung von Informationen zu ersetzen. Hierdurch/Hier durch können sowohl der Aufwand an menschlicher Arbeit wie auch der Einsatz von Material und Energie drastisch reduziert werden. Zudem entstehen qualitativ hochwertigere/hoch wertigere und auf die individuellen Bedürfnisse besser zugeschnittene/besserzugeschnittene Produkte in kürzerer Zeit zu geringeren Kosten.

(nach: Olaf Axel Burow: Den gemeinsamen Grund entdecken. Schule als lernende Organisation; in: Schülerheft „Zukunft“, Friedrich Verlag, Seelze 1988, S. 89)

Übung zum s-Laut

Aufgabe

Setzen Sie im folgenden Text den jeweiligen s-Laut (s, ss, ß) richtig ein. Beachten Sie, dass Sie bei *das* und *dass* auch das grammatikalische Prinzip (hier: Wortartenbestimmung) berücksichtigen müssen.

Art Buchwald

Fernsehen als Scheidungsgrund

Hallo, Mutter, ist meine Frau da? – Was hei__t, sie will nicht mit mir sprechen? Das ist ja lächerlich – Ich wei__, da__ sie böse auf mich ist, aber es ist ja fa__t eine Woche her. Wie lange will sie denn noch schmollen? – Nichts ist vorgefallen! Gar nichts. – Du hast nur ihre Darstellung gehört. Am Sonnabend, ja, da fing es an ...

Zugegeben, ich versprach, da__ Laub zusammenzuharken, aber da wu__te ich noch nicht, da__ da__ Spiel Pittsburg gegen Syracuse im Fernsehen gezeigt würde. – Was ist denn Schlimmes dabei, wenn man sich ein Fußballspiel im Fern__ehen an__ieht? – Ja, ja, ich hörte mir auch das Spiel Notre-Dame gegen die Marine im Radio an, aber da__ war da__ gro__e Sportereigni__ der Woche. – Doch, ich sprach mit ihr am Samstagnachmittag. Ich erinnere mich genau, ich fragte sie, warum sie kein Bier auf Ei__ gelegt hätte.

Sie sagt, ich wäre nicht zum E__en gekommen? Da__ entspricht nicht ganz der Wahrheit. Ich mu__te das gro__e Rennen in Aqueduct sehen, und dann kamen die Sportnachrichten, und ich sagte, danach würde ich gleich zu Tisch kommen, aber da__ Glück wollte e__, da__ als Näch_tes ein Hockeyspiel ge__endet wurde. Heutzutage sind nicht mehr viele Hockeyspiele auf dem Bildschirm zu sehen. – Ich sagte ihr, ich wollte vor dem Fernsehapparat e__en, und wei__t du, wa__ sie da antwortete? „Ich führe kein Hotel. Du kannst dir dein E__en selbst holen!“ Ist e__ vielleicht nett, so mit einem Menschen zu reden, der sich ein Hockeyspiel an__ieht?

Ach, Mutter, du wei__t doch, wie sie immer übertreibt. Die Boxkämpfe waren um elf Uhr zu Ende. Als wir heirateten, wu__te sie, da__ ich Boxen liebe. Ich ging gleich nach den Totoergebni__en zu Bett.

Am Sonntag? Ich glaube, ich sagte etwas davon, da__ ich das Laub am Sonntag zusammenkehren wollte, aber zuerst mu__te ich den Bericht über das Spiel Notre-Dame gegen Marine le__en, dann über das gro__e Rennen in Aqueduct und dann über das Hockeyspiel, und ehe ich mich‘s ver__ah, war e__ Zeit für die TV-Übertragung des Spieles Rothäute gegen Adler. – Da__ ist nicht wahr. Ich lie__ sie in_ Zimmer. Ich schickte sie nur hinau__, al__ sie mich fragte, welche Farbe die neuen Vorhänge im Schlafzimmer haben sollten – gerade in dem Augenblick, wo Charley Taylor den Ball hinter die gegnerische Torlinie bringen wollte. –

Da__ hat sie behauptet? – Hat sie dir auch erzählt, da__ sie mir kein Mittage__en geben wollte, wenn ich ihr nicht das schmutzige Geschirr von Samstagabend in die Küche brächte? Nun frage ich dich, was für eine Ehefrau ist da__? – Ich habe sie nicht angebrüllt. – Möglich, da__ ich die Stimme ein wenig hob, al__ e__ um das Entscheidungstor ging und sie sagte, ich sollte alle Sommerkleider auf den Dachboden bringen, aber ich wurde nicht heftig. – Sie verdreht alles. Danach sah ich nicht da__ Spiel Detroit gegen Rams. Es war Buffalo gegen Houston. Und e__ war ein sehr wichtiges Spiel. Wie oft bekommt man schon zwei Spiele zwischen den__elben Mannschaften unmittelbar hintereinander zu sehen? – Na ja, darüber verga__ ich eben, da__ wir die Winstons zu einem Gla__ Wein eingeladen hatten. – Ich war zu ihnen nicht unhöflich. Ich zeigte ihnen, wo sie sich etwa__ zu trinken holen konnten, und sagte, ich würde mich in zwei Stunden zu ihnen setzen. Woher sollte ich denn wi__en, da__ sie nach Hau__e gehen würden, ehe der Vortrag über die gro__en Stunden des Fu__balls zu Ende war?

Ich bitte dich, Mutter, sprich du mit ihr. Ich habe es satt, Fernsehsnacks zu e__en, und e__ ist kein einziger sauberer Teller mehr im Hau__e.

Und sag ihr, da__ ich sie liebe und da__ sie und die Kinder mir sehr fehlen. – Was hat sie gesagt? Sie kommt zurück? Herrlich, wunderbar. Wann soll ich sie abholen? – Am Sam__tag? Herrje, am Sam__tag kann ich nicht. Da spielt Illinois gegen Michigan, und e__ geht dabei um die Au__scheidung für den Cup.

(aus: Raoul Hoffmann (Hg.): Auf Live und Tod. Satiren für Rundfunkfreunde und Fernseher, Deutscher Taschenbuch Verlag, München 1983 © Cosmopress, Genf)

Übungen zur Kommasetzung

Aufgabe

Setzen Sie die fehlenden Kommas. Die Anzahl ist am Zeilenrand jeweils angezeigt.

In früheren Zeiten

KK Die ersten Menschen lebten von der Jagd und dem Sammeln von Früchten Beeren Wur-
zeln und Blättern.
KK Einige der Eingeborenenstämme Australiens die Aborigines leben heute noch auf diese
Weise. Man spricht von Jägern und Sammlern oder Wildbeutertum. Vor ungefähr 10 000
(K)K Jahren fingen die Menschen dann an Getreide anzubauen. Sie rodeten ein Stück Wald
(K) bestellten das so entstandene Ackerland für ein oder zwei Jahre und sie hielten Nutztiere.
K Wenn dann der Mutterboden ausgelaugt war zogen die Menschen weiter. Es wurde ein
KK neues Gebiet gesucht gerodet und bestellt während der Boden des alten Feldes sich erho-
len konnte. Man nennt das Waldbauerkultur.
K Einige Indianer im Amazonasgebiet leben heute noch so doch die tropischen Regenwäl-
KK der sind bedroht weil sie wirtschaftlich genutzt abgeholzt und ausgebeutet werden.
K Wiederum andere Volksstämme hatten die Lebensgewohnheit mit den wechselnden Jah-
K reszeiten ihren Tierherden zu folgen und zwar auf der Suche nach frischem Weideland.
Die Lappen in Nordskandinavien und die Bachtiaren im Zagrosgebirge im Iran haben
eine solche nomadische Tradition.
K Vor mehreren Tausend Jahren züchteten die Menschen bessere Getreidesorten beson-
K ders Weizen. Sie zogen nicht mehr durchs Land sondern wurden als Bauern sesshaft.
(K) Weizen ist sehr nahrhaft und so konnten mehr Menschen als bisher an einem Ort leben
und dort ernährt werden. Es entwickelten sich Zivilisationen. Die Bauern lernten ihre
K Ernteerträge zu vergrößern um immer mehr Menschen versorgen zu können. So wuchs
K die Menschheit doch es gab auch immer wieder Rückschläge: Das saftige Ackerland der
KK Römer in Nordafrika wurde zur Wüste. „Der Schwarze Tod" wie man die Pest nannte tö-
tete vor 650 Jahren 25 Millionen Menschen in Europa. Mit ihrer Landung in Amerika
K brachten die Europäer Krankheiten mit die dort Millionen von Ureinwohnern töteten.
Insgesamt stieg die Weltbevölkerung langsam an – bis ins 18. Jahrhundert. Von diesem
K Zeitpunkt an begann eine Bevölkerungsexplosion die noch lange nicht abgeschlossen
ist.

(nach: Dennis und Jeremy Leggert: Unternehmen Umwelt: Überleben, Carlsen Verlag, Hamburg 1991 © The Templar Company PLC, Dorking)

Raumfahrt nach dem Jahre 2050?

Die Weltraumingenieure sehen für die zweite Hälfte des 21. Jahrhunderts Aufgaben vor-
K aus die weit über erste Raumstationen hinausgehen. Eine Verlagerung von Industrie auf
K den Mond und orbitale Raumstationen wäre deshalb praktisch weil man die irdische
Umwelt vor weiterer Zerstörung bewahren könnte.
K Die Erde könnte so die Wohnstätte der Menschheit bleiben für die sie in erster Linie be-
stimmt ist. Da andererseits der Aufenthalt im Weltraum im zweiten Jahrtausend längst
K alltäglich wäre würden bestimmt viele Menschen gerne für längere Zeit im Weltraum
leben.
K Damit würde das Projekt einer Astropolis mit dem sich manche Weltraumforscher be-
KKK schäftigen aktuell. Die Himmelsstadt die von ca. 2000 Menschen bewohnt wäre hätte in
K jeder Richtung eine Ausdehnung von zwei Kilometern. Während sie um die Erde kreiste
würde sie sich gleichzeitig um ihre Hauptachse drehen.
KK Menschen könnten da sie ihr Gewicht nicht zu tragen brauchten in künstlich erzeugten
K Luftströmungen wie Vögel fliegen. Sie benötigten nur kleine Flügel die sie sich an die
Arme binden würden.

Übungen zur Kommasetzung

Aufgabe

Setzen Sie die fehlenden Kommas. Die Anzahl ist jeweils hinter dem Abschnitt vermerkt.

Bedrohter Lebensraum

Wenn unsere Gesellschaft unter der Überlast der von ihr selbst erzeugten Umweltprobleme zusammenbricht (und die Jüngeren von uns haben allerbeste Aussichten den Kollaps noch mitzuerleben) dann werden nicht nur Furcht und Zittern herrschen. Größer als alle Schrecken werden die Überraschung und das ungläubige Staunen darüber sein dass eine Katastrophe Wirklichkeit wurde die so lange bloße Möglichkeit geblieben war. Wie sehr Gewöhnung die ohnehin mangelhaft entwickelte Fantasie des Menschen zu narkotisieren vermag ist unglaublich. Wenn man uns Älteren vor 30 Jahren gesagt hätte dass eine Zukunft vor uns liegt in der die Atmosphäre so viele schädliche Substanzen enthält dass schon das bloße Luftholen Gefahr bedeutet eine Zeit bevorsteht in der sich in den Ackerböden Gifte angesammelt haben deren Ausschwemmung das Trinkwasser ungenießbar macht und in der weltweite Waldzerstörung zunehmende Erosion und eine unaufhaltsame Ausdehnung der Wüsten das Klimagleichgewicht auf der Erde aus den Fugen bringt – wenn einer uns das erzählt hätte wir hätten es ihm nicht geglaubt. Und wenn wir ihm geglaubt hätten dann hätten wir ihm voller Entsetzen versichert dass wir in einer solchen Zeit und auf einer solchen Erde nicht würden leben wollen. (13)

Heute leben wir alle in einer solchen Zeit und auf einer derart zugerichteten Erde. Und die meisten finden dieses Leben eigentlich noch immer recht gemütlich. Noch immer ist vom ökologischen Kollaps die Rede als handle es sich um eine erst noch bevorstehende Gefahr. Als ob die alltäglichen Alarmmeldungen nicht deutlich genug signalisierten dass der Kollaps längst eingesetzt hat. Doch uns präsentiert sich die Katastrophe als Zeitlupengeschehen – und das scheint uns im Übermaß Zeit zu geben für die Gewöhnung an den Untergang. Angst machen uns daher nicht etwa die Schrecken die da so unaufhaltsam näher kommen. Nein es sind jene die uns mit ihren Warnungen aus unserer Lethargie aufzuscheuchen versuchen. Jene Ruhestörer die uns mit der Forderung auf die Nerven gehen wir sollten die altgewohnten Wege verlassen. Die verlangen dass die Strukturen und Wertmaßstäbe der bestehenden Gesellschaft von Grund auf verändert werden weil wir andernfalls keine Überlebenschance hätten. (9)

(nach: Hoimar von Ditfurth: 50 Jahre das Beste vom Stern, Gruner und Jahr, Hamburg 1998)

Übungen zur Kommasetzung

Aufgaben

1. Verbinden Sie die Hauptsatzpaare mithilfe einer passenden Konjunktion (weil, dass, obwohl, denn, sodass, ...) zu einem Satzgefüge. Kennzeichnen Sie Hauptsatz und Nebensatz; beachten Sie die Kommasetzung (Komma zwischen Haupt- und Nebensatz).

Heute Morgen soll Lars ein Referat über Gutenberg halten. Dies erfuhr Lars gestern.
Viele Menschen wollten damals am Wissen der Zeit teilhaben. Das Wissen konnte nur schwer verbreitet werden.
Bis zum 15. Jahrhundert wuchs die Zahl derer, die mehr wissen wollten, rapide an. Man suchte nach einer einfacheren Art der Bücherherstellung.
Gutenbergs neue Ideen durften damals nicht allzu früh bekannt werden. Einen Schutz für geistiges Eigentum gab es damals noch nicht.
Gutenberg gilt als Erfinder des Buchdrucks. Ein geschäftstüchtiger Teilhaber nutzte seine Erfindung. Gutenberg starb als armer Mann.
Gutenberg benötigte für seine Arbeiten sehr viel Geld. Der Advokat Johannes Fust lieh ihm für sein Vorhaben eine beträchtliche Summe.
Gutenberg kam durch seine geniale Erfindung nicht zu Reichtum. Der Buchdruck mit beweglichen Lettern bleibt für immer mit seinem Namen verbunden.

2. Formen Sie die folgenden Texte, die vorwiegend Satzreihen enthalten, mithilfe von Konjunktionen so um, dass die Texte aus Satzgefügen bestehen. Achten Sie auf die Kommasetzung.

- Zwei Frösche wurden einmal in eine Molkerei verschlagen. Sie hüpften dort herum. Der eine fiel in eine Milchkanne. Er versuchte immer wieder, an den glatten Wänden emporzuhüpfen, denn er wollte heraus. Er rutschte an den glatten Wänden herunter. Deshalb ließ er von seinem vergeblichen Bemühen ab. Er hörte auf zu springen und zu schwimmen und ging unter und ertrank. Das war ein *Pessimist.* Er ruhte in seinem Milchgrab. Der andere hüpfte weiter in der Molkerei herum. Er fiel aber schließlich auch in eine Milchkanne.

Er schwamm hin und her, ruderte die Kreuz und die Quer. Er wollte heraus. „Durch Springen und Schwimmen muss ich hier herauskommen“, dachte er bei sich. Und siehe da: Am nächsten Morgen saß er auf einem Klumpen Butter. Das war ein *Optimist.*

- Ferdinand Reinfall war wieder einmal richtig sauer. Schon wieder hatte ihm gestern Ulrike Tausendschön eine Absage erteilt. Dabei hatte er sich doch besonders in Schale geworfen. Er dachte noch einmal über Ulrikes Worte nach. Er ärgerte sich im Nachhinein mächtig über sein Verhalten. Ulrike hatte ihn gar nicht zu Ende angehört. Sein neues Jackett hatte sie überhaupt nicht bemerkt. Er hatte alles so hingenommen. Ganz abrupt hatte sie ihm gesagt: „Ich komme nicht mit. Ich habe keine Lust.“